U0468749

甲午战争与近代中国丛书

甲午战争国际关系史

戚其章 著

济南出版社

图书在版编目（CIP）数据

甲午战争国际关系史 / 戚其章著 . -- 济南：济南出版社，2024. 11. -- （甲午战争与近代中国丛书）.
ISBN 978-7-5488-6818-7
Ⅰ . K256.3
中国国家版本馆 CIP 数据核字第 2024F5V416 号

甲午战争国际关系史
JIAWU ZHANZHENG GUOJI GUANXI SHI
戚其章　著

出 版 人　谢金岭
责任编辑　赵志坚　李文文　孙亚男
装帧设计　谭　正

出版发行　济南出版社
地　　址　山东省济南市二环南路 1 号（250002）
总 编 室　0531-86131715
印　　刷　济南新先锋彩印有限公司
版　　次　2024 年 11 月第 1 版
印　　次　2024 年 11 月第 1 次印刷
开　　本　165mm×230mm 16 开
印　　张　28
字　　数　363 千字
书　　号　ISBN 978-7-5488-6818-7
定　　价　108.00 元

如有印装质量问题 请与出版社出版部联系调换
电话：0531-86131736

版权所有　盗版必究

出版说明

甲午战争是中国近代史上的重大事件，成为中国近代民族觉醒的重要转折点。2024 年为甲午战争爆发 130 周年。济南出版社隆重推出甲午战争研究专家戚其章先生的"甲午战争与近代中国丛书"，包括《甲午战争》《北洋舰队》《晚清海军兴衰史》《甲午战争国际关系史》《国际法视角下的甲午战争》《甲午日谍秘史》等 6 册。

《甲午战争》从战争缘起、丰岛疑云、平壤之役、黄海鏖兵、辽东烽火、舰队覆没、马关议和、台海风云等关键事件入手，以辩证的目光对关键问题和历史人物进行评述，解开了诸多历史的谜题。

《北洋舰队》主要讲述了北洋舰队从创建到覆没的全过程，以客观的辩证的历史角度，展示了丁汝昌、刘步蟾、林泰曾、杨用霖、邓世昌等爱国将领的形象，表现了北洋舰队抗击日军侵略的英勇顽强的爱国主义精神。

《晚清海军兴衰史》细致地叙述了晚清时期清政府创办海军的历程，从战略角度分析了北洋海军失败的原因，现在看来仍然振聋发聩。

《甲午战争国际关系史》从国际关系的角度，论述了清政府的乞和心态和列强的"调停"过程，突出表现了清政府的腐败无能和列强蛮横贪婪的真实面目，指出列强所谓的"调停"只是为了本国利益，并非为了和平，清政府的乞和行为是注定不会成功的。

《国际法视角下的甲午战争》把法理研究与历史考究有机地结合起来，把争论百年的甲午战争责任问题放在国际法的平台上，进行全面、系统、客观、公正的整理与评论，是一部具有历史责任感和国际法学术观的著作。

《甲午日谍秘史》对日本间谍在甲午战前及战争中的活动进行揭露和分析，明确这场侵略战争对中国人民造成了严重伤害，完全是非正义的，因此对这场侵略战争中的日本间谍，应该予以严正的批判和谴责。

"甲午战争与近代中国丛书"全面客观地评述了甲午战争的背景、过程和影响，教育引导新时代的我们勿忘国耻、牢记使命，把历史悲痛化为奋斗强国的不竭动力。

甲午战争是一本沉甸甸的历史教科书，让我们在深刻的反思中始终保持清醒，凝聚信心和力量，肩负起时代赋予的光荣使命。

目 录

引 言

第一章 日本蓄谋发动侵略战争与挑起战端的外交策略
第一节 日本军国主义势力图谋挑起衅端 / 9
第二节 中日驻朝代表商谈共同撤兵 / 22
第三节 日本向战争方针的转变 / 31

第二章 清政府乞保和局与列强调停
第一节 清政府和战不定与中日秘密外交 / 71
第二节 清政府醉心折冲樽俎 / 79
第三节 英国对中日冲突的具体方针 / 106
第四节 列强调停声中的日本外交策略 / 131

第三章 战争爆发后的国际外交
第一节 从发端到决战的清廷 / 142
第二节 日本强化战争的内外措施 / 189
第三节 宣战前后的国际关系 / 214

第四章 清政府加紧乞和与美国居间
第一节 和议的初步酝酿 / 266
第二节 列强调停之声再起 / 286
第三节 败绩声中发生的几起涉外案件 / 308

1

第四节　日本制订对中国作战的新方略 / 329

第五章　马关议和前后的国际关系

第一节　科士达与中日广岛会谈 / 336

第二节　李鸿章受命议和全权大臣 / 346

第三节　《马关条约》与列强 / 360

第四节　三国干涉与烟台换约 / 414

第五节　李经方交割台湾 / 436

引　言

近年来，我国史学界对甲午战争史研究日趋重视，无论在深度上还是广度上都前进了一大步。特别是通过1984年在威海市举行的甲午战争90周年学术讨论会，与会者普遍认识到，甲午战争史的研究应该拓宽领域，即从更广阔的社会背景，从世界全局来进行研究，庶几可进一步探讨其对中国乃至远东的深远影响及历史意义。对此，我也是颇有同感的。

1983年，我开始构思《甲午战争史》一书的内容和篇章结构时，曾决定将有关甲午战争国际关系的章节穿插其中。但书稿全部完成后，因受篇幅的限制，又不得不忍痛将这些章节抽掉。一些同行好友，如中国社会科学院近代史研究所张振鹍研究员、青岛大学历史系胡滨教授等，都鼓励我在原来的基础上，写成一部系统地论述甲午战争国际关系的专著。我也一直为写作此书而进行积极的准备。这个项目受到各方面的关注，后来被列入了国家资助的中华社会科学基金研究课题。

对于甲午战争时期的国际关系，以往的研究者很少涉足，系统研究的成果更付之阙如。此项专题研究须独辟蹊径，有相当的难度。特别是由于始终未见到英国外交部的有关档案，更给圆满完成此项研究带来了一定的困难。1991年春，我应英国学术院的邀请，到英国进行学术交流访问。经英方主人安排，曾与伦敦经济政治学院的尼施教授

（Prof. Ian Nish）晤面。尼施教授是英国著名的国际关系史专家，以发表《英日同盟》（The Anglo—Japanese Alliance）一书而闻名。我早就仰慕其人，对这次会见深感荣幸。他为人热情，尽力介绍有关档案及资料，并不顾高龄亲自带领参观该学院的图书馆。最使我振奋的是，尼施教授向我出示了他所珍藏的多卷本《英国外交档案》（British Documents on Foreign Affairs—Reports and Papers From The Foreign Office Contidential Print）。其中有两卷，一卷题曰《中日战争》（Sino—Japanese War, 1894），一卷题曰《中日战争和三国干涉》（Sino—Japanese War and Triple Intervention, 1894—1895），都是英国外交部关于中日甲午战争的重要档案，有许多文件上注有"密""机密"或"绝密"等字样。乍见之下，欣喜异常，真有"踏破铁鞋无觅处，得来全不费功夫"之感！当时认为这既是经过整理后的印刷品，一定是不难找到的，便带着高兴的心情记下书名而告别。

不料此书在英国也很罕见。以后我又访问了英国的几所著名大学，皆未发现此书，这才焦急起来。后悔当时出于礼貌，没好意思向尼施教授提出将那两卷有关甲午战争的档案复印下来。到牛津大学访问时，接待我的是劳拉·纽璧博士（Dr. Laura Newby）。她待人非常真诚，乐于助人，听说我为此事遇到困难，主动提出帮我解决。我回到伦敦五天后，便接到她打来的电话，说尼施教授同意复印那两卷关于中日甲午战争的档案资料。于是，我又托在尼施教授指导下攻读国际关系史博士学位的中国留学生崔丹女士代为复印。她每天课程很紧，只能在晚上抽时间复印，并在我回国的前一天晚上，及时地乘地铁到我的住处，送来了复印好的资料。真是令人感动！带回来的这套重要的档案资料，是这次访英的一个重大收获。

由于这些资料数量很大，而且又是利用晚上时间复印的，难免有不少字迹不清或漏印字行的纸页,影响了其使用价值。我在伦敦时,曾访问过伦敦大学亚非研究院,结识了狄德满博士(Dr. R. G. Tiedemann)。狄德满博士是专治中国近代史的,谈话投契。1991年夏,他来山东访问时,冒着酷暑到我家里相叙。我请他帮助复印该资料的缺漏部分,他慨然允诺,两次无偿地寄来所复印的资料,终使这套档案可以完完整整地使用了。今《甲午战争国际关系史》书稿即将付梓之际,我在这里特向他们几位表示衷心的感谢。

这本《甲午战争国际关系史》,可以看成是拙著《甲午战争史》的姊妹篇,或者说是对《甲午战争史》的补苴之作。二书既自成体系、各有重点,又相互补充。为使其内容不相重复,在撰写时采取了详略互见的办法。例如,对于中日广岛会议和马关议和,读者便可看到,无论在内容上还是论述的角度上,二书都是迥然不同的。我的基本想法是,通过并读二书,可以对这次战争有更广泛而深入的了解。

本书所要论述的内容,有许多对我来说也是新的研究课题。详细地占有材料,是历史研究的起点和基础。也只有一切从客观的历史事实出发,才有可能得出合乎历史实际的结论。我把尽可能地详细占有材料看成是完成此项课题的关键。本书所用的材料主要是中外的外交档案。如中国方面的《清光绪朝中日交涉史料》和总理衙门《朝鲜档》、日本方面的《日本外交文书》第27、28卷,就是最基本的材料。至于西方国家的档案资料,如俄、德、美等国的有关外交文件早有翻译,如今又发现上述的英国外交部档案,都是必不可少的。中外使馆及公使,因系事件的当事者,其所辑存的电文或对亲身经历的记述,也都有很高的史料价值。如清朝驻英法公使馆抄存的《龚照瑗往来官电》、美国驻华公使馆抄录的《美署中日议和往来转电节略》、英国驻华公使馆辑存的《欧格讷外交报告》,以及法国驻华公使施阿兰的回忆录《使华记》和日本驻朝鲜临时代理公使杉村濬所撰的《二十七八年在韩苦心录》等即是。一些私人的文集或记述，如李鸿章的《李文忠公全集》、伊藤博文的《机密日清战争》、陆奥宗光的《蹇蹇录》等，由于其著者位居于决策地位，更应引起特别的重视。一般说来，掌握了上述几个方面的资料，就不至于兴史料不足征之叹了。

在研究方法上，我试图努力做到以下三点：

首先，力求避免先入之见，防止主观性。我认为，有一些传统的观点需要重新研究和认识。例如，有一种流行的观点，认为英国在甲午战争中是完全支持日本的。其实并不尽然。深入考察英国外交部的档案文件，便不难发现英国并不是一开始就支持日本，它转为倾向日本，是有一个发展过程的。否则，它在战争爆发前所采取的劝说日本避免同中国冲突、倡议五强联合调停、建议中日在朝划区占领等行动，就很难得到合理的解释。日本政府在一段时间里怀疑"中英同盟"的存在；英国驻朝鲜代理总领事嘉托玛建议设立仁川中立区，并直接同日本驻军岗哨发生冲突；直到1895年1月英国驻华公使欧格讷还认为，英中两国的利益一致，试图说服英国外交大臣金伯利采取明确的支持中国的政策。如此等等，都说明了英国并不是那么完全支持日本的。

英国政府远东政策的根本点，是维护英国在远东的既得利益和优势地位，尽一切努力防止俄国南下的扩张政策的实现。无论它起初反对日本挑起侵华战争也好，以后又支持日本提出的媾和条件也好，都不违背其远东政策的根本点。战争爆发前夕，英国提出在上海设立中立区，固然有默许日本发动战争的一面，但客观上也有对中国有利的一面。无怪乎日本政府曾为此对英国抗争并进行多次交涉了。后来，俄、德、法三国联合干涉日本割占辽东半岛时，英国既不参加三国的共同行动，又以"局外中立"为名拒绝给日本以支持。所有这些，足以说明英国政府首先考虑的是自身的利益，而对日本的态度的任何变化则都是出于战略和策略的需要。

其次，力求坚持全面的观点，防止把问题简单化。例如，史学界曾就甲午战争期间俄国的对日政策问题展开了讨论。一种意见认为，俄国对日本是利用、支持和纵容。另一种意见与此相反，认为俄国对日本采取的是抵制、反对乃至干涉的政策。还有一种意见则认为，俄国对日本既有利用、支持的一面，也有矛盾以至干涉的一面。这些见解无疑都有一定的依据，可谓言之成理、持之有故。但简单的结论往往不足以概括复杂的过程。如果研究者的结论仅是从过程的某个阶段引出来的，反映的只是整个事物的某个部分或片段，那就把问题简单化了。

事实上，俄国并不是一开始就有一套成熟的对日方针。在俄国政府内部，对于采取何种对日方针的问题，在很长时间内意见并不一致。其驻外使节，如驻华公使喀西尼主张对日本进行干涉；驻朝临时代理公使韦贝是个两面派人物，暗地唆使日本开战；驻日公使希特罗渥则对日本非常轻信，往往成了日本政府的传声筒。其前任外交大臣吉尔斯，先是主张干涉，后又采取观望政策；继任外交大臣罗拔诺夫甚至一度想讨好日本，建议实行亲日的方针。至于其他政府文武重臣，或主张宜与日本和解，或主张应采取强硬手段，甚至不怕由此而引起战争，意见极为纷纭。直到《马关条约》签订的几天前，俄国政府特别会议才就要求日本放弃占领辽东半岛问题作出了决定。所以，笼统地说俄国支持或反对日本，都是不恰当的。

岂止俄国是如此，德国政府对日本的态度也是前后变化很大的。1894年冬，德皇威廉二世在柏林皇家剧院观剧，知中国公使许景澄不在场，便专门召见日本公使青木周藏，给日本鼓劲打气。可是，到了

1895年春，它反对日本割占辽东半岛却最为起劲。如果没有它的参与，三国干涉还辽很可能搞不起来。在整个甲午战争期间，英国政府的态度变化更大，其例不胜枚举。甚至对日本也应如是观。所谓"陆奥外交"，一般认为是日本明治政府推行对外侵略扩张的外交政策成功的典范。对中国来说，固是如此。但对西方列强来说，却不尽然。如它对俄国反对割占辽东半岛的决心估计不足，反三国干涉的一系列外交措施——宣告失败等，都说明它是有失算并遭到挫折的一面的。

我认为，对于包括日本在内的各国，只有用全面的观点来进行研究，将它们分别置于整个事件的发展过程中来考察，才有可能抓住每个国家对外政策的基本特点，从而防止简单化的倾向。

复次，力求透过纷纭繁复的表面现象去发现本质的东西，以避免为某些假象所迷惑。例如前几年，有的研究者撰文，认为甲午战争时期不存在和战之争。当时，我曾在一篇述评[①]中指出，在甲午战争中，慈禧虽曾"传懿旨亦主战"，并"谕不准有示弱语"云云，其实是做样子的，不能以此就否定她的主和；同样，李鸿章作为海陆军的实际指挥者，在调兵遣将、布置进兵等方面也作了不少工作，也不能以此就肯定他积极地指挥全面对日作战。就是说，对于历史人物的评价，不仅要听言而观其行，还要察其始而究其终。现在，从《日本外交文书》里找到了甲午战争爆发前后李鸿章同日本进行秘密外交的材料，进一步证实了他的调兵遣将和布置进兵并非出自本意，他始终念念不忘的还是一个"和"字。怎好硬给他摘下"主和派"的帽子呢？

上述事例表明，"透过现象看本质"这句话，说起来容易，做起来就不那么容易了。要真正抓住问题的根本方面，不仅需要运用正确的方法去分析研究，还需要有确凿的材料加以证明。否则，所得出的

---

① 《建国以来中日甲午战争研究述评》，《近代史研究》1984年第4期。

结论就不会有说服力，更谈不上真正站得住了。一个是方法，一个是材料，二者绝不可偏废。但从根本上说来，材料是最主要的，是第一性的东西。研究者从辨析材料入手，然后综合材料，从中引出观点，又必须反过来用材料证明或验证所提出的观点。我在写作此书时，固然要写那些人所共知的公开外交场合，又用了相当多的篇幅去写那些秘密接触或内幕的东西。之所以能够这样做，主要是得益于大量新材料的挖掘和掌握。譬如说，日本击沉英国商船"高升"号后，英国舆论由哗然转为平静，甚至开始为日本辩护，谁能想到是日本的金钱贿赂起了相当的作用？在战争进行过程中，日本对欧洲列强的动向了如指掌，谁能想到是意大利外交大臣布朗克经常向日本提供情报？前美国国务卿科士达本是清政府花重金礼聘的顾问，谁能想到却为日本所用？诸如此类的外交内幕或政界人物的隐私，往往反映出事件内在的一面，使人们对问题更能够切实地把握和达到深层次的了解。要做到这一点，不深入挖掘关键的第一手材料是不行的。

以上所谈的三种方法，尽管都是老生常谈，但根据个人的体会，仍然是研究中不可须臾离开的基本方法。当然，我运用这些方法是否达到了预期的效果，那又是另一回事。这只有请读者去评判了。

国际关系与外交是互为表里的，而外交又是内政的延伸。中国在甲午战争中最后失败的结局，依我看来，不能单纯地归结为军事上的失利，而更主要的是包括外交在内的政治方面的原因促成的。清政府的最高决策层，无论是帝党还是后党，都对世界大势不甚了解。他们丝毫不知道发挥中国自身的力量和有利条件，陷入困境而不思自拔，对前途完全丧失信心，一味地乞求西方列强出面帮助解决。岂不知越是这样，越被人家瞧不起。战争后期欧洲舆论几乎清一色地倒向日本，中国驻英公使龚照瑗奉旨要求觐见英国女王呈递国电而遭到拒绝，皆其显例。在清朝高级官员中，一般认为李鸿章最了解外国情况。而他去日本马关议和，竟然还带着战前中国驻日公使汪凤藻所使用的电报密码。这套密码早在战争爆发前夕就被日本外务省破译了。因此，李鸿章在马关与清政府往返密电的内容早已全部为日方所掌握，怎能不处处被动呢？在驻外使节的设置方面，清政府也极不重视。如龚照瑗任驻英公使，又兼任驻法、意（大利）、比（利时）三国公使；许景澄任驻俄公使，又兼任德、荷（兰）、奥（斯马加）三国公使；杨儒任驻美公使，又兼任驻西（班牙）、秘（鲁）二国公使。在战争及马关议和期间，龚照瑗奔走于英、法、意三国之间，与驻在国外交当局周旋，以争取各国的同情，真可谓席不暇暖。然而，当他刚一离开，日本公使便立即乘隙而入，进行离间破坏，使其前功尽弃。

可见，当时中国的落后表现是多方面的。在那个世界竞争十分激烈的时代，落后必然要走向沉沦。这一沉痛的历史教训，是应该永远记取的。

六年前，我写过一篇《研究中日甲午战争史的体会》。在该文的结尾处，曾经建议开辟新的研究领域，并指出："甲午战争虽是中日两国之间的战争，但西方主要列强几乎都介入了这次战争，它们为了各自的利益，施展外交手段，纵横捭阖，以趁机捞取一把，若没有它们的默许和鼓励，日本根本不敢放心大胆地发动这场大规模侵略战争。不重视甲午战争时期国际关系的研究是绝对不行的。"[①] 本书就是根据这一想法而获得的一个初步成果。这也是一次尝试，作为抛砖引玉，希望今后有更多的关于甲午战争国际关系史的研究成果问世。

[①]《习史启示录——专家谈如何学习中国近代史》，第184页。

第一章　日本蓄谋发动侵略战争与挑起战端的外交策略

第一节　日本军国主义势力图谋挑起衅端

一　金玉均被刺事件及其后果

日本之所以挑起甲午战争，是它蓄谋已久的对外扩张战争方针的一个必然步骤。但是，它要真正发动一场大规模的侵略战争，还必须等待有利的时机和寻找适当的借口。1894年，对于日本来说，这样的机会终于来到了。

进入1894年春季，中国社会表面上似乎太平无事，实际上早已危机四伏，而清朝当权者依然麻木不仁，不知居安思危。用当时一位外国公使的话说，"中国确实处于一种酣睡的状态中，它用并不继续存在的强大和威力来欺骗自己"[①]。梦幻并不等于现实。正由于此，这一

[①] 施阿兰：《使华记》，第12页。

年成为中国的多事之年。

　　1894年正是慈禧太后的六旬寿辰。历史往往有许多巧合之处。1874年慈禧四旬寿辰时，日本借口琉球渔民遇难事件出兵台湾；1884年慈禧五旬寿辰时，又发生了中法战争。40和50两次整寿大庆都没过好，她一直感到不怎么舒心。这次六旬寿辰，她决定要空前隆重地举行万寿庆典，以显示歌舞升平、四海宴乐的太平景象。

　　庆典从正月就开始了紧张筹备。慈禧迭降懿旨，对醇贤亲王福晋（光绪生母）著加赏银，瑾嫔、珍嫔晋封为妃，施恩懋赏在廷臣工、所有南书房上书房行走各员、各省文武大臣，以及亲王、蒙古王公和军机章京等。内务府掌仪司营造司造办处各员和御前乾清门侍卫等，都受到恩赏。中外臣工也在尽力准备进献贡物，以邀宠幸。此时，正所谓："相臣将臣，文恬武嬉，习熟见闻，以为当然。"正当朝廷内外为筹办庆典而忙碌不休之际，意外的事件却接踵而至。1894年3月28日发生在上海的金玉均被刺事件，给正在筹办中的庆典罩上了一层不祥的阴影。

　　金玉均本是朝鲜开化党领袖、甲申政变的主谋。政变失败后，他和同党朴泳孝在日本邮船千年丸船长辻觉三郎的帮助下，逃往日本长崎。随后住在东京庆应义塾福泽谕吉家里。福泽谕吉是日本资产阶级启蒙运动的创始人，但同时又是日本扩张政策的鼓吹者，主张对中国和朝鲜发动侵略战争，称之为"文明之战"。他对金玉均、朴泳孝二人始终予以资助。此外，日本贵族井上馨、后

金玉均

藤象次郎、榎本武扬等人也对金玉均、朴泳孝青睐有加，以"供他日之用"①。于是，金玉均化名岩田周作，朴泳孝化名山崎永春，在日本潜居下来。朝鲜政府见金玉均、朴泳孝安居于一衣带水的邻邦日本，甚感不安，曾经两次向日本政府提出引渡要求，但都被拒绝。

朝鲜政府因要求引渡已无可能，便想出用暗杀手段除去金玉均、朴泳孝之一法。1885年夏，朝鲜政府一度派人行刺，但无结果。9月，袁世凯护送大院君李昰应回朝鲜后，于11月11日与朝鲜国王李熙笔谈，也献计采用暗杀方法。他写道："玉均闻日政府亦甚恶之。此时如购一壮士刺之，日人既不能办朝鲜人，自必送交外署。加以远配，搪塞日人，此亦甚易。"李熙深以为然，答曰："至玉贼事，果是明见之论。当随机图之也。"② 不久，谣传金玉均拟带兵回国，一时风声鹤唳，草木皆惊。朝鲜政府深虑金玉均之卷土重来，因此谋刺之心更切。

1886年2月，朝鲜政府终于决定派内衙门主事池运永赴日本主持此事。池运永曾为金玉均门人，容易接近金玉均，故被认为是最合适的人选。池运永自仁川抵神户后，探听到金玉均寓居东京，乃于5月致书求见。金玉均对他的突然来日感到怀疑，便派心腹柳赫鲁等三人往访，以探其诚。柳赫鲁等从池运永口中诈出真情，并从池运永的提箱中看到了朝鲜国王为行刺金玉均事给池运永的密令。金玉均得报后，即向日本政府请求保护。当时日本羽翼尚未丰满，不敢挑起衅端，因此不愿把事情闹大。日本政府只是训令驻朝鲜公使高平小五郎，询问朝鲜政府池运永所携国王密令之真伪，并以令金玉均出境为理由，要求朝鲜政府召还池运永。朝鲜政府否认有国王授池运永密令一事，但答应召还池运永，请日本政府派员护送回国。6月23日，日警三人护

---

① 田保桥洁：《甲午战前日本挑战史》，南京书店1932年版，第16页。
② 《清光绪朝中日交涉史料》(409)，第9卷，第10页，附件五。

送池运永自横滨动身回国。与此同时,日本内务大臣山县有朋训令神奈川县知事,限金玉均于6月26日以前离境,但并未执行。相反,日本政府对金玉均采取了监护措施,令其移居于横滨市外三井别墅中。日本政府又觉得这种做法过于露骨,遂于8月7日将金玉均送往小笠原群岛,住在隶属于东京府的派出所内,由国库每月发给15元津贴。1888年7月,金玉均被移至北海道,每月津贴也增至50元。在此期间,日本政府对金玉均名为拘禁,实则保护,朝鲜政府虽欲得之,然亦无法可施。

到1890年,日本政府以日朝关系似已趋于缓和,便令金玉均仍回东京居住。朝鲜政府闻讯后,开始酝酿第二次派遣刺客的行动。1892年5月,朝鲜政府乃命李逸植赴日行刺金玉均、朴泳孝及其党徒四人。李逸植抵东京后,佯与金玉均、朴泳孝等接近,但因孤单一人难以下手。次年秋,朝鲜人洪钟宇从法国归国,路过东京。洪钟宇与金玉均、朴永孝旧曾相识①。李逸植遂说动洪钟宇共同行事。当时,金玉均、朴泳孝二人意见相左,极少晤面。李逸植知难以对金玉均、朴泳孝同时下手,便与洪钟宇约定分别行动:李逸植留日本行刺朴泳孝②,洪钟宇则诱金玉均到上海杀之。此时,金玉均在日本生活异常拮据,很难有所作为,颇有寄人篱下之感。先是,李经方任驻日公使时,与金玉均时有往来,卸任归国后仍屡通书信。洪钟宇于是劝说金玉均前往中国,凭借昔日与李经方的友情,迎合李鸿章而作归国之计。金玉均为之心动,决定先去上海,然后见机行事。李逸植知金玉均有赴华的想法,便劝他与洪钟宇同行,提款5 000元助其旅费,并介绍清使馆

---

① 或谓洪钟宇为开化党人洪英植之子。《清史稿·朝鲜传》:"洪钟宇,英植子,痛其父死玉均手,欲得而甘心,佯与玉均交欢。"但证诸中日档案,皆无此记载。录之姑且存疑。

② 后李逸植的计划被朴泳孝窥破,行刺失败。

书记生吴升①为向导兼华语翻译。

3月10日，金玉均、洪钟宇、吴升三人及金之日仆北原延次②，由东京出发，次日抵大阪。在此期间，李逸植与洪钟宇接头，授以暗杀方法。23日，金玉均一行由神户乘西京丸离日，于27日抵上海，住公共租界日人吉岛德三所开设的东和洋行内。金玉均为防意外，化名岩田三和③，对洪钟宇则丝毫未存戒心。孰知28日午后3时许，金玉均方昼眠藤榻，洪钟宇忽闯进屋室，连发数枪，将金玉均击毙。洪钟宇随即逃至吴淞，不久被捕房追获。此案由上海县知县黄承暄审讯。洪钟宇供称：

> 高丽国人，并无官职，由国出来游历西洋7年。今要回国，在东洋大阪地方，与金玉均并仆人北原延次及中国1人，共4人趁〔乘〕公司轮船，2月21日到沪。我与金玉均及他仆人北原延次住东和洋行。金玉均是前为本国权臣，因在朝廷大逆不道，杀死几百人，我亲友也被他杀害。国王恨他有10年了。他逃在东洋，改名岩田周作。我与朋友前在东洋大阪，奉国王命，叫我们忠心下去，把金玉均杀死，以安王心。公事在朋友处。我与他相遇来沪，他改名岩田三和。我今用六门响的手枪把他杀死，旋即走至吴淞，被巡捕追获的。手枪已掉弃在吴淞江内。我为国家大事起见，如将把他轰伤身死情形求电本国，自有回电来的。是实。④

黄承暄深知此案非同一般，即报请江海关道聂缉椝转报北洋大臣和总理衙门。

对于金玉均突然离日到华，日本政府事前并不知情。及发觉后，

---

① 吴升，字静轩，又字葆任。
② 北原延次，系和田延次郎之化名。
③ 岩田三和，或作岩田和三。按：《洪钟宇供词》和《北原岩次供词》皆作岩田三和。
④ 《洪钟宇供词》，《朝鲜档》(1877)，附录二。

深为关切，电令其驻上海总领事大越成德，严密注视金玉均等至上海后的行踪。同时，又将上述情况电告驻朝鲜公使大鸟圭介。大鸟圭介即将此事转告朝鲜外务衙门督办赵秉稷和袁世凯。朝鲜政府闻报后，十分紧张，连忙密商对策，并邀袁世凯列席。3月29日，即金玉均被刺的第二天，朝鲜政府获悉此事，一面派员答谢大鸟圭介的转报；一面由赵秉稷亲访袁世凯，告以洪钟宇"其志可嘉"，希望中国"设法保护"。李鸿章接袁世凯电后，即转知聂缉椝，并指示说："金系在韩谋叛首犯，来华正难处置，今被韩人在租界刺杀，罪有应得，可置勿论。外人如有饶舌，宜直告之。"① 聂缉椝按李鸿章、袁世凯之意令黄承暄邀洪钟宇移住县衙，妥为款待。

当时，朝鲜政府急命其驻天津督理徐相乔谒见李鸿章，请求将洪钟宇送回国内处理，并将金玉均尸体解回朝鲜。李鸿章同意了朝鲜的请求。徐相乔随即专程南下，与驻上海察理通商事务官共同办理此事。但是，如何处理金玉均的尸体，在当时是至关重要的问题。据袁世凯3月31日致李鸿章电："韩廷臣多与金玉均通书，李昰应闻亦有之。如发觉，必兴大狱。乞饬聂道密将金玉均行李检查，凡文迹均焚之，庶可保全多命。"② 李鸿章亦以防止株连为是，电令聂缉椝照办。③ 当天，和田延次郎将金玉均的尸柩、行李自住处运至海岸，拟搭乘西京丸返国。聂缉椝令黄承暄向租界警察署要求引渡金柩。黄承暄亲自与日本总领事交涉。双方正在交涉过程中，金玉均的日仆和田延次郎"将该尸体放置路旁而去。故上海租界警察署长以道旁放置尸体为租界规则所不许，取归警察署。而和田更不及向警察署行领取手续而归

---

① 《李文忠公全集》电稿，第15卷，第23页。
② 《李文忠公全集》电稿，第15卷，第24页。
③ 据聂缉椝复李鸿章电："昨夜日仆将金柩、行李并运上船，强将柩扣留。仆已带行李赴日。仆甚恨洪，想必能将书迹毁灭。"（《李文忠公全集》电稿，第15卷，第24页）可见，聂缉椝并未来得及将金玉均的文迹焚毁。电文谓："日仆将金柩、行李并运上船"，实则仅运至海岸，尚不及上船。其行文有不确之处。

国。警察署长乃应清国官宪之请求，引渡于清国官吏"①。4月6日徐相乔抵上海，黄承暄即将洪钟宇及金玉均尸体移交于徐相乔。因当时无便船去朝鲜，聂缉椝乃禀请两江总督兼南洋大臣刘坤一批准，派军舰"威靖"号载之赴朝。并且，聂缉椝与朝鲜官员赵汉根商定，一概燃料等费用皆由朝方负担。

金玉均被暗杀的消息传到日本后，原先支持金玉均的朝野人士大为愤恨，并迁怒中国。他们组织友人会，急派玄洋社成员斋藤新一郎和冈本柳之助为代表，前往上海调查，并将金玉均遗骸取回。当斋藤新一郎、冈本柳之助二人抵沪后，金玉均尸体业已引渡，只好空手回国。

不久，金玉均尸体解回朝鲜被处凌迟，友人会诸人闻之，更是愤怒至极，乃于5月20日在东京举行盛大仪式，营葬金玉均的遗发。当时，政府官员及议员参加者不下数千人，皆为之执绋。众议员守屋此助、犬养毅等32人向政府提出质询，认为将金玉均尸体解回朝鲜是对"日本帝国一大侮辱"②，要求对中国采取措施。外务大臣陆奥宗光在答辩中称：

> 清国官宪对于并无守护者之尸体③，命其地方官有所处理，诚为事实。然并无如质询书所云清国政府掠获之事实。然而，朝鲜人金玉均之尸体及朝鲜人杀人者洪钟宇所生事之所在国政府，即清国政府，以之引渡于任何人，并不在帝国政府应行干涉之限。④

金玉均被刺事件发生后，日本国内确实掀起了一股发兵雪耻的喧

---

① 《日本驻上海总领事大越成德报告》。转见《甲午战前日本挑战史》，第27页。
② 《大日本帝国议会志》，第2卷，第1529页。
③ 和田延次郎弃金玉均尸体而去，故陆奥宗光谓金玉均尸体为"无守护者之尸体"。
④ 《大日本帝国议会志》，第2卷，第1736页。

器之声。李鸿章闻讯，即命袁世凯确查。袁世凯复电称："详审在韩日人情形，及近日韩日往来各节，并日国事势，应不至遽有兵端。调兵来韩说，或未必确。"① 实际上，完全不是这么回事。日本政府以金玉均事件不足以构成发动侵略战争的借口，只不过是忍而不发以待时机而已。当时，玄洋社成员的野半介主张，乘此机会向中国兴问罪之师。他在举行金玉均葬礼的第二天登门造访陆奥宗光，建议说："清国当局对金玉均之处置，实为日本之一大耻辱。是可忍，孰不可忍？我政府应断然向清国宣战，以雪清韩加于我国之耻，确立我国在韩之势力。"陆奥宗光答称："若为一他国亡命徒之死而宣战，绝不可能。君等之言皆系书生之论，恐难遵行。"既而又称："战之能成与否，悉听川上。"于是又介绍的野半介去见参谋本部次长川上操六。川上操六对的野半介的主张颇以为然，但因挑起战端的时机尚未成熟，于是暗示道："君为玄洋社之一人，闻贵社为济济远征党之渊薮，岂无一放火之人乎？若能举火，则以后之事为余之任务，余当乐就之。"② 这实际上是向的野半介透露了明治政府正在伺机制造战争借口的秘密。

其后，日人石河干明在论及金玉均事件的影响时，写道：

> 对清开战，虽为多年来之宿因，此事确为一大动机。后东学党乱起，我政府闻中国出兵朝鲜之报，急命回国之大鸟公使率兵入韩京。此事距金之死仅二月余。大鸟成行后，日清战端不久即起矣。③

这是一份老实坦白的日人自供状。然而，中国当事者李鸿章、袁世凯等尚蒙在鼓里，丝毫未觉察日本的阴谋，宜乎其后来事事落日人之后了。

---

① 《李文忠公全集》电稿，第15卷，第26页。
② 玄洋社社史编纂会：《玄洋秘史》，第435~437页。
③ 石河干明：《福泽谕吉传》，第3卷，第398页。

二　朝鲜东学党起义与"天佑侠徒"的秘密使命

金玉均被刺事件在日本引起的战争喧嚣，虽表面上一时渐趋平息，然日本国内的战争势力并未销声匿迹，而是在等待着哪怕是一个火星儿落地，也定将它煽成熊熊的战争之火。对此，清政府却始终缺乏应有的清醒估计。

这一年是北洋海军的第二次校阅之期，恰逢皇太后的六旬万寿庆典，所以准备办得比第一次更为盛大。先是在3月23日，海军衙门奏请派大臣出海会校北洋合操。朝廷十分重视这次检阅，特简派李鸿章同督办东三省练兵事宜都统定安认真合校。

5月7日，李鸿章率同北洋前敌营务处山东登莱青道刘含芳、前任津海关道刘汝翼、直隶候补道龚照玙、天津营务处总兵贾起胜、津海关道盛宣怀、军械总局总办张士珩、前出使俄国参赞罗臻禄、水师营务处道员罗丰禄和潘志俊等，乘海晏轮至咸水沽上岸，赴小站。8日，在小站观看陆军操练。9日，李鸿章一行抵大沽。北洋海军提督丁汝昌先期调集所部定远、镇远、济远、致远、靖远、经远、来远、超勇、扬威9舰，及记名总兵余雄飞所带广东之广甲、广乙、广丙3船，记名提督袁九皋、总兵徐传隆分带南洋之南琛、南瑞、镜清、寰泰、保民、开济6船，在大沽口会齐。此时，北洋之威远、康济、敏捷各练船已先赴旅顺口等候。10日，趁潮出海。"北洋各舰及广东三船沿途行驶操演，船阵整齐，变化雁行、鱼贯、操纵自如。"11日至旅顺时，定安已先到1日。15日，抵大连湾。17日夜，单行鱼雷演习，"以鱼雷六艇试演袭营阵法，攻守多方，备极奇奥"。18日，定远、镇远、济远、致远、靖远、经远、来远7舰，及广乙、广丙2船，"在青泥洼演放鱼雷，均能命中破的"。当天午后，"南北各船驶至三山岛次第打靶，于驶行之际击鸳远之靶，发速中多。经远一船，发十六炮，中至十五。广东三船，中靶亦在七成以上"。19日，各舰船悉抵威海卫。21日，"调集北洋兵舰小队，登岸操演陆路枪炮阵法，灵变纯熟，快利无前，各处洋操实无其匹。并调集南北各船，各挑水军枪队20名打靶，每名三出，均能全中。旋于铁码头雷桥试演鱼雷，娴熟有准。并令威远、敏捷、广甲三船操演风帆，均甚灵速。夜间合操，水师全军万炮并发，起止如一。英、法、俄、日各国均以兵船来观，称为节制精严。"① 对海军的检阅，到此基本结束。其后，李鸿章经胶州湾、烟台至山海关，于27日由铁路还天津。往返共21天。定安则于24日晚从烟台渡海赴营口，由陆路返奉天。这就是李鸿章这次大阅海军的大致情况。

李鸿章大阅海军，固然显示了北洋海军的一定实力，但也暴露了它存在的一些致命的弱点。在整个检阅过程中，日本的赤城舰始终相随观看，这对北洋海军的现状有了更深层的了解，从而为日本的主战论者提供了立论的依据。

这次李鸿章出海阅军，抵达小站的第二天，便接到了袁世凯关于"韩全罗道泰仁县有东学党数千聚众煽乱"的电报。在检阅途中，又多次接到关于东学党起事的报告。直到5月25日由烟台乘船北上时，还接到袁世凯报告东学党"势颇猖獗"的紧急电报。② 李鸿章大阅海军期间蔓延起来的朝鲜东学党起义，使日军找到了一个发动侵略战争的大好借口。川上操六终于盼来了让他望眼欲穿的"放火"机会。

东学党起义时有日人参加之说，早已见诸报端，盛传于世。此事

---

① 《李文忠公全集》奏稿，第78卷，第13~14页。
② 《李文忠公全集》奏稿，第15卷，第31~32页。

18

第一章　日本蓄谋发动侵略战争与挑起战端的外交策略

当非空穴来风。然其真相究竟如何？

日本人开始探查东学道，以日本玄洋社成员武田范之为先导。武田范之本是福冈久留米浪人，自号洪涛禅师。早在1892年，武田范之即自釜山出发，经海道抵达全罗道的金鳌岛，与朝鲜前开化党人李周会相晤，深相结纳。此后，武田范之即以釜山为中心，连年仆仆风尘于庆尚、全罗两道之间，会晤东学道徒，探询其法。相传东学道主崔时亨潜居庆尚道尚州时，武田范之曾一度前往拜访，欲进一步掌握其教义之奥秘，为崔时亨所拒绝。1893年，武田范之为便于长期活动，便在釜山租赁房屋，作为玄洋社成员活动的据点，称之为山紫水明阁。此处名义为法律事务所，由仙台人大崎正吉主持对外业务，实则为日本渡朝的玄洋社成员的聚会之所。

1894年东学党起义之后，在釜山的玄洋社成员密谋，设法打入起义军内部，把东学党的活动引向对日本有利的方向。于是，决定由武田范之、柴田驹次郎二人扮作朝鲜药商，化名为朴善五和朴善七，赴内地调查东学党起义军情况；由大崎正吉回日本东京，向玄洋社总部汇报，以决定下一步之行动。大崎正吉返东京后，访问了玄洋社成员铃木天眼。铃木天眼、大崎正吉与玄洋社头目头山满、平冈浩太郎及玄洋社中的激烈派的野半介，先后秘密策划。因为川上操六早就暗示玄洋社担任"放火"的任务，所以头山满、平冈浩太郎等对釜山成员的建议大为赞赏，决定由的野半介等组成第一侦察队先期赴朝，玄洋社大队随后出发。出发前，的野半介因故羁留，未能登程。大崎正吉电召主张"征韩"的仙台浪人日下寅吉参加。这样，只有铃木天眼、大崎正吉、日下寅吉三人启程。路经大阪时，军事间谍时泽右一持荒尾精的介绍信来见，加入了他们一行。抵九州门司时，玄洋社又派平冈浩太郎之侄内田良平、玄洋社机关报《九州日报》驻釜山通讯员大原义则前来参加。在玄洋社成员门司警察署长大仓周之助的帮助下，他们6人得以顺利登船渡朝。

此时，已在釜山等候的有：原陆军大尉田中侍郎、对马浪人大久保肇、退役特务曹长千叶久之助、间谍山崎羔三郎之弟白水健吉及浪人万生修亮、本间九介等人。武田范之、柴田驹次郎二人去内地调查后，也回到了釜山。再加上朝语翻译西胁茶助、《釜山日报》记者吉仓汪圣和年仅14岁的井上藤三郎，共17人。他们自号"天佑侠徒"，推举最年长的田中侍郎为侠长，决定前往东学党起义军大本营，以便伺机行事。与此同时，玄洋社派佃信夫、西村时彦二人常驻汉城，有事随时与日本公使馆联系。日本驻釜山领事馆领事补官山座圆次郎及警察署长内海重男，都与玄洋社有很深的关系。因此，天佑侠徒在朝鲜的一切活动，一直得到日本公使馆和釜山领事馆的大力支持和密切关注。

6月下旬，天佑侠徒一行15人自釜山出发，水陆并进，先抵马山浦。大崎正吉、武田范之二人，为等的野半介从九州电汇的经费，迟行2天。在马山浦会合后，先到庆尚道昌原府，从长崎人马木健三所开办的金矿里抢夺了一批炸药。7月初，他们到晋州后，曾引发炸药爆炸，吓退准备逮捕他们的朝鲜士兵。在前往山清郡的路上，他们又几次打退试图阻拦他们的农民。到山清后，他们一伙冲进郡衙，用武器威逼郡守，强"借"旅费。及抵达南原府，吉仓汪圣冒充日本全权公使和陆军大将，时泽右一冒充陆军中佐，竟骗取了南原府使的相信，以国宾之礼待之。天佑侠徒的如此行径，表明他们是一伙十足的无赖和歹徒。

田中侍郎一伙在南原稍事停留，研究打入东学党起义军的行动方针和策略。他们一致认为："欲求得东亚和平，首先须扫清清国势力，而扫清清国势力之唯一手段,则必使日清开战,以惩清国之横暴。"因此,当务之急是"挑起日清之战端"。就是说,准备要坚决贯彻川上操六提出的"放火"任务。这也就是他们此行的重要秘密使命。为此,决定先派武田范之、吉仓汪圣等前往当时已移驻淳昌郡的起义军大本营,与全琫准取得联系。行前,他们起草了《天佑侠檄文》。《天佑侠檄文》谓闵族暴政之庇护者为中国使臣袁世凯,而起义军却"以'袁大人'之尊称赠与敌人,'天朝上国'之美名献与敌国,贤明如公等出此迂腐之举,吾等实为不解"。又称:"残虐百姓者,守令;纵容守令者,闵族。而闵族暴政之根源,实为袁氏及清国。"因此,"欲讨伐闵族,须先扫除清兵"。最后提出:"愿奉公等为首领,行安民兴国之志,吾等竭尽全力以赴。""诚如所言,吾等甘愿驰驱在前,冒箭石,排刀剑,北上开辟入京之路,舍身赴死而后已。"① 其意图明显,就是企图用甜言蜜语引诱全琫准上当受骗,把斗争矛头转向中国,以使日本坐收渔利。

7月初,天佑侠徒全队来到淳昌起义军营中。晚间,田中侍郎、铃木天眼、武田范之三人同全琫准进行了笔谈。当时,全琫准对天佑侠徒的阴险目的还不甚清楚,但历史和现实都使他对日本有很深的恶感。他在占领全州后所张贴的榜文中,即以"惜三年之内,我国将归倭国"之语警惕国人。并且,他在起义军的行动纲领中规定了"逐灭夷倭"的目标。因此,对于这伙突然冒出来的"侠徒",全琫准不能不存有戒心。他说:"日本陆续派兵前来,必是要吞并我国。"② 会谈的结果是,全琫准拒绝了天佑侠徒的"帮助"。

玄洋社的阴谋计划遭到了破产。但由于朝鲜的形势发生了变化,

---

① 《玄洋社史》,第31、452~455页。
② 《全琫准供词》,《报知新闻》1895年3月6日。

已没有天佑侠徒继续执行"放火"任务的必要了,所以他们也就离开了淳昌起义军大本营。

第二节 中日驻朝代表商谈共同撤兵

东学党起义后,力量发展很快,于5月31日攻陷了全州。6月1日,朝鲜国王李熙决定向中国借兵。当天,日本驻朝鲜代理公使杉村濬探知这一消息,即派书记生郑永邦访袁世凯,问:"贵政府何不速代韩戡?"透露出日本政府急盼中国出兵的心情。并谓:"我政府必无他意。"以用此虚伪的口头保证来麻痹中国。2日,杉村濬又亲访袁世凯,进一步表示"盼华速代戡"的愿望。袁世凯自以为与杉村濬有旧,认为杉村濬不会说假话欺骗自己,也就相信了日本是"重在商民,似无他意"①。3日,朝鲜政府正式请求中国派兵。6日,清政府一面根据1885年中日《天津条约》知照日本政府,告知应朝鲜政府之要求,派兵"相机堵剿","一俟事竣,仍即撤回,不再留防"②,一面派太原总兵聂士成和直隶提督叶志超率部先后渡海,屯驻牙山。但清军并未与东学党起义军作战。11日,全琫准与朝鲜政府代表签订了《全州和约》,并随即率部退出了全州。

事实上,早在中国派兵之前,日本已开始进行出兵的准备。6月2日,日本内阁会议便通过了出兵朝鲜的决定。4日,外务大臣陆奥宗光命驻朝鲜公使大鸟圭介迅速回任,并密授以有采取"便宜措施"的"非常权力"③。就是说把挑起战争衅端的任务交给了大鸟圭介。5日,

---

① 《李文忠公全集》电稿,第15卷,第33~34页。
② 《清光绪朝中日交涉史料》(958),第13卷,第9页。
③ 陆奥宗光:《蹇蹇录》,第19页。

日本根据战时条例，成立了最高军事指挥部——大本营。并且，日本决定派一个混成旅团渡海赴朝。到16日，日本陆军入朝兵力近4 000人，并占据了汉城附近之要地，海军则有8艘军舰驻泊朝鲜海面，其兵力已远在中国军队之上，占有了绝对的优势。

本来，大鸟圭介回任后，发现汉城平静如常，而且清军屯驻牙山一隅之地，并未靠近汉城，确实出乎意料。在这种情势下，日本政府骤派大军进扎汉城，使大鸟圭介本人也感到难以自圆其说。杉村濬追述当时的情景说："综观京城的形势，甚为平静，当然用不着众多的警卫部队。不仅如此，就是先期入朝的400多名水兵，也如平地风波一样，不仅使朝鲜政府感到为难，各国使节也都对我方的举动感到震惊而抱有异议。大鸟公使见此形势，稍稍改变了原来的想法。"因此，6月11日、12日，大鸟圭介两次致电陆奥宗光，提出："大量的士兵登陆，反而招致困难，因此希望在没有公使命令之前禁止其登陆。除保留适当数量的军队外，其余均暂返对州待命。"12日、13日，他又两次派人去仁川，带信给大岛义昌旅团长，说明"目前京城形势平静，如果大量部队入京，反而有害于安定"①。16日，大岛义昌率第一批混成旅团登陆后，便暂时驻扎在仁川未动。

如何摆脱目前外交上的这种困境，是大鸟圭介当时迫切需要解决的问题。为此，他于6月12日上午拜访袁世凯，就双方不再增派军队一事进行了交谈。大鸟圭介表示：除"拟以护卫兵800替换海军入京"外，"如已不需多数士兵，将致电我外务大臣，使未发之后队暂停。但上述电报未到前已出发或接到陆续发船之电报而后至之兵，正尽力不使其登陆而令其归国"②。当天，袁世凯即致电李鸿章报告与大

---

① 杉村濬：《明治二十七八年在韩苦心录》，第10~11页。
② 《日本外交文书》，第27卷，第549号，附件一。

鸟圭介谈话的经过：

> 顷大鸟来谒，谈论二时久。坚谓实护馆而来，并相机帮韩御匪。凯婉与商办。相订今到仁之800兵来汉暂驻即撤；现在汉之水师兵，候800兵到即回船；续来者毋登岸，原船回日，未发者即电阻；华亦不加派兵来汉。凯询大鸟以14船载兵若干。答："每大队800，共三队，其各项杂役及随效者又有多名。"凯谓："韩事已渐平，我兵拟早撤，以免暑雨。如闻倭遣大兵，自将加兵前来。因相防，必生嫌。倘驻韩西人伺隙播弄，或西人亦多来兵，候收渔利，不但韩危，在华倭亦必有损。华倭睦，亚局可保；倘生嫌，徒自害。我辈奉使，应统筹全局以利国，岂可效武夫幸多事？我深知必无利，故尚未调一兵来汉。"大鸟答："甚是，适有同见。我年逾六旬，讵愿生事？即电阻后来各船兵。"凯又劝令少驻汉兵，分留仁川。大鸟答："我廷原派实不止800，况一队一将未便分驻仁。韩匪闻贵军至，虽逃散，兵仍未解，待事定，即全撤，必不久留。"大鸟又谓："接津电，闻华发兵2 000将来韩。如然，恐彼此撤去又须时。"凯答："我廷闻尔遣大兵，或将加兵来汉，果汝能阻续来兵，我亦可电止加派。"大鸟云："我二人即约定：我除800外尽阻之，尔亦电止华加兵。我二人在此，必可推诚商办。"①

大鸟圭介作为外交使节，开始主要是从外交方面来考虑问题，以免居于被动地位。所以，他这次主动拜访袁世凯，实是在寻找解决此一问题之途径。在这种思想支配下，他倾向于袁世凯提出的两国不再增派军队的方案。这次会谈的结果，使袁世凯充满了希望。李鸿章接电后，也就一面停止续发部队，一面电令叶志超停军不动以待命。

---

① 《清光绪朝中日交涉史料》(986)，第13卷，第14~15页。

日兵之进驻汉城，对朝鲜政府构成了极大的威胁。当大鸟圭介率兵回任尚未抵达汉城时，朝鲜外务督办赵秉稷即曾照会日本代理公使杉村濬：

> 查前时南道教匪猖獗，都下稍起谣疑。近日该匪回守全州，迭经创挫，气势渐迫。我都下因以人心甚安，毫无惊忧，早为各国人所共亮。如贵国兵丁当此甚安无警之时，忽而调来护馆，讵非于已安之地而故扰之？于无警之际而故骚之？且汉京为我国辇毂重地，又为各国玉帛会所，固应各求安堵，毋涉险虑。今贵兵丁无故调来，都下人心必至大骚，各国人民均生疑虑。万一有奸人借端生事，是因贵兵丁之来置我都城于险地，非我政府及本督办之所望也。贵政府素明时局，向敦友睦，应不愿置我都城于险地。况乙酉夏间，贵护馆兵丁撤回后，本衙门曾会同各国驻京使员商订章程，各公馆保护之事宜由本衙门主之。该章第二条如遇有事加派 40 人严密护卫，久经允照各在案。纵或汉城有所危险，亦应由本衙门派兵护卫。况值此京内毫无危险，本无所用其护卫乎？如贵兵来护，反使人心惊疑，至一城涉于危险之境，其得失利害瞭然可判。即望贵代理公使速电达贵政府以各项详细情形，即施还兵之举，以敦友谊，免生枝节。至切盼祷！①

该照会有理有节，指出日本出兵之无理，并要求日兵返回。但杉村濬在复照中却说："来文中'是因贵兵丁之来置我都城于险地'一节，完全出于本代理公使想象之外，毫无如此道理。关于来文中'即施还兵之举'一节，我政府已有训令，本代理公使难从尊意。憾

---

① 《日本外交文书》，第 27 卷，第 536 号，附件二。

甚！"① 这就完全没有什么道理可讲了。及至大鸟圭介抵汉城后，赵秉稷又亲访之，要求日本撤兵，被大鸟圭介所拒。为此，朝鲜政府感到非常棘手。

袁世凯与大鸟圭介的会晤，使朝鲜政府看到了一线希望，便于13日致函袁世凯请求撤兵：

> 日本以天兵来剿，疑忌多端，日前突发五六百兵驻我都下，屡由外署驳论阻止，终不听从。想似必须天兵撤回，始肯同撤。传闻仍有数千名继来于后。敝都警备素疏，有强敌包藏祸心，入据心腹，东土臣民危在旦夕，度日如年，人情大骚，不堪设想。幸值该匪已除，冀可解祸，即恳贵总理迅即电禀中堂，酌量援救，非敝邦所敢渎请也。如荷始终庇护，望即施行。情迫势急，企望维殷。

袁世凯当即转报于李鸿章。本来，早在三天前，聂士成就有"撤队内渡"的建议。此刻也确实是中国撤兵的大好时机。从中国方面看，不管日本玩弄什么花招，应朝鲜政府之请而撤兵，甚至单方面撤兵也无何不可，就会居于主动的地位，使日本难以施展其伎俩。但是，李鸿章考虑的是中日双方撤兵，认为朝鲜政府既"愿请我速撤兵，解倭急，而大鸟又谓华撤兵伊即同撤"，"似未便久留，致生枝节"。于是，他一面令袁世凯与大鸟圭介"约定彼此同时撤兵"，一面嘱叶志超"整理归装"，等候"派商轮往接内渡"。②

袁世凯根据李鸿章的指示精神，借回访之机与大鸟圭介进一步商谈两国共同撤兵问题。其谈话的主要内容如下：

---

① 《日本外交文书》，第27卷，第536号，附件三。
② 《清光绪朝中日交涉史料》（990），第13卷，第15~16页。

袁世凯："叶提督亦暂停其所请之兵，如贵国护卫兵滞京之日不长，我国亦必不再派兵于汉城。但应有要求后至之贵国士兵严禁其登陆并使其归国之电训。"

大鸟圭介："本使到后，亦认为无运来多数士兵之必要。故立即将未发部队暂停发船之意致外务大臣。上述电报，对于近日正驶向该国已发之船已无作用，此为本使最大之悬念。我大岛少将至仁后，是否同意其统率之兵不登陆之事难以肯定。前日虽派本公使馆武官赴仁，但恐其尚未充分贯彻我之意见。于是，再派本馆书记官杉村氏去仁。大岛少将至仁后，立即向其充分提出本使之意见，并加以处理。"

袁世凯："如是，除护卫兵入京外，余者皆禁其登陆矣。"

大鸟圭介："对此，该少将将采纳我杉村书记官之意见而不登陆，抑或因船中充满兵员而有必须登陆之难处，但本使切望其不登陆。"……

袁世凯："请双方共同撤兵，勿使他国有可乘之机。"

大鸟圭介："对此实有同感。"[①]

袁世凯由商谈停止增派军队转到共同撤兵问题，看来意见渐趋于接近，似乎没有多大分歧。

日本政府却另有打算。陆奥宗光接到大鸟圭介请求撤兵的电报后，大为不满。虽然他认为大鸟圭介的建议"非常恰当"，但还是准备大干下去。因为政府此次之派遣大军，绝不是仅仅为了护侨，而是希冀别有所得。此时议会内反政府的声浪甚高，既已派出大军，劳师伤财，若一无所获而返师，不但将贻议会反对派以口实，亦难

[①]《日本外交文书》，第27卷，第549号，附件二。

为国人所见谅，则内阁之倒台必无疑问。因此，日本政府早已决心一战，并且正在伺机挑起战端，尽管续发大军会在外交上引起纷议，还是否决了大鸟圭介的建议。因为在陆奥宗光看来，"实难预料何时发生不测的变化，考虑到在千钧一发之际，成败的关键完全取决于兵力的优劣，所以决定仍按政府原定计划先将预定的混成旅团派往朝鲜为万全之策"①。

6月13日，陆奥宗光电复大鸟圭介曰：

> 依尊意，已由参谋本部授与大岛命令，使其部队驻屯仁川。但阁下欲求中止兵士入京之理由何在？清国及朝鲜方面发生多少恐骇，最初即充分预料及之，此为阁下所悉知者也。若大鸟部下之兵永留仁川，恐失入京之机会。若一事不为，亦一处不去，终于自该处空手回国，不仅极不体面，且非得策。若无特别重大障碍，毋须踌躇，使该军入京城，非较为有利耶？

陆奥宗光仍恐大鸟圭介不了解政府决意挑起战端的决心，于同一天又提示大鸟圭介以讨伐东学党为混成旅团入京之口实：

> 以军队之一小部，虽有留置仁川之必要，然一如6月13日晨所发之电，外交上虽或许少有纷议，但以大岛部下本队入京为得策。因极盼迅速恢复和平，故清兵如仍驻牙山不进时，阁下即要求以日兵镇定暴徒亦无不可。关于对朝鲜将来之政策，日本政府不得已或至采取强硬之处置。

大鸟圭介仍认为讨伐东学党不足以构成混成旅团入京的理由，但政府既准备"采取强硬之处置"，那就要另想别的招数。于是，他又于14日致电陆奥宗光申述个人的意见：

---

① 陆奥宗光：《蹇蹇录》，第20页。

全罗道暴徒败北,京城中清兵未派来。在此种境遇内,不仅无须派遣多数兵士以保护我使馆及人民,且使清国、俄国以及其他各国皆怀疑日本意向,必至有派出兵士至朝鲜国之虞。故若非目下事情变动,益〔亦〕使我陷于危险之情状外,不见有可使四千兵士入驻京城之好理由。日本政府,如取如此处置,信为有害于我外交关系。然日本政府如于达到出兵之素志外,有应付一切事变之决心,则上述又当别论。①

此时,大鸟圭介处于进退两难的境地:一方面必须贯彻政府决心挑衅的指示;另一方面,与袁世凯商谈两国撤兵问题已获得进展,而一时又不好陡然转弯。

在这种情况下,袁世凯与大鸟圭介的共同撤兵会谈还在继续进行。6月15日,袁世凯亲自到日本公使馆,同大鸟圭介商谈撤兵问题。双方就下列各项取得一致的意见:

一、日本撤回在朝鲜的兵力的3/4,并撤离汉城,留下250名士兵在仁川暂驻;

二、中国军队撤回4/5,留下400名士兵;

三、待民乱平静以后,两国同时撤回全部兵力。②

当事人杉村濬后来追忆此事时写道:

当月15日,清使来访,提出清军撤兵,希望我国也同时撤兵的意见。公使表示同意撤兵,但回答说:"此事不能自作主张,必须等待政府的训令。"由此,谈判逐渐成熟,达到要交换公文的程度。

---

① 以上电报,见田保桥洁:《甲午战前日本挑战史》,南京书店1932年版,第89页。
②《清光绪朝中日交涉史料》(997),第13卷,第17页。

杉村濬是反对"同时撤兵论"的，而且主张"抛出朝鲜独立论，成败诉诸武力"一说。他曾与日本外务省派来朝鲜的参事官本野一郎密议，共同主张"放弃日清同时撤兵的决议，即使由此而引起与清国之间的战端"，也在所不惜。其实，当时杉村濬对大鸟圭介的心理尚没有完全摸透。大鸟圭介虽和袁世凯达成了口头协议，无非是在没有最后下定决心之前，尚需虚与委蛇一番。他所说"此事不能自作主张，必须等待政府的训令"固属事实，可是他心里完全明白政府不会同意撤兵，由此可知他此时表示同意撤兵只不过是欺人之谈罢了。

2天后，大鸟圭介即致电陆奥宗光称：

> 如将6月15日前到达仁川的3 000士兵不加使用地撤回，是很不策略的。我认为必须找到对这些士兵有效使用的办法。幸而清使袁世凯6月15日来访，提出两国同时撤兵的方案。本官的答复是：自己没有决定撤兵的权力，必须等待本国政府的训令。可乘此机会向朝鲜政府和清使提出要求，必须在日军撤走之前撤走清兵。如拒绝我国的这一要求，我将把这一拒绝视为清国要在朝鲜维持君主权，否认我国的朝鲜独立论，从而损害了我国在朝鲜的利益，便使用武力将清兵驱逐出朝鲜境外。如在无损于我国威严的协议不能达成时，本官将采取上述激烈手段。可否？乞速回电。①

这个电报透露了：日本军队不但要赖在朝鲜不走，而且要寻找挑起战端的借口。而对清政府来说，由于不想单方面撤兵，以争取政治、外交上的主动，却又一心幻想达成共同撤兵的协议，结果上当受骗，贻误时机，反而使自己处于更加被动的地位了。

---

① 杉村濬：《明治二十七八年在韩苦心录》，第14~16页。

第三节 日本向战争方针的转变

一 所谓"共同改革朝鲜内政"案

日本政府既派遣大军进入朝鲜,其目的是挑起战端,此已是"司马昭之心,路人皆知"。问题是要找到一个好题目,以便把这篇文章做下去。因为"目前既无迫切的原因,又无表面上的适当借口,双方还不能开战。因此,要想使这种内外形势发生变化,除去实施一种外交策略使局势改观以外,实在没有其他方法"①。这种外交策略终于炮制出来了,就是中日共同改革朝鲜内政的方案。所谓改革朝鲜内政案的提出,只是利用外交手段以挑起战端的狡猾策略,因为日本政府明明知道中国决不会接受这个方案,其目的则是为日本驻兵朝鲜提供一个新的借口。

起初,日本政府最担心的是列强插手和干预。后来,日本政府对列强干预的可能性作了认真的估计。日本外务省及参谋本部根据收到的各种情报,表明日军留驻朝鲜是可行的,不致引起列强的武力干涉。当时,日本最关注的是英、俄两国的态度。而据日本驻英公使青木周藏的报告,英国主要是惧怕俄国南下,如果日本的军事行动有利于阻止俄国南下,英国是不会提出反对的。另外,参谋本部部员陆军中佐福岛安正的情报更受到重视。福岛安正于1892年任驻德国公使馆武官,曾单骑从俄国彼得堡出发,横穿西伯利亚、蒙古及中国黑龙江各处,长途跋涉1.4万公里,直抵海参崴(符拉迪沃斯托克),对俄国

---

① 陆奥宗光:《蹇蹇录》,第21页。

在远东的军事力量进行了详细调查。次年6月回国后，便以功晋升陆军中佐，留参谋本部任职。根据他的分析，迄于1894年为止，俄国在远东的兵力仍然相当薄弱，在军事上不具备介入朝鲜问题的力量。综合分析以上情报之后，陆奥宗光断定：反对日本留兵朝鲜的国家，除中国以外，再不可能有别的国家了。为了解除大鸟圭介的顾虑，他于6月15日发给大鸟圭介的电报中便申明了这样的观点："关于俄国出兵朝鲜一事，据本大臣与俄国公使的谈话及我国驻英公使的报告观察，目前似乎无须担心。"①

虽然列强干预的顾虑解除了，但是驻兵朝鲜的借口还是不可少的。为了炮制共同改革朝鲜内政的方案，日本政府确实是费尽心思的。日本出兵朝鲜之后，暂时无所行动，引起了国内舆论的强烈不满，纷纷抨击政府。《国民新闻》指出："我国政府要是为了搞个阅兵典礼，可以不必把士兵派到朝鲜去。"《扶桑新闻》指责政府："不经议会的同意，就随心所欲地支付了庞大的陆海军演习费用。"并质问："如果仅仅是为了保护使馆和侨民，那为什么要派出所需要的几倍兵力呢？"②有的报纸甚至讥讽"日廷并无勇敢有为之臣"，并鼓吹说："中日难免不起争端，其最要者，日廷要必坚其志。"③ 国内形势业已造成骑虎难下之势，使日本政府毫无其他选择的余地，只能下决心按照既定方针大干下去。可是，对日本政府来说，如果不能从外交上找到一个借口，就很难打开当时这种错综复杂的局面。作为日本驻兵朝鲜借口的共同改革方案，最初就是由内阁总理大臣伊藤博文经过多日的苦思冥想而提出来的。6月14日，伊藤博文在内阁会议上第一次抛出了他的方案：

---

① 《日本外交文书》，第27卷，第552号。
② 藤村道生：《日清战争》，上海译文出版社1981年版，第60页。
③ 《同文馆学生长德译日本报》，《朝鲜档》(1909)。

>朝鲜内乱，应由中日两国军队共同尽力迅速镇压。乱民平定后，为改革朝鲜内政起见，由中日两国向朝鲜派出若干名常设委员，调查该国财政概况，淘汰中央及地方官吏，设置必要的警备兵，以维护国内安宁；整顿该国财政，尽可能地募集公债，以便用于兴办公益事业。

这个方案得到阁员的一致赞同。陆奥宗光也未表示异议，只是要求给他一天的考虑时间再作出决定。他认为：实行这一方案的结果，日本在外交上的被动地位变为主动，而且中国决不会轻易地同意这个方案，一旦出现这种局面时，日本下一步的外交策略亦应及早做好打算。他考虑："中国政府若不同意此项提案时，我国政府如果没有单独担当改革朝鲜内政的决心，则他日彼此意见或有龃龉，势必阻碍我国外交上的开展。"在6月15日的内阁会议上，陆奥宗光在伊藤博文的方案以外又提出两项附加条件：

第一，"不问与中国政府的商议能否成功，在获得结果以前，我国决不撤回目下在朝鲜的军队"；

第二，"若中国政府不赞同日本提案时，帝国政府当独力使朝鲜政府实现上述之改革"。

后来，陆奥宗光回忆当时的情况时写道：

>今后的一线希望，只系于中国政府能否同意我国的提案。如果中国政府拒绝我国提案，不问其理由如何，我政府皆不能漠视，并由此可断定中日两国的冲突终将不可避免，不得不实行最后之决心。这个决心，帝国政府在最初向朝鲜出兵时业已决定，事到今日就更无丝毫犹豫之理。①

陆奥宗光的这番话，道破了日本政府提出共同改革朝鲜内政的真实目

---

① 陆奥宗光：《蹇蹇录》，第22~23页。

的。日本内阁会议一致通过了这个提案，并由内阁总理大臣上奏，得到了明治天皇的裁可。

当天，陆奥宗光便将内阁会议的决定通知了大鸟圭介，并密授机宜说：

> 现今暴徒虽已平定，和平恢复，然今后可使日清间发生争议之事件，不可避免。因此，内阁会议已决定采取断然处置，与清国协力以改革朝鲜政府之组织。为此目的，应有迫使清国共同任命委员之决议。此事明日由本大臣向驻日清国公使提议。此事极密，对袁世凯或其他任何人，均不可泄露。与清国商定此事时，在谈判继续期间，无论使用任何借口以使我军留驻于京城，最为必要。鉴于李鸿章对于促令日本兵之撤退，颇具苦心，似欲即令清兵撤退，以达其目的。作为延迟我军撤退之理由，阁下可用最公开而表面上的方法，即派遣公使馆馆员派至暴动地方进行实地调查。而上述调查，务令其缓慢进行，并使其调查报告书故含适与和平状态相反的情况。是所至盼！[①]

于此可知，日本政府的策略是一箭双雕：既要日军赖在朝鲜不走，又要想方设法拖住清军。

6月16日，陆奥宗光邀见中国驻日公使汪凤藻，告以阁议决定的中日共同镇压东学党及共同改革朝鲜内政方案。至于其本人所附加的两项条件，则秘而不宣。陆奥宗光要求汪凤藻致电清政府尽速地同意日本提案，由中日两国共同研究朝鲜的善后问题。对此，汪凤藻颇感意外，面有难色，力主中日两国军队应先从朝鲜撤出，然后再从长计议善后办法。陆奥宗光则声称："观察目前朝鲜的形势，深信祸乱潜伏的根源很深，若不从根本上改革其秕政，就绝不可能求得永远的安

[①]《日本外交文书》，第27卷，第552号。

宁。目下若只采取各种姑息的办法，以弥缝一时，那我国政府在领土接近的邻邦情谊上，实在一天也不能安心。帝国政府非至真正获得此种安全，不论发生如何情况，也不能撤退目前驻在朝鲜的军队。"① 会谈从当天下午8时持续到午夜1时，汪凤藻才答应将日本的方案转报清政府。

6月17日，日本外务省又送交给汪凤藻一份政府照会，其内容如下：

> 日清两国宜勠力以速镇压朝鲜乱民。乱民既平，则宜改革朝鲜内政，由日清两国常置委员若干人，先从事下列事项之处理：一、稽查财政；二、淘汰内部政府及地方官吏；三、使朝鲜政府置警备兵以保持国内安宁。②

同时，日本政府电令驻天津领事荒川已次，将该案知照李鸿章；又电训驻北京临时代理公使小村寿太郎，将该案送交总理衙门。这个提案是把朝鲜完全置于外国的干涉之中，是中国绝对不能接受的。当天，李鸿章即复电汪凤藻称："韩贼已平，我军不必进剿，日军更无会剿之理。乙酉伊藤与我订约，事定撤回。又倭韩条约认韩自主，尤无干预内政之权。均难于约外另商办法。请直接回复。"③ 并将此事电告总理衙门。

日本政府一面向中国提出共同改革朝鲜内政方案，一面对朝鲜政府施加压力。6月18日，陆奥宗光向大鸟圭介发出如下电令：

> 对于我方提出的有关朝鲜问题方案，清国没有丝毫同意的迹象。因此，在本国政府和公众的感情没有得到满足之时，决不能从现在的地位后退。并可利用此机会向朝鲜政府提出以下要求：

---

① 陆奥宗光：《蹇蹇录》，第24页。
② 桥本海关：《清日战争实记》，第2卷，第103页。
③ 《清光绪朝中日交涉史料》(997)，第13卷，第17页。

转让京城、釜山间的电线；废止内地对日本人所属商品的非常课税；全部废除防谷令。如果与清国的协议得不到满意的结果时，为达到各条款所要求的目的，随后将发出指示，以采取适当措施。对此，请充分考虑，并作好准备。①

6月19日，小村寿太郎带译员郑永昌到总理衙门，要求对日本照会速作答复。当时，参加会见的大臣为孙毓汶、徐用仪、张荫桓、崇礼四人。在交谈中，孙毓汶根据李鸿章电报的精神，对日本政府所提出的三条方案逐条地进行了反驳：

贵政府所提之第一条，虽然朝鲜乱民必须镇压，但据袁世凯报告，乱民之主力已散，仅于各地有小股出没，以朝鲜自国之兵力不难平定，故已不仰赖天兵之应援。因此，我兵已暂停进入内地，可见施行此种办法已无必要。贵国兵员进入汉城，徒使人心动摇，且不无激起事端之患。

第二条、第三条，虽云改革朝鲜内政，整理财政及军务，但我政府亦断难表示同意。盖朝鲜有其自主之权，即使其为属邦，亦不得对其内政滥加干涉。中韩两国关系尚且如此，何况日本仅有邻邦之谊？再者，对于此种干涉，其他国家之意见各异，难免激起意外事端，且有导致两国间产生种种麻烦之忧。对于此点，务望注意。

小村寿太郎理屈词穷，一时难以正面置答，只好装腔作势说："我政府始提出此案，愿日清韩三国间永远和好，并无他意。"并提出："上述各条乃贵我两国间进行协商之重大事件，故互为保密至关重要。如为外国公使探知，恐酿成种种复杂关系，请勿泄露。"② 对此，总署各

---

① 杉村濬：《明治二十七八年在韩苦心录》，第18页。
② 《日本外交文书》，第27卷，第575号，附件二。

大臣也表示同意。

6月21日，汪凤藻奉命正式照复日本政府，对日本政府提出的方案明确地答复说：

一、韩乱已平，已不烦中国兵代剿，两国会剿之说，自无庸议。

二、善后办法用意虽美，止可由朝鲜自行厘革。中国尚不干预其内政，日本素认朝鲜自主，尤无干预其内政之权。

三、乱定撤兵，乙酉年两国所定条约具在，此时无可更议。①

中国拒绝日本的共同改革朝鲜内政方案，早在陆奥宗光的意料之中。因为陆奥宗光自己也根本不相信有此可能性。他后来回忆道：

所谓朝鲜内政的改革，毕竟不过为打开中日两国间难以解决的僵局而筹划出来的一项政策。后因事态变化，以致形成不得不由我国单独承担的局面。所以，我从开始时就对朝鲜内政之改革，并不特别重视，而且对于朝鲜这样的国家是否能进行合乎理想的改革，尚抱怀疑。但改革朝鲜内政现在既已成为外交上的一个具体问题，我国政府总不能不加以试行。至于我国朝野的议论究竟基于何种原因，已不必深问。总之，有此协同一致，不论对内对外，皆属便利。因此，我便想借此好题目，或把一度恶化的中日关系重加协调，或终于不能协调，索性促其彻底破裂。总之，想利用这一问题使阴霾笼罩的天气，或者一变而为暴风骤雨，或者成为明朗晴天，像风雨表那样表现出来。②

陆奥宗光的自供状虽然半遮半掩，还是承认了改革朝鲜内政方案只是日本挑起战端的一种手段。

---

① 《日本外交文书》，第27卷，第576号。
② 陆奥宗光：《蹇蹇录》，第29页。

果然，到6月22日，陆奥宗光再次照会汪凤藻：

> 贵政府不容我剿定朝鲜变乱及办理善后，我政府不能同见，甚以为憾。唯朝鲜朋党相争，内变踵起，究其事变，必于全其自主之道有所阙如。我国于朝鲜利害关系尤重，终不能将该国惨状付之漠视，各推而不顾，不啻有乖交邻之谊，亦背我国自卫之道。所以百方措画，以求朝鲜国安。今而迟疑，则该国变乱弥久弥亟，故非设法办理，期保将来邦安而政得宜，竟不能撤兵。我之不轻撤兵，非止遵照天津约旨，亦善后预防之计。本大臣披沥意衷如是，设与贵政府所见相违，我断不能撤现驻朝鲜之兵。①

这个照会措辞强硬，充分表明了日本政府决不从朝鲜撤兵的决心。所以，陆奥宗光把这个照会称作是"日本政府对中国政府的第一次绝交书"②。

日本政府使用共同改革朝鲜内政的手段实现了留兵朝鲜的目的，但要真正走向战争，它还得继续玩弄别的花招。

二 "独立"案与"改革"案两手并用

在陆奥宗光发出对中国政府的"第一次绝交书"的同一天，日本举行御前会议，以决定政府对朝鲜问题的进一步方针。

诸大臣齐集宫中，明治天皇亲临主持。内阁总理大臣伊藤博文以下诸内阁大臣、枢密院议长陆军大臣山县有朋、参谋总长陆军大将有栖川炽仁亲王等出席。御前会议作出决议："日清两国相互提携之事，今已不应由我期望。"③ 表明今后对中国准备采取决绝的态度和强硬的立场。当天夜里，陆军大将小松彰仁亲王密访海军大臣西乡从道，有

---

① 《清光绪朝中日交涉史料》（1020），第13卷，第22页。
② 陆奥宗光：《蹇蹇录》，第26页。
③ 藤村道生：《日清战争》，上海译文出版社1981年版，第65页。

所商谈。随后，陆军中将川上操六和海军中将中牟田仓之助亦访西乡从道，彻夜密谈，室外时闻击案之声。6月23日，炽仁、小松二亲王进宫上奏。随后，枢密院即召集临时紧急会议，议长山县有朋、副议长伯爵东久世通禧以下各顾问官全体出席。伯爵胜安芳一向不到院，非咨询极重要之提案不至；伯爵副岛种臣扶重病出席。明治天皇也亲临会议。此咨询案之重要性可想而知。实际上，从御前会议到枢密院会议，无非是讨论如何贯彻对中国挑起战端的决策而已。

6月22日的御前会议后，日本政府决定将延期出发的第二批部队增派到朝鲜，使大岛义昌少将的混成旅团达到满员编制，以具备能够击败牙山清军的力量。23日，大本营便向第五师团长陆军中将野贯道津下达了命令。第九旅团第二十一联队长步兵中佐武田秀山奉命后，即率所部分乘住江丸、和歌浦丸、三河丸、兵库丸、酒田丸、熊本丸、仙台丸、越后丸8船，于24日中午由宇品出港，25日晨抵门司。随后即在浪速舰的护卫下，于27日抵仁川。28日，全队登陆完毕。这样，大岛混成旅团已全部进入朝鲜，兵力达7600多人。于是，大鸟圭介便可凭借优势的兵力，胁迫朝鲜就范，进而向中国挑战了。

御前会议的当天，陆奥宗光特派外务书记官加藤增雄前往汉城，向大鸟圭介传达政府根据御前会议而制定的方针，以及有关向朝鲜政府提出内政改革的机密训令。6月23日，陆奥宗光给大鸟圭介发出了等待加藤增雄到达的电报：

> 由于和清国政府的谈判未能成功，即使将东学党平定，日清两国之间的冲突已不可避免，不能单以清兵撤退为理由，使我军从朝鲜撤退。正如我政府向清国政府提议那样，不得不单独采取措施（单独对朝鲜内政改革提出劝告之意）。有关之详细命令，

由加藤（增雄）书记官带去，待其到达。[①]

陆奥宗光是恐大鸟圭介向中国提出"必须在日军撤走之前撤走清兵"的要求，故在加藤到达之前先发这封急电。万一中国真的撤兵，日本的挑衅计划岂不全部落空？

因加藤增雄抵达汉城尚需时日，大鸟圭介决定先谒见朝鲜国王，早日利用外交手段转变局面。大鸟圭介向内务府督办申正熙请求谒见不下数次，韩廷则尽量拖延。经大鸟圭介不断督促，才获准于6月26日谒见。当日午后3时，大鸟圭介率书记官杉村濬及书记生国分象太郎入宫。谒见前，内务府参议金嘉镇把杉村濬领到另一个房间里，私下嘱咐杉村濬说："如果公使在国王面前提出独立论来辩论责难时，那就将会使国王感到不安。"金嘉镇曾任驻日公使，是朝鲜政府内部著名的亲日派，或称之为"日本党"，经常向日本公使馆暗通消息。他的嘱咐显然产生了一定的作用。大鸟圭介在谒见国王时，没有直接提出朝鲜独立自主问题，而主要陈述改革内政的必要性，同时表示了确定委员要同他本人商量的意见，并将带来的汉文意见书上呈国王。朝鲜国王李熙接受了意见书，随即提出：自日本兵入韩以来，民心惴惴不安，希望日本政府早日撤兵。

当日，大鸟圭介复上朝王一书，正式提出了朝鲜的独立自主问题：

南乱本属内民，其祸不大。至于清国派兵援之，则祸延入东洋大局，其有事也大矣。故日兵之保护该民，亦事势之不得已也。次如清国既闻乱民平定，犹屹然不撤其兵，则不啻使其事更大，其意实不可测也。且夫初认朝鲜为自主之国，使与各国订结平等抗礼之条约者，谁耶？盖莫非日本之功矣。然则，日本何有敌视朝鲜之理哉？故若有认朝鲜为藩属，或乘机设乱欲郡县之者，则

[①] 杉村濬：《明治二十七八年在韩苦心录》，第19页。

拒之斥之，以全朝鲜之自主独立，盖我日本所宜任之也。①

大鸟圭介打出维护朝鲜独立自主的幌子，并声称以全朝鲜之独立自主为己任，是为采取进一步的行动作准备。为此，他当天即致电陆奥请求批准他的方案。根据当时的朝鲜形势，日本毫无派遣大军进入汉城护馆的必要，大鸟圭介对这一点看得很清楚。而利用其他借口，在外交上也难赢得同情，唯有以维护朝鲜独立自主为口实，强令滞留仁川的大军入京，才可加速挑起战端。他只等政府批准他的方案后，就要付诸行动。

加藤增雄到达以后，大鸟圭介的挑衅计划又有了新的变动。原先，陆奥宗光主张实行"改革"案，而大鸟圭介则主张"独立"案，至此才变为两手并行，双方意见趋于一致。

6月27日，加藤增雄带着外务大臣的秘密指令来到了京城。秘密指令的大意是："从当前的形势发展看，开战已不可避免。因此，只要在不负开衅责任这个前提下，可以采取任何手段，制造开战的口实。此事难以作为训令用书面指示，故特派加藤前来面陈。"另外，加藤增雄还交出了他抵马关后陆奥追加的训令：

> 兹训令阁下：当以劝告态度与朝鲜政府郑重谈判，促其对朝鲜的行政、司法及财政制度上实行有效的改革和改善，以保证将来不致再行失败。谈判之际，阁下可引用本大臣给清国公使答复中所阐述的理由，以加强论锋。此答复之抄本，将由加藤向阁下传达。而且阁下亦可用适当的方式展示诸外国公使，借以向全世界表明日本政府处置之至当。②

训令中提到的"给清国公使的答复"，即指6月22日为拒绝撤兵事致

---

① 王炳耀：《甲午中日战辑》，卷一，第38页。
② 杉村濬：《明治二十七八年在韩苦心录》，第24~25页。

汪凤藻的照会。加藤增雄口传的秘密指令，表明日本政府无论如何也要挑起战端的决心，并赋予大鸟圭介以采取任何手段的权力。

于是，大鸟圭介又重新制订挑衅计划，决定将问题分为"独立属邦"案和"内政改革"案，两手兼而用之。其全部计划是：

（甲）独立属邦案：

第一种办法：将本月6日驻东京清国公使送交我外务大臣的公文抄件出示给朝鲜政府，质问该政府对"保护属邦"四字是否承认。

第二种办法：如朝鲜政府答称该国为独立自主之邦，并非清国属邦时，我则以清兵声称"保护属邦"而进入贵国国境，此乃对贵国独立自主权之侵犯，须使清兵撤出，维护日韩条约之条文系贵国政府之义务，迫其迅速驱逐清兵出境。如贵国政府难以为力时，我国愿以武力相助，将其逐出。并向清国公使说明：贵国以"保护属邦"之名出兵朝鲜，我政府坚决反对之。我政府早已承认朝鲜之独立，因而有保护其独立之义务。况且朝鲜政府亦公开声明非贵国之属邦。如是，贵国之兵确属师出无名，理应急速撤兵。如其踌躇不决，我方将被迫用武力予以驱逐。

又若朝鲜政府明确承认为清国属邦，我应面见外务督办说明利害，令其撤回公文。如彼置若罔闻，我可公开指责朝鲜政府违背修好条约第一款，以及订约十七年来欺我之罪，以武力迫使该国谢罪，并取得令我满意之补偿。

再则，如朝鲜政府答以彼国自古以来即为清国之属邦，然内政外交向来自主，与自主之国相同。我即向朝鲜政府指出：平定内乱纯属内政，而清国以"保护属邦"为名出兵乃干涉内政，以行属国之实。再根据第一种办法，逼问韩廷及清使。

（乙）内政改革案：

第一种办法：已于26日上奏国王。

第二种办法：向朝鲜政府提出内政改革案，该政府是否接受我之劝告实行改革，应敦促其答复。

第三种办法：朝鲜政府如不采纳我之劝告，在法理许可的范围内，采用威胁手段以促其实行。①

大鸟圭介这个两手并用的挑衅计划，终于被陆奥宗光所接受。

6月28日，大鸟圭介便按照预定的计划向朝鲜政府发出照会，质问朝鲜政府对中国所称"保护属邦"四字是否承认，并限定于29日以前作出答复。朝鲜政府接大鸟圭介照会后，惊惶不知所措，处于两难之中：如不承认系属国，则无以对中国；如承认系属国，则日本必采取武力行动。当天夜里，袁世凯急电李鸿章报告此事，乞速设法。29日限期已满，李鸿章复电未到。朝鲜政府乃派安驷寿至日本公使馆，请求展期一天。30日上午10时，李鸿章电报仍未到，而大鸟圭介已遣书记官杉村濬来外务衙门催问。外务督办赵秉稷答曰："朝鲜历来为自主之邦，清国对我作何称呼，乃清国决定之事，与我无关。清兵驻我境内，系应我国邀请而来，故不能予以驱逐。"杉村濬对此答复极为不满，质问道："国家主权如系一纸空文，即不能称之为自主国家，必须在国内有行使主权之实。若他国之主权侵入其国，并在某种程度上为彼之主权所支配，即非自主国家。目下清国以'保护属邦'之名派兵，其统兵官可随意命令所在国人民而毫无忌惮，此岂非清国对贵国主权之侵犯？"②

杉村濬走后，赵秉稷经过与袁世凯协商，才拟定了答复大鸟圭介

---

① 杉村濬：《明治二十七八年在韩苦心录》，第25~27页。又见《日本外交文书》，第27卷，第384号。
② 杉村濬：《明治二十七八年在韩苦心录》，第28页。

的照会：

> 查丙子修好条规①第一款内载朝鲜自主之国，保有与日本国平等之权一节。本国自立约以来，所有两国交际交涉事件，均按自主平等之权办理。此次请援中国，亦系我国自用之权利也，与朝日条约毫无违碍。本国但知遵守朝日定立条约，认真举行。且我国内治外交，向由自主，亦为中国之素知。至中国汪大臣照会径庭与否，应与本国无涉。本国与贵国交际之道，只可认照两国条规办理为妥。②

朝鲜政府的照会只称"内治外交，向由自主"，完全回避了"属邦"问题，已在大鸟圭介之预料之中。"独立属邦"案的第二种办法，就考虑到了这种可能性。本来，他是要按预定计划采取进一步行动的。适在此日，接到外务大臣于6月28日发出的电训。该电训称："要求取消聂布告中'属国'二字，迫使牙山清军撤退，与目下的策略相违背。所以，无论朝鲜政府听从与否，俟加藤到达之后，应立即提出内政改革问题。"③ 于是，大鸟圭介围绕着"属国"这个题目所作的文章尚未煞尾，只好暂时搁笔。

当时，在日本驻朝鲜公使馆内，所有人员都是速战论者，但又不能不执行政府的训令。于是，议定一面根据外务大臣的指示，迫使朝鲜政府实行内政改革；一面将公使馆同人的一致意见上报政府。为此，决定派福岛安正、本野一郎于7月3日离开汉城回国，由福岛安正负责军事方面的说明，本野一郎负责外交方面的说明。福岛安正、本野一郎带回的意见如下：

---

① 丙子修好条规，指1876年日朝《江华条约》。
②《清光绪朝中日交涉史料》(1063)，第14卷，第2页。
③ 杉村濬：《明治二十七八年在韩苦心录》，第28~29页；《日本外交文书》，第27卷，第385号。按：聂士成所张贴的告示，其一谓"我中朝爱恤属国"，其二调"保护藩属"。(见《日清战争实记》，第1编，第63页)

根据今日之形势，日清冲突已不可避免，而早日开战对我有利。开战的口实，除朝鲜自主问题外，别无其他借口。自主问题光明正大，亦可对列国充分显示我国之义举。清国虽地域辽阔，然从其近年来之陆海军备看，徒具其表，实则极不完备，不足为惧。①

福岛安正临行前，又曾与冈本柳之助密议。冈本柳之助与陆奥宗光同乡，1876年订立《江华条约》时曾以陆军武官任随员。不久，晋升陆军少佐，任东京镇台炮兵第一大队长。后因事连坐夺官，终身停止任用，遂以"志士"之名从事侵略朝鲜和中国的活动。1894年，冈本柳之助来汉城，适东学党起义爆发，于是劝告临时代理公使杉村濬请求出兵，又亲自致书于陆奥宗光陈述己见。陆奥宗光视冈本柳之助如手足，非常信赖。当大鸟圭介返任时，特托其带信致意，并谓："此次大鸟圭介公使返任，内线公事一切委托老兄活动。"② 可见二人之间不拘形迹的亲密关系。在此以前，陆奥曾电示大鸟圭介，要尽量"赢得有影响之朝鲜人"，并告知："为此事如需经费，可根据申请拨发。"③ 这项从朝鲜政府内部收买奸细的任务，便落在冈本柳之助的身上。诸如内务府参议金嘉镇、机器局会办赵义渊，以及主事俞吉濬、安驷寿等人，都与冈本柳之助拉上了关系。冈本柳之助在此次事件中扮演了一个隐蔽而又非常重要的角色。因此，当福岛安正离开汉城之际，冈本柳之助托福岛安正向陆奥宗光及山县有朋进言早日开战为得策，更加重了公使馆意见书的分量。

---

① 杉村濬：《明治二十七八年在韩苦心录》，第29页。
② 井田锦太郎：《冈本柳之助小传》，《冈本柳之助策论》第184~185页。
③ 《日本外交文书》，第27卷，第377号。

三 迫朝鲜"改革内政"

大鸟圭介利用"独立属国"问题挑起战端的计划暂时未被批准，于是便转而就"改革内政"问题对朝鲜政府进行威逼。

先是在6月28日，日本内阁会议决定单独迫使朝鲜政府"改革内政"。当天，陆奥宗光一面向大鸟圭介发出电训，令其暂时放下"属国"案，立即提出内政改革问题；一面命外务省政务局长栗野慎一郎携训令赴汉城，传达阁议通过的政府方针。此训令在大谈"邻邦情谊"和"帝国自卫之道"后，又列出应向朝鲜政府提出的七项"改革"建议：

一、明官司之职守，矫正地方官吏之情弊。

二、注重外国交际事宜，职守择得其人。

三、使审判公正。

四、使会计出纳严正。

五、改良兵制及设立警察之制。

六、改革币制。

七、谋交通便利。①

从表面上看，这些建议似乎并无不合理之处，但醉翁之意不在酒，日本政府只不过想借此挑起衅端罢了。

7月3日，栗野慎一郎尚未到达汉城，大鸟圭介已经急不可待了。这日，大鸟圭介亲至外务衙门访问赵秉稷，向朝鲜政府提交其改革意见书。其中有云：

于贵国最近十数年之经验中，兵变民乱屡兴，国内不稳，其余响延及邻国，或竟见招致外国兵之不幸，此为贵我两国所共忧

---

① 田保桥洁：《甲午战前日本挑战史》，南京书店1932年版，第117~121页。

者也。此究在于贵国缺乏维持独立之要素，且更缺乏维持国内安宁之兵备。其势以至于此，此必须判定者也。我帝国与贵国仅隔一苇带衣，互相邻接，因而政事及贸易上关系不浅，故贵国变乱影响我帝国之利益实不少。因此，我帝国观今日贵国之困难状态，不能听其自然，固无待论。何则？我帝国此际如视贵国困难若秦越，则不独背年来之友谊，而且恐因之害我帝国之安宁、有损利益之故也。是以帝国政府前者为贵国计划善后方策若干条，以之提议于与我国立于略同地位之清国钦差大臣，请求该政府协力。该政府不应此要求，且以冷淡态度斥我协议也。虽然，我政府不变当初目的，务守此趣旨，以劝贵国确立适宜于独立国之政治。并提出改革方案五条：

　　一、改正中央政府及地方制度，并采用人才。

　　二、整顿财政，开发财源。

　　三、整顿法律，改正审判法。

　　四、设置对于镇定国内民乱保持安宁上必要之兵备。

　　五、确立教育制度。①

在提交改革意见书的同时，大鸟圭介还要求朝王委派所信任之大臣数名为委员，与之共同商讨细目及实行方案。2天后，栗野慎一郎来到汉城，向大鸟圭介传达外务大臣的训令。大鸟圭介细阅陆奥宗光的机密训令，与7月3日送致外务衙门督办的改革意见书，虽有一定出入，但根本上尚无大的差异。且改革意见书业已送出，无法收回，只好等以后再补充了。

当7月3日大鸟圭介向赵秉稷送至改革意见书时，赵秉稷提出应须撤兵后再议改革，大鸟圭介则力称改革内政与撤兵无关，表示"非

---

① 田保桥洁：《甲午战前日本挑战史》，南京书店1932年版，第115页，注十六。

革政不已"①。4日，大鸟圭介又派杉村濬催逼朝鲜政府派员议改革事，并限定于5日下午答复。5日，朝鲜政府派员至日本公使馆，请示展限2天。大鸟圭介的高压手段，引起朝鲜诸大臣的强烈不满。总理外务大臣金宏集即对大鸟圭介此举持反对态度。刑曹参议李南珪极力主张：改革内政问题为朝鲜主权范围之事，断不容他国置喙。时朝鲜驻日本代理公使金思辙刚从东京回国，认为"日兵必不能吞韩，唯在虚吓构衅"，力劝朝王"以理坚持，不许干预内政"②。到7日，朝鲜政府仍犹豫不决，难作答复。大鸟圭介照会朝鲜外务衙门督办，诘问为何至期不复，并限定8日午前作出答复。朝王事急无奈，于7日晚遣赵秉稷往见大鸟圭介，告其根据日方要求，已任命内务府督办申正熙、协办金宗汉、曹寅承3人为内政改革交涉委员；并设校正厅，任命沈舜泽、赵秉世、郑范朝、金宏集、金炳始等5人为总裁，金泳寿、朴定杨、申正熙、金宗汉、曹寅承、鱼允中、关泳奎、李裕承、金晚植、尹用求、赵钟弼、沈相薰、李容大、李容植、金思辙等15人为委员，商订内政改革事宜。③ 实则以此敷衍日本，并拖延时日。同时，电驻天津督理徐相乔，请天津海关道转恳李鸿章设法干涉。

7月8日，朝王下罪己诏，承认积年弊政，国无以为国，对此表示"诚自惭恧"。并指出今后"凡系政府得失者各令条陈，无或有隐，随即禀明施行。其或当言而不言，罪在有司；言之而不亟从，亦即予之过也"④。既向日本表示改革的"诚意"，也表明开始认识到民族危机的严重。在此之前，他即曾对群臣说："外侮如此，国势可知，言

---

① 《李文忠公全集》电稿，第16卷，第5页。
② 《清光绪朝中日交涉史料》（1086），第14卷，第9页。
③ 《日清战争实记》，第1编，第59页。
④ 《日清战争实记》，第1编，第58页。

之可耻矣。"①

7月10日，大鸟圭介便要求朝鲜政府派内政改革委员会议。当日午后6时，双方在汉城南山麓的老人亭内举行第一次会谈。朝鲜方面参加会谈的三名委员是申正熙、金宗汉和曹寅承；日本方面参加会议的是大鸟圭介、杉村濬及书记生兼翻译国分象太郎。会议开始前，大鸟圭介先询问三委员的权限。申正熙答曰："奉政府训令：关于改革，细听日本国公使意见，附以本人等意见，呈报政府诸大臣之前，与诸大臣一同上奏于大君主陛下，仰求裁断，权止于此。本人等无取舍折衷公使之劝告断行改革之权。"② 大鸟圭介以朝鲜委员之权限不充分，本欲拒绝会谈，然考虑因权限问题而拖延时日，对日本不利，于是，不管朝鲜委员的委任权限而开始会谈。大鸟圭介遂交出一份小册子，上载"厘治纲目"26条③，并各注明施行期限。其中，6条"限3日内议妥，准于10日内拟定施行"；10条"准于6个月内拟定施行"；10条"准于2年内拟定施行"。④ 大鸟圭介手指各款一一说明，直到晚上9时尚未终了，因而决定于次日继续会谈。

7月11日午后1时，双方代表在老人亭继续举行会谈。朝鲜首席委员申正熙就日本政府限期改革问题向大鸟圭介提出质问，从而发生了一场争辩：

申："此则无以带去。此是有国大政，岂立谈间所可讲定也？政府亦有诸大臣会议，以及百僚讲论利害便否据理上达，蒙大君主陛下允许，方可举行。则此岂定限之事？"

---

① 朝鲜《高宗实录》，第31卷，第28页。
② 田保桥洁：《甲午战前日本挑战史》，南京书店1932年版，第131页。
③ 关于大鸟圭介"厘治纲目"，一作25条，一作26条，几种记载稍有出入，但基本内容并无多大不同。比较一下可知"26条"系将原"25条"之第16条分为两项，故多出一条，另外，第24条内容有所改变。
④《日使大鸟分限韩廷克期厘治各节》，《朝鲜档》(1929)，附件十一。

大鸟："若过 10 日，则恐有兴亡。"（语毕，日译员国分跳踉而起，指册子句句指定。大鸟亦色厉而起。）

申："岂有两国谈办而有此胁迫之举乎？定限责督，便同索债者，岂国体乎？吾辈归告政府，政府必有措处，岂可督限而迫之耶？传语官举止，极无体例，宁有此等谈办也？决无敢如此相逼也！"

国分："此是公使所言，只传之而已。"

申："吾观公使气色，则和而有礼。以吾不知语言，故归之公使所言，尤极骇叹！"（言之辞色甚不平。）

大鸟："实非相迫，此是我政府训令，不可不即为回答故也。"

申："贵政府每因此等大事件，有定限之例乎？"

大鸟："又为姑息，则将必归于缓晚也。"

申："公法则闻有不得干预邻国内政云，果然乎？"

大鸟："然矣。"

申："然则贵国将干预乎？"

大鸟："何可干预？实无此意，但邻国相劝也。"

申："宁有定限相劝者乎？大抵今册子中诸条，暗合于我国成宪者甚多，我国方欲申明之，此际贵国以此册督之。则我实修我旧章，而人皆曰贵国干预内政云。则我政府实修内政，而将失权利；若政府失其权利，则国非国矣。然则宁无国名，决不可失其权利。为今之计，贵国免干预内政之名，我政府之权利自在，然后似为两国之得体也。"

大鸟："果然甚好。我何以干预也？贵政府自有权利，两相便当矣。"

申:"然则更勿为督限也。"

大鸟:"事甚忙迫,幸详达于贵政府,速速出示为好矣。"

申:"有不然之端,我大君主陛下日前有饬使政府会百工议事,革者革之,罢者罢之。大臣方今收议于各司而非久会议,则先奉敕教举行后,此册子伊当更议也。事体然否?"

大鸟:"然则第为通寄好否,好矣。"①

大鸟圭介虽在申正熙的再三质问下,理屈词穷,连忙否认有干涉朝鲜内政之意,却决不肯放弃限期议妥施行的要求。

在大鸟圭介向朝鲜政府提出的"厘治纲目"中,最重要的是第一类六款,其内容是:

第一,凡涉内政外交机务,统归之议政府掌理如故,六曹判书分责司职,期革世道揽权旧制。内府庶务与治国庶务划然分开,所隶诸官司概不得与闻一切国政。

第二,办理各外国交涉商务事宜,攸关綦重,须宜慎之。简一秉重权任重责之大臣掌之。

第三,破除历行格式成例,广开录用人才之道。

第四,捐纳授官,弊端易生,应痛行禁罢之。

第五,大小官吏索取钱物贿赂恶习,宜设法章严禁。

第六,在京城要冲口岸间兴修铁路,以及各道州府郡县镇市互联电线,以利来往而灵消息。②

从表面的意义看,各款倒也冠冕堂皇,但其中却包含着卑鄙的阴谋。③其中,第一、二款是要成立一个在日人控制下的傀儡政府;第三至五

---

① 《日使大鸟与韩员申正熙等谈办记略》,《朝鲜档》(1929),附件十二。
② 《日使大鸟分限韩廷厘治各节》,《朝鲜档》(1929),附件十一。
③ 当时代理驻朝总理事务同知唐绍仪致电李鸿章谓:"大鸟圭介拟革韩政各条,多切时弊。"(《李文忠公全集》电稿,第16卷,第21页)日本学者田保桥洁《甲午战前日本挑战史》称:"即令极端之排日论者,亦不能否认其其有合理的性质焉。"(该书第135页)这两种看法皆是不看问题实质的皮相之见。

款，是借此名目任用亲日派，排斥打击不同日人合作的朝鲜官员；第六款，则为日军即将发动战争所需要。重要的问题还在于：大鸟圭介要求"限3日内议妥，准于10日内拟定施行"。如果朝鲜政府于3日内实行此六条，则无异于承认日本对朝鲜的全面控制；反之，将此六款予以拒绝，则日本即可以朝鲜政府不具诚意或欺骗日本为口实，进一步采取新的威胁手段，以至于不惜公开使用武力。

7月12日，朝王曾电徐相乔转请李鸿章设法解救："日兵无撤意，威胁日甚。然岂有强施五条事？派员私商，即延拖之计，决非变革之意。亦与袁总理每事密议，亟图撤倭兵，都下人心可定，奸细可折。望恳乞中堂速示。"李鸿章阅电后，当即令盛宣怀嘱徐相乔复电朝王：

> 倭因不解，华愤同切。本已备大队进援，唯恐两大交争，以汉城为战场，韩必大受蹂躏。朝廷念及此，故未遽发。若至无可挽回，断不坐视不救。各国多谓倭违背条约公法，英、俄、法、德均不愿调停。但倭既照约许韩自主，何以独用兵力勒韩改政？居心可见。乃闻韩廷宵小或有劝王从其议者，殆未知干预内政即不止以属国待韩，祸大莫测，宗社必墟。俄使韦贝亦谓朝鲜旧制恐难骤改，俄廷不愿与闻。中堂告以韩政可改者应劝韩廷自改，不应友邦勒逼。韦贝意见颇同。闻倭使小村在总署开谈，已请署答以此意。大鸟所索五条，韩须自量，何者断不能改，何者可酌量议改，何者须从缓议改。应先与袁道台密商妥帖，再以大意酌复大鸟。仍令撤兵后详细会议；如其不允全撤，亦须将汉城兵先撤，方能与议。总之，内政只可朝鲜自改，不可听倭人勒改，以保自己权利，庶免后悔。①

李鸿章的意见，使朝鲜政府的态度趋于明朗，即明确表示不同意日本

---

① 《清光绪朝中日交涉史料》（1116），第14卷，第16页。

以武力胁迫朝鲜改革。

7月14日，大鸟圭介以3天之期已满，要求与朝鲜委员会晤，对日本方面的"劝告"作出回答。朝鲜方面答应第二天双方举行会晤。15日午后3时，双方在老人亭举行第二次会议。申正熙在此次会议上就朝鲜政府的立场作了说明："关于改革内政问题，本政府数年来已感有此必要，决无异议。但日本政府现以大军集结于汉城，并严限实行改革的日期，不免有干涉内政之嫌。"① 并称：

> 朝鲜政府若接受日本国公使之请求时，则其余缔盟诸国必希图均沾，提出有利于其本国之条件。果如是，则有损害朝鲜国自主体面之虞。加之，外国军大部队驻屯于京城之间，民心汹汹，难期改革之实行。故希望日本国公使撤退公使馆护卫兵，且撤回附有期限之改革案。"②

朝方委员既要求日本撤兵，又驳回了日方的"附有期限之改革案"。因辩论未得结果，便约定以16日为期，朝方递交有关决定的正式回信。

7月16日，朝鲜政府以申正熙等三委员名义致函大鸟圭介曰：

> 我历本月初八、初九两日，在老人亭会同贵公使，畅聆高论，钦佩厚谊。而贵公使虑谈议有所未详，将拟办纲目及分条规限二册，前后开示，实出周挚实心，并即带归取次阅悉。查该纲目各条与本国宪章既无异同，内或若干条虽创行，亦我通商后拟议事件也。今我政府自有南忧以来，方图更张。奉有大君主陛下敕旨，修举旧典，务合时措之宜，期有改观之效。此际，贵公使带兵入驻，将此拟办各节立限相强，不能无碍于体面。况丙子立约以自

---

① 陆奥宗光：《蹇蹇录》，第34页。
② 田保桥洁：《甲午战前日本挑战史》，南京书店1932年版，第136页。

主平等之礼相待，有不可毫有侵越猜嫌等语。今此各节，得无与立约本旨不符乎？且贵国相劝，固知出于善邻之谊。我若依准，有约各国皆愿均沾，我政府恐无以自立，难保无后弊也。请贵公使深谅本国今日事势，亟行撤兵，并将开示二册缴回，以昭明信而全大体。则我国保自主之权而得行更张之政，贵国有劝勉之实而免受干预之嫌，此岂非两国之大幸也哉？贵政府谅无异见，而贵政府亦无不允从也。①

同一天，朝鲜外务督办赵秉稷也照会大鸟圭介，其大意谓："该案虽符合我政府之意见，但外国大兵屯驻，有妨于安全。故内政改革一事，须待贵军撤回之后，我政府可实行之。"②

7月17日，大鸟圭介照复朝鲜外务衙门，语气十分严厉：

尊意敬悉。我兵之入京，正如以前所声明，系根据明治十五年之《济物浦条约》。我方因认为有出兵之必要，故不能撤回之。内政改革本为整理政务而安人民，不可因民心如何而踌躇其实行。况现今又并无民心不安之景况。要之，贵政府以民心不安为口实，而延迟改革之实行。其实并不同意我方提案，我认为即系斥我之劝告。我政府所以向贵国劝告内政改革者，不外顾虑东洋大势，愿与贵国共同维持和平而已。然而贵国既不同意，是与贵国提携之道已失，今后我政府当唯我利害是视，欲以独力行其必要之手段。谨此预先通知。③

至此，朝日关于改革内政的谈判便宣告破裂。

对此，大鸟圭介并不感到意外，毋宁说这正是他所希望的结果。这样，他便可放手实施他所拟定的非常手段的方针了。他致朝鲜政府

---

① 《日本外交文书》，第27卷，第412号，附件二。
② 《日本外交文书》，第27卷，第411号。
③ 杉村濬：《明治二十七八年在韩苦心录》，第39~40页。

照会中的最后几句话，已经暗示要施行断然处置的警告。直到7月19日，本野一郎和福岛安正返回汉城以后，日本方面才最后决定加速挑起战端的步骤。

四　大鸟方案与陆奥决策

大鸟圭介向朝鲜政府提出内政改革方案后，朝鲜政府慑于日本的兵威，不得不派定内政改革委员，但虚与委蛇，意存延宕。当时，在汉城的外国使节大都对日本的举动不满。俄国驻汉城公使馆参赞凯伯格同法国领事亲至日本公使馆，敦促日本"履行和清使的前议"①，即实行双方撤军。不久，根据英国代理总领事嘉托玛动议，又提出了仁川港作为中立区问题。此问题的提出，使大鸟圭介在7月7日的各国使节会议上处境甚窘，感到难以应付。在此以前，在仁川登陆的日军，除住在日本人侨居地外，还住在其他国家侨居地内的日本居民家中。而各国侨民会议决定，拒绝日本军人在各国侨民区住宿。如果仁川港全部划为中立区的话，显然会妨碍日军的登陆。本来，决定在7月10日召开第二次使节会议，以讨论仁川港作为中立区的问题。但是，大鸟圭介有意地安排这天同朝鲜改革委员申正熙等商谈，避开了使节会议。大鸟圭介深恐旷日持久，导致列强之干预，错过了挑起战端的大好时机，故又亟想采取断然处置，即对朝鲜政府实行高压手段，以达到预期的目的。同时，混成旅团长陆军少将大岛义昌也屡次催促大鸟圭介，努力制造开战的口实。于是，大鸟圭介最后下定挑战之决心。

同一天，大鸟圭介致电陆奥宗光，报告朝鲜内政改革案实行之可能很小，认为："我如以寻常手段当之，恐必陷彼等术中，故此际出于断然处置，注意不留后患，颇为紧要。"并提出甚至不惜采取"用

---

① 杉村濬：《明治二十七八年在韩苦心录》，第31~32页。

兵威迫之法"，即"派护卫兵固守汉城诸门，且守王宫诸门，以迄彼等承服为止"。① 大鸟圭介委派归国的本野一郎、福岛安正二人亦适于当天回到东京，向陆奥宗光及川上操六详细地汇报了朝鲜的局势，也反复申说："此时如不设何种口实，以兵力威吓朝鲜国政府，并驱逐清国军队于朝鲜国外，则朝鲜国内政改革无望，因而政府所希望获得之利权亦殆近于不可能者。"②

大鸟圭介的建议在日本统治集团内部引起了意见分歧。军界元老及军部自始即抱必战之决心。7月7日，枢密院议长休职陆军大将山县有朋在给老部下第三师团长陆军中将桂太郎的信中称："现在正绞脑汁想办法，如何乘欧洲大国尚未介入的机会，采取一切足以引起战端的手段。"③ 9日，日本驻华武官海军大尉泷川具和从天津报告："内廷正在举办万寿庆典，原本不好动用干戈。北京政府中不仅有反对和非难李（鸿章）之行为者，而且愈近开战之际，堪为名将之声望者愈乏。当然，兵力方面未能稳操胜算，幸寄希望于俄国公使之调停，暗中依赖此种调停下之和平谈判。对此，据以往之经历，我确信无疑。唯我国不变最初之决心，断然行动，终将开战。"该报告还反映京、津一带"人民动摇不定，军队中也往往听到有发泄不满情绪者"。最后提出："可乘之机就在今日，拖延时日使彼稳固基础，非为得策。故谓速战有利。"同一天，日本驻天津的另一名武官陆军少佐神尾光臣也向参谋本部寄来一份报告，极力夸大中国的好战倾向，说什么"清国将大军集于平壤，似欲与我一战"④。他们的报告有如火上浇油，使军方更急于挑起战端。因此，以陆军中将川上操六为代表的参谋本

---

① 田保桥洁：《甲午战前日本挑战史》，南京书店1932年版，第124页。
② 山崎有信：《大鸟圭介传》，第330~333页。
③ 信夫清三郎：《日本外交史》上册，第267页。
④ 藤村道生：《日清战争》，上海译文出版社1981年版，第73页。

部，对大鸟圭介建议不但积极支持，而且主张立即开始行动。

以内阁总理大臣伊藤博文为首的大多数阁僚，虽也决心挑起战争，促使中日关系破裂，但恐引起外交上的麻烦，对于作为开战理由的方针方法，一时举棋不定，认为慎重从事为好。他们担心采纳大鸟圭介的建议，对朝鲜实行高压外交政策，将会产生以下后果："第一，实行这种高压外交政策时，不仅要引起第三者的欧美列强指责日本为故意发动无名战争的国家，且恐违背外务大臣曾对俄国政府所作的'不论中国采取任何行动，日本政府亦不先行挑战'的保证；第二，尚未接到中国确向朝鲜增派大军的情报，同时驻牙山的中国军队也没有进入汉城的迹象，如果日本使用较多的军队先行进攻，不仅曲归我国，且有表现我方胆怯之嫌；第三，即使我军企图进攻驻牙山的中国军队，亦应等待朝鲜政府的委托。而使朝鲜政府提出此项委托之前，我国不能不以武力强迫朝鲜屈从我方的意图。进一层说，我们必须先把朝鲜国王掌握在手中。如果采取这样过激的行动，就要违背我国一向承认朝鲜为自主独立国家的宗旨，也不能博得世人的同情。"① 这些意见表面上冠冕堂皇，即使反对者也难以提出任何异议。

恰恰在朝鲜采取何种外交手段这个关键问题上，陆奥宗光同伊藤博文的意见相左。但是，陆奥宗光并不正面反对伊藤博文等的意见，只是主张："桌上议论不必多费唇舌，除从实际出发，根据朝鲜局势的演变，采取临变的措施以外，已经没有再处理其他问题的时间。"这样巧妙地把制造中日决裂的决定权归到自己手中。7月12日，他先电令大鸟圭介："目前有采取断然措施的必要，不妨利用任何借口，立即开始实际行动。"② 当天，又续电大鸟圭介："阁下务须贯彻对于

---

① 陆奥宗光：《蹇蹇录》，第68页。
② 陆奥宗光：《蹇蹇录》，第68页。

改革之要求，同时应尽力于占有京城釜山间之铁道及电线、木浦开港一类之权利。"并告知："本野、福岛可于7月13日午后9时45分向京城出发。"① 这就是明告大鸟圭介：完全支持他的方案，不论利用任何借口挑起战争，完全归他自由行事，他有权实行自己认为适宜的方针。并指示大鸟圭介还要进一步采取挑衅的新手段。本野一郎临行前，陆奥宗光又为之详细说明上述电令的意旨所在，令其传达于大鸟圭介，并且指出："促成中日冲突，实为当前急务。为实行此事，可以采取任何手段。一切责任由我负之，该公使丝毫不必有内顾之虑。"②

7月17日，即《英日通商航海条约》签订的第二天，在日本军部的推动下，召开了第一次大本营御前会议。明治天皇发布特别指令，枢密院议长山县有朋列席参加会议。会议决定开战，并制订了作战计划。这份作战计划根据海战的胜负，设计了三种方案：（一）海军在海战中大胜，掌握了黄海的制海权，陆军则在渤海湾登陆，与清军在直隶平原进行主力决战，然后长驱直入北京；（二）海战胜负未决，未能掌握黄海的制海权，舰队则退而维护朝鲜海峡之海道，以从事陆军增遣队的运输工作，而陆军则驱逐清军出朝鲜，然后固守平壤，以从军事上完全控制朝鲜；（三）海军受挫，制海权为中国所掌握，陆军则全部撤离朝鲜，海军则守卫沿海各口。同一天，明治天皇又发布特别旨令，撤去中牟田仓之助海军中将的海军军令部长职务，而恢复枢密顾问官休职海军中将桦山资纪的现役，以接任此职。中牟田从1893年5月制定《战时大本营条例》时就抵制陆军，主张陆海军必须平等。此时，又反对舰队对中国海军实行进攻，主张采取守势。他的主张显然不利于日本发动侵略战争计划的实施，故必须搬掉这块绊脚

---

① 田保桥洁：《甲午战前日本挑战史》，南京书店1932年版，第129页，注十四。
② 陆奥宗光：《蹇蹇录》，第69页。

石。桦山资纪则是以主战论的头目而驰名的。日本《国民新闻》在介绍桦山资纪其人时,兴高采烈地宣称:"谁人不谓桦山氏的就职意味着现内阁对于清韩问题的最后决心呢?"① 从桦山资纪就任海军军令部部长一事,敏锐地看出了日本军事当局已经作出了开战的决定。

到7月19日,即《英日通商航海条约》签订的三天后,日本驻英公使青木周藏,急电陆奥宗光曰:"我千方百计,好容易就要把斗大的鱼捕入网内,但尚未发射子弹,只有坐待而长太息。"② 青木周藏盼望开战的消息已经急不可待了。显然,他这封电报也是在催促陆奥宗光早日开战。可是,在内阁会议上,还有些阁员顾虑重重,认为处理这样重大的事件,不可不十分慎重,不少人主张现在应电令驻朝公使提高警惕,谨慎从事。陆奥宗光不便违拗阁议的意见,便于当日给大鸟圭介发出一份电令:"贵公使可采取自己认为适当的手段。然如前电所示,须格外注意,勿与其他各国发生纠纷。我认为以我军包围王宫及汉城,恐非善策,希勿实行。"这实际上只是照顾内阁阁员面子的一份电令,其中尽管说"以我军包围王宫及汉城,恐非善策",但却又指示大鸟圭介"可采取自己认为适当的手段",其真实的意图是很明白的。何况陆奥宗光心里清楚:他向大鸟圭介发出"不妨利用任何借口立即开始实际行动"的电令已有一周的时间,且估计本野一郎此时当已抵达汉城,"朝鲜的局势已到不能听从此训令改变其方针的地步"③ 了。

7月19日,朝鲜形势陡然一变,汉城的气氛更为紧张。这天,本野一郎和福岛安正回到汉城,向大鸟圭介传达了陆奥宗光的机密训令和口训。大鸟圭介得知政府要求迅速促成中日冲突,于是更无顾虑,

---

① 藤村道生:《日清战争》,上海译文出版社1981年版,第78页。
② 《日本外交文书》,第27卷,第745号。
③ 陆奥宗光:《蹇蹇录》,第69页。

决定断然对朝鲜政府采取高压手段。

当天,大鸟圭介便向朝鲜政府提出了两项要求:

其一,由日本政府自行负责架设汉城、釜山间的军用电线。日本的借口为1885年日朝海底电线设置条约续约。按此条约,朝鲜政府有承担架设京釜及京仁电线的义务,并于1887年完成。由于工程质量低劣,一年之中线路不通之时居多,日本屡次催促朝鲜修理。及至日军大举入朝后,军用电线的修理更为紧迫。当时,根据日本陆军省的命令,从仁川到汉城的电线作为军用线已架设完毕,从汉城到釜山的电线也正等待时机着手架设。在京釜线修好之前,日本陆军省租用小汽船两只,以为联络釜山、仁川的通信船。大鸟圭介有鉴于此,乃于7月7日致函朝鲜外务衙门督办赵秉稷,希望朝鲜政府急速修理旧线或架设新线,并称:"贵政府不能速议起工,则我政府拟暂行架设别线,以谋贵我两国通信之便。且该线仅收发本国官报,对于贵国线并无多大影响。"[①] 9日,赵秉稷复大鸟圭介函,指出日本代架电线乃是对朝鲜主权的侵犯。交涉遂陷于停顿。至19日,大鸟圭介决心对朝鲜政府的反对置于不顾,断然照会外务衙门督办,声明自行架设电线。同时,商请大岛混成旅团长,命其所辖之野战电信队即着手架设。

其二,要求朝鲜政府遵照《济物浦条约》速为日本军队修建必要之兵营。日本的借口是1882年日朝《济物浦条约》第五项附则"朝鲜国政府对于驻屯朝鲜之日本军队所用兵营负设置修缮责任"之明文。据此,大鸟圭介要求朝鲜政府在日本公使馆附近修建足以容纳1 000余名兵员之兵营。

大鸟圭介之所以提出这样强硬的要求,其目的是以胁迫朝鲜政府为手段,实现其促成中日决裂之阴谋。至此,日本的侵略者面目已暴

---

① 田保桥洁:《甲午战前日本挑战史》,南京书店1932年版,第137页。

露无遗,早无协商的余地了。当天,袁世凯也在秘密准备回国。早在 6 月 29 日,袁世凯见日本撇开中国,决心以独力胁迫朝鲜政府"改革内政",即知无力挽回局面,便有离开汉城回国之意。这天,他连发三电,请求李鸿章转商总理衙门准备调回。李鸿章正在期待俄国勒令日本撤兵,对和局尚存很大幻想,故于 7 月 1 日复电慰勉。总理衙门也认为:"袁若遽归,倭又将引为口实,似宜先行电止。"① 2 日,袁世凯又电李鸿章,详细报告朝鲜形势及本人所见:

倭兵万人分守汉城四路各要害及我陆来路,均置炮埋雷。每日由水陆运弹丸雷械甚多,兵帐马厩架设多处。观其举动,不但无撤兵息事意,似将有大兵续至。倭蓄谋已久,志甚奢,倘俄、英以力勒令,或可听;如只调处,恐无益,徒误我军机。倭虽允不先开衅,然削我属体,夺韩内政,自难坐视,阻之即衅自我开。倭狡,以大兵来,讵肯空返?欲寻衅,何患无隙?叶军居牙,难接济。倭再加兵,显露无忌。应迅派兵商船全载往鸭绿或平壤下,以待大举。韩既报匪平,先撤亦无损。且津约倭已违,我应自行。若以牙军与倭续来兵相持,衅端一成,即无归路。②

此电所谓日本"无撤兵息事意""蓄谋已久,志甚奢""以大兵来,讵肯空返"云云,均深中肯綮。特别是提出撤牙军的建议,更是颇具见地。然而,李鸿章并未认真考虑他的意见。4 日,袁世凯虽接李鸿章转总理衙门电:"袁道遽欲下旗回国,转似与国失和,办法匆遽失体,希速电止,万勿轻动。"③ 但袁世凯仍认为留守无益,反徒有害。故于当日继续电请调回:"凯为使,系一国体,坐视胁陵,具何面目?如大举,应调凯回,询情形,妥筹办;暂不举,亦应调回,派末员仅坐

---

① 《清光绪朝中日交涉史料》(1050),第 13 卷,第 29 页。
② 《李文忠公全集》电稿,第 16 卷,第 4~5 页。
③ 《李文忠公全集》电稿,第 16 卷,第 3 页。

探，徐议后举，庶全国体。乞速示遵。再，日载兵十船昨由日开，又遣电工数百分抵釜，决无息和意。"5日复电曰："（倭）绝无和意。我欲和，应速从韩现情与倭商；欲战，应妥密筹。凯在此无办法，徒困辱，拟赴津面禀详情，佐筹和战。倘蒙允，以唐守代。唐有胆识，无名望，倭不忌，探消息、密助韩较易。乞速示。"李鸿章为所动，乃于6日电总理衙门请准其调回："查袁历年助韩拒倭，与倭夙嫌已深，若调回以唐暂代，与下旗撤使有异。可否允其所请？乞速核示。"① 当时，朝廷怕贻日人以口实，仍不允所请。7日，有旨："现在倭韩情形未定，袁世凯在彼可以常通消息，与各国驻韩使臣商议事件亦较熟习，著勿庸调回。"② 14日，袁世凯患感冒，将经手之事托交唐绍仪办理。16日，便托病乞恳李鸿章准予离任。

2天后，袁世凯终于奉旨获准回国。7月19日，他还找日本医生古城梅溪给他看了一次病，并对古城谈到他的心情：

> 像你所闻，贵我两国形势已紧张到如此地步，真令人慨叹。余与大鸟公使皆为维持和局而尽力，但我政府不听余言。大鸟公使之言，似贵政府亦不采纳。两人努力竟全归泡影。如今已至毫无挽救办法之地步，真是遗憾之至！余想对贵国当局表明真意，奈近来两使馆又断绝往来，即经常来之郑书记生亦不见踪影。③

直到此时，他还没有真正认识到大鸟圭介与陆奥宗光沆瀣一气，而归咎于中日两国政府未能采纳他和大鸟圭介的意见，可见他始终没有看清大鸟圭介的真实嘴脸。当天夜间，他便轻装离开汉城，从仁川搭乘扬威舰回国了。

7月20日，大鸟圭介便送交两份照会，实是决定和战的最后

---

① 《李文忠公全集》电稿，第16卷，第4~5页。
② 《清光绪朝中日交涉史料》（1095），第14卷，第10页。
③ 杉村濬：《明治二十七八年在韩苦心录》，第41~42页。

第一章 日本蓄谋发动侵略战争与挑起战端的外交策略

通牒：

其一，以维护"自主之权"为名，胁迫朝鲜政府驱逐中国军队出境，限三天内回复。该照会称："贵政府容此名义失正之清军久留境内，是则非但贵国自主独立之权为所侵损，且将日朝条约所载'朝鲜自主之邦，保有与日本国平等之权'一节视同具文，殊属不成体统。应由贵政府亟令清军退出境外，以全守约之责，是本公使切望于贵政府者也。但事关紧急，务须迅速施行，是为切要！并将贵政府如何议定之处，限于明后日、即我历二十二日内见复确音。倘或贵政府延不示复，本公使自有所决意从事。"①

其二，胁迫朝鲜政府废除中朝间的一切条约章程，即《中朝商民水陆贸易章程》《中江通商章程》《吉林贸易章程》三个章程。

朝鲜政府接大鸟圭介的照会后，不知所措，急商于唐绍仪。唐绍仪因事关重大，不敢擅行，当即致电请示李鸿章。适因天雨，汉城义州间电线发生阻碍，电报至 22 日始达，答复已过限期。朝鲜外务衙门乃不得已起草复照，送唐绍仪阅后，于 22 日夜 12 时送至日本公使馆。其文曰：

我国为自主之邦，保有与贵国平等之权，已载朝日条约，及我国内治外交向由自主，亦为中国所知各节，我历本年五月二十七日业经照复在案。此次聂军门告示一节，本督办所未及闻知。贵公使既照会袁总理质询真伪，则仍向袁总理辩论可也。至清军久在境内，实因我国请援而来，南匪稍平之后，已屡请其撤回，而未即退，亦如贵兵之尚住留也。方更要唐代办转请中国政府从速退兵。为此，合行照复贵公使，请烦查照可也。②

---

① 田保桥洁：《甲午战前日本挑战史》，南京书店 1932 年版，第 139 页。
② 田保桥洁：《甲午战前日本挑战史》，南京书店 1932 年版，第 144~145 页。

此复照措辞委婉，亦算是有理有节。其实，无论怎样回答，都改变不了日本挑战的决心。据日本公使馆书记官杉村濬供称："当时我方已经预料到，朝鲜政府不能作出使我满意之答复。无论他们如何答复，或则逾期不答，都要举事。计划是 23 日午前 3 时左右，待城门打开后，我混成旅团之一个联队从西门进城，行军至王宫前。其中一部从后门入，以显示我方之威力，并窥探宫内动静，拥大院君进宫，以图实现政府之变革。"①

7月23日凌晨3时，日军已准备完毕，只等命令一下即刻行动。于是，大鸟圭介先向朝鲜政府发出最后通牒：

> 查清国照会中列入"我国保护属邦旧例"等语，因前者本公使已发照会，贵政府业已熟知。至于聂军门之告示，既张贴于牙山至全州一带各地，此在贵政府亦应知悉者也。然今贵督办徒以"与本国无涉"或"未及闻知"等语，欲避免其责，此贵国自行堕损其自主独立之权利，并忽视日朝条约"朝鲜自主之邦，保有与日本平等之权"一节，而为本公使所断然不能同意者。因此，确信我政府此际为使我国政府遵守条约明文起见，要求满足之回答为应有之事，故盼急速答复。如贵政府尚不能予以满足之答复时，将于适当时机，为保护我权利起见，势非出于兵力不可。敬此预告。②

到拂晓时，日军便抛开一切外交的伪装，而按预定计划采取武力行动了。

---

① 杉村濬：《明治二十七八年在韩苦心录》，第46页。
②《日本外交文书》，第27卷，第422号，附件三。

五 演出围宫劫政的武剧

在大鸟圭介向朝鲜政府送交最后通牒的同时，大岛义昌少将的混成旅团也开始出动了。

早在7月20日向朝鲜政府发出两份照会之后，大鸟圭介便与大岛义昌密议，决计借口朝鲜政府答复不圆满，使用兵力占领朝鲜王宫，劫持国王李熙，诱使大院君李昰应出山，然后以傀儡政权的名义授权日军驱逐牙山清军，正式促成中日间的军事冲突。22日朝鲜政府复照既至，便开始将计划各点一一付诸实现。

当7月23日凌晨3时向朝鲜政府致送"势非出于兵力不可"的照会时，大岛义昌即于4时命令步兵第二十一联队从龙山驻地出发，声称进击驻牙山的清军。日军行至汉城牙山的分道时，忽然转马向右，向朝鲜王宫景福宫急驰。

5时左右，日军混成旅团第二十一联队抵景福宫外，当即分为二队：由大队长步兵少佐山口圭藏率领第二大队及工兵一小队，向彰化门（后门）前进，以突进王城；大队长步兵少佐森祇敬率领第一大队从迎秋门（西门）进城。

日军第二大队抵彰化门时，欲强行入内，守门卫士阻止，双方逐发生冲突。交战15分钟后，卫士中弹倒地者10余人，余者溃退，军械狼藉委地。日军拥进宫门，登城树日旗于彰化门上。日军第一大队抵迎秋门时，见宫门紧闭，便发炮轰击，破门而入。于是，日军把守王宫四门，并借口保护而软禁国王李熙。大鸟圭介在7月25日致陆奥宗光的密电中说："本官决定施行断然处置，一面……照会朝鲜政府，一面与大岛旅团长协议之后，命其于翌日（23日）午前4时派兵一联队及炮工兵若干，自龙山入京，包围王城。正向王宫前进时，因彼方发炮，我方应击，遂逐退之，进入阙内，固守其四门焉。"① 随后，大岛义昌下令解除汉城所有朝鲜军队的武装。下午3时，驻扎昌庆宫的朝军壮卫营不服日军命令，进行反抗，也被镇压下去。此日前后两次战斗，朝兵死17名，受伤70余名。汉城经这次事变，"王宫金银财帛"②及"五百余年中朝御赐印物，日尽收去；兵库所藏数十年购存洋枪炮火，全行夺去；凡所政令，任自黜陟，非国王所能与知"③。日人在朝鲜演出的这幕围宫劫政的武剧，实在令人触目惊心！大鸟圭介对他自己的这个"杰作"非常欣赏，写诗道：

扶弱制强果孰功？兵权掌握觉谈雄。

请看八道文明素，在此弹丸一发中！④

他靠手中的"弹丸一发"完成了日本自高唱"征韩论"以来多年企求而未竟之功，怎样不为之得意扬扬呢？

当天，汉城满城张贴揭帖，皆日人所为。揭帖宣扬日军围宫劫政，乃"为朝鲜雪国耻，保朝鲜为自主之邦"，并多方指责中国。日军还切断电线，毁电报局以为驻兵之所。电报局总办补用知府李毓森率电报学生数人，先逃往德国领事馆，又避入英国领事馆。唐绍仪亦偕翻译蔡树棠至英国领事馆。同时来英国领事馆避难的中国商民有数百人。于是，中国驻朝鲜各口领事均于次日下旗。⑤ 唐绍仪也于27日离开汉城，赴仁川乘轮回国。中国同朝鲜的外交联系被迫中断。

日军挟王劫政行动，是得到开化党金嘉镇、安駉寿、赵义渊、俞吉濬等人的配合的。开化党人纵有改革朝鲜政治之心，然长期在日人的庇护之下，尤其是在此时出头，适成为日人手中的侵略工具。金嘉

---

① 田保桥洁：《甲午战前日本挑战史》，南京书店1932年版，第153页，江六。
② 许寅辉：《客韩笔记》，光绪丙午长沙刻本，第10页。
③《李文忠公全集》电稿，第16卷，第41页。
④ 黑龙会编：《东亚先觉志士记传》下卷，列传，第143页。
⑤ 许寅辉：《客韩笔记》，光绪丙午长沙刻本，第7~8页。

镇等虽竭诚为日人效力，但其地位低下，不足以维系人心，难以充当傀儡头目的角色。于是，大鸟圭介看中了大院君李昰应。他不是不知道大院君对日人并无好感，且不甘心为日本所利用，但"一般人望集中于大院君"，舍此无其他合适人选。而且大院君颇以一报闵党之仇为念，"亦并非无登青云之志"，这正是他可以被利用的弱点。[①] 因此，当7月20日大鸟圭介等议定采取断然处置时，即决计排万难以诱大院君出山，并将此重要任务交给日本在朝鲜的志士冈本柳之助。

冈本柳之助是一个出身藩士家庭的日本侵略分子。1875年江华岛事件发生时，曾大力鼓吹"征韩论"。后以志士名义援助开化党人。金玉均在上海被刺后，冈本柳之助又赴朝鲜待机活动。冈本柳之助曾受大鸟圭介委托，积极物色亲日派人士，得金嘉镇等10余人。此时，大鸟圭介又嘱他竭力拉拢大院君，以诱其出山。于是，冈本柳之助即与大院君近侍郑益焕相勾结，时时出入于大院君的府第云岘宫。冈本柳之助对大院君动以权势，诱其东山再起。大院君意颇活动，但权衡利害，始终踌躇不决。迄于7月22日夜，大院君仍无出山的明确表示。为此，大鸟圭介焦虑不安，陷于一筹莫展之中。

适在此时，冈本柳之助所结交的大院君近侍郑益焕来告："国太公之内意难以确知，万一临事踌躇，恐误大事。太公有亲信郑云鹏，言听计从，若能使彼进言，事无不成。"但郑云鹏随大院君自保定回国后，被囚禁于捕盗厅。大鸟圭介见时间紧迫，怕影响既定的挟王劫政计划，便命使馆书记生国分象太郎率巡查及士兵各10名，夜赴捕盗厅放出郑云鹏。郑起初虽表示"本人虽不料此生得再见大院君，然本人奉国王之命禁锢，经日人之意释放，殊非本意"，但在国分象太郎的诱说下，终于答应赴云岘宫劝说大院君出山。

---

① 《日本外交文书》，第27卷，第422号。

先是在7月23日晨2时，大鸟圭介再命冈本柳之助至云岘宫，对大院君进行游说，并派警士数名随从。旋又派步兵一中队到云岘宫外进行警戒，兼备护卫大院君入宫之用。冈本柳之助先见大院君之孙李竣镕，说明来意。然后一起进谒大院君。冈本柳之助反复劝诱，大院君仍不应允。至凌晨3时许，大岛混成旅团步兵第二十一联队已入城包围王宫，而冈本柳之助等劝诱尚无结果。大鸟圭介以大院君之入宫刻不容缓，不妨稍加强迫，乃令书记官杉村濬亲往劝驾。杉村濬抵云岘宫时，郑云鹏已先在座。大院君经郑云鹏和杉村濬劝说后，仍是不允。复经郑云鹏反复晓以利害，杉村濬又以危词威胁，大院君始为所动，乃问杉村濬："贵国此举，若果出于义举，足下可代表贵国皇帝担保于事成后不割我寸土乎？"杉村濬回答说："本人虽不能直接代表我国皇帝，但本人系大鸟圭介的代表，大鸟圭介系我政府之代表，故本人未尝不可间接担保。"大院君请杉村濬作书担保。杉村濬便提笔写出如下字样："日本政府之此举是出于义举，故事成之后，断不割据朝鲜之寸地。"大院君这才感到满意，又对杉村濬说："余以臣下之身，如无王命，不能入阙，烦先得韩王之敕命。"[①] 杉村濬派人赴亲日派赵义渊家商议办法。赵义渊便偕同安駉寿、俞吉濬等进宫，请国王诏命大院君出仕。此时，国王已完全处在日兵监视之下。"前后左右无非倭党，一言一动皆不敢私，其政教号令悉听倭党指挥。桎梏之下，何求不得？"[②] 遂降密旨至云岘宫，请大院君出仕。于是，大院君在日兵护卫下，于当天上午10时许进宫。

大院君进宫之后，大鸟圭介于11时率护卫一小队继至，二人晤谈约3小时始散。据事后大鸟圭介给政府的报告中说："（本官）于11

---

① 杉村濬：《明治二十七八年在韩苦心录》，第47~54页。
② 许寅辉：《客韩笔记》，光绪丙午长沙刻本，第10页。

第一章　日本蓄谋发动侵略战争与挑起战端的外交策略

时左右始行出馆入内。此时大院君亦已入内，久久父子对面，欣悦感泣。大院君怒责国王失政，陛下谢罪，一时竟呈演剧之观。未几，大院君出至正堂，对本官陈述云：'本日大君主原拟引见贵公使，实因事忙混杂，故本人代受进谒。'并述本人奉大君主之命，今后统辖政务，故国内改革事宜，容当与贵公使协议云云。本官先祝大君主陛下无恙，次述大院君执政之贺词而退。"① 大院君既摄国政，任元老金宏集为议政府议政，亲日派金嘉镇、安駉寿等人均受重用。大鸟圭介复派兵增驻王宫各门，并命日兵密布宫内，严密监视。凡无日本公使馆所发之入门证者严禁进入宫内。以大院君李昰应为首的傀儡政府终于在日军的枪口下成立了。这确实称得上是日本政府强权外交的一个"杰作"。

大院君既然在日本人的导演下上了台，就不可能不把他的角色继续扮演下去。杉村濬记载："大院君入宫后，由于有国王'万机由国太公奏'的御旨，故由大院君总揽一切政务。元老金炳始、郑范朝、赵秉世、金宏集以及申正熙、朴定阳等重臣在寝殿附近供职。其他称作改革派或亲日派者赵义渊、安駉寿、金嘉镇、金鹤羽、俞吉濬、权瀿镇、权在衡等人集聚一堂，商讨善后大计，然众说纷纭，莫衷一是。彼等之议论，与其谓创立新制，毋宁谓趁此事变之机，伪装改革派之面目，以捞取高官重职。安駉寿之官职本来甚低，累累晋升，数日内即任命为汉城判尹（一等官）。金嘉镇虽稍晚，亦接连晋升为上曹判书（同为一等官）。大院君虽有总理万机之名，实则手中并无行政机关，其政事亦止决定官员之进退。其政令在宫外毫无效力。"② 可见，大院君之"总理万机"，不过徒有其名；亲日派之飞黄腾达，只是被

---

① 田保桥洁：《甲午战前日本挑战史》，南京书店1932年版，第148页。
② 杉村濬：《明治二十七八年在韩苦心录》，第56~57页。

69

人利用一时而已。

大鸟圭介拼凑傀儡政权之目的既达，便要求贯彻7月20日向朝鲜政府提出的要求。25日，大鸟圭介进宫，向大院君重新提出废除中朝商约及驱逐中国军队二事。大院君慑于日本兵威，请朝王降旨宣布"从此朝为自主之国"。朝王不敢不允，但密命闵尚镐易洋服乘轮至天津，向李鸿章哀诉，希望"详达天朝，俾明此断断忠悃，乞赐救援"①。李鸿章自顾尚且不暇，亦无可奈何。于是，大院君命外务衙门督办赵秉稷正式照会唐绍仪，废除《中朝商民水陆贸易章程》《中江通商章程》及《吉林贸易章程》。并经过大院君同赵秉稷详细商议后交出一份委托书，授日军以驱逐中国军队之权。

到7月25日，在朝鲜成立傀儡政权的问题已经解决，大岛义昌觉得迁延时日将会带来不利，不等朝鲜政府的委托书送到，除留部分守备兵于汉城、龙山、临津镇外，立即率混成旅团主力向牙山进发，以进攻驻扎该处的清军。同一天，日本海军便在丰岛附近海面对中国军舰实行了袭击，从而引发了甲午战争。

---

① 《李文忠公全集》电稿，第16卷，第40~41页。

第二章　清政府乞保和局与列强调停

第一节　清政府和战不定与中日秘密外交

6月22日是中日两国关于朝鲜问题交涉的第一个转折点。这一天，日本外务大臣陆奥宗光照会清朝驻日公使汪凤藻，以朝鲜"变乱弥久弥亟，故非设法办理，期保将来邦安而得宜"为借口，声称"断不能撤现驻朝鲜之兵"。① 陆奥宗光的这个照会蛮横无理，而暗藏杀机，故自称为"日本政府对中国政府的第一次绝交书"。② 日本政府的战争方针已定，那么清朝政府又采取何等对策呢？

恰在同一天，美、俄、法、英四国驻朝外交官员应朝鲜政府之请，致函袁世凯，希望中日两国"同时撤兵，解现纷难"。当天，朝鲜国王李熙密遣其亲信中使见袁世凯，委婉吐露希望"华撤兵，倭自去"。李熙的主意未始不是一个没有办法中的办法。日本政府的目的是

朝鲜国王李熙

---

① 《清光绪朝中日交涉史料》（1020），第13卷，第22页。
② 陆奥宗光：《蹇蹇录》，第26页。

拖住驻朝的清军，以便寻机挑起衅端。如果清政府真能当机立断撤离驻朝清军的话，为时尚不太晚。这样一来，尽管日本当局还会玩弄各种诡计，但在外交上必然更加孤立，在内政上也会更加困难，要发动侵略中国的战争也就不那么容易了。袁世凯只看到李熙平素"谬懦"的一面，而未能洞察其建议有暗合机宜之处，反而让中使密告李熙要"牢执定见，切毋受愚"①，错过了这次有可能避免日本挑起衅端的机会，这不能不是一次重大的失误。

陆奥宗光的照会，使光绪皇帝意识到朝鲜局势的严重性，感到极大的忧虑。因而有6月25日军机处密寄李鸿章的上谕：

> 李鸿章迭次电信，均经总理各国事务衙门呈览。现在日本以兵胁议，唆使朝鲜自主；朝鲜恇怯惶惑，受其愚弄。据现在情形看去，口舌争辩，已属无济于事。前李鸿章不欲多派兵队，原虑衅自我开，难于收束。现倭已多兵赴汉，势甚急迫。设胁议已成，权归于彼，再图挽救，更落后著。此时事机吃紧，应如何及时措置，李鸿章身膺重任，熟悉倭韩情势，著即妥筹办法，迅速具奏。②

这道上谕表明，迄于此时为止，清朝统治集团最高层对朝鲜形势的发展仍束手无策，故寄希望于李鸿章能拿出一套切实有效的相应对策。

面对棘手的朝鲜问题，李鸿章也深感进退维艰。适在6月26日，李鸿章接汪凤藻电报："倭之干预，以韩不能自治为词，查汰贪污，尤所注意。诚由我切劝韩王，立将内政清厘，则釜底抽薪，庶占先手，不独倭衅可弭，实亦为韩至计。"日本提出所谓"改革朝鲜内政"问题，本是挑起战端的一种手段，而汪凤藻却认为只要劝朝鲜自行厘革内政，便可消除日本挑衅的借口，未免过于天真了。李鸿章也无他计

---

① 《清光绪朝中日交涉史料》（1029、1030），第13卷，第24~25页。
② 《清光绪朝中日交涉史料》（1032），第13卷，第25页。

可施，因据汪电之意电令袁世凯："无论倭肯撤兵与否，韩必自将内政整理；除贪奖廉；恤民察吏。庶旁人无可借口。务随时切劝之！"袁世凯久驻朝鲜，对朝鲜的内政还是有比较清楚的认识的，因此于翌日电复李鸿章称："韩政乱根于闵，断无从着手。日前苦劝诸闵告退，拔用有名望老臣，已三日，毫无动静。未便乘危勒逼，驱与倭合。"①劝朝鲜自行厘革内政这一招儿，显然是行不通的。

日本驻朝鲜公使大鸟圭介的步步紧逼，而且态度日趋峻急，使局势有一触即发之势。此时，日本一意挑起衅端，已是"司马昭之心，路人皆知"了。6月28日夜间，李鸿章接袁世凯电称："倭续来兵3 000余人下岸，加千兵来汉。鸟照诘韩系华保护属邦否，限明日复。据称备兵两万，如认属即失和。韩恐贰，难持。乞速设法示。"李鸿章似乎胸有成竹，电告袁世凯："倭添兵不确。逼韩不认华属，断不可从。俄在倭议正紧，略忍耐，必有区处。望谆切转嘱！"原来，他一直把希望寄托在俄国的斡旋上。29日，李鸿章接驻英公使龚照瑗来电，谓得西方友人密报："中日战争在即。"这才引起他的高度重视。并转报总署。30日，又接袁世凯转来汪凤藻的电报，提出："倭逼我至此，恐乏转圜。如失和，谅须撤使。各口商民共5 000余，身家财产，应否由署商托与国保护，抑由沪雇船载回？祈商署示遵。"②他虽然认为"汪议似过急率"，但也不得不考虑预筹战备了。

6月30日，李鸿章上《酌度日朝情势应预筹办理厚集兵饷折》，其内称：

> 体察情形，诚如圣谕，口舌争辩无济于事。至俄使喀西尼自认调处，不过因势利导，原非专恃转圜。倘至无可收场，必须预

---

① 《清光绪朝中日交涉史料》（1033、1034），第13卷，第25~26页。
② 《清光绪朝中日交涉史料》（1039、1040、1041），第13卷，第27页。

筹战备。……此次外援兼顾内防，更当厚集兵力，需饷实属不赀。应请饬下户部先行筹备的饷二三百万，以备随时指拨。臣久历兵间，深知时势艰难，边衅一开，劳费无已。但使挽回有术，断不敢轻启衅端。当随时仰秉宸谟，妥为措置。唯倭情叵测，不得不绸缪未雨，思患预防，冀收能战能和之效。

朝鲜形势的日趋恶化，使李鸿章觉察到日本调重兵入朝，"是其蓄意与中国为难，全力专注，非止胁韩而已"①。这表明他已不再坚持原先"不欲多派兵队，原虑衅自我开"的观点，但是否意味着他连依靠列强斡旋的念头也打消了呢？完全不是这样。

事实上，李鸿章同俄国公使喀西尼的联系一直紧密地保持着。津海关道盛宣怀和道员罗丰禄作为李鸿章的代表，俄国参赞巴福禄作为喀西尼的代表，一直奔波于李喀之间。喀西尼态度十分积极，表示拟续电俄国政府和俄国驻日公使，"令告倭必须共保东方和局，或请倭派大员来津会议韩善后事宜，方有收场"。对于喀西尼的话，李鸿章感到鼓舞，致电总理衙门说："如能办到，于无可设法中，冀有结束。喀意谓俄为韩近邻，愿同会议，只劝韩酌蠲内政之苛暴者，必不更动朝鲜大局。似尚无他觊觎。"② 喀西尼提出的中日俄三国天津会议之说，纯系一时心血来潮，并未得到俄国政府的支持，后来便不再提起了。何况日本也决不会同意，是绝对行不通的。而李鸿章听后都颇为动心，电询总理衙门是否可行，而且断定俄国此议"似尚无他觊觎"。

光绪帝对李鸿章的以上电报深感不满，于7月1日密谕李鸿章：

> 前经迭谕李鸿章，酌量添调兵丁，并妥筹办法，均未复奏。现在倭焰愈炽，朝鲜受其迫胁，势甚岌岌，他国劝阻亦徒托之空

---

① 戚其章主编：《中国近代史资料丛刊续编·中日战争》（以下简称"《中日战争》续编"）（一），第9页。

② 《清光绪朝中日交涉史料》（1043），第13卷，第27~28页。

言，将有决裂之势。李鸿章讲练海军业已有年，审量倭韩情势，应如何先事图维，熟筹措置。倘韩竟被逼携贰，自不得不声讨致罪，彼时倭兵起而相抗，亦在意计之中。我战守之兵及粮饷军火，必须事事筹备确有把握，方不致临时诸形掣肘，贻误事机。李鸿章老于兵事，久著勋劳，著即详细筹画，迅速复奏，以慰廑系。①这道上谕表明光绪帝倾向于加强战备，对列强之插手调停存有戒心，认为是徒托空言，不会于事有济。这是他与李鸿章的分歧之处。

李鸿章仍然幻想某一列强会基于自身的利益，制止日本进一步挑衅。他通过英国驻天津领事宝士德，转请英国公使欧格讷电本国政府派舰队赴日，"责其以重兵压韩无理，扰乱东方商务，与英大有关系，勒令撤兵，再议善后"。这纯系不着边际的奢望。不料又遭到光绪帝的否定："李鸿章此议非但示弱于人，仍贻后患，殊属非计，著毋庸议。"并被警告说："嗣后该大臣与洋人谈论，务宜格外审慎，设轻率发端，致误事机，定唯该大臣是问！"②

尽管如此，清政府内部在和战问题上仍然摇摆不定。光绪帝本人虽倾向于加紧战备，但一时尚下不了战的决心。这时，英国公使欧格讷声称，奉本国政府之命，愿意"从中调停，免致衅端"③。日本政府见英国有从中调停之意，不好贸然行事，为敷衍英国和抵制俄国的三国会议之说，还得虚与委蛇一番。7月3日，日本驻华代理公使小村寿太郎访总理衙门，"谈及韩事，愿两国相商，不甚愿他国干预"。第二天，总理衙门电告李鸿章说："尊处与喀使已有三国会议之说，喀与倭曾否商定？证以小村所言：'本国不愿他国干预。'是倭并未应

---

① 《清光绪朝中日交涉史料》（1051），第13卷，第29~30页。
② 《清光绪朝中日交涉史料》（1053、1069），第13卷，第30页；第14卷，第3页。
③ 《清光绪朝中日交涉史料》（1057），第13卷，第31页。

允。如此，则三国会议之说，恐靠不住，尚不如小村已得倭外务允信为确。"① 小村寿太郎的来访，使总理衙门的大臣们觉得同日本直接开谈有了希望。不仅如此，小村寿太郎还同时致送照会，谓奉有国书，日本天皇令其躬亲呈递中国皇帝。先是在本年2月22日，日本明治天皇举行结婚25年的银婚吉期庆礼，总理衙门请旨致送贺书和礼物，以示睦谊。3月9日，由驻日公使汪凤藻将国书和礼物亲自呈递。事情已经过去近4个月，日本政府对此事并无反应，而偏在此时要亲呈国书，显然是有意地制造睦谊的气氛，以便进一步麻痹中国当局。

一切都按照日本方面的意图进行。7月7日，总理衙门由庆亲王奕劻、兵部尚书孙毓汶等与小村寿太郎第一次会见。小村寿太郎首先提出："目前自朝鲜撤出两国兵员，乃谈判开始先应议定之事项。"奕劻和孙毓汶不知这是日方的谎话，认为列强调停奏效，异常欣喜，立即应诺。9日，双方第二次会见，便围绕着两国撤兵问题展开议论。奕劻说："两国谈判前互将兵员撤回，乃当务之急。"孙毓汶补充说："第一步先行撤兵，然后两国就劝告国王改革内政事进行协商。"小村寿太郎答应将此意电告日本政府。奕劻因怀有一线希望，急迫地想知道日本方面的回音，特别嘱告小村寿太郎一接到政府的来电即速报知。

在等待日本政府回音的日子里，尽管朝鲜局势日趋危殆，而在北京却似乎出现了一股温润和睦的气氛。经光绪帝硃批，日本代理公使于7月12日在承光殿觐见。这一天，光绪皇帝坐于承光殿，宝座前呈黄案一件。奕劻先在东旁侍立，总理衙门堂官二人带领日本署使小村寿太郎及参赞、翻译各一员，由承光殿东阶进中门偏左入门。小村寿太郎进门后，先一鞠躬；向前行数步，再一鞠躬；至龙柱间，向上正

---

① 《清光绪朝中日交涉史料》(1062)，第14卷，第2页。

立,又一鞠躬。小村寿太郎致辞,经译员翻译毕,向前至纳陛中阶下,捧国书恭候。奕劻由左阶下接受国书,仍由左阶上,至案前将国书陈于案上。这时,小村寿太郎一鞠躬,光绪帝颔首,以示收到国书之意。小村寿太郎退回龙柱间原先站立处,奕劻跪于案左,聆听光绪帝传谕慰问。然后,奕劻由左阶下,至小村寿太郎站立处用汉语传宣。小村寿太郎听毕一鞠躬,光绪帝以颔首相答。于是,总理衙门堂官带领小村寿太郎退后数步一鞠躬,退至殿门一鞠躬,仍由原路带下。整个觐见仪式至此完毕。但是,在这次觐见所带来的温润和睦气氛之下,究竟隐藏着什么呢?

有一些清朝官员却透过日本使臣温文尔雅的举止看出了其险恶用心。在小村寿太郎觐见的当天,御史张仲炘便指出日本"居心叵测",主张"速行决战","请严旨责成李鸿章,令其一意决战"。侍读学士文廷式也指出日本"名为保商,实图朝鲜",批评"事涉数月,而中国之办法尚无定见,北洋之调兵亦趑趄不前",并建议:"应请旨饬下北洋,无论旧练新募,速调万人,或由海道以迫汉川,或行陆路以趋王京,务使力足以敌。倭人如有狡然思逞情形,则我军不妨先发,一切可以便宜从事;唯不得借口退兵,致干军法。"① 张仲炘、文廷式的上奏代表了当时相当一部分官员的看法。他们洞察到日本之居心叵测,主张及早图维,这一点还是正确的。

事态的发展果然不出张仲炘、文廷式之所料。7月14日,即日本使臣觐见的两天后,小村寿太郎便向总理衙门送来了日本政府的照会,指责清政府"有意滋事",并恫吓说:"嗣后因此即有不测之变,我政府不任其责!"② 陆奥宗光将此件照会称作是"第二次绝交书"。

---

① 《清光绪朝中日交涉史料》(1130、1132),第14卷,第21~24页。
② 《清光绪朝中日交涉史料》(1155),第14卷,第32页,附件一。

日本政府照会的决绝态度，引起了许多官员的愤懑，更激起了主战空气的高涨。他们纷纷上书朝廷，或批评前此办理之失当，或主张急治军旅，临以大兵，示以必战。光绪帝也表示"一意主战"，并命户部尚书翁同龢、礼部尚书李鸿藻与军机大臣和总理各国事务大臣会商对策。7月16日，军机处电寄李鸿章一道严旨：

> 现在倭韩情事已将决裂，如势不可挽，朝廷一意主战。李鸿章身膺重寄，熟谙兵事，断不可意存畏葸。著懔遵前旨，将布置进兵一切事宜，迅筹复奏。若顾虑不前，徒事延宕，驯致贻误事机，定唯该大臣是问！①

乍看起来，朝廷内外似乎都一致倾向于主战了。其实事情远不是这样简单。中枢亲王大臣并未真正有统一的意见，而且在战与和的问题上一直瞻前顾后，迄无定议。他们会商的结果，一方面认为"不得不速筹战事，此乃一定之法"，一方面又认为要"稍留余地，以观动静"，"如倭人果有悔祸之心，情愿就商，但使无碍大局，仍可予以转圜"。②由于中枢内部在和战问题上始终摇摆不定，缺乏定见，只能决定采取"进兵与和商并行，并以和商为主"的方针，也就很自然了。

在此后的10天里，清政府一则继续依靠英国调停，一则通过李鸿章与日本驻天津领事进行秘密接触。

先是李鸿章派伍廷芳和罗丰禄密访日本驻天津领事荒川已次，他们要求荒川已次将李鸿章希望和解之意电告日本政府。陆奥宗光敏锐地觉察到，李鸿章和总理衙门亲王大臣的态度有所不同。陆奥宗光指示荒川已次秘密打听清楚："他和亲王大臣态度不同，应作何解释？因为当他表示和解时，亲王大臣却无视英国公使的努力。"7月15日，

---

① 《清光绪朝中日交涉史料》（1164），第14卷，第35~36页。
② 《清光绪朝中日交涉史料》（1172），第14卷，第40页。

荒川已次复电称："对于天津与北京态度不同一事，我探听了伍廷芳。在我看来，李鸿章似乎倾向于同意你的看法中的一些原则来解决朝鲜问题，而不去接触宗主国问题。……伍廷芳告诉我，李鸿章能够解决朝鲜问题，无须考虑北京的态度。"[①] 7月22日，袁世凯回到天津，立即向李鸿章报告了朝鲜的形势。当天，李鸿章便派罗丰禄密访日本驻天津领事荒川已次。李鸿章让罗丰禄转告荒川已次，他已决定派罗丰禄作为他的秘密特使前往东京，与伊藤博文内阁总理大臣商谈事项。他衷心希望能够和解，并安排好就朝鲜问题开始谈判。他还要求日本政府保证在秘密特使到达东京之前，驻朝日军不采取敌对行动。荒川已次立即以绝密电报报告了陆奥宗光。24日，陆奥宗光复电称：

> 尽管到目前为止，中国与日本的敌对行动尚未开始，日本政府也不能保证驻朝日军放弃敌对行动，因为朝鲜刻下仍不断发生政治事件。然而，日本政府也不特别反对罗丰禄来日本。[②]

罗丰禄假托驻日公使汪凤藻相召，正准备东渡之际，丰岛海面日本舰队袭击中国军舰的炮声轰响了，中断了这次中日秘密外交。

第二节　清政府醉心折冲樽俎

一　乞请俄国干涉落空

早在甲午战争爆发之前，著名的"中国通"、在中国海关任总税务司达30余年之久的英国赫德就说过：

[①]《日本外交文书》，第27卷，第594、599号。
[②]《日本外交文书》，第27卷，第607、608号。

总理衙门对外国调停过度信任，并且总认为日本愿意谈判，因此造成僵局，总理衙门坚持先撤兵后谈判，日本坚持先谈判后撤兵。日本大军已涌入朝鲜，增强了他们的地位，并强迫朝鲜国王独立，改革内政，手段高强，但是很霸道。……各国正劝诱日本撤退军队开始谈判，但日本现在自负必胜，口头上对各国的调停连声感谢，而行动上毫不理睬，大有宁可一战决不屈从人意的气势。……所有国家均向中国表示同情，并说日本这样破坏和平是不对的。但……他们所以同情中国，只是因为战争会使他们自己受到损失而已。

到中日平壤陆战和黄海海战之后，他又不无感慨地说：

外交把中国骗苦了，因为信赖调停，未派军队入朝鲜，使日本一起手就占了便宜。①

重温熟悉甲午战争时期列强调停内幕的赫德的这些言论，更可清楚地看到，清政府在处理朝鲜问题上一开始就走上了盲目依赖列强调停的歪路。

起初，当中日两国谈判共同从朝鲜撤军之际，李鸿章持有非常乐观的态度，认为双方有可能达成协议。他对日本的侵略野心缺乏应有的警惕，一面制止后继部队渡海入朝，一面电令叶志超"整饬归装，订期内渡"②。不想仅仅几天之后，日本便单方面地中止了撤军谈判，借口"改革朝鲜内政"而坚不撤兵。李鸿章要保全和局，却又感到以口舌难以折服日本，于是想借外力压服之。

俄国与朝鲜接壤，并早对朝鲜有垂涎之意，只是力不从心罢了。早在1888年4月间，俄国有关方面就对朝鲜问题进行过商讨。首先讨

---

① 《中国海关与中日战争》，第49、59页。
② 《李文忠公全集》电稿，第15卷，第40页。

论的是俄国占领朝鲜的可能性,结论是否定的。其原因为:(一)朝鲜非常贫穷,不能成为俄国有利可图的商业市场;(二)离俄国的"足够武力的中心"太远,鞭长莫及;(三)会破坏同中、英两国的关系,在外交上造成困难。[1] 尽管如此,它却并未放弃染指朝鲜的野心。

李鸿章认为日本最忌俄国,但他是有病乱求医,一开始并不是专求俄国。在求俄国干涉之前,他曾经求过英国。6月中旬,英国公使欧格讷到天津,李鸿章当面请英国劝阻日本出兵朝鲜。欧格讷口头上答应照办,但又说恐怕日本政府不听劝阻。6月19日,英国驻天津领事宝士德持欧格讷函来访李鸿章,谓:"已电其外部,嘱驻英倭使转知,未知听劝否?"[2] 其实,当时英国对介入朝鲜争端态度并不积极,故对李鸿章的答复带有很大程度的敷衍性质。李鸿章见英国反应消极,便转向了俄国。

适在此时,俄国公使喀西尼请假回国,路过天津,于6月20日访问李鸿章。李鸿章趁此机会请求俄国干涉:"前使那德仁[3]会议,彼此不侵高丽地界。此次日本派兵太多,似有别意,切近紧邻,岂能漠视?"并劝告喀西尼:"速电外部,转电驻倭俄使,切劝倭与我约期同时撤兵,以免后患。"喀西尼出于对俄国自身利益的考虑,对此事表现出异乎寻常的热心。他对于日本出兵的野心尚缺乏了解,认为只要俄国出面干涉,不难使日本撤兵。这样,既可不付出任何代价,以加强俄国在朝鲜和远东的地位,又可避免中国舍俄而求英,致使英国有插手朝鲜问题的机会。特别是由于西伯利亚大铁路尚未修成,远东军备不足,消弭远东战祸是符合俄国利益的。因此,他欣然同意李鸿章的请求:"日内即电致,想外部亦同此意。"李鸿章闻言大喜,立即电

---

[1]《中日战争》(七),第209~211页。
[2]《清光绪朝中日交涉史料》(1005),第13卷,第19页。
[3] 那德仁 N. Ladyjenskg,一译作拉德仁,原俄国驻北京公使馆参赞,1886年任代理公使。

总理衙门称："素稔倭忌英不若畏俄，有此夹攻，或易就范。"①

6月21日，李鸿章至喀西尼寓所回拜，告以："倭以重兵挟议，实欲干预韩内政，为侵夺之谋，华决不允。"喀西尼称："俄韩近邻，亦断不容倭妄行干预。"并谓："使华以来，唯此件亦涉于俄，关系甚重，务望彼此同心力持。"② 22日，喀西尼致电外交大臣吉尔斯报告此事，并希望政府同意中国的请求：

> 我认为，我国决不应错过目前中国要求我们担任调停者的机会，况且此事对于我方既无任何牺牲，又能大大增加我国在朝鲜及整个远东的势力，并足以消除在朝鲜发生不可避免而对我方甚为不利的武装冲突之可能。③

当天，吉尔斯便将此电上报沙皇，表示同意喀西尼的意见。23日，吉尔斯复电喀西尼，准其所请，并令暂留天津与李鸿章"商办倭韩交涉事件"。同时，又电俄国驻东京公使希特罗渥，令其劝告日本政府从朝鲜撤兵。

6月24日，喀西尼再次向外交大臣报告中国对日本所提出的改革朝鲜内政方案的立场，并要求政府采取实际行动："目下局势极为紧张，而中国正在急切等待俄国的决定，认为这是和平了结的唯一希望。"④ 25日，喀西尼又派参赞巴福禄访李鸿章。巴福禄说："俄皇已电谕驻倭俄使转致倭廷，勒令与中国商同撤兵，俟撤后再会议善后办法。如倭不遵办，电告俄廷，恐须用压服之法。俄以亚局于彼关系甚重，现幸平安，若任倭人扰乱，华、俄未便坐视。至韩王暗懦，国政贪苛，须令设法更改。凡与通商各国均所深虑，邻邦应妥善协助，断

---

① 《清光绪朝中日交涉史料》（1005），第13卷，第19页。
② 《清光绪朝中日交涉史料》（1009），第13卷，第20页。
③ 《中日战争》（七），第229~230页。
④ 《中日战争》（七），第231页。

不得用兵强迫。"① 李鸿章闻言大喜,立即电告袁世凯,并令其转嘱叶志超:"静待无妄动。"② 又斥责丁汝昌过于急躁:"日虽添军,谣言四起,并未与我开衅,何必请战?"③

俄国驻东京公使希特罗渥的看法却与喀西尼截然不同。他接到政府的训令后,即"预料此事有极大困难,因为目下局势已极严重,且日本正在迅速动员军队"。而且,他怀疑:"英国显然正在等待时机,而一旦我国以任何方式表示援助中国时,英国很可能站在日本一边。"④ 6月25日,希特罗渥带着这样的想法与陆奥宗光会面,称奉本国政府训令提出询问:"中国政府已请求俄国调解中日两国纠纷,俄国政府甚望两国早日解决。因此,若中国政府撤退其派驻朝鲜之军队,日本政府是否亦同意撤退其军队?"陆奥宗光回答说:

> 大体虽无异议,但在目前两国对立、彼此互抱猜疑之时,欲求涣然冰释,恐非易事。此种情形,不仅中日两国如此,即在欧洲列强之间亦往往难免。况且中国一向用阴险手段,干涉朝鲜内政,以口是心非的策略,欺骗日朝两国之事例比比皆是。故我国政府现下有充分根据不能轻信中国之言行。若中国政府能就下列两点保证其一而撤退其军队,日本政府亦可撤退其军队:一、同意由中日两国共同负责改革朝鲜内政,直至完成为止;二、不拘任何理由,若中国政府不愿与日本共同承担改革朝鲜内政,日本政府则以独力实行之,届时中国政府无论直接间接皆不得加以阻碍。

为了解除俄国的顾虑,陆奥宗光又虚伪地向希特罗渥保证两条:"一、

---

① 《清光绪朝中日交涉史料》(1025),第13卷,第24页。
② 《李文忠公全集》电稿,第15卷,第52页。
③ 《李文忠公全集》电稿,第15卷,第52页。
④ 《中日战争》(七),第232页。

日本政府除希望确立朝鲜之独立及和平外，绝无他意；二、将来中国政府不论采取如何举动，日本政府绝不作进攻性之挑战，万一不幸此后中日两国间不得不交战时，日本亦必立于防御地位。"①

希特罗渥听信了陆奥宗光的谎言，立即向外交大臣报告：

> 我本人相信：现内阁对于在日本认为非常迫切的朝鲜问题上已做得太过分，所以如果没有任何漂亮的借口，或表面的成功，它已骑虎难下。但看来谁也不要战争，即使没有第三方面的调停，战争或者也可避免。另一方面，根据很多迹象来观测，若干其他强国倒很乐于见到我们牵连到远东问题中去。因此，并且预料到可能的发展，我向阁下请示：是否必须继续坚持（干涉）？是否应将我们的劝告以书面形式提出，抑或仅作口头建议？

这个报告对吉尔斯的决心产生了影响，积极干涉的想法动摇了。6月28日，他在向沙皇报告此事时提出：为审慎起见，俄国政府对"李鸿章所要求的我国正式调停，只能在冲突双方同意时才可能进行"②。这表明俄国政府已决定放弃干涉政策，以避免卷入中日纠纷的漩涡。

此时，李鸿章还在期待着俄国干涉的消息。6月29日上午，李鸿章派盛宣怀和罗丰禄往喀西尼处催问。喀西尼因自己的建议得不到政府的支持，正处于两难之中，于是又提出三国会议之说："尚未接到。拟再电俄廷并驻倭使，令告倭必须共保东方和局。或请倭派大员来津会议韩善后事宜，方有收场。"盛宣怀、罗丰禄则表示："似可议。但倭现添兵胁韩勒逼，无论韩已答应何项，均应作废纸。我华方准与会议。"让日本派大员到天津举行所谓三国会议，以会谈朝鲜善后问题，这本是喀西尼个人的设想，在当时的情况下根本不可能实现。而对李

---

① 陆奥宗光：《蹇蹇录》，第37~38页。
② 《中日战争》（七），第234页。

鸿章来说，这却让他燃起了一线希望。李鸿章认为："如能办到，于无可设法中冀有结束。喀意谓俄为韩近邻，愿同会议，只劝韩酌蠲内政之苛暴者，必不更动朝鲜大局，似尚无他觊觎。"①

当天下午，喀西尼派参赞巴福禄及俄国驻天津代理领事来觉福来见李鸿章，称："驻倭俄使电谓，往晤陆奥，不肯撤兵。若无别项缘故，倭兵不先开仗。"李鸿章问："喀前称俄皇电谕勒令撤兵，如不肯撤，俄另有办法。现俄廷意旨若何？"巴福禄答曰："驻倭使必报知本国或外部，已有电复在途。喀本日又电请本国，俟回示再通知。"据天津电报局呈报，当天喀西尼确实向俄京打了一份540字的电报。故李鸿章认为喀西尼"似所言不虚"②。确实，喀西尼这时还在继续说服俄国政府介入朝鲜问题，其致外交大臣电有云：

> 局势已很危急。日本谋取朝鲜内政统治权的企图已很明显。中国政府正迫切期待我国在东京所提各项建议的结果。显然，中国希望避免战争，而日本却似有意寻求战争，深以为胜利非已莫属。危险正来自日本方面，而不是中国方面。李氏曾表示，中国认为朝鲜内政确有改革的必要，并同意此改革问题应由俄、中、日三国全权代表以会议方式调查并解决之。会议地点可在汉城或天津。中国这种让步，给予我国莫大利益。日本的目的，似在排斥俄国的参加。我请求阁下对此事速予指示。努力坚持日本撤兵一事，极为重要。中国也将同时撤出其派遣军。日本若一旦取得某种初步的胜利，则决难与之取得协议。鉴于局势的特别严重，帝国政府如有所决定，请尽速示知，我将深为感谢。③

外交大臣吉尔斯经过全面衡量，还是决定对日本仅限于"忠告"

---

① 《清光绪朝中日交涉史料》（1043），第13卷，第27页。
② 《李文忠公全集》电稿，第15卷，第57页。
③ 《中日战争》（七），第236~237页。

而已。

先是在 6 月 25 日，俄国驻朝鲜公使馆参赞凯伯格电告："鉴于南方骚乱的终止，朝鲜总理奉国王之命，正式请求外国驻朝代表通知其本国政府，可能因外国军队驻此而引起纠纷以及通过中日的协议希望撤退双方军队，总理希望诸友好国家协同促成目前局势的和平解决。"① 于是，俄国政府于 6 月 28 日电驻中日两国公使，以此意劝告中日两国同时从朝鲜撤兵。在致希特罗渥的电文中，特别加上一句："提示日本政府：如果它在与中国同时撤退朝鲜军队一事上故意阻难，则它应负严重的责任。"② 29 日，俄国外交部亚洲司司长克卜尼斯特在会见日本驻俄公使西德二郎时也指出："最好的办法，似乎是从朝鲜王国撤出一切外国军队，然后以外交方式进行协商。如果某些国家由于他们的行动而制造出朝鲜问题，或甚至挑起冲突，则他们应负严重的责任。"③ 30 日下午 5 时，希特罗渥会见陆奥宗光时，又称奉本国政府训令面交照会一件。该照会称：

> 朝鲜国政府公开以该国内乱业已镇定事告驻劄该国之各国使臣，又对于清国及日本撤兵之事件，请求该使臣等援助。因此，本官之君主皇帝陛下之政府，命本官向日本帝国政府劝告容纳朝鲜之请求，且致忠告：如关于日本或清国同时撤退驻扎朝鲜之军队事加以妨碍时，应负重大责任。④

陆奥宗光见此照会措辞强硬，高深莫测，而政府挑战之心业经决定，呈骑虎之势，处于两难之中，心中颇费踌躇。当天晚间，陆奥宗光即至伊藤博文私邸，告以俄国的态度，并出示俄国照会。伊藤博文沉思

---

① 《中日战争》（七），第 234 页。按：朝鲜总理，指朝鲜外务衙门督办赵秉稷。
② 《中日战争》（七），第 234 页及第 287 页注。
③ 《中日战争》（七），第 235 页。
④ 田保桥洁：《甲午战前日本挑战史》，南京书店 1932 年版，第 16 页。

良久，始断然曰："事已至此，我们怎能接受俄国的劝告从朝鲜撤兵呢？"陆奥宗光大为欣悦，谓："尊意正与鄙见相同，将来大局之安危，不容说都由你我二人负其责任。"随后，陆奥宗光便致电驻英公使青木周藏，令其将日本的意向暗地透露给英国政府，以怂恿英国出来牵制俄国。并电示驻俄公使西德二郎："对于俄国劝告如何作复，尚未提交阁议，但我与伊藤伯爵认为目前不是接受俄国劝告从朝鲜撤兵的时机。"①

7月1日，日本外务省草拟的对俄复照经阁议通过后，又上奏明治天皇裁可。2日，将此复照送交俄国公使。该复照内称：

> 鉴于俄国特命全权公使所提照会，极其重要，帝国政府已详加审阅。然该照会中有朝鲜政府已将内乱业已平定之意通知驻该国之各国使节等语。根据帝国政府最近所接报告，不仅酿成此次朝鲜变乱之根本原因尚未芟除，即促成日本派遣军队之内乱亦未完全平复。查帝国政府向该国派遣军队，对目前形势实属不得已之举，绝无侵略领土之意。若至该国内乱完全平定、祸乱已无再起之危险时，当然即将军队撤回，此则可与贵公使明言者也。帝国政府对于俄国政府友谊的劝告，深表谢意，同时希望俄国政府本两国政府间现存之信义及友谊，对此保证给予充分信任。②

这份照会用婉转的外交辞令拒绝了俄国政府的"忠告"。

当时，俄国政府虽然对日本所造成的远东紧张局势非常关切，但其内部的意见却很不统一。俄国驻中、日、朝三国的使节也有不同意见。驻日公使希特罗渥与喀西尼不同，他明知日本"继续在作战争准备"，"业已派往朝鲜的人数已不下8 000人，某些租来的商船已经武

---

① 陆奥宗光：《蹇蹇录》，第39页。
② 陆奥宗光：《蹇蹇录》，第39~40页。

装，其他船只也正在武装，以作海上巡逻之用"，然而仍不加评论地向外交大臣报告伊藤博文关于"日本毫无夺取朝鲜内政的意图，其目的系在真正保卫朝鲜实际脱离中国而独立，只要获得朝鲜政府能实施必要改革以避免重新发生暴乱与中国再度干涉的某些保证，则日本准备与中国同时撤退军队"的骗人鬼话。[①] 驻朝鲜临时代理公使韦贝表面上态度暧昧，实际上非常敌视中国。李鸿章说他"素袒倭，谓韩当自主，与喀所见稍歧"[②]。他在给外交大臣的报告中，为日本出兵朝鲜辩护，并认为："由于日本采取了严重措施，中国行将退却。"[③] 更为卑鄙的是，他竟然与日本驻汉城公使馆杉村濬暗通消息，唆使对中国开战。他私下嘱咐杉村濬：

> 清国虽是古老之国家，然其军队守卫力量颇强，不可轻视。如贵国对清开战，应该从速；若迟延开战，踌躇不决，则清国军备将愈益整顿。眼下清国政府对外伪装希望和平，暗中却在加紧整饬军备。"

对于韦贝的可耻行径，连杉村濬都感到意外，不禁评论道："无论是韩国政府还是清国公使，都一定预想他们能纠合在一起，得到他有力之援助，并屈指以待。而实际上却无任何结果。韦贝对他们态度暧昧，却暗中催促我开战。"[④]

俄国外交大臣吉尔斯似乎对形势的发展已有所预感，他认为："我们担心朝鲜的改革只不过当作干涉的借口而已。中日两国间的误会正使极东可能发生不希望发生的冲突。"[⑤] 但是，他既不同意希特罗渥的任其自然的态度，也反对韦贝鼓动日本开战的推波助澜的做法。

[①]《中日战争》（七），第239页。
[②]《清光绪朝中日交涉史料》（1045），第13卷，第28页。
[③]《中日战争》（七），第243页。
[④] 杉村濬：《明治二十七八年在韩苦心录》，第37页。
[⑤]《中日战争》（七），第241页。

他的基本指导思想是"维持朝鲜现状"。他认为这是符合俄国利益的。因为他希望"赢得建成西伯利亚铁路所必需的时间",以期"能以具有充分物质手段的姿态出现,并将在太平洋事务中占据相应的地位"。俄国财政大臣维特早就狂妄地宣称:一旦计划中的西伯利亚大铁路建成,"俄国就将从太平洋之滨和喜马拉雅山之巅主宰亚洲以及欧洲的事务"。① 但在西伯利亚大铁路建成之前,俄国政府是不希望远东局势有大的变动的。况且英国外交大臣金伯利和美国国务卿格莱星姆都已表示无意强迫日本撤兵,不能不使吉尔斯有所顾虑,而且更加谨慎起来。

7月7日,喀西尼从希特罗渥的密电中获悉,日本政府已经拒绝了俄国的建议。他立即致电吉尔斯重申积极干涉的意见:

> 日本虽然已对我们作和平的保证,但它的行动明白说明它企图排除俄国与中国,从而擅自左右朝鲜的命运。中国宣称:它决定以一切方法进行抵抗,目前所以不诉诸战争行动者,无非因为对我们所作努力的成功尚怀有希望之故。我深信,目前已是明确决定我们态度的时候:我们是否能够容忍日本建立独占势力,甚或攫取这个半岛?从显然有惹事企图的日本政策以及许多其他政治原因上看,日本无疑是我们在大陆上的怨邻。

当天,喀西尼就接到了吉尔斯坚持对日本撤兵只能进行"劝告"的电报:

> 我们努力的目的在于消除中日两国间发生冲突的可能性。我们要求日本撤兵是友谊的劝告。我们完全珍视李鸿章对我们的信任,然而我们认为不便直接干涉朝鲜的改革,因为在这建议的背后,显然隐藏着一个愿望,即把我们卷入朝鲜纠纷,从而取得我

---

① 罗曼诺夫:《俄国在满洲》,第63、65、61页。

们的帮助。同时，请声明我们对中国持有最友好的态度，并将竭尽一切以支持中国的和平愿望。①

吉尔斯看穿了李鸿章的意图，并警惕勿"卷入朝鲜纠纷"，这对李鸿章的拙劣"以夷制夷"手法是一个莫大的讽刺。

7月9日，吉尔斯电训希特罗渥，对日本政府声明"绝无侵略领土之意"，并"至该国内乱完全平定、祸乱已无再起之危机时，当然即将军队撤回"的答复表示满意；但以与朝鲜相邻之故，仍望中日两国速开会议，进行和商。同日，吉尔斯又致电喀西尼告以"日本政府声言它并无侵略意图"云云。②喀西尼知道事情已不可挽回，即派参赞巴福禄、领事来觉福往见李鸿章。他们告诉李鸿章："顷接俄廷电复，日韩事明系日无理，俄只能以友谊力劝日撤兵，再与华会商善后，但未便用兵力强勒日人。至朝鲜内政应革与否，俄亦不愿预闻。"李鸿章诘问："五月二十二日喀遣尔来告，俄廷要勒令日撤兵再议；日不听，尚有第二层办法。是前后语意不符。"巴福禄答称："我等亦觉不符，恐俄廷另听旁人间阻。喀拟将来中日会议，彼亦毋庸参加。"③13日，希特罗渥便按外交大臣训令之意照会日本政府：

> 俄国皇帝陛下从日本皇帝陛下的政府照会中获悉日本并无侵略朝鲜意图，而且一俟朝鲜内乱完全平定，祸乱已无再起危险时，即自该国撤回军队之意，甚为满意。但切望此后日本能在此原则下速与中国进行协议，早日促成和平。而俄国政府以邻国之故，对于朝鲜事变自不能袖手旁观。然今日之事，完全出于希望预防中日两国之冲突，希为谅解。④

---

① 《中日战争》（七），第245~246页。
② 《中日战争》（七），第248~249页。
③ 《清光绪朝中日交涉史料》（1110），第14卷，第14~15页。
④ 陆奥宗光：《蹇蹇录》，第40页。

先是7月6日，李鸿章在致电驻巴黎公使龚照瑗时，还充满信心，称："俄廷命喀使留津专商，如倭不先允退兵，俄必怒，与华约同进兵。俄系近邻，岂能不准干预？各大国能合催倭撤兵，再与华议善后，此是正办。"① 至是，李鸿章才明白乞请俄国干涉的计划完全落空。事后，俄国参赞巴福禄密告李鸿章曰："俄何以不能立刻帮中国办日韩之事：一、因武备、水师未能速为备齐；二、俄不要催中国到开仗地步，若俄立允相助，恐中国办事太骤，应先试探能否讲和；三、俄要使天下皆知不因此机会在韩插手，仍有意约同别国催劝东洋撤兵。"② 巴福禄的话虽多掩饰之词，但俄国政府之所以不敢贸然采取积极干涉的政策，除在军事、外交方面的处境不利外，还担心此举将招致增强中国力量的结果，这也是俄国非常不愿意看到的。俄国参谋总长奥布鲁乞夫即直言不讳地声称："中国变得愈弱，对俄国就愈有利。"③ 它当然不会干积极干涉的蠢事了。当然，俄国实行不干涉政策，并不表明它已经放弃了在远东扩张的野心，只是因为时机不到罢了。

二 英国调停的前前后后

李鸿章在乞请外国干预朝鲜问题时，首先找的是英国。6月上旬，适英国公使欧格讷路过天津，李鸿章便请英国劝告日本从朝鲜撤兵。欧格讷口头上答应转告英国政府，嘱驻日公使将此意转致日本政府，但态度并不积极。

英国对远东局势最为关切，为什么对此持消极态度呢？因为早在1个月前，英国就同日本开始了修改条约的谈判。当时，英国政府愿意早日达成协议，利用日本来对付俄国。而日本政府则担心英国与中

---

① 《东行三录》，第124页。
② 《李文忠公全集》电稿，第16卷，第17~18页。
③ 罗曼诺夫：《俄国在满洲》，第65页。

国结盟，使它侵略朝鲜及中国的野心难以实现。5月2日，日本驻英公使青木周藏在与英国外交副大臣柏提会谈时，就流露这种担心。柏提则甚害怕日本同俄、法联合，对英国不利。彼此交了底，都想作出一定的妥协，以换取对方的支持。在这种情况下，除非出现俄国占领朝鲜的可能，否则英国对于朝鲜问题是不会那么热心的。

后来，欧格讷见李鸿章与俄国公使喀西尼接洽甚力，始恐俄国先我著鞭，有损于英国在远东的利益，便一改先前的消极态度，企图插手中日交涉，频至总理衙门调处，但开始曾被"婉却"①。7月1日，即日本阁议通过复照俄国拒绝其"忠告"的当天，欧格讷即命驻天津领事宝士德，以答复李鸿章前请其劝阻日本出兵一事为名，持其函往访，告以："屡电外部与驻英俄使商令撤兵再议善后，再电驻俄英使与说，皆未允。"宝士德又探问："俄廷出为排解有诸？"李鸿章答称："有之。"既而又激之曰："然俄虽韩近邻，未能无故动陆兵。英水师雄天下，如我前在烟台看大铁甲船，实为东海第一。应请欧转电外部，速令水师提督带十余铁快船径赴横滨，与驻使同赴倭外署，责其以重兵压韩无理，扰乱东方商务，与英大有关系，勒令撤兵，再议善后，谅倭必遵，而英与中倭交情尤显。此好机会，勿任俄著先鞭。"宝士德答应将此意转告欧格讷。随后，李鸿章又遣人密嘱海关总税务司赫德怂恿此事。并电总理衙门商催欧格讷、赫德出面调停，认为"如英肯出力，以后添一会议，更可牵制俄，似为胜算"②。

但是，光绪皇帝根本不同意借外国兵力勒日撤兵的意见，降旨严责曰：

> 前据总理各国事务衙门呈递李鸿章二十七日电信与英领事言

---

① 《东行三录》，第115页。
② 《清光绪朝中日交涉史料》(1053)，第13卷，第30页。

及应由英外部令水师提督带铁快船赴倭责问，勒令撤兵一节。倭人肇衅，挟制朝鲜，倘致势难收束，中朝自应大张挞伐，不宜借助外邦，到异日别生枝节。即如英国处此时势，如出自彼意，派兵护商，中国亦不过问；若此议由我而发，彼将以自护之举，托言助我，将来竟以所耗兵费向我取偿，中国断不能允。李鸿章此议非但示弱于人，仍贻后患，殊属非计，著毋庸议。嗣后该大臣与洋人谈论，务宜格外审慎，设轻率发端，致误事机，定唯该大臣是问！①

欧格讷接宝士德电告，以派兵赴日之说与英国调停之意相违，难以考虑，亦未电本国。

7月2日，欧格讷通知总理衙门：英国外交部已回电同意"从中调停，免致启衅"，并提出"整理朝鲜内政"和"同保该国土地勿令他人占据"两个问题，询问是否愿意就此同日本商谈。如果中国同意，他即电复英国外交部"令驻俄英使催倭商办，谅亦愿意，各国亦可责备日本促令撤兵"②。欧格讷之所以提出这两个问题，其用意至为明显：第一个问题完全是为了迎合日本而提出的，第二个问题则系出于英国防俄的需要。李鸿章看出了这一点，指出："所谓整理内政，与英待埃及相似。韩国不愿，中国向办不到，何能遽允？连日与俄使商论，只允会议，劝令韩自行整理，未便预定条款。至勿占据韩土地一节，俄已允载入会议款内。英最忌俄，盖指俄言，无足虑也。"③ 欧格讷知道中国不会接受改革朝鲜内政方案，再也不提这个问题了。

英国驻日公使巴健特接本国训令后，即往访陆奥宗光，询问日本政府对中日商谈的态度。陆奥宗光回避不谈此事。经数次交换意见后，

---

① 《清光绪朝中日交涉史料》（1069），第14卷，第3页。
② 《清光绪朝中日交涉史料》（1057），第13卷，第31页。
③ 《清光绪朝中日交涉史料》（1059），第14卷，第1页。

陆奥宗光提出了中日开议的先决条件:"如清国政府承诺为朝鲜内政改革之故任命共同委员,则帝国政府当不拒绝再开会议。帝国政府既力求不论及朝鲜独立之事,故清国亦不可对于宗属关系发议。又撤兵事件可于开谈之初商议。且帝国政府要求:在朝鲜境内,政治上以及通商上与清国立于均等地位。"① 随后,陆奥宗光又以此意电示驻中国代理公使小村寿太郎。

7月4日,小村寿太郎根据陆奥宗光的训令至总理衙门,声称:朝鲜事"愿两国相商",但"本国不愿他国干预"。同一天,欧格讷亦至总理衙门称:英外交部已电驻日公使,商允日本外务大臣与中国和商,"一开议先商撤兵"。日英两国公使同日来访,所谈之意甚值得玩味,看来他们之间已达成某种默契。总理衙门听出小村寿太郎所称"本国不愿他国干预",是针对俄国而言,故据此推断:"如此,则三国会议之说,恐靠不住。"尤值得注意的是,小村寿太郎称"愿两国相商",欧格讷则谓"一开议先商撤兵",却闭口不谈陆奥宗光所提出的开议的先决条件。显然,这绝不是他们两个人的偶然疏忽。但是,此时总理衙门还在等待俄国的回音,认为"倘现在与倭开议,深虑俄有异言"②。因此,对中日两国会议采取暂拖的办法。直到7月7日,庆亲王奕劻等才同小村寿太郎举行了第一次会谈。9日,又举行了第二次会谈。会议间,中国主张两国先应从朝鲜撤兵,然后再就劝告朝王改革内政事进行协商;日本则坚持在事情未定之前决不撤兵。会后,欧格讷暗告小村寿太郎:"既然如此,除待他日寻找机会再谈外,别无他法。"在日本政府看来,欧格讷的话似乎表明英国要停止调停。陆奥宗光后来回忆当时的心情时写道:

---

① 田保桥洁:《甲午战前日本挑战史》,南京书店1932年版,第170页。
② 《清光绪朝中日交涉史料》(1062),第14卷,第1~2页。

> 我对此事原来就怀疑中国的诚意，只因没有相当理由不便立即拒绝英国公使的调停，所以采取了暂观其演变的态度。我认为中国使英国公使的调停归于失败，反而可使我国在将来的行动上渐得自由，值得可喜；而且朝鲜近来的局势已经十分紧张，不容因中日两国之会商而拖延时日，莫如乘此机会与中国断绝关系为上策。①

这说明日本政府与中国断绝关系之策是早就定了，但何时断绝关系却要等待一个合适的时机。

7月14日，欧格讷至总理衙门探询中国有无再与日本商谈之意。当时，欧格讷同奕劻有如下一段对话：

欧格讷："日本既出多兵，恐所求不遂，不能和商了。此事须早定主意，若再迟延，实在无益。"

奕劻："我们与小村商量撤兵，原说是撤兵后还有商议，并不是撤兵后便不商量。小村何以不给我们回信？总而言之，此刻以撤兵为第一要端，必须明定日期，使各国周知，余事乃能定议。"

欧格讷："我欲电知本国四端：一、改革朝鲜内政，允否？（奕劻："此事只能劝他，不能逼勒他。"）二、派大员赴朝鲜商办，允否？（奕劻："此系各事商定后的话，此刻不必先提，将来自有办事之人去。"）三、两国共保朝鲜，不许他国占其土地，允否？"

奕劻："中国之保护朝鲜，无须再说。今日本允不令人占其土地，中国岂有不允之理？"

欧格讷："我系询明贵衙门的意思，好电本国；并可会同欧

---

① 陆奥宗光：《蹇蹇录》，第42页。

洲各国，以此诘催日本撤兵。如贵衙门以我所说为然，我即可发电。"

奕劻："'撤兵后可以商量'此一句话，可以说定，此外一概不能预定。因将来议论时，可允则允，万不能允者自不能答应。"

欧格讷："尚有一款，日本商民与在朝鲜中国商民一律看待，贵衙门允否？"

奕劻："日本与朝鲜立约声明平等之国；岂能与中国一律？此条无须商量，朝鲜自有向来办法。尔既是为好，此可不说。"

欧格讷："如此说，贵衙门即系不愿商量，我算白费话了。"

奕劻："我们并非不愿商量，但须视事之可否。"

欧格讷："贵衙门如不答复这一条，我想小村必无回信。"①

这番谈话表明，英国既想迫使中国向日本让步，以满足日本的侵略欲望，又担心弄不好把朝鲜局势搞乱，俄国从中浑水摸鱼，故又有"两国共保朝鲜"的想法。这就是英国以后建议在朝鲜划分中立地带的张本。但是，总理衙门又不肯对日让步，这又是欧格讷所深为不满的事，从"我算白费话了"一句看出，其愤然之情溢于言表。

英国公使在北京调停之日，正是英日改约谈判在伦敦顺利进行之时。7月13日，青木周藏急电报告陆奥宗光："本公使可于明日在新约上签字。"陆奥宗光接电后，激动得忘却了连日的疲劳，便电令小村寿太郎第二天即向清政府递交措辞严厉的"第二次绝交书"。同时，又向大鸟圭介发出训令："因英国在北京之调停已失败，今有施行断然处置之必要。故阁下可注意择不招世上非难之某种口实，以之开始实际运动。"② 就是要大鸟圭介在朝鲜寻找一个借口挑起战端。

---

① 《清光绪朝中日交涉史料》（1148），第14卷，第29-30页。
② 田保桥洁：《甲午战前日本挑战史》，南京书店1932年版，第173页。

可是，就在英日商订签约的 7 月 14 日，发生了一起小的波折。金伯利接到英国驻汉城代理总领事嘉托玛报告：日本驻朝鲜公使大鸟圭介要求朝鲜政府解聘雇用的英国教官海军上尉考威尔；日本在仁川外国人居留地内架设军用电线，侵犯中立国的权益；日军对嘉托玛及其夫人进行挑衅侮辱。金伯利要求日本方面作出令他满意的解释，否则将拒绝条约的签字。青木周藏立即致电陆奥宗光说：

> 一切准备就绪，原定今日可以签字，不料英国外交大臣突然严予拒绝。原因是接得驻朝日本公使向朝鲜政府要求解雇该政府英人海军教师考威尔的电报，以及接到日本架设之军用电线穿过仁川外国侨居地的报告。英国外交大臣特别要求对考威尔的问题给予满意的说明。贵大臣如不迅速撤销上述对朝鲜政府之要求，则新条约当难签订。英国政府并限期在星期一（7 月 16 日）以前，希望对此照给予答复。

陆奥宗光突接此电，既是失望，又是焦急，只怕功败垂成。他接到此电时已是 15 日，只剩一天的时间了。后来，他在回忆此事时写道："就事之轻重而论，不论在朝鲜方面办理如何方便，也毫无理由因解雇一个英国人而使目前在伦敦行将垂成的大业趋于破裂。加之答复英国的限期非常急迫，无论如何也没有和大鸟圭介公使往返电报查明真相的时间。因此，我认为此事即使真是事实，也可以使大鸟圭介再采取别种手段，这时不如毫不踌躇地对英国声言并无此事。"于是，他便立即致电青木周藏："帝国政府并未向朝鲜政府要求解雇考威尔……英国外交大臣接到的电报可能有很多是虚构的传闻。"并电示大鸟圭介："对朝鲜的改革，不论采取如何途径，务必注意不损害第三者的欧美各国的感情。"直到电报发出之后，陆奥宗光"仍想修改日英条约的事业，或将功亏一篑，甚为怅然"①。英国政府主要是不能放弃联日抗俄的立场，故终于7月16日签订了新约，即《英日通商航海条约》。金伯利在条约签字仪式上发表贺词时，声称："此约之性质，对日本来说，远胜于打败清帝国之大军。"② 英国政府为了讨好日本，不久又免去代理汉城总领事嘉托玛的职务。③ 日英新约的签订，使日本政府可以放手大干了。

此后，英国政府因怕局势失控，对自己不利，并未放弃调停活动。英国驻日代理公使巴健特往访陆奥宗光，告以接北京英国公使来电："中国政府接到小村公使本月14日的照会，非常愤慨。倘日本政府尚有意于和平，中国非无再开谈判之愿望。愿闻日本政府之决意如何。"日本已决定马上采取军事行动，当然无意再进行任何外交上的会商，但又不便于公然拒绝英国政府的调停，故有意地提出中国所不能接受的条件，使之自然中止。于是，陆奥宗光便向巴健特声明如下：

> 朝鲜问题今已大有进展，局势绝非昔日可比，日本政府已不能依据先前与中国约定会商之条件，即使中国政府同意互派改革朝鲜内政之委员，亦须约定对于日本政府迄今以独力进行之事项，不容置喙干涉。而使朝鲜局势达到如斯紧张，完全由于中国政府采取阴谋手段、因循方法使诸事稽延所致。故对我国此次提议，中国政府如不能自本日起于五日内以适当手续表明态度，日本政府将不再与中国进行会商。此外，中国如在此期内再向朝鲜增派军队，日本政府即认为是威胁之行为。中国政府如能本此宗旨与日本会商，日本政府当不拒绝。④

---

① 陆奥宗光：《蹇蹇录》，第61~62页。
② 信夫清三郎：《日本外交史》上册，第267页。
③ 许寅辉：《客韩笔记》，光绪丙午长沙刻本，第14页。
④ 陆奥宗光：《蹇蹇录》，第44~45页。

并限定中国于7月19日前答复。

当此同时，欧格讷在北京的调停还正在进行之中。7月17日，欧格讷至总理衙门称："欧洲各国劝和之意，明日我国家当有电来。"①18日，欧格讷再至总理衙门。适英国公使馆送来电报，欧格讷看毕曰："我政府向龚大臣说：先令日本撤仁川、汉城之兵，扎在汉城之南；中国之兵扎在汉城以北，彼此不至见面。这时候便商议整理朝鲜内政之事。贵国可以答应否？"奕劻等答称："此说尚公道。俟我们公商再复。但不知日本肯听与否。且俟龚大臣电来再说。"② 19日，总理衙门接李鸿章转来龚照瑷的电报，告知英国外交大臣金伯利提出在朝鲜划分中间地带的建议：

> 金顷云："中要倭退兵再议，倭要议定再退。兹欲再作一调停法：倭驻韩〔汉〕城兵退扎浅莫坡，中兵请酌驻何处，空韩〔汉〕城，两兵驻离韩〔汉〕城远近相埒，再和商。"嘱先电中堂酌商总署，可速电复，密转达，即公出此议。③

日本政府已决定开战，当然不会接受从汉城撤退的建议了。

7月19日为日本政府限定中国答复之日。欧格讷派人至天津与李鸿章会商，对日本作出一定让步。最后，提出以下六条，由巴健特转致日本政府：

一、"各派兵平韩乱"；

二、"与倭商办在韩商务，两可利益"；

三、"各派大员商办韩兴利除弊各事，劝韩王照行，但不能勉强"；

---

① 《清光绪朝中日交涉史料》（1168），第14卷，第37页，附件一。
② 《清光绪朝中日交涉史料》（1173），第14卷，第41页，附件一。
③ 《清光绪朝中日交涉史料》（1178、1179），第15卷，第4页。按："浅莫坡"，是济物浦（chemulpo）由西文回译之讹，亦即仁川。

四、"立约两国不占韩地";

五、"遇韩大典,倭不能与中平行";

六、"韩本系中属国,无庸商议"。

日本政府不管中国是否让步,都要挑起战端,但碍于英国从中调停,便提出一个中国决难接受的修正案:

> 一切可允商办。唯倭前订25条,已告韩照行,不能改毁。如中有添数条,则若遇韩有大典,倭与中平行;韩有不遵数条处,须两国勒令行之。此议请中国于5日内自向本国言之。如5日中添兵到韩,即作杀倭人论。①

此修正案无疑一份宣战书,与英国之意相违。因此,金伯利于7月20日电令巴健特,向日本政府提出词意严厉之照会,以提醒日本政府慎重行事。

7月21日,英国代理公使巴健特向日本政府递交照会。该照会称:

> 日本政府此次对中国政府之要求,不仅与日本政府曾经明言作为谈判基础之处相矛盾,而且超越其范围之外。今日本政府已单独进行此事,且丝毫不许中国政府过问,实系蔑视《天津条约》之精神。因之,如果日本政府坚持此项政策,以致发生战争,日本政府应对其后果负责。

陆奥宗光推测,英国照会表面上非常严厉,实际上并无断然采取最后手段的决心。翌日便复照巴健特对日本的立场进行辩解,其大意是:

> 日本政府所要求中国政府之条件,绝非如英国外交大臣所诘问者。此次要求并未超越过去说明作为谈判基础的范围,只因中

---

①《清光绪朝中日交涉史料》(1209),第15卷,第14页。

国之提议已与日本政府过去提出之条件有不少大不相同之点。且《天津条约》除规定中日两国向朝鲜出兵时之手续外，并无其他约束。故英国政府若谓由此纠纷所产生之后果，由日本政府独负其责，日本政府敢信为不当。因为当初中国政府若容纳日本之提议或驻华英国公使之调停，与日本政府再开会议商讨，事态当不至如此严重。①

朝鲜形势的发展已经到了千钧一发的地步。2天以前，英国驻美大使庞士福特又从华盛顿传来了美国国务院所得到的密报："日本急于同中国开战，以把公众的注意力从对国内安定极为不利的政治分歧上转移开来。对此，日本驻美公使未加否认，事实上是承认了。"② 金伯利非常担心战争的爆发，便在向日本政府发出照会的同时，通过其驻俄大使霍华德照会俄国外交部："如不立即向中国及日本政府施用压力以求解决朝鲜问题，就会发生战争。请将我们的请求转告帝国政府，我们请求贵国政府尽速命令驻北京及东京公使与英国公使合作，竭力防止战争。"③ 金伯利向俄国外交部发出这样的照会，显示出一种准备进行干涉的姿态，说明他已经被弄得慌乱无计了。英国首相罗斯伯里反对英国与其他国家联合进行公开干涉："如果日本没有超出《天津条约》所给予它的权利，那么就没有对日本进行武装干涉的充分理由。""如果我们采取行动的话，那么这实际上就等于是针对日本，而对于我们来说，这样做是否是明智的政策呢？"他强调指示："这是不合时宜的。我们不能削弱在东亚的海洋上具有能够成为防范俄国屏障的伟大力量的强国，不应该与之不和。"④

---

① 陆奥宗光：《蹇蹇录》，第45页。
② British Documents on Foreign Affairs—Reports and Papers From The Foreign Office Confidential Print, Part I, Series E, Vol. 4, Sino—Japanese War, 1894, P. 61. (以下引用此书时简称《中日战争（1894）》)
③ 《中日战争》（七），第261页。
④ 藤村道生：《日清战争》，上海译文出版社1981年版，第81页，注①。

101

甲午战争国际关系史

7月23日，巴健特又奉本国政府训令递送一份照会。该照会称：

> 今后中日两国若发生战事乃至妨碍上海交通，因该港为英国利益之中心，其关系颇大，希望取得日本政府不在上海及其通路为战事之运动的保证。①

据此，日本政府知道中国和英国之间并不存在所传的《英清密约》，而且英国实际上默许了日本发动这场侵略战争。日本政府当即答应了英国的要求："无论如何，日本决不攻击上海及赴上海经行水路。"②

当天，日本军队便在汉城行动起来，演出了围宫劫政的武剧。2天后，日本海军又在丰岛海面袭击中国军舰，导致了甲午战争的爆发。

三 美奥意的"劝告"和法德的观望政策

在俄、英两国调处的同时，美国也准备对日本进行劝告。先是在7月上旬，美国临时代理公使田夏礼即与李鸿章有所接触，询问应否电美国国务院建议。李鸿章表示同意。7月12日，驻美公使杨儒电李鸿章报告：在田夏礼来电之前，美国政府"已饬驻倭美使，告倭政府，劝早退兵，勿干韩政"。李鸿章巴不得各列强皆参加调停，故即复杨儒电说："倭兵万二千，围汉城内外，勒逼韩改革内政。俄、英力劝照约撤兵再商，未允。望告谢外部，仍电催驻倭使，会各使力劝，共保和局为要。否则势将决裂。"③

其实，早在7月9日，美国国务卿格莱星姆已先主动电驻日公使谭恩，向日本政府提出以下劝告："朝鲜变乱虽已平定，而日本政府

---

① 《日本外交文书》，第27卷，第734号。
② 《英国公使欧格讷致总理衙门函》，《朝鲜档》(1995)。
③ 《东行三录》，第129~130页。

102

与中国均拒绝由该国撤回其军队，且对于该国内政实行激烈的改革，美国政府对此深表遗憾。美国政府对日本及朝鲜两国均有深厚友谊，因此希望日本尊重朝鲜之独立和主权。若日本兴无名之师，使防御薄弱的邻国化为兵火战场，合众国大总统当深为惋惜。"陆奥宗光认为美国是一向对日本"抱有深厚友谊和善意的国家"，而且也"不愿干涉在远东地区所发生的问题"，所以不用担心美国会进行干涉。[①] 于是，便于同日以照会的形式答复说：

> 帝国政府目下对朝鲜国所谋者，非敢启衅，实专为期待该国秩序安宁及国政善良而已。且帝国政府绝无取不尊重该国之独立及主权之处置。此本大臣可向阁下保证之焉。例如违反朝鲜国安宁之心思，帝国政府毫无怀抱。因之，两国间发生冲突之事，亦可无虑。且帝国政府对于其邻邦不独更不希望招衅，反而期待预防将来发生以前屡起之内讧变乱，而此种希望信为如不芟除该国人民受苦之主因，即官场之弊窦、贪婪、秕政，则不能实行也。帝国政府所向朝鲜政府劝告之改革，在于期望改善政治以增进人民福利。然一任朝鲜国政府自行审思，则此等改革不能实行，殆无容怀疑者。……然今日清国政府以该变乱业已镇定为口实，提议日清两国同时撤兵。据帝国政府之所见，不仅该变乱之发生原因尚未全除，且现在之变乱亦尚未归于镇定。帝国政府观察以下形势，意有未安，故确信此时无撤兵之理由，且撤兵亦非得策。但看朝鲜国情形，如果我兵能全行撤回之时期到来，则帝国政府欣然以待之焉。[②]

[①] 陆奥宗光：《蹇蹇录》，第48页。
[②] 田保桥洁：《甲午战前日本挑战史》，南京书店1932年版，第180~181页。

尽管日本政府的照会满纸谎言,极尽诡辩之能事,但美国政府并不置辩。看来,美国政府对日本的"劝告"只是做样子而已。因为直到1899年占领菲律宾之前,美国在远东还没有一个立足的基地,它看到"日本正迅速跻于东亚的领导地位","持有开启东方的钥匙",很需要像日本这样的国家替它在远东的侵略政策打开一条道路,所以一直视日本"不亚于一个同盟"。① 美国政府本来就无意进一步干涉,接到日本政府的所谓"保证",也就顺水推舟,对日本的侵略野心表示默许了。

在此期间,其他一些欧洲国家也都在注视着朝鲜局势的动向。奥地利作为德、奥、意三国同盟的成员国,对俄法同盟的首脑国俄国是反对的,故采取离间中俄关系而支持日本的立场。奥斯马加(奥匈帝国)驻日公使即曾劝告汪凤藻,希望中国对日本让步:"中日失和,适资俄利。俄出调停,殆难得力。就大局论,方当联倭防俄,应稍迁就,不宜开衅,以致两伤。干预弱小,西国事所恒有。"② 这实际上是英国政府的立场,不过由奥斯马加驻日公使说了出来罢了。

法国亦想趁机插手,因涉及同英、俄两国的关系问题,故一时还拿不定主意。直到7月3日,法国外交部长阿诺托才试探中国驻法代办庆常的口气说:"法颇愿调停,不知中愿意否?"俟庆常作出"足征睦谊"的肯定回答后,阿诺托又称:"但须两处立言,其轻重即往请总统酌定,准明午面告。"③ 翌日,阿诺托则一改原先的态度:"已请示总统,即劝与中和商。英、俄先出调停者,缘商务、界务有关,皆议院喜与闻。法出于睦谊。一面探商英、俄,再作办法。请勿宣!"即表示暂时采取观望的态度。7日,阿诺托向中国驻法公使

---

① 丹涅特:《美国人在东亚》,第387、408页。
②《清光绪朝中日交涉史料》(1079),第14卷,第9页。
③《龚人臣中英法往来官电》,《中东战纪本末三编》第2卷,第36~37页。

龚照瑗重申法国的立场说："如英、俄强劝，倭亦不听。现英、俄相忌，倘法言过激，恐不利中。英、俄有关韩商界，望和结，语甚激。法若出公议，当随英、俄后。"① 法国既想插手，又不愿开罪英、俄任何一方，左右为难，只好暂不公开出头，随英、俄之后伺机行动。德国也是在待机而动。7月10日，李鸿章致电驻德公使许景澄，请德国出面调停："德在东方，商务攸关，似未便坐视。望商德外部，电饬倭、韩各使，力劝倭撤兵，再与华商办善后。否则将开衅，恐扰大局。"② 德国政府看时机未到，也不愿挑头。据陆奥宗光自述："德、法两公使最初在表面上虽有'迅速寻求妥协办法，解决中日两国争议，实为维持东亚和平之良策'云云，但在与我私人会见时却说'为使中国从过去的迷梦中觉醒过来，到底非有人给以当头一棒不可'云云，以暗示倾向我国之意。特别是法国公使阿尔曼曾说：'将来有以日法同盟维持东亚大局和平之必要。'"此外，意大利虽在起初试向日本政府进行劝告，"但意公使始终支持英公使"③，采取偏袒日本的态度。

由此可知，美国等列强虽然在表面上不偏不倚，但无论"劝告"也好，观望也好，都是为了自身利益伺机而动。这也就无形中支持了日本。正如赫德指出："外交把中国骗苦了。因为依赖调停，未派军队入朝鲜，使日本一起手就占了便宜。"④ 清政府醉心于折冲樽俎，到头来却吃了大亏。

---

① 《清光绪朝中日交涉史料》（1089、1106），第14卷，第9、13页。
② 《李文忠公全集》电稿，第16卷，第12页。
③ 陆奥宗光：《蹇蹇录》，第48~49页。
④ 《中国海关与中日战争》，第59页。

第三节　英国对中日冲突的具体方针

一　劝说日本避免同中国冲突

英国对远东的基本政策是十分明确的，为了维护英国在远东的既得利益，它不愿意破坏远东形势的现有格局，相反还要极力维持这一格局。但是，野心勃勃的沙皇俄国使英国不得不格外提高警惕。英国当权者唯恐俄国南下，在远东与英国争雄，从而使英国既得的利益和地位受到冲击和挑战。尽管英国的远东基本政策不会改变，但在防俄的大前提下，它对中日冲突的不断升级仍要进行策略上的调整，并采取一些相应的具体方针。

中日两国在朝鲜的冲突来得十分突然，这是英国当权者始料不及的。特别是"英国原来没有预见到会打仗，因而政府不知道采取什么态度才合适"[①]。所以，当英国政府得到朝鲜东学党起义的报告后，在相当一段时间内并未产生应有的注意和重视。

先是在5月11日，英国驻朝鲜代理总领事嘉托玛致电其驻华公使欧格讷，报告东学党起义和朝鲜政府派兵镇压的情况。其后，他又多次向欧格讷报告起义军的活动。如称："义军组织良好，纪律严明，不骚扰百姓和毁坏庄稼。其行动计划似如派出之别动队，夺取衙门的物资和军火，扣押地方官员，然后退据易守难攻之处所，严阵待官军来攻。""洪启薰将军率援军赶到，遭东学党起义军猛攻，虽奋力抵御，终于败北，被追出20里之遥。京城派来的援军人生地疏，处境艰

---

① 杨国伦：《英国对华政策》（1895—1902），第16页。

难,无法挡住义军的进攻。"① 并附上了东学党起义军的布告和檄文。

半个多月过去了。直到5月29日,欧格讷在烟台度假期间,才复电给嘉托玛,告诉他发来的几封急件都已收到。同时,向外交大臣金伯利报告说:

> 这次起义与去年的东学道起事密切相关,皆出于官员压迫,勒索无度,致使农民极端贫困,铤而走险。即使起义仅限于南方数省,由于中日两国业已商定,不经对方同意,任何一方也不得向朝鲜派兵,因而可能会导致中日政治上的矛盾,从而难以达成联合行动的协议。如果起义蔓延到北方,势必要引起大乱,导致俄国出兵干涉。

并建议命嘉托玛"利用其影响,提醒朝鲜国王,改良政治",以"消除乱源"。②

朝鲜东学党起义一事开始引起英国政界的关注。6月5日,日本根据战时条例,成立了包括参谋总长、参谋次长、海军军令部长、陆军大臣、海军大臣等在内的参谋本部,以作为指挥侵略战争的最高领导机构。并经明治天皇批准,向朝鲜派出一个混成旅团。恰在这一天,英国众议院会议,议员波威尔询问外交副大臣柏提:"关于此次起义的矛头是指向外国人的说法是否真实?为了维护英国的利益,英国舰队是否已赴朝待命?"柏提表现得相当轻松,或者是有意地淡化事态,回答说:"英国政府尚未接到这样的报告,报纸的报道可能夸张。舰队司令及6艘战舰尚在中国北部,还不知道是否有舰只开赴朝鲜海面。"③

---

① 《中日战争(1894)》,第21页。
② 《中日战争(1894)》,第20、23页。
③ 《中日战争(1894)》,第23页。

尽管如此，朝鲜局势的发展与英国在远东的利益直接相关，不能不引起英国政府的关注。6月8日，日本大本营派步兵一大队及工兵一小队组成的先遣队赴朝，从宇品登船待发。同一天，英国外交部发表了由柏提签署的备忘录，其中追述1883年11月26日英国与朝鲜签订的《济物浦条约》和1885年4月18日的《中日天津会议专条》的有关内容。并重提当年英占巨文岛事件和后来英军撤离该岛的经过，最后强调说："中英互换了照会。中国照会载有俄国作出的许诺，即我们撤离巨文岛后，俄国在任何情况下都不侵占朝鲜领土。"很显然，英国政府开始认识到，朝鲜国内局势的混乱必然要引起中日之间的矛盾，而俄国很可能会火中取栗，获得巨大利益。后者才是英国政府最为担心的。柏提所签署的备忘录虽内容较为隐晦，但还是反映出英国政府的这种心态。于是，由金伯利电令英国驻日本代理公使巴健特，"随时了解日本对朝鲜采取的任何行动"①。

起初，英国还摸不透日本出兵朝鲜的真实意图所在。6月10日，巴健特按金伯利的指令，复电说："日本已据条约规定将出兵朝鲜的意图通报了中国。并一再声明，他们派兵只是为了维护日本的在朝利益。如朝鲜国王向日本求助，迫于形势需要，他们也可能在对抗中采取主动。"②巴健特的回电未加任何分析和判断，似乎成了日本政府的传声筒。后来的事实证明，巴健特经常将日本的官方声明当成情报向国内报告，以致往往模糊了上司的视听。欧格讷则有所不同，陆奥宗光称他是"一位精明的外交家"，"当然更不是不关心本国利益和名誉的迂阔者"。③确实，他观察问题比较敏锐，而且能及时地提出自己的建议。12日，他向金伯利报告与李鸿章会见的情况，说："总督担心，

---

① 《中日战争（1894）》，第24页。
② 《中日战争（1894）》，第24页。
③ 陆奥宗光：《蹇蹇录》，第41页。

若日兵进入汉城,情况就变得复杂起来,希望英国凭借其影响予以阻止。我让他相信,您会利用一切机会,提出可行性建议,以防止两国关系破裂。"① 欧格讷从与李鸿章的交谈中已经看到了中日两国关系破裂的阴影,故建议金伯利采取切实可行的防止办法。

当天,金伯利便约见日本驻英公使青木周藏,有所交谈,并流露了自己的担心。他秘密地告诉青木周藏,英国政府对俄国的插手未必毫无顾虑。从这次谈话中,青木看清了英国对朝鲜问题的基本立场:"英国政府希望,日清两国在朝鲜问题上不作出不利于英国的决定。日本之此次行动,若直接或间接出于预防俄国入侵之需,则无不可。东方两大国避免发生战争,诚为英国政府之所望。"② 青木周藏在会见后给外务省的报告,使陆奥宗光心里有了底,并在以后制订外交策略时有了依据。

不过,当时英国还过分地相信自己对日本的影响,并未完全料到朝鲜局势会失控,日本真的会不顾一切地发动对中国的战争。6月13日,金伯利再次约见青木周藏,向他出示欧格讷的电报,其内称:"朝鲜乱民业已溃散,清国欲撤其兵,日本亦应同时撤兵。望阁下为之斡旋。"③ 随后,金伯利向青木周藏表示了英国政府对日军长驻朝鲜易生纠葛的忧虑。

陆奥宗光根据青木周藏的几次电报及同俄国驻日公使希特罗渥的谈话,判断出俄国出兵朝鲜"目前似无须担心"。6月15日,向其驻朝公使大鸟圭介发出电令称:"即使目前平定暴乱,恢复和平,今后日清间仍将发生纷议,且有不可避免之势,因此阁议应采取断然措施。"并特别指示:"不惜以任何借口使我军留驻京城,此乃极为重要

---

① 《中日战争(1894)》,第25页。
② 《日本外交文书》,第27卷,第612号。
③ 《日本外交文书》,第27卷,第613号。

之事。"同时,又于16日通过青木周藏向英国政府表示:"朝鲜变乱情况至不需要驻兵时,日本当即撤回其兵员。然迄今未接到叛军溃散之确报,却有扰乱不止的情况。日本政府将充分注意以避免纠纷。"①日本政府所采取的两面手法,在一个时期内确实很好地掩盖了其出兵朝鲜的真实意图。

英国外交部于6月16日发表的备忘录,便反映了英国当局对日本的战争企图尚缺乏应有的了解。备忘录将日本政府内部分为稳健派和激进派,认为内阁总理大臣伊藤博文"一贯主张在外交事务中要尽量持审慎态度";"在这次新的危机中,会再度采取稳健政策,尽力避免与中国关系破裂"。但又担心他"无力抵挡来自沙文主义者和激进派的压力,而这些人可能会利用高涨的公众情绪对内阁施加压力"。备忘录还突出地宣扬了青木周藏的观点,即:1885年中日签订的《天津条约》"不过是权宜之计","要促进朝鲜的和平进程,缓和中日在朝鲜半岛上的对立,并阻止俄国人南犯,那项条约是远远不够的","而俄国正是看准了日、朝两国——姑且不提中国——政局动荡的弱点,才伺机南犯的"。最后,备忘录还将朝鲜的紧张局势归咎于中国,指责中国"把日本对朝鲜事务的任何干涉看成是对其宗主权的非难",认为"日本参与迫使朝鲜对外开放,应对由此发生的一切复杂情况负主要责任"。②可见,这次中日争端开始不久,英国出于防俄的需要,其远东政策便明显地倾斜于日本。

并不能由此得出结论说,英国是支持日本发动战争的。恰恰相反,英国以防俄为大局,不希望中日两国关系破裂,以免给俄国以南下的可乘之机。金伯利曾提醒青木周藏说:"防止中日冲突是至关重要的,

---

① 《日本外交文书》,第27卷,第552、614号。
② 《中日战争(1894)》,第25-26页。

两国在一切对朝事务中都应当尽可能地协调行动。"① 欧格讷也曾向小村寿太郎提出忠告，认为日本派兵驻朝"实为下策，且无必要"，中日之间纠纷不已，"唯恐俄国有所举动"。② 日本已经完全掌握了英国政府的态度，并看准了它的弱点，便一面按既定方针加紧走向战争的步伐，一面继续对英国采取应付和蒙混的手段。于是有6月20日青木周藏对英国政府的正式通报：

> 一旦朝鲜的事态发展允许，日本将随时撤军。但迄今为止，我们尚未接到起义军被击溃的确切报告。相反，骚乱看来还在继续。请英国政府相信，为防止事态的恶化，我们采取了各种预防措施。另外，即使目前朝鲜的骚乱得到和平解决，仍需要维持和平和治安，因而我们正设法就此同中国达成协议。③

日本当局的谎言很快便被戳穿。各方面的报告纷至沓来，都表明日本正在走向战争。6月21日，巴健特报告："据传闻，日本正在大批集结部队，但尚未得到确切消息。" 22日，欧格讷报告："日本拒绝与中国同时从朝鲜撤军，并继续增兵，还多方购置煤炭，并租借或购买轮船。尽管变乱已经结束，但日本仍在进行上述不友好的、威胁性的准备工作。" 同一天，英国远东舰队司令斐里曼特报告："日军继续行动，朝鲜局势严峻。日本大约派出了5 000人的军队，并将继续增兵。还调集了2 500人的远征军。全罗道的变乱无足轻重，不过是个借口而已。"④

面对棘手的朝鲜局势，英国政府深感束手无策。在英国当权者看来，防俄和中日关系破裂二者是互不相容的。金伯利认为，中日两国

---

① 《中日战争（1894）》，第25页。
② 《日本外交文书》，第27卷，第615号。
③ 《中日战争（1894）》，第26页。
④ 《中日战争（1894）》，第27页。

必须协调行动，是防俄的需要；中日两国为朝鲜问题而诉诸武力，正使俄国得渔人之利。他于 6 月 23 日与青木周藏会见时，可算是极尽劝说之能事了。金伯利说："中日两国军队发生冲突将是最不幸的。我担心这会导致战争。在我看来，诉诸武力对两国都没有什么好处，俄国可能会来从中调停。"青木周藏听到这里，接过话茬儿说："为了保证朝鲜不受来自北方的威胁，急需全面改革政治。统治朝鲜半岛，日本必须有份。不能默许中国在那里称霸，中国是无力与俄国抗衡的。如果朝鲜要落入俄国手中，日本将不惜代价来保卫朝鲜。"青木的口口声声抗俄，自然是很中听的。但金伯利还是继续劝说道："不管日本期望以什么新的方式治理朝鲜，向中国宣战都不是解决问题的有效办法。当务之急是防止中日发生冲突，因为这两个邻国的根本利益是一致的。希望向日本政府转达我真诚的建议：避免冲突。"[1]

英国外交大臣对日本方面的劝告，是否起作用呢？看来是言者谆谆，听者藐藐，根本没产生一点效果。6 月 28 日，伦敦《泰晤士报》登载了李鸿章关于朝鲜问题的声明，略谓：朝鲜叛乱已经结束，中国希望日本撤兵，不能由别国强迫朝鲜改革内政。[2] 当天，金伯利还收到了欧格讷从北京发来的密电，其内称："总督已向俄国提出了请求。如果事情顺利，俄国也许会从别处，而不是从中国得到些什么，作为其对日本施加压力的交换。"[3] 他越发地着急起来，认为更证实了自己的推测，所担心的俄国插手竟成为事实。于是，金伯利立即给巴健特发出电令，指示他与日本政府进行交涉：

  总理衙门已请求俄国从中斡旋，朝鲜争端已将俄日联系在一起。请你向日本政府转达英国政府善意的警告：他们坚持目前的

---

[1]《中日战争 (1894)》，第 28 页。
[2]《日本外交文书》，第 27 卷，第 626 号。
[3]《中日战争 (1894)》，第 29 页。

态度可能会导致严重的后果，引起与中国的激烈冲突，只能使俄国从中渔利。……战争一旦爆发，东亚将出现各种严重问题，而这是有损于日本利益的。

同时还约见青木周藏，提出了进一步的劝告：

> 由于总督请求俄国斡旋，俄国有机会插手朝鲜事务。这会带来最危险的后果。我必须提醒，日本因同中国冲突而可能会遇到危险。英国政府担心日本会在似乎妥协的态度的掩护下，突然向中国军队开火。中日战争带来的问题不但影响到朝鲜，而且影响到整个东亚的局势，对中日双方都不利。同时，还会干扰通商口岸的贸易往来。欧洲列强经济受到影响，自然不会无动于衷。请向日本政府转达英国政府真诚的建议，不要让中日分歧发展成战争，而要尽量通过友好协商来完成原先所期望的对朝鲜政治的改革。①

青木周藏把金伯利谈话中的"不会无动于衷"理解为"英国不能袖手旁观"，这引起了日本政府的重视。青木周藏也很了解英国绝不会真的对日本的行动进行干预。他随后即电告陆奥宗光说："你应当相信英国外交大臣，他早就倾向于你。"② 由于得知在青木周藏与金伯利之间存在着一种若明若暗的默契，陆奥宗光感到有恃无恐。6月29日，他约见巴健特，假惺惺地说："由于中国拒绝了日本的建议，日本无法再作任何努力了。如果中国政府提出在朝鲜独立的基础上进行谈判，保证朝鲜的政治安定，日本也愿意予以考虑。"③ 并暗示，希望英国驻北京公使向中国提出这一建议。

陆奥宗光狡猾地把球踢给中国，果然奏效。于是，英国便变劝说

---

① 《中日战争（1894）》，第30页。
② 《日本外交文书》，第27卷，第627、632号。
③ 《中日战争（1894）》，第33页。

日本为劝说中国。6月30日，金伯利致电欧格讷，要他询问中国"是否愿意考虑与日本共同重建朝鲜政治的建议"。并转达英国政府的劝告说："英国政府认为，如果中国宣布愿意谈判，日本将有意达成协议。中国有必要持调和态度，以防止与日本发生冲突，从而危及全面和平。冲突可能会给俄国提供某种机会，那将损害中国在朝鲜的特权。"7月2日，欧格讷复电，认为"朝鲜独立"的提法不妥当，告知中国"同意以共同保障朝鲜的领土完整，重建朝鲜政治为前提进行谈判"，但认为："两国不同时撤军，谈判大概不会成功。"金伯利同意欧格讷的观点，也认为中国坚持两国同时撤军是有道理的。日本却死咬住不能撤军这一条，便形成了僵局。为打破僵局，促成中日两国谈判，他想出了"逐步撤军"的折中方案。并电令巴健特："极力说服日本政府接受上述条件，避免战争，防止问题复杂化，那对中日双方都是非常不幸的。"①

当巴健特代表英国政府向陆奥宗光发出警告："中日争端激化可能导致严重后果"时，陆奥宗光却装着一副十分坦诚的样子，先让巴健特转告金伯利："请外交大臣阁下放心，日本政府会尽一切努力友好地解决这个问题，并无任何交战的意图。"然后却提到日本政府视"朝鲜独立"为谈判前提之一，因此"进行谈判的主要阻力在于中国对朝鲜的宗主权问题"。7月3日，金伯利针对巴健特电报所反映的问题，复电说：

> 来电说中国抓住对朝鲜的宗主权不放是谈判的主要障碍。你当秘密地向日本政府说明，日本最好不要作为先决条件要求中国放弃在朝的特殊地位，因为中国在宗主权以外的一些更重要的问题上反而更容易作出让步。当然，双方都克制而不提这些问题更

---

① 《中日战争（1894）》，第33~34页。

好。让朝鲜独立，必定会削弱中日两国对朝鲜的控制和保护的权限，只能为别国干涉提供更多的机会。在中日共同保证朝鲜领土完整、重建朝鲜政治的前提下开始和平谈判，刻不容缓。两国同时从朝鲜撤军是谈判的先决条件，但如有必要，撤军可逐步进行。复电还特别指出："日本必须与中国立即开始谈判，否则俄国肯定会联合西欧各国进行调停。"①

日本政府当然不会放弃其既定方针，英国的多次劝说也就白费了。恰在这时，传来了俄国出面调停的消息。为了应付这一新的局面，英国政府不得不放弃单纯劝说日本避免冲突的办法而采取新的调停方针了。

二 倡议五强联合调停

英国政府之所以要采取新的调停方针，是俄国的举动引起的。

先是李鸿章请求俄国斡旋后，俄国驻华公使非常积极，主张对日本进行干涉。但俄国政府经过权衡后，决定放弃干涉政策。可是，喀西尼并不甘心，于6月29日向李鸿章的代表盛宣怀和罗丰禄提出了三国会议之说，即中、日、俄三国派大员到天津会议，以商谈朝鲜善后问题。俄国外交大臣吉尔斯虽然未采纳喀西尼关于三国会议的建议，但还是决定对日本进行"忠告"。30日，俄国驻日公使希特罗渥奉本国训令向陆奥宗光面递措辞强硬的照会："本官之君主皇帝陛下之政府，命本官向日本帝国政府劝告容纳朝鲜之请求，且致忠告：如关于日本或清国同时撤退驻扎朝鲜之军队事加以妨碍时，应负重大责任。"② 7月6日，日本政府复照希特罗渥，一面对俄国政府的"友谊

---

① 《中日战争（1894）》，第35~36页。
② 田保桥洁：《甲午战前日本挑战史》，南京书店1932年版，第16页。

的劝告"深表谢意,一面又谎称:"查帝国政府向该国派遣军队,对目前形势实属不得已之举,绝无侵略领土之意。若至该国内乱完全平定,祸乱已无再起之危险时,当然即将军队撤回,此则可与贵公使明言者也。"① 实际上婉言拒绝了俄国政府的"忠告"。

喀西尼的三国会议说和俄国政府的"忠告",不过是俄国为消除中日冲突而周旋过程中的一段小小插曲,却引起了英国的警惕。因为英国担心俄国一旦插手,会使朝鲜局势复杂起来,英国在远东的传统地位也会受到影响。7月3日,欧格讷致电金伯利称:"俄国可能再度照会日本,要求朝鲜请求联合调停的各国在外交上与之合作。这会使它争取主动,因为任何有助于中国的举动都会取得中国的信任。"此电促成了金伯利的决心:与其让俄国联合各国,使英国陷入孤立的处境,毋宁由英国亲自出面,以打乱俄国的既定步骤。于是,金伯利立即电告欧格讷,如日本不肯坐到谈判席上来,"就通电俄国政府,联合西欧共同行动"②。

由于英国的再三敦促,日本不得不再敷衍一番,装出并不拒绝谈判的样子,但却提出了谈判的几项先决条件,其中有清政府碍难接受的条件,即"在朝鲜境内,政治上以及通商上与清国立于均等地位"③。英国劝说清政府答应日本的谈判先决条件。金伯利致电欧格讷:"中国最好接受这些建议,因为这些建议似乎也合乎道理。"日本做出愿意谈判的姿态,完全是一种假象。这一点,欧格讷看得很清楚。他致电金伯利说:"我刚收到巴健特先生的一封来电,从中感到日本佯作同意谈判,只不过是为了赢得时间而已。"并建议"由五国进行

---

① 陆奥宗光:《蹇蹇录》,第39~40页。
②《中日战争(1894)》,第35~36页。
③ 田保桥洁:《甲午战前日本挑战史》,南京书店1932年版,第170页。

联合调停",以取代俄国提出的"三邻国(中日俄)联席会议"。①

金伯利非常赞同欧格讷关于"五强联合调停"的意见,决定试一试。他先后通电德、法、美、俄各国政府,建议联合调停中日争端,以使其达成和平协议。从7月9日金伯利同德国驻英大使哈慈菲尔德的谈话中,便可知道英国关于"五强联合调停"的计划内容。当时,哈慈菲尔德问:"这将是一次什么性质的调停?"金伯利回答说:"首先,我们应该联合建议中日两国从朝鲜撤军。英、俄都已提出过这一建议。我想这一步会达到预期目的。一旦此举受挫,将要采取何种必要措施,现在考虑为时尚早。我希望德国参加我们的调停,因为它与中朝两国贸易往来都较多,而一旦中日战争爆发,将严重破坏经济往来。所以,进行联合调停,防止战争,我们的利益是一致的。"②

乍看起来,这个"五强联合调停"计划似乎是向着中国的。其实,并不完全是这么回事。日本也曾建议英国出面调停,其目的是让英国劝中国对日妥协。陆奥宗光即于7月7日向巴健特表示,希望英国从中斡旋,劝中国尽快地提出日本所谓的"合理的提案"③。"五强联合调停"计划实际上滥觞于陆奥宗光7月7日的建议。请看7月12日青木周藏给陆奥宗光的电报:

> 英国外交大臣今再以对我友谊之情,密告本使曰,该大臣于星期六(本月7日)接受贵大臣之提议,欲要求俄、法、德、美各国与英国共同劝诱清国。④

可见,英国的"五强联合调停"计划出笼之前,是与日本互通声气并商量过的。很明显,这个计划就是要联合五个强国迫使中国让步,以

---

① 《中日战争(1894)》,第38~39页。
② 《中日战争(1894)》,第44页。
③ 《中日战争(1894)》,第41页。
④ 《日本外交文书》,第27卷,第658号。

满足日本的侵略野心。日本已经事先知道了这个计划的底细，为尽量满足其无厌的贪欲，必然得寸进尺，更加毫无顾忌了。不过，英国不愿意中日之间爆发战争也是确实的，它是想用牺牲中国的办法来阻止日本发动战争。应当承认，从客观上说，这个计划对中国也有某些有利的因素，因为它若能真阻止战争，总是比日本迫使中国打一场毫无准备的仗要好得多。

从英国劝说日本避免冲突到倡议五强联合调停，可以看出英国政府对调处中日争端的方针发生了微妙的变化。起初，它看得很清楚，朝鲜局势紧张的根本原因在于日本坚持不肯撤军，因而从防俄的大局出发，劝说日本避免冲突，恢复朝鲜的和平，以不使俄国有乘虚而入之机。后来，又看到朝鲜局势的发展更加复杂化了，俄国似在跃跃欲试，其公使力倡三国会议之说，日本看来又不会无所得而撤军，而要防止俄国趁机单独插手，只有联合列强迫使中国及早对日妥协，以满足日本的侵略要求，从而换取朝鲜的和平。金伯利同青木周藏谈到五国联合调停时有一句私房话："此举实为防御俄国单独干涉之手段。"①便透露了英国倡议五强联合调停既是防俄单独插手，又带有英日交易性质的内情。

还应当看到，英国政府调停方针的这一变化，与日本的一系列活动也是有关的。为影响英国的调停方针，日本政府进行了许多活动，甚至搞了不少小动作。

其一，极力渲染俄国的干涉势头，激起英国的恐俄心理，并极力宣传日本拒俄的坚决态度，以赢得英国的好感和同情，从而促使英国的调停方针向日本方面倾斜。6月下旬俄国劝说日本从朝鲜撤军一事倒给日本政府提供了一个大做文章的好机会。7月3日，小村寿太郎

---

① 《日本外交文书》，第27卷，第658号。

首先向欧格讷透露："日本政府不允许俄国在朝鲜问题上对它指手画脚，已决定拒绝撤军。"同一天，巴健特又从日本外务省获悉："俄国政府已要求中日两国军队立即撤走。日本政府表示，拒绝服从一切带有威胁性质的要求。"与此同时，日本政府有意地散布有关俄国试图插手中日纠纷以从中渔利的谣言。朝鲜即传出消息说："俄国驻日公使在怂恿日本达成一项相当优惠俄国的秘密协定。"这显然是日本所为，明眼人一看便可知道纯属无稽之谈。然而，青木周藏却不惜添枝加叶，对英国外交部煞有介事地说："俄国公使希特罗渥曾劝日本与其签订政治协议，说作为交换条件，俄国可以根据日本的意愿签订经济条约或修改条约。在朝鲜问题上，中国比日本更有可能与俄国达成某种协议。"他不但言之凿凿地曝光俄国的侵略野心，而且巧妙地将话锋转向中国，又加重了英国对中国的疑心。这一下英国政府沉不住气了，急忙由外交部发表备忘录，声称："如果中俄之间，或中俄与日本之间签订任何协议而置英国政府于不顾，英国就将考虑并采取必要的措施来保护自己的利益。"并拟指示巴健特向日本政府重申："在朝鲜问题上，日俄、中俄或中日俄三方无论签订什么协议，英国都不会视而不见。"英国首相罗斯伯里立即在备忘录上签字并批示："同意。发电指示。"① 这就给英国的"五强联合调停"计划蒙上了一层不祥的阴影。

其二，施展各种外交手段争取英国政界人士对日本的同情，甚至不惜采取贿赂的卑劣办法来收买英国官员和报纸，以制造有利于日本的政治氛围和舆论。在这段时期内，日本的驻外公使馆人员十分活跃，使出浑身解数，或在政界游说，或套取情报，或向外务省提出建议。其驻英公使馆表现尤为突出，并有计划地展开了收买活动。6月间，

---

① 《中日战争（1894）》，第35、36、39、40页。

青木周藏就向陆奥宗光报告说："我以前便同《泰晤士报》建立了联系。"青木周藏请外务省继续汇寄"供政治上和私人之用的额外经费"。所谓"额外经费"，就是用于贿赂的费用。日本的收买起了作用，使公正的天秤倾斜了，英国的舆论一边倒地倒向了日本。7月6日，青木周藏发给陆奥宗光的电报说："英国大多数有影响的报纸都发表了社论，其观点与我们一致。认为《天津条约》也表述了日本在要求朝鲜改革和保护朝鲜领土完整方面的权力。公众舆论使英国政府倾向于我。"① 不仅如此，日本通过收买手段还窃取到了英国机密的外交文件。如7月3日金伯利给巴健特关于日本不要以中国放弃宗主权为谈判先决条件，改"朝鲜独立"为"中日共同保证朝鲜领土完整及重建朝鲜政治"、中日两国"撤军可逐步进行"等为内容的密电，青木周藏当天便得到了并发回了国内。②

从以上鲜为人知的内幕中，可以知道，日本政府为促使英国政府的调停方针转向有利于日本方面，确实是费尽心思的。日本的"把英国政府拉向我们一边"活动，终于起到了作用。当然，日本此举之所以成功，是它看准了英国的根本利害关系所在。青木周藏自己供称："我采取了一些审慎的办法，向英国政府指出来自俄国的威胁，中国对朝鲜的保护是靠不住的。而中国能够保护朝鲜以阻止俄国南下，恰恰是英国对中国态度友好的主要目的。以此把英国政府拉向我们一边。"③

那么，列强对英国倡议的联合调停又持什么态度呢？请看：

俄国——对英国的倡议迟迟不作答复。7月4日是俄国外交部接见外国使团日，英国大使拉塞尔斯前往外交部听取回话，但既没有见

---

① 《日本外交文书》，第27卷，第626、645号。
② 《日本外交文书》，第27卷，第641号。
③ 《日本外交文书》，第27卷，第626号。

到外交副大臣基斯敬，也没有见到亚洲司司长克卜尼斯特。拉塞尔斯不禁感慨地说："遇到热点问题时，他们两位，尤其是基斯敬先生，总不在外交部，以免遇到不便回答的问题。"6天之后，拉塞尔斯才好不容易见到了克卜尼斯特。这位亚洲司司长告诉英国大使，外交大臣吉尔斯已将英国建议呈送沙皇，而沙皇现正在芬兰，难以即时得到答复。又说："俄国政府真诚希望朝鲜不要发生冲突。您可能已经知道，俄国已命令斯台尔先生（俄国驻英大使）询问中日两国是否已请求英国调停，以及英国在赞成的情况下可望作出怎样的回答。"① 很明显，俄国对英国的倡议是抱有怀疑态度的，所以宁肯暂时观望，保持独立的行动，以避免被英国拖入中日争端的漩涡之中。

法国——一开始就对英国倡议采取回避的态度。7月8日，英国驻法大使杜佛黎拜访法国外交部长阿诺托。在交谈中，阿诺托说，法国驻朝鲜领事目前好像还在国内。他装出对几个月来朝鲜所发生的一切事情一无所知的样子，但答应将研究英国的联合调停建议。12日，阿诺托致函杜佛黎，说法国"已经向中日两国提出了稳妥的建议"，"如有必要，原则上只能随其他国家行动"。翌日，法国外交部正式照会英国大使："尽管法国在这个问题上没有直接的利益关系，但已命其驻东京和北京公使向日中两国提出了和解的建议。当然，如果其他各国都联合行动，一旦需要，法国将跟随其后。"② 法国以俄法同盟之故，当然不会抛开俄国而另搞一套，对英国的倡议只好婉言谢绝了。

德国——暂时采取观望政策。先是在7月7日，金伯利致电英国驻德大使马来特，命其征询德国政府对英国联合调停建议的意见。9日，金伯利又亲自同德国驻英大使哈慈菲尔德会见，表示邀请德国参

---

① 《中日战争（1894）》，第42、44、45页。
② 《中日战争（1894）》，第47~48页。

加联合调停。10日下午，德国外交副大臣罗登汉即通知马来特："德国将命其驻北京和东京代表与其同事一道，迫使中日两国接受调停建议。并本着这个原则，对其同事们可能采取的任何措施提供协助。"[1] 用含糊其词的外交辞令拒绝了英国的邀请。

美国——明确地表示不参加联合调停。7月9日，英国驻美大使庞士福特致电金伯利，转达了美国政府的答复："美国业已敦促日本通过仲裁解决中日争端。并于本月7日通电日本，强烈抗议其对朝鲜的态度。抗议书副本已付邮。"据庞士福特推测，从目前看来，美国总统"不愿让美国参加英国所建议的联合调停"[2]。

由于缺少响应者，英国在联合调停的问题上成为孤家寡人。7月11日，金伯利向欧格讷致电通报各国对联合调停建议的答复时说："俄国政府称，他们已向中日两国建议平定叛乱后立即从朝鲜撤军。……德国驻北京、东京代表已奉命协同其同事们促成调解。美国目前无意参加联合调停。……法国政府尽管无意正式干预，但将跟随英、俄两国采取行动。"[3] 实际上承认了五强联合调停计划的失败。

三 提出中日在朝划区占领的建议

五强联合调停计划失败后，英国的远东政策一度似乎要明确地向日本倾斜，即完全满足日本的侵略要求，并迫使中国屈从。试看7月12日英国外交副大臣柏提签署并经外交大臣金伯利批阅过的一件备忘录，其全文如下：

即使日本政府同意从朝鲜撤军，公众舆论也不会答应。何况他们也不会这样做。根据1885年的中日条约，日本已经出兵朝

---

[1] 《中日战争（1894）》，第45页。
[2] 《中日战争（1894）》，第44页。
[3] 《中日战争（1894）》，第46页。

鲜，中国也同样派出了军队。日本希望同中国达成协议，共同维护各自在朝鲜的利益，抵制俄国的计划。在达成这样的协议之前，日本要保留驻朝军队，并有可能继续增兵，除非遇到中国和其他国家的抵制。看来，两国都不会诉诸武力。中国恐怕没有力量把日军赶出朝鲜，因而最好根据日本提出的条件与日本达成协议。①这件备忘录完全站在日本政府的立场上为其侵略行径张目，而且与英国政府原先所表述的观点自相矛盾，说明英国政府的立场开始向日本靠拢了。

英国政府在调整对中日冲突方针的急转弯时却突然刹了一下车。因为7月14日这天，金伯利收到巴健特从东京发来的电报："中国似乎希望通过俄国，迫使日本从朝鲜撤军。"同时，金伯利收到欧格讷从北京发来的电报："中国很有可能全力求助于俄国。"②这两封电报及时地提醒了金伯利，他怕真的一下子把中国推向了俄国的怀抱，所以在日本向清政府发出"第二次绝交书"的当天，便提出了在朝鲜建立中间地带，即中日划区占领的建议。

7月14日，金伯利将他的这一建议电告了欧格讷："从目前看来，中日两国从朝鲜撤军是没有希望了。请你向中国建议：作为防止两国冲突，为谈判争取时间的应急措施，两国可以都不撤军，但双方须分开各占一方，从而避免冲突。"③并向青木周藏提出了这一建议，请其立即电告日本政府。

事实上，金伯利此项划区占领方案，其蓝本原是来自李鸿章的一项建议。根据俄国外交部亚洲司司长克卜尼斯特签署的备忘录，可知早在6月下旬，李鸿章即通过驻英公使龚照瑗和驻俄公使许景澄，向

---

① 《中日战争（1894）》，第46页。
② 《中日战争（1894）》，第49页。
③ 《中日战争（1894）》，第50页。

英俄两国政府提出了中日两国在朝划区占领的建议。该备忘录称：

> 英国大使来访，据告中国驻伦敦公使曾给金伯利勋爵一项照会，其内容与中国驻圣彼得堡公使代表李鸿章交与我们的完全相同。该照会涉及中日两国军队为避免冲突起见撤离汉城后应撤往的地点。然而，李鸿章认为，须向伦敦附加说明一点，即喀西尼同时已促使希特罗渥向日本政府宣布，诸列强正在商议，万一东京内阁拒绝他们的劝告，他们将采取的适当步骤。金伯利勋爵答称："英国绝对不愿采取威胁手段。"并且他认为，李鸿章关于双方兵力分布的建议并不公平，因为指定给日本方面的釜山，较平壤离朝鲜首都远得多。①

起初金伯利对李鸿章的建议并不满意，如今却认为将其加以修正后未始不是一个防止中日冲突的办法了。至于中日军队应撤向何方，金伯利在电报中却未具体说明。

就在这一天，英国外交部收到从朝鲜传来的一些不愉快的消息，像日本驻朝公使要求朝鲜政府辞退英国海军教官考威尔上尉、日本在仁川的外侨居留地架设军用电线等，引起金伯利对日本政府的极大不满，要求青木周藏转向日本政府立即作出解释。

这时，日英两国正在商谈新的《日英通商航海条约》的事，谈判一切顺利，只等履行签约手续了，却不料发生了这样的意外事故。青木周藏心急如焚，还没来得及请示外务省，便于当天去拜访金伯利，询问签约的事，以便窥探动静。金伯利对青木周藏说："刚收到英国驻华公使来电，说日本驻朝公使要求辞退英国海军教官考威尔上尉，我对此感到惊讶。我很不解，这一显然不友好的举动，究竟缘何而来？尽管我知道日本方面会作出充分的解释，但在此之前，签约之事还是

---

① 《中日战争》（七），第235~236页。

推迟一些为好。请立即将此意见电告东京。"青木周藏立即答应照办，但解释说："我相信，日本不可能做出这样的举动，因为日本政府无意同英国唱对台戏。"他从交谈中知道金伯利正在推行那个划区占领的方案，便投其所好，用赞同的口吻提议："鉴于中日两国已不可能达成从朝鲜撤军的提议，最好的方案是两国商定继续共同占领，但必须分头驻扎，间隔一段距离。双方军队全部撤出汉城和仁川，日军占领朝鲜半岛南部，中国占领其北部。这样，不仅可以完全避免双方冲突的危险，还可以逐步实现改革朝鲜内政的谈判。"金伯利一听大喜，气氛顿时缓和起来。他说："鉴于中日两国不可能达成立即撤军的协议，我认为贵公使的提议最有希望避免冲突。为此，我要马上致电欧格讷先生，要他询问中国政府是否愿意考虑此项提议。"①

为什么金伯利对划区占领方案这样热衷呢？因为他感到这可能是防止中日冲突的最后一张王牌了。用他的话来说，这是一个"最有希望避免冲突"的方案。在他看来，既将中日两国军队隔离开来，就不容易发生军事冲突了。此外，与此有关的直接结果是，由于中日两国军队分别占领了朝鲜北部和南部，俄国就不可能乘虚而入并从中渔利。

7月16日，金伯利应龚照瑗的要求，双方进行了交谈。金伯利问："中国是否同意中日划区占领朝鲜再商讨改革朝鲜内政问题？"并对其方案作了具体的说明：汉城皆不驻兵，中日两军驻离汉城远近相等；日本军队退扎仁川，中国军队酌量驻于何处。龚照瑗答应即刻致电本国政府。18日，欧格讷到总理衙门，提起英国政府关于在朝鲜划区占领的建议。随后，总理衙门又接到李鸿章转来龚照瑗的电报，与欧格讷所述内容基本相同，唯有小的出入。如欧格讷说"日本撤仁川、汉城之兵扎汉城之南"，龚照瑗电报则说"倭驻韩〔汉〕城兵退

---

① 《中日战争（1894）》，第50~51页。

扎浅莫坡（仁川）"。当时，奕劻等对此建议颇感兴趣，连称："此说尚公道。"① 同一天，金伯利便通知青木周藏说：

> 总理衙门愿意接受我的建议，即在商讨朝鲜改革之前，由中日两国共同占领朝鲜，双方都撤出汉城和仁川，日本占据汉城以南地区，中国占领以北地区。

并郑重声明："时局已到了危急时刻，我急切盼望日本政府接受我的建议，迅速与中国达成协议。"②

这一次，同上次倡议五强联合调停一样，英国也是重点瞄准了俄国。金伯利首先说服了俄国大使斯台尔向其政府转达此项建议。斯台尔极力怂恿俄国政府接受金伯利的建议，他说："我认为，我们在命令我国驻北京及东京公使依金伯利勋爵建议的意思，照会英国代表一事，并无困难。"亚洲司司长克卜尼斯特的意见却大相径庭。他认为，对于英国的方案，"造成混乱的罪魁日本可能接受，因为无可抗辩的日本军队早已占领汉城，而中国军队驻扎在远离京城的叛乱发生地区，也就是说，金伯利勋爵的建议无非使有利于日本的现有军队位置成为合法而已"③。从而否定了斯台尔关于接受金伯利建议的意见。

日本政府对金伯利的建议则采取拖延的办法，等看准机会再作答复。7月19日，巴健特拜访陆奥宗光时，说明就双方军队划区占领问题与中国达成协议是极为必要的。而陆奥宗光竟装糊涂，好像对划区占领建议毫无所知似的，说日本政府尚未接到驻英公使来电，因而不能即时作出答复。直到21日，陆奥宗光才复电青木周藏称：

---

① 《清光绪朝中日交涉史料》（1178、1179），第15卷，第4页；《中日战争（1894）》，第56页；《清光绪朝中日交涉史料》（1173），第14卷，第41页，附件一。
② 《中日战争（1894）》，第60页。
③ 《中日战争》（七），第258~259页。

你通过俄国线路发来的关于划区占领计划电已于21日收到。现在达成协议的时机已经过去。我曾通过英国驻华公使向中国提出修改提议,并要求五天内给予最终答复。现在五天已过,我们不会再接受其他方案了。①

所谓"修改提议",是指7月19日日本提出的包括"若遇韩大典,倭与中平行"②等条在内的修正案而言。当时声言限中国5日内答复。可是,从7月19日到21日,才2天的时间,陆奥宗光却硬说"五天已过"。可见其拒绝英国划区占领建议以尽速对中国开战的心情是多么迫切!

最可笑又可叹的是,当金伯利的划区占领方案被俄日两国都已经明确拒绝之后,李鸿章还蒙在鼓里,仍在饶有兴趣地同俄国公使探讨此方案的实施办法。

7月26日,即丰岛海战爆发的第二天,李鸿章同喀西尼会见时,喀西尼问:"中日应各退何处?须离汉城稍远。"李鸿章答称:"宜令倭兵退釜山,华兵退平壤,各离汉500里。"喀西尼说:"此最公允。"29日,龚照瑗奉李鸿章之命,前往拜访金伯利,告以拟定的划区占领的具体实施意见。金伯利则称:"查图,平壤离汉城近,釜山较远。如此言,恐倭以偏袒借口。"③龚照瑗碰了钉子,还不知道其中究竟是什么缘由。

英国政府关于中日在朝划区占领的建议还是行不通,而且知道日本的战争决心已经下定了。这时,英国外交部通过海军情报处提供的情报已掌握了中日军事力量对比情况。海军情报处的报告说:"尽管从吨位和大炮门数上来说中国胜于日本,但在编制、纪律和训练上日

---

① 《中日战争(1894)》,第65页。
② 《清光绪朝中日交涉史料》(1209),第15卷,第14页。
③ 《东行三录》,第146、148页。

本要大大优于中国,因而可以认为日本海军力量较强。"至于陆军,该报告说:"不管从哪个角度讲,中国军队都是前途未卜的。……他们缺乏训练,没有严密的组织,没有合格的指挥官。因此,在现有条件下,如果中日一旦开战,只能是一种结果。"并且认为:"中国要想战胜日本,只能通过大幅度的拖延时间,譬如说两年或者三年,同时抓紧按欧洲模式重新编制军队。不过,即使日本能给中国时间,中国也不一定会这样做。"① 据此,英国已经预料到即将爆发的中日战争的前途,但为了维护自身在远东的商业利益,便决定牺牲中国,变调停中日争端的方针为要求日本对上海中立区的安全作出保证,实际上默许了日本挑起战争的行动。

事实证明,尽管英国政府从主观上说起初不希望中日之间爆发战争,且为达此目的采取了一些措施,但它的根本立场是偏袒日本的,一直采取绥靖的政策,甚至不惜用牺牲中国的办法来满足贪得无厌的日本,这就决定它的一切调停努力都必定要归于失败了。

四 巴黎《晨报》署名文章:《论朝鲜危机中的英国政策》

7月30日,即丰岛海战爆发的5天后,法国巴黎出版的《晨报》刊载了一篇署名文章,题曰:《论朝鲜危机中的英国政策》。这篇文章论及英国政府在朝鲜危机中的外交政策,并进行了猛烈的抨击,因而受到国际上的广泛注意。英国驻法大使馆当天就将报纸寄回国内,供外交部参阅。

文章的作者站在俄法同盟的立场上,一面吹捧法国和俄国才是中国"最好的朋友","才最能决定事态的发展和保证他们的领土完整",一面讽刺英国说:"长期以来,英国一直把法国和俄国说成是中国的

---

① 《中日战争 (1894)》,第54~55页。

敌国。而它自己，从中国手中夺取了整个缅甸和西藏南侧的山脉地区，更在天天威胁着四川和云南，反倒自称是中国唯一的真正朋友。谁会相信呢？……英国奉行的是利己主义政策，只想把对待土耳其的那一套办法来对待中国，也就是说，总在伺机夺取中国的某些省份。"抛开作者对俄法同盟的吹捧不谈，单就揭露英国对中国的侵略野心来说，都是明摆着的事实，也是众所周知的老生常谈。那么，这篇文章为什么会引起各国的极大注意呢？不是别的，而是它把英国与日本发动这次战争联系了起来，认为"英国似乎在有意无意地希望、甚至促成了中日战争的爆发"。

对此，作者从以下三个方面来加以说明：

其一，"在1884—1885年的中法战争中，英国威胁日本不要干涉中国的事务，当时日本是在虽存在危机而却很有利的时机接受了英国的建议。而这一次，英国恰恰为日本提供了一个极好的机会去侵犯朝鲜。那时候，中国无力阻止日本向朝鲜派兵，而不管怎样，日本若能派兵赴朝总会起一定作用的。英国正巴不得中法关系越来越紧张，遂从外交上对日本的行动加以反对。由此可见，如今日本发动这场战争，就是因为得到了英国的许可，且不说进行怂恿了"。

其二，"英国之所以听任和促成战争的爆发，是因为它可以从中捞到不少好处。它把自己的中国盟友推向绝境而不必感到遗憾，相反地倒还能乘机获益。譬如修改云南的边界线、入侵西藏，特别是重新占据渤海湾咽喉旅顺港和朝鲜海峡要塞巨文岛"。

其三，"英国毫不掩饰地表明它要牵制俄国的意图。因为俄国一直在日本海和中国海不声不响地慢慢扩大影响，这使英国感到担心。它希望让俄国眼睁睁地看着中日两国瓜分朝鲜，或者激起俄国的一时冲动而对中国的边境全线出击"。

作者在作出以上分析之后用激愤的语气指出："英国感到，它可以为所欲为而不用担心受到制裁。英国政府显然是在玩火！"①

看来，这篇《论朝鲜危机中的英国政策》的写作意图，除了极力美化法国和俄国外，主要是抨击英国的远东政策，对法国的宿敌德国也间有微词，而唯对日本的侵略行径却并无片言只语涉及，这当不是偶然的疏忽。该文章的立论颇有偏颇之处，把战争爆发的责任完全归咎于英国，也是不够公允的。

尽管如此，巴黎《晨报》文章的内容还是包含了若干合理的成分。特别是它明确指出英国在促使战争爆发上应承担相当的责任这一点，是确凿不移的。对此，本书在前几节中已有所分析。但不能简单地认为，英国"支持""怂恿"日本发动了这场侵略战争。英国政府基于自身的利害关系，既要维护其在中国乃至远东的既得利益，又要阻止俄国乘机插足远东而与英国争衡，所以它主观上要想方设法制止中日战争的爆发。由于中国的软弱，显然无力挡住俄国的南下。英国政府有鉴于此，便将日本视为防御俄国的战略伙伴，这就使它必然要处处迁就日本，在制订调处方针时越来越向日本倾斜。日本政府也摸准了英国当政者的心态及恐俄的弱点，便以此为由头牵着英国的鼻子走，甚至将其玩弄于股掌之上，一步一步地把中日唇枪舌剑之争引向真枪实弹的辩论——战争。主观上的和平愿望，在客观上反促使了战争的爆发。这恐怕是金伯利等人始料不及的吧。

---

① 以上引文均见《中日战争（1894）》，第84-85页。

第四节　列强调停声中的日本外交策略

一　对俄国采取暂时稳住的方针

当日本借口朝鲜问题而准备发动一场大规模的侵略战争时，面对的是一种异常复杂的国际形势。特别是由于英俄的对峙成为远东国际形势的基本格局，日本既要实施其既定的战争方针，又要周旋于英俄两大强国之间，确乎没有高明而巧妙的外交手段是不行的。

在日、英、俄的三角关系中，英俄的对立自不待言。日本对英俄两国采取了不同的外交策略。日俄两国之间，由于在根本利益上存在着严重的冲突，其关系是相当微妙的。早在1893年10月，日本枢密院议长山县有朋即上奏明治天皇说：

> 如今默察东洋大势，实有令人不堪忧虑之处。盖论及东洋形势，不可不察与东洋关系极大之欧洲诸国即俄、法、英三国之政略与国势。试就俄国而言，是以侵略为对外政策。……而俄国之所以尚未下手者，是因为运输道路尚未具备，缺乏交通之便。果然如此，则自今十年以后，……如现今之朝鲜，很难预料何日将发生事端。从任何一点观察，东洋终究不会长久保持太平。这样，可料定东洋之祸机将不出今后十年，预先作好应付的准备，岂非国家之百年大计？[①]

可见，从长远看，日本早就把俄国视为最大的潜在敌人，准备有朝一日与之较量一番。

[①] 德富苏峰：《山县有朋公爵传》，第99~104页。

日本当时的战略是先避开强手而打击弱手。它的主要侵略矛头是指向中国，而对俄国则采取暂时稳住的方针。大体说来，从日本出兵朝鲜开始，迄于战争爆发，日本在三次关键时刻都是采取狡猾的应付办法而稳住了俄国。

第一次：当6月间日本开始向朝鲜派兵之初，俄国觉得事态严重，急于得到日本政府的解释。俄国驻日公使希特罗渥往见陆奥宗光，陆奥宗光信誓旦旦地保证：日本派兵"是纯为保护侨居朝鲜的日本居民以及日本公使馆与领事馆人员的生命和财产"。并企图使俄国的视线转向中国，声称："日本政府担心因朝鲜暴动而可能与中国军队发生冲突，因为中国军队无论如何不会满足于对暴动的镇压与平定，而可能企图留住朝鲜，并控制朝鲜。有鉴于此，我国能不派兵至朝鲜监视中国的行动吗？"听了陆奥宗光的解释，希特罗渥感到满意，便向外交大臣吉尔斯报告说："将以上事实呈请阁下审查，暂时我将不作任何解释。"

以后，日本却陆续派大军进入朝鲜，引起各国的关注，尤其使俄国感到不安。希特罗渥极为不满地对陆奥宗光说："帝国政府为朝鲜事件感到忧虑。帝国政府怀着和平的目的，希望此事不致发展为战争，并希望中日两国在撤兵问题上速即达成协议。同时，我不能不向陆奥先生表示遗憾，因为帝国政府已屡次证明其不自私的好意，而日本政府在采取重要决定时，却并不预先通知帝国政府。"陆奥宗光在回答时却转移话题，则首先"埋怨中国背信弃义"，指责"中国政府迄今仍想强调它在朝鲜夺得的宗主权"。对俄国来说，这些话是很容易引起共鸣的。然后，陆奥宗光向希特罗渥作了"最肯定的保证"："日本绝不想占有朝鲜，并准备随时与中国同时撤兵。……除非中国直接挑衅，日本在任何情况下都不首先采取军事行动。"他这番花言巧语竟使这位俄国公使信以为真，急忙向外交大臣报告说："看来谁都不要战争，即使没有第三方面的调停，战争或者也可避免。"

就这样，在日本出兵和留兵朝鲜的问题上，日本政府靠谎言暂时稳住了俄国。

第二次：到6月底，由于日本拒绝与中国同时从朝鲜撤军，各国纷纷猜疑，俄国尤不放心，特照会日本提出"忠告"："如果日本有意阻碍而不与中国同时自朝鲜撤兵，则日本应负严重责任。"陆奥宗光一面坚决认为朝鲜"骚乱并未平息"，一面声称："如骚动确已平息，则当然无须再有军队留驻。"2天后，日本内阁总理大臣伊藤博文进一步向希特罗渥明确宣布："日本毫无夺取朝鲜内政的意图，其目的系在真正保卫朝鲜实际脱离中国而独立，只要获得朝鲜政府能实施必要改革以避免重新发生暴乱与中国再度干涉的某些保证，则日本准备与中国同时撤退军队。"希特罗渥听后，立即电告吉尔斯："我自外务大臣处获悉的一切，业经伊藤伯爵证实。"他再次相信了日本政府的弥天大谎。

所谓朝鲜"独立"，不过是日本投给俄国的钓饵。俄国早就想插足朝鲜，但遇到了中国"宗主权"的障碍，现今日本留兵朝鲜的目的既是要拆除这道障碍，那当然是求之不得的了。何况日本不肯撤兵也有它的理由，就是朝鲜"骚乱并未平息"。朝鲜的"骚乱"真的并未平息吗？几天后，俄国驻朝鲜代理公使韦贝却另有见解："在我看来，中国人过分夸大了有关朝鲜骚乱的消息。他们以朝鲜政府的危急无援为借口，出兵行使其假定的宗主权。……他们宣称骚乱业已平定。我相信，由于日本采取了严重措施，中国行将退却。"韦贝本是朝鲜"独立"论者，早就同日本驻朝公使馆杉村濬等人沆瀣一气，他的以上电报暗示，日本留兵朝鲜有其必要性，而且有助于朝鲜的"独立"，对俄国是大有好处的。

　　随后，对于俄国政府的照会，日本政府复照重申："一俟日本政府确信朝鲜的和平业已恢复，新的骚乱已无再起危险时，日本军队即可撤离朝鲜。"对此，吉尔斯十分满意，致电希特罗渥："请以友好态度告知日本政府，我们很高兴从其照会中获悉日本并无侵略目的。"俄国驻华公使喀西尼主张对日本采取强硬态度，认为："日本无疑是俄国在大陆上的怨邻。"喀西尼的主张未为外交大臣所乐闻。吉尔斯反而告诫他说："我们完全珍视李鸿章对我们的信任，然而我们认为不便直接干涉朝鲜的改革，因为在这建议的背后，显然隐藏着一个愿望，即把我们卷入朝鲜纠纷，从而取得我们的帮助。"

　　俄国政府从民族利己主义的立场出发，心甘情愿地吞下了日本投下的钓饵。这样，日本政府再次靠谎言暂时稳住了俄国。

　　第三次：7月中旬日本驻朝大使大鸟圭介向朝鲜政府提出限期改革内政案以后，俄国政府开始觉得日本的所谓"朝鲜独立"似乎是一张空头支票，这才开始着急起来。韦贝电告吉尔斯："大鸟圭介先生规定三日内讨论如何完成下列改革：于十日内着手改组行政机关，修建铁路与电讯；于六个月内整理财政及海关；于两年内重新组织司法、军队、警察与国民教育事业。"吉尔斯发现，日本在朝鲜犹如太上皇，任意发号施令，完全排除了俄国在朝鲜存在的可能。于是，他致电希特罗渥："请探询日本向朝鲜人要求什么让与，并使日本政府注意：任何让与，如果违背独立的朝鲜政府所签订的条约，均为无效。"对于俄国政府的警告，陆奥宗光还得靠谎言应付，于7月22日声称："日本并无理由将它向朝鲜所提各项要求保守秘密，因为这些要求并不违背朝鲜的独立。"① 吉尔斯念念不忘的是朝鲜的"独立"，日本既

---

① 以上引文均见《中日战争》（七），第224~263页。

声明"并不违背朝鲜的独立,"他一时也就难有置喙的余地了。

3天之后,日本海军便在丰岛海域袭击中国军舰,挑起了战争。日本对俄国所采取的暂时稳住的外交策略,终于达到了既定的目的。

二 "将英国拉向我们一边"

"将英国拉向我们一边!"这是日本驻英公使青木周藏经常挂在嘴边的一句口头禅。他在给外务大臣陆奥宗光的报告中多次强调地提到它。这句话并不那么简单,它实际上反映了当时日本外交策略思想的基本方面。

在日、英、俄三角关系中,由于各自的利害关系不同,日英之间与日俄之间并不是等距离的。如前所述,日俄之间存在着根本的利害冲突,它们的关系是比较疏远以至敌视的。相反,日英之间却有着共同的利益,它们的关系是较为接近的。日本为了发动这场侵略战争,认为仅仅同英国保持接近的关系还是远远不够的,还必须把英国拉到自己一边才行。为达到此目的,日本政府采取了"打俄国牌"的外交策略。

当时,英国政界普遍患着一种"恐俄症",几乎是谈俄色变。6月8日,在得知日本决定派兵入朝的消息后,英国外交部曾用备忘录的形式追述占领朝鲜巨文岛事件:"1885年,考虑到可能与俄国发生冲突,我们占领了巨文岛。……最后,中英互换了照会。中国照会载有俄国作出的许诺,即我们撤离巨文岛后,俄国在任何情况下都不侵占朝鲜领土。有中国担保的俄国的这一许诺,我们便撤离了巨文岛。"[①]这反映了中日出兵朝鲜伊始,英国首先最为担心的问题却是俄国的趁

[①]《中日战争(1894)》,第24页。

机派兵。①

日本是深知英国当局的惧俄心理的，便在防俄问题上大做文章。青木周藏亲自到英国外交部游说，大讲"阻止俄国人南犯"的问题。青木周藏称："中国是无力与俄国抗衡的。如果朝鲜要落入俄国手中，日本将不惜代价地保卫朝鲜。"除了口头游说之外，日本还以担任驻英公使馆秘书的德国人西博尔德的名义提出一份备忘录，进一步对英国政府进行劝诱。备忘录首先引用已故帕克斯爵士的预言："东方问题最终要通过战争来解决。不是在欧洲，也不是在印度，而是在东亚，在中俄之间。"继之攻击中国出兵"是为了寻找借口干涉朝鲜内政"，而日本根据条约也派出了军队，"结果阻止了中国占领朝鲜港口的计划"。并详细地剖析俄国的南下政策：

> 鉴于目前的政局，朝鲜绝对无力抵抗俄国的进攻，而且如果不确立俄国保护国的地位，它只要向朝鲜施加压力，就能夺取部分领土。现在之所以尚未出现这种局面，只是因为俄国忙于建设西伯利亚大铁路，还腾不出手来实施它的东亚政策。……一旦这条铁路开始通车，俄国将在漫长的国境线上向中国全面推进，在中国殖民系统人造防线或是战略防线上打开突破口。……

> 还有一个问题：当中国自顾不暇之际，还能顾及俄国入侵朝鲜吗？譬如永兴湾，俄国早已觊觎多年。对俄国来说，占领该港是一项巨大的收获。它常年不冻，因而俄国舰队冬季也可寄泊该港，而海参崴一年却有好几个月是封冻的。……俄国在日本海夺得一个良港，将给它开辟怎样的军事和商业前景是不言而喻的。

---

① 英国政府的担心并非过虑。俄国外交部亚洲司司长克卜尼斯特确曾建议：（一）以保护汉城俄国公使馆为名，将一小支部队派往汉城；（二）暂时占领永兴湾。只是他的建议未被采纳罢了。当时，英国舰队也曾泊巨文岛以防之。（见《中日战争》（乚），第260、266页）

136

然后将笔锋一转，诋毁中国说：

> 无疑，中国会把永兴湾甚至更多的朝鲜领土让给俄国，而不会拿大清帝国的江山去冒险。中国对交趾支那和安南事件的处理以及坐视暹罗受侵略的事实，都证明它会这样做。但对日本来说，俄国占领朝鲜却是个至关重要的问题。……在这一点上，英国和日本的利益可以说是一致的。……而众所担忧的是，俄国已决意攻占中国本土、台湾和朝鲜，而且可能还有法国的支持。且不说中国在物质上是否有力量抵挡，单就外交上来说又是否靠得住呢？

最后鼓吹只有让日本参与保护朝鲜，凭借其军事实力足以挡住俄国的南犯：

> 如果日本参与保护朝鲜，问题就完全不同了。从日本对马岛的外围军事哨所到朝鲜南部港口，轮船数小时便可到达。由英国人帮助组建起来的日本海军，等装备上威力巨大的维多利亚型战舰建成（尚在英国建造），将在太平洋上独霸一方。[①]

这篇洋洋洒洒数千言的备忘录，可谓极尽劝诱之能事了。

西博尔德备忘录中所谈的一些问题，确实是抓住了英国当局的心理，有很强的说服力。金伯利基于英国自身利益的考虑，联系到远东的现状，不能不接受其中的主要论点。在一段时间里，他一会儿劝日本避免同中国冲突，以不使俄国"有机会插手朝鲜事务"并"从中渔利"，一会儿劝中国"有必要持调和态度，以防止与日本发生冲突"，从而"可能会给俄国提供某种机会"。[②] 在英国看来，防俄是主要问题，其他都是次要问题，都要服从防俄的需要。在这一点上，日本和英国的利益确实是一致的。其后英国又倡议"五强联合调停"和中日

[①]《中日战争（1894）》，第26、28、31、32页。
[②]《中日战争（1894）》，第26、28、33页。

在朝鲜划区占领，也都是针对俄国的。所以，是日英在根本利益上的共同性，才使日本的"将英国拉向我们一边"计划有了实现的基础。

与日本的日英俄三角关系相联系，在中国面前则摆着一个中英俄三角关系问题。如何处理好这个问题，关系到当时清政府外交的成败。但是，对于这个问题，清政府内部还没有一位官员能够从战略的高度发现并加以认识，当然更谈不上像日本那样应付裕如了。清政府是有病乱求医，在外交政策上根本没有统一而周密的计划，一会儿由总理衙门求英，一会儿由李鸿章求俄，这只能引起英国对中国的猜疑，以致发出警告："给第三国（俄国）以干涉的机会实属下策！"[1] 正由于清朝当局昧于世界大势，制定不出一套处理当时国际关系的正确外交政策，因此反而无意地将英国向日本推去，为日本实现其"将英国拉向我们一边"计划创造了有利的条件。

日本"将英国拉向我们一边"计划之能否实现，其关键还在于中日英三角关系的如何发展。在中日英三角关系中，无论是中英之间还是日英之间，就防俄这一点来说，本来其利益都有着共同的一面。尽管日本拼力地拉英国，但英国考虑到防俄的大局，也不会轻易地就舍中而就日的。

在一个相当长的时间内，从英国的防俄战略来看，它和中国有着广泛的利益一致性。"对于垂涎满洲和印度的俄国，中国的利害关系正好同英国是一致的。而且，为了不使法国向印度支那扩张其版图，中国所关注的问题亦与英国相同。另外，关于中国同缅甸的边境，或者在新加坡、婆罗洲和香港，中国不仅认为有必要使中国人服从英国之规定以维护和平，而且只要同中国建立了和睦关系，对于移民事件，中国都会给英国移民部以方便，它同加拿大、澳大利亚等强大的殖

---

[1]《中日战争（1894）》，第43页。

地一样，都不会出现危险的争斗。"① 按照英国殖民主义者的观点，中国与它的殖民地加拿大、澳大利亚一样，中国的存在是它防俄战略计划的一个重要组成部分，自然要与中国暂时保持和睦稳定的发展关系了。因为英国既要防俄国自北方南下，又要防法国自南方北上，只有维护中国的存在，才能够在介于远东俄法两大侵略势力之间有一个巨大缓冲国。此外，俄国的南下，首当其冲的是朝鲜。而英国产业资本在朝鲜的活动，又主要是通过中国的商业资本进行的。所有这些，都促成了英国的远东政策就是要维护该地区的稳定与和平。② 所以，连陆奥宗光也认为，英国"因从来的历史关系，不能不产生重视中国的倾向"，"始终总是希望东亚和平不致破坏"。③

由于上述中英关系的历史情况，历来就有关于订立中英同盟的倡议。1885年，当英国占领巨文岛而遭到俄国抗议时，英国曾向当时的清朝驻英公使曾纪泽暗示与中国结盟的意思。其后，著名的《时报》特派记者科尔克豪也倡议英中同盟。他说："俄国是所有政治家的噩梦。在将来尤其如此。俄国又是当前满洲排除不掉的烦恼。中国将会热情欢迎与英国结成同盟以对付俄国。这种同盟将使中国把对陆海军的实质性的管理权付予英国，庶可以较小的费用和责任在维护英国远东地位方面发挥作用。"④ 甚至到甲午战争期间，英国传教士李提摩太还向李鸿章提出了一个缔结英中同盟密约的计划。⑤ 这说明长期以来，有不少英国人士对于订立中英同盟是颇感兴趣的。怪不得日本发动甲

---

① 《日清战争实记》，第14编，第80页。
② 清夫信三郎：《陆奥外交》，第123页。
③ 陆奥宗光：《蹇蹇录》，第41页。
④ 清夫信三郎：《陆奥外交》，第126页，注①。
⑤ British Documents on Foreign Affairs—Reports and Papers From The Foreign Office Confidential Print, Part I, Series E, Vol. 5, Sino—Japanese War and Triple Intervention, 1894—1895, P. 244. （以下引用此书时简称《中日战争和三国干涉（1894—1895）》）

午侵华战争之前,伊藤博文和陆奥宗光还一直担心中英之间曾缔结过某种密约。甚至对于中国对朝鲜的宗主权,英国从防俄的前提出发,也是持肯定态度的。海关总税务司英国人赫德说过:"关于朝鲜的一切问题,可以成为其前提的一点,就是朝鲜是中国的属国。"曾于1890年前后来远东考察过并于后来成为英国外交大臣的格索写道:"我确信,朝鲜作为一个国家继续存在的希望,就在于维持与清国的关系,这是历史、政策与自然的共同要求。而且只有如此,才能为维护和平提供保障。"① 赫德和格索的话,也反映了英国政府的观点。7月间英国试图促成中日谈判时,就劝说日本不提"宗主权"问题,"不要把中国放弃在朝鲜的特殊地位作为谈判的先决条件"。同时,还反对日本关于"朝鲜独立"的提法,因为这"必会削弱中日两国对朝鲜的控制和保护的权限,只能为别国(俄国)的干涉提供更多的机会",坚决主张改为"中日共同保证朝鲜领土完整"的提法。②

从上述情况看,在中、日、英三角关系中,中英之间与日英之间起初似乎是接近于等距离的。应该说,当中日争端初起时,英国的行动表明了这一点。金伯利曾多次对青木周藏说:"当务之急是防止中日发生冲突,这两个邻国的根本利益是一致的。"③ 也确系由衷之言。针对英国的态度,日本一方面继续"打俄国牌",对英宣传中国绝抵挡不住俄国的南犯,一方面故意不断地向中国提出一些难以接受的条件,使中日谈判陷入僵局,然后将谈判失败的责任推给中国,以向英国证明调停难以奏效。在这种情况下,英国又反过来劝说中国对日本让步和妥协。这时,英国也确实觉得中国无力抵御俄国的南犯,为了防俄的战略需要,只有用牺牲中国的办法来满足日本的侵略欲望,便

---

① 清夫信三郎:《陆奥外交》,第107、125页。
②《中日战争(1894)》,第35~36页。
③《中日战争(1894)》,第28页。

开始将其远东政策的重心逐渐移向日本。于是，在中日英三角关系中，日英之间的距离拉近了；与之相反，中英之间的距离推远了。

7月22日，金伯利一面通知青木周藏，对日本政府的"不妥协态度"表示"十分遗憾"，一面命巴健特转告日本政府："英国希望日本政府作出保证，与中国开战时不对上海及其通道采取军事行动，因为通讯中断会大大影响英国的经济利益。"[1] 这实际上是默许了日本发动这场侵略战争。第二天，日本政府便密令日本常备舰队从佐世保军港出发，伺机袭击北洋舰队；同时，其驻汉城的混成旅团也按既定计划演出了举世震惊的围宫劫政武剧。陆奥宗光后来说："与其说是英国政府有坚决采取一切手段维护东亚和平的决心，毋宁说是英国政府认为中日两国的战争已经不可避免，而抱着无从制止的看法。"[2] 日本"将英国拉向我们一边"的计划基本上得到了实现。

---

[1]《中日战争（1894）》，第65~66页。
[2] 陆奥宗光：《蹇蹇录》，第46页。

第三章 战争爆发后的国际外交

第一节 从发端到决战的清廷

一 声叙日本无理挑衅之举

1894年7月25日发生的丰岛海战拉开了中日甲午战争的帷幕。那么，究竟谁是丰岛海战的挑衅者呢？事情本来是很清楚的，是日本挑起了衅端。日本当局却有意地把水搅浑，使人莫窥底蕴，以便颠倒黑白，混淆国际视听。这当然是一切侵略者惯用的手法。

本来，7月26日，即丰岛海战发生的第二天，李鸿章就接到日本袭击中国军舰的消息。当天下午，他致电驻日公使汪凤藻告知此事："二十三（阴历），日兵船在牙山口遇我兵船，彼先开炮接仗。"同时，还电令北洋海军提督丁汝昌"即带九船开往汉江洋面游巡迎剿，唯须相机进退，能保全坚船为妥。仍盼速回。"① 这说明尽管日本已经挑起了战端，李鸿章当时尚未下定应战的决心。

---

① 《李文忠公全集》电稿，第16卷，第31~32页。

第三章 战争爆发后的国际外交

7月27日早晨,李鸿章收到济远管带副将方伯谦报告丰岛海战的电报。该电报称:

> 二十一、二十二日,英轮爱仁、飞鲸装兵抵牙,均陆续上岸。二十三号,突有倭兵船多只在牙山外拦截我兵船,彼先开炮聚攻。济远等竭力拒敌,鏖战四点钟之久。济远中弹三四百个,打在望台、烟筒、舵机、铁桅等处,致弁兵阵亡十三人,受伤二十七人。幸水线边穹甲上有钢甲遮护,只一处中弹,机器未损。倭船伤亡亦多。午时我船整理炮台损处,倭船紧追,我连开后炮,中伤其望台、船头、船腰,彼即转舵逃去。但见广乙交战,中敌两炮,船已歪侧,未知能保否。又远送军械之操江差船适抵牙口,被倭船击掉。英轮高升装兵续至,在近牙山岛西南,亦被倭船击中三炮,遂停轮而沉。

在此电报中,除对于操江、高升的叙述不够准确,以及"鏖战四点钟之久"等语有所夸大外,基本上是符合事实的。李鸿章读此电文后,一时也非常气愤,谓:"华倭现未宣战,倭船大队遽来攻扑我巡护之船,彼先开炮,实违公法。"他却寄希望于英国干涉,认为"高升"号"上挂英旗,倭敢无故击毁,英国必不答应"①。

丰岛一战,敌我强弱悬殊,济远舰只是被迫应战。它虽安全返航威海,但受伤颇重,因驶至旅顺船坞修理。据日本间谍钟崎三郎报告:"济远日前为我国军舰击伤,7月30日午后3点钟到本港船坞修缮,日夜均不停工,大约15日始可修好,因其所受破坏甚为严重。"② 当时,济远以一艘弱舰而向三艘强于自己的日舰挑战,这原是不可能的事。连日本历史学家亦指出:"唯须注意者,为开战之责任究属何者

---

① 《清光绪朝中日交涉史料》(1241),第15卷,第27页。按:方伯谦海战报告中"在近牙山岛西南"一句,原作"在近牙寸峻西南",此从《李文忠公全集》校改。
② 《宗方小太郎报告》,第12号。

143

之问题。济远管带方伯谦不独并未如日本海军方面所言整顿战斗准备，且对于数倍于自己之优势的敌舰队而谓为具有战意，亦属难于凭信。"①

日本当局却千方百计地推卸其罪责。丰岛海战发生后，上海已有电讯频传，消息迅速传至东京。7月28日，日本政府尚未接到正式战报，即致函英、法、德、俄、美、意等国公使，控称中国海军在"牙山附近炮击帝国军舰"②。同一天，青木周藏致函英国外交部，亦称："朝鲜最近传来消息：日本军舰在受到挑衅的情况下，在丰岛附近与中国海军交火。"③ 29日，日本海军省始收到联合舰队司令官伊东祐亨发来的战况报告：

> 25日午前7时，济远、广乙自牙山出航，操江及悬挂英国旗之运输船"高升"号（印度支那轮船公司的轮船）满载清国兵，自大沽向牙山驶来。此时，吉野、浪速、秋津洲三舰向牙山航进。双方于丰岛海面长安堆处相遇。二舰不仅不向司令官鸣放礼炮，反而作战斗准备，向我表示敌意。因该处范围狭窄，三舰转舵驶向外海。此时，浪速立即迫近济远，济远在桅杆上挂起日本海军旗，又加悬白旗，故浪速暂停炮击。……济远进至浪速舰尾约300米处，突放其尾部鱼雷向我袭击。浪速发侧舷炮击之，并数次回旋射击。吉野亦发炮攻击。敌舰遂向威海卫遁去。④

该报告中本来并没有"济远进至浪速舰尾约300米处，突放其尾部鱼雷向我袭击"这句话。当时接阅电报的海军省主事海军大佐山本权兵卫，认为报告里没有明写谁是战争挑衅者，便私自加上了这句话，企

---

① 田保桥洁：《甲午战前日本挑战史》，南京书店1932年版，第188页。
② 《日本外交文书》，第27卷，第685号。
③ 《中日战争（1894）》，第78页。
④ 《日本外交文书》，第27卷，第712号，附件。

图把挑起战争的责任强加在中国身上。① 山本权兵卫尽管费尽心思地修改了伊东祐亨的报告,谎称济远突放鱼雷袭击日舰,但却忽略了报告前面还有"浪速暂停炮击"一句,若非日舰首先开火,何来"暂停炮击"之说?可见,经过山本权兵卫修改的伊东祐亨报告,仍然是破绽百出,正是欲盖弥彰了。

陆奥宗光读了伊东祐亨的报告,看出了其中的破绽,于是又加以修改润色,于7月31日通报各驻外公使,转致所在国外交部。该报告称:

> 7月25日,中国军舰"济远"号、"广乙"号驶离牙山,"操江"号同运兵船从大沽前往牙山。日本军舰"吉野"号、"浪速"号、"秋津洲"号也向牙山驶来,在丰岛附近与这两艘军舰相遇,中国军舰未向日舰致意,反作交战准备,态度极不友好。济远舰在浪速舰后面不远处,浪速舰突然冲向济远舰。济远舰后退,并升起白旗。"浪速"号于是暂不开火。这时,运兵船从"浪速"号一旁经过,浪速又发空弹,示意其停船抛锚。运兵船照办了。与此同时,济远舰接近了浪速舰尾部,在距离约300公尺处向"浪速"号发射了鱼雷,但未命中。"浪速"号遂向"济远"号开火,"吉野"号也一起开火。最后,济远舰向威海卫逃去,日舰追了一阵,没有追上。②

将浪速"暂停炮击"改为"暂不开火",从字面上看似乎"合理"一些了,可这更进一步暴露了其所述内容的虚假性。因为以上的一些说法同日方的其他记载完全是自相矛盾的。

首先,按伊东祐亨的报告和陆奥宗光的通报,丰岛海战是由于中

---

① 日本海军大臣官房编:《山本权兵卫和海军》,第86页。
② 《中日战争(1894)》,第86页。

国济远舰在距离300公尺处先发射鱼雷而后日舰"浪速"号开火才引起的。到底济远舰是否向"浪速"号发射了鱼雷？日本海军军令部编的《二十七八年海战史》则称："7时52分彼我相距3 000公尺左右距离时，济远首先向我发炮。"一个说济远在300公尺处发射鱼雷，一个说济远在3 000公尺处开炮，自己否定了自己。事实上，济远当时根本没有发射鱼雷，是浪速向"高升"号"发射了鱼雷，但未命中"，反安到济远身上了。

其次，按伊东祐亨的报告和陆奥宗光的通报，"浪速"号开火在前，"吉野"号开火在后。而《二十七八年海军史》则称："济远首先向我开炮，旗舰吉野立即应战，以左舷炮向济远轰击。接着，秋津洲在55分，浪速在56分，亦以左舷炮向济远猛射。"① 日本第一游击队三舰的"游击顺序"是事先早已确定好了的，是以吉野、秋津洲、浪速的纵队阵式航进的。所以，日方只能是吉野先开炮，然后秋津洲、浪速随之开炮。伊东祐亨和陆奥宗光说浪速先开火；吉野随之开火，不仅不合乎情理，也与事实相违背，连日本军方所编的战争史都无法为之掩盖。这当然是有意作伪，以掩饰旗舰吉野的责任，好让人们觉得丰岛袭击并非日方的预谋，而是偶发的，并且日方是被迫自卫还击。这个谎撒得太离奇了，有谁会相信呢？

复次，按伊东祐亨的说法，双方军舰相遇时，中国军舰"不仅不向司令官鸣放礼炮，反而作战斗准备"。陆奥宗光也重复了这种说法。这是企图用济远先"作战斗准备"来证明济远首先攻击日舰的合理性。事实上，后来发表的日本浪速舰长东乡平八郎的日记明确无误地记述：7月23日各舰长会议结束后，日舰便"进入战斗准备状态"；24日，吉野等3舰向北搜索中国军舰；25日，"午前7点52分，在丰

---

① 日本海军军令部：《二十七八年海战史》上卷，第88页。

岛海上远远望见清国军舰"济远"号和广乙舰,即时下战斗命令"。①这说得再明白不过了,先作战斗准备并在双方相距尚远时下达战斗命令的是日本舰队自己,而不是中国军舰。

最后,还回到正题上来:在丰岛之战中到底是谁先发起攻击的呢?《二十七八年海战史》指出济远是在7点52分时开了第一炮。东乡平八郎日记只说是7时20分下达战斗命令,7时55分开战,既不提济远首先开炮,也回避了吉野何时开炮的问题。对这两个至关重要的问题,按理说东乡平八郎不应该不记。看来,他之所以不记,是有原因的。幸好保存下来的《济远航海日志》弥补了东乡平八郎日记的缺漏:"七点,见三艘倭船前来。一刻,站炮位,预备御敌。四十三分半,倭督船放一空炮,……四十五分,倭三船同放真弹子,轰击我船。我船即刻还炮。"② 由此可见,丰岛海战打响的时间是7时45分,而不是日方所说的7时52分;首先开炮的是日舰,济远只是被迫还击而已。

伊东祐亨的报告也好,陆奥宗光的通报也好,都是满纸的谎言,完全不足凭信。日本政府也明知谎言瞒不了多久,但它的重要目的是为发动这次大规模侵华战争寻找借口,只求能够蒙混一时也就够了。

其实,丰岛海战并不是一个偶然事件,而是日本当局预谋的结果。当时,日本的国际法学者有贺长雄,即曾提出"以1894年7月23日联合舰队以交战目的出佐世保港之日为开战期"。这不是没有一点道理的。因为日本联合舰队出佐世保港驶向朝鲜西海域,是根据海军军令部长桦山资纪传达的大本营关于袭击北洋舰队的命令,所以在7月23日就预定这次海战将要发生了。正如有的日本历史学家指出:"在

---

① 《中日战争》(六),第32页。
② 戚其章:《中日甲午战争史论丛》,山东教育出版社1983年版,第168页。

无线电极尚未发明海上通信机关之最不完整的时代，向一旦发动之舰队变更当初所下之命令，实近于不可能。且思及舰队目的地群山浦为陆上电报所未到达之地点，则日本国政府当舰队出港之际，同时已预期开战。此无待说明者也。"并由此得出结论："发炮时间孰先？亦不成重要问题。开战的责任在于日本舰队。当时日本国称济远首先发炮而开战端，努力将开战责任转嫁于清国政府者，大概欲努力将'日本国起于被动的'之概念传布于各国之故欤？……在日本国内暂置不论，但在第三国内全然不信此说。"①

日本大本营在7月23日下令向中国开战的另一个证明，就是在命令联合舰队出佐世保港袭击北洋舰队的同时，又命令驻朝鲜的大岛混成旅团向中国陆军发动进攻。杉村濬在回忆7月23日围宫劫政事件时写道："当时，混成旅团长大岛少将已接到大本营发来的讨伐驻扎牙山清兵的命令。即将出发时，由于京城事件紧急，向牙山的进军便推迟了一两天。"② 日本军队虽然推迟了进攻牙山中国军队的时间，却于23日拂晓对中国驻汉城总理公署"围守攻掠"，代办唐绍仪慌忙"率同各员差由后院韩民宅内逃移至英国总领事署暂避"。③ 同时，毁汉城电报总局"为驻兵之所"。委员知府李毓森亦率电报学生数人先避入德国领事馆，又移往英国总领事馆。可见，事实上，日本已在7月23日对中国采取军事行动了。不仅如此，大鸟圭介还于7月24日向中国"下战书"，托英国总领事嘉托玛"代寄天津"。嘉托玛"作函婉却之"，并将"公文两角缴还"。④

丰岛海战后，李鸿章认为日本挑起衅端一定会引起各国的公愤，

---

① 田保桥洁：《甲午战前日本挑战史》，南京书店1932年版，第188~189页。
② 杉村濬：《明治二十七八年在韩苦心录》，第47页。
③ 《代理朝鲜交涉通商事宜唐守纫仪禀》，《朝鲜档》(2103)。
④ 许寅辉：《客韩笔记》，光绪丙午长沙刻本，第7~8页。

于 7 月 28 日致电总理衙门："倭先开战，自应布告各国，俾众皆知衅非自我开。似宜将此案先后详细情节据实声叙。"并提出："汪使应撤回。"① 29 日，军机处令李鸿章转电驻日公使汪凤藻撤令回国；30 日，总理衙门照会各国公使谴责并声叙日本无理挑衅之举：

> （日本）在牙山海面突遣兵轮多只，先行开炮，伤我运船，并击沉挂英旗英国高升轮船一只。此则衅由彼启，公论难容。中国虽笃念邦交，再难曲为迁就，不得不另筹决意办法。想各国政府闻此变异之意，亦莫不共相骇诧，以为责有专归矣。②

31 日，又讽令日本公使小村寿太郎下旗归国。同一天，日本政府也宣布："帝国与清国现进入战争状态。"③ 到 8 月 1 日，中日两国皆发表宣战诏书，宣告了甲午战争的正式开始。

二　御日策议

中日两国正式宣战后，朝野上下的主战议论占了压倒性的地位。但是，主战论者的观点并不是完全一致的。大致有如下三种观点：

第一种，是速战论。持此论者，其根据有如下四点：

其一，日本是小国，与中国无法相比。如谓："以倭奴弹丸小国，狡诈无信，年来谄事欧洲，袭其毛滓，讵敢夜郎自大，弃好寻仇"，应"认真拣选英锐，奋力一战，誓扫倭奴，以为跋扈不顺者警"。"想天戈所指，不难指日荡平。"④

其二，日本人力财力有限，外强中干。如谓："考日本之为国，不过三岛，浮沉东海，犹一粟土地，军力俱不及中国十分之一。其得

---

① 《李文忠公全集》电稿，第 16 卷，第 34 页。
② 《清光绪朝中日交涉史料》（1262），第 15 卷，第 34 页，附件一。
③ 《日本外交文书》，第 27 卷，第 687 号。
④ 《盛档·甲午中日战争》（下），第 141~142 页。

与之相抗者，唯大小兵轮 40 余艘，数有同耳。然数虽同，而坚大不及也，炮弹不伙也。加之人手无多，水陆不相护，战事未及十次，国中人财俱竭。观其搜括军资，税及倡寮，三丁抽一，五丁抽二，空虚之状，已显而有征。度之于势，人强乎否乎？理既悖逆，势又孱弱，我中国于此不日本之胜，而谁胜乎？"①

其三，中国陆战必胜。如谓："淮军长于陆战"②，"以久练之淮军而制日，自可操胜算矣。我陆军之健壮，洋人咸服其勇，派能将一员领以前往，何日之畏也！"③

其四，日本缺乏实战经验，且士气不振。如谓："倭兵虽练，未经大敌，不难一鼓得手。"④ "日本兵素来未经大战，貌习泰西阵法，并非中坚，亦非同仇，籍民抽丁不愿者众。闻此次驱兵上船，有父兄临送吞声以行者，有中路逃逸落荒者。气亦不扬矣，必不能当中国之强奋而耐战。"⑤

速战论者在战略上藐视侵略者日本，并不为错，但问题是他们对日本并没有真正的全面的了解，因而在认识上有很大的片面性，认为速战即可速胜，在战术上犯了轻视敌人的错误。

速战论者有一个根本特点，认为持久战适于古而不适于今，因此反对实行持久战。如称：

> 从古大与小敌，利于持久；小与大敌，利于速战。盖大国人民众也，粮食饶也，财用足也，器械备也，凡可以持久者，十倍于小国，与之相持不决，以待其弊，固不战而屈人者也。若夫小国，兵不继，粮不给，财不足，器械不备，与大国争持久之利，

---

① 《中倭战守始末记》，第1卷，第1页。
② 《盛档·甲午中日战争》（下），第137页。
③ 《英文馆学生杨书雯说帖》，《朝鲜档》（2125）。
④ 《盛档·甲午中日战争》（下），第137页。
⑤ 《清光绪朝中日交涉史料》（1404），第17卷，第1页。

> 败矣。故其势在速战，得寸进寸，得尺进尺，此兵家之常谈也。
>
> 而吾窃验之往古，按之当今之务，以为大与小敌，小不能分兵扰我，固可持久胜之，小能分兵扰我，则我防不胜防，持久适足以败事也。何以言之？大国地广势散，随处而虑其扰，顾此则失彼，顾彼则失此，处处而备之，则力分，力分则与小国等耳。故与其终岁皇皇备其来，曷若使之终岁皇皇备吾来乎？吾往则彼不能来，彼来而吾则能往。彼来不过扰吾边耳，吾往则直挈其要领，将覆亡之不暇，何暇分兵扰我乎？即能分兵扰我，扰之不克，固取败亡；扰之即走，亦无关要害，而吾军已深入，彼将不国，欲持是安归乎？故大国知用其长，百战不殆；失其所以为大，虽大奚益？①

速胜论者把国之大小与国之强弱完全等同起来，否认敌强我弱这个基本事实，因此作出了速胜的错误估计，这样在实践中是必然要碰壁的。

中日开战以后的现实，本来已经证明速胜是行不通的。速胜论者并无勇气承认现实，却设想采用奇攻的办法以获得速胜。如有人主张：饬南洋、广东兵船先"规复琉球"，然后"长驱直进东洋长崎各口岸"。并认为："我国乘此机会，大申挞伐之威，使其朝不顾夕，疾苦颠连，区区日本，更何以国？"② 还有人提出的建议更具体："萃南北洋铁甲、钢甲、蚊船、鱼雷，各战舰连樯衔尾，鼓轮而东。捣其对马岛，覆其水师后援，而驻高陆兵之归路断，将不战自溃矣。捣其长崎，长崎破，而煤源绝矣。捣其神户，神户破，则由大阪铁道直达西京，而其国断而为二矣。捣其横滨，横滨破，则东京震动，势将迁都，全国可传檄而定矣。此万世之功，千载一时也。"③ 这种奇攻论，在整个

---

① 《紧备水军直捣东瀛论》，《甲午战争时论选》。
② 广平子：《论中与日战宜出奇兵以乘之》，《甲午战争时论选》。
③ 《紧备水军直捣东瀛论》，《甲午战争时论选》。

甲午战争期间不断有人用不同的形式反复提出来，甚至清廷也对此论甚感兴趣，可见当时其影响之大。

速战论者也是爱国志士，爱国之情可掬，动机是好的，但其看法则完全脱离实际，其行动就无法达到预定的目的。勉强做下去，败军辱国，结果和失败论者殊途而同归。

第二种，是持久论。最先提出此论者为驻英公使龚照瑗。他在7月29日致电李鸿章，指出："英与各国劝和，闻又有条陈，但决不肯出一断语，恐转误事。事至此，与其俯就，终成不了之局，不如合中全力立不休之战，水陆稳战，进退自由，北和俄，南拒倭，不急功，不示弱，久持。"① 7月31日，南洋大臣刘坤一婉转地批评了当时盛行一时的速战论，建议实行持久战，其奏云："现在兵端已开，务在痛予惩创，即使刻难得手，亦可以坚忍持之。日本国小民贫，并力一举，其势断难支久。将来待其困毙，自易就我范围。"② 后来，他更明确地提出："'持久'二字，实为现在制倭要著。"③ 户部右侍郎长麟则提出："与倭人抵死相持，百战不屈，百败不挠，决之以坚，持之以久。"④ 户部给事中洪良品进呈《管见六条》，也认为："兵贵持久，乃能制胜。"⑤ 钟天纬上书北洋，甚至提出："为今计，不如即借日本为敌国外患，警发我通国臣民，发愤自强，力图振作，上则存卧薪尝胆之心，下则坚敌忾同仇之志……力战两三年……庶可使战士愈精，智勇愈开，兵阵愈习。"并进一步指出："如果我中国实在富强，日本方求和之不暇矣。然则和战之局，仍不啻中国自操之也。"⑥ 北洋探员李

---

① 《龚大臣中英法往来官电》，《中东战纪本末三编》第2卷，第40页。
② 《清光绪朝中日交涉史料》(1431)，第17卷，第22页，附件一。
③ 《清光绪朝中日交涉史料》(3054)，第40卷，第28页。
④ 《清光绪朝中日交涉史料》(1458)，第17卷，第39页。
⑤ 《清光绪朝中日交涉史料》(1437)，第16卷，第19页。
⑥ 《盛档·甲午中日战争》(下)，第176~177页。

家鳌在俄朝边境一带实地考察后,致函盛宣怀称:"卑职愚以为俄人之举动,听英国之行为,英人与分,俄邦亦必扰乱其间。现在我能坚持,彼则壁上观风,此欧洲大局使然。"① 意谓中国如能将战争坚持下去,列强方不至插手,从中渔利。当时的持久论尽管尚不够完满,但从总的方面看,仍不失为正确的战略思想。对此,一些西方人士也持有同见。如说:"中国宜先守后攻,以持久困之。"② "久持,倭必不支。"③ 海关总税务司赫德也多次谈到这个问题。早在战争爆发前,他即指出:"日本在这场新战争中,料将勇猛进攻,它有成功的可能。中国方面不免又用它的老战术,但是只要它能经得住失败,就可以慢慢利用其持久的力量和人数上的优势转移局面,取得最后胜利。"并且强调:"中国如能发挥持久的力量,在三四年内可以取胜。"直到战争爆发之后,他仍然坚持认为:"在战争开始阶段中,日人必可处处获胜。假如中国能勇敢地坚持,不因一时挫退而灰心,我相信它有可能在结局时获得胜利。"但是,当时相信持久论的人太少,"中国除了千分之一的极少数人以外,其余九百九十九人都相信大中国可以打垮小日本"④。持久论者所发出的微弱呼吁,终于被速战论者的入云高唱所淹没了。

第三种,是暂时相持论。持此论者亦认为须与敌相持,但又认为相持时间不要很久。如称:"倭人国小而弱,苟无他国暗中帮助,何足与中国争雄?不过一时得所凭借,遂任意鸱张耳。但相持一年之久,必计穷力蹙而势不支,自俯首求和,唯命是听。"⑤ 还有人认为:"窃

---

① 《盛档·甲午中日战争》(下),第187页。
② 《清光绪朝中日交涉史料》(1784),第22卷,第2页。
③ 《清光绪朝中日交涉史料》(1226),第15卷,第22页。
④ 《中国海关与甲午战争》,第48~50页。
⑤ 《清光绪朝中日交涉史料》(1407),第17卷,第8页。

料敌人兵力，如与我悉力相持，必不能至四五月之久。"① 暂时相持论虽似乎是介于速战论和持久论之间的观点，实际上与速战论并无太大差别，故亦可归入速战论一类。

速战论之所以盛行一时，主要是基于普遍存在的盲目轻敌思想。平壤之战和黄海海战后，李鸿章在奏陈军情折中指出："方倭事初起，中外论者皆轻视东洋小国，以为不足深忧。"② 按之战争初期的策议，情况确乎如此。持久论之所以不被注意，除为激越高昂的速胜论调所掩盖外，还由于它本身存在着不可克服的弱点，即拿不出真正切实可行的克敌制胜的办法。如江南道监察御史张仲炘本是持久论者，他曾指出："今我之兵船虽不如彼之多，器械虽不如彼之利，饷糈虽不足而尤可筹维，兵力虽不敷而不难召募，以中华之全力抗一外强中干之岛族，尽可绰乎有余。但须与之久于相持，耐心坚忍，胜固可喜，败亦勿忧。倭虽凶横，而暴师既久，则货财无可搜括，商贾不得懋迁，党议横生，兵心涣散，变故必可翘足而待。"此话说得倒是有理，但将胜利的希望完全寄托于敌国的变故上，究竟是不够的。于是，他又主张先采取奇攻的办法：一、"调天津、旅顺各战舰配以陆勇，乘暇陷隙往夺仁川"；二、"召募勇士扰彼岛隘"，"乘其不意，潜行侵扰"；三、密约日本"内地商民乘间而发，据其炮台"。奇攻得手后，"然后继以大军，声东击西，星驰电扫，扰其海岸，击其中权"。他认为：果能如此，则"其东西京有不岌岌震动，涣然瓦解者哉！"③ 此皆书生之见，在实际上是绝对无法实现的。在这一点上，它又和速战论有相通之处。

---

① 《清光绪朝中日交涉史料》（1298），第16卷，第6页。
② 《李文忠公全集》奏稿，第78卷，第61页。
③ 《清光绪朝中日交涉史料》（1413），第17卷，第15~16页。

从中日两国宣战到决战，有一个半月的时间。如果从开战时算起，时间差不多接近两个月。在此期间，清政府由于缺乏正确的战略思想指导，从而无法制订合乎实际的作战方针，指挥难能得力，要想夺取战争的胜利又怎么可能呢？

三 帝后党争之肇端

早在甲午战争以前，帝后两党之间的矛盾业已略见端倪，但尚未表面化。及至战争爆发以后，其矛盾由暗而明，逐步显露，终至激化。在中日两国决战之前，帝后党争尚若暗若明，只是初显肇端而已。

甲午年十月初十日乃慈禧太后的60诞辰，她本想大举做寿，是不希望发生战争的。她以阴谋而掌握最高权力，老谋深算，初尚忌惮清议，并对日本亦有轻视之心，故在中日决裂之前曾"传懿旨亦主战"①。8月1日，李鸿章奏报叶志超军"连获胜仗，毙倭贼二千余人"②。3日，慈禧即传懿旨"加恩著赏给该军将士银二万两，以示鼓励戎行至意"。叶志超到达平壤后，又赏给叶志超白玉翎管等"以示优异"。还因"大兵进驻平壤，各军将士冒暑遄征，备尝艰苦，恐因水土不服，致生疾病"，发去平安丹40匣，"颁给各军将士以示体恤"。③她的这种主战的姿态，甚至使帝党

慈禧太后

---

① 《翁文恭公日记》，甲午六月十四日。
② 《清光绪朝中日交涉史料》（1284），第16卷，第1页。
③ 《光绪朝东华录》，光绪二十年七月，第137、148页。

的重要成员一度对她产生幻想,以为她真的会支持主战派。其实,慈禧的"主战"并非本意,她亦无真正把仗打下去的决心。在战争初期,她冷眼旁观,除对重大问题决不放手外,一般不动声色,伺机以操纵大局。

尽管慈禧早已归政,但军机处仍为后党所控制。首席军机大臣礼亲王世铎,遇事模棱,从不建白,但"终身无疾言厉色,对内侍尤恭谨。李莲英向之屈膝。亦屈膝报之。诸王以敌体待诸奄,前此所未有也"。因1884年醇亲王奕譞与恭亲王奕䜣争政,慈禧尽罢军机王大臣,宫内左右争誉世铎之贤,遂令为军机领班。兵部尚书孙毓汶善权术,直军机逾十年。世铎名领枢府,然其"懦庸无能,毓汶遂专魁柄。夙值南斋,多识群奄,恒于后前称其能,宠以日固"。世铎"亦降心从之"①。徐用仪以吏部左侍郎入直军机,追随孙毓汶之后,亦步亦趋。与翁同龢"论事不合,至动色相争"②,成为孙毓汶的重要帮手。其余两位军机大臣,一为东阁大学士张之万,一为武英殿大学士额勒和布。张之万已是84岁的龙钟老翁,善体慈禧之意,"意在不轻开衅"③。额勒和布则"木讷寡言"④,"才欠开展"⑤,随声附和而已。孙毓汶既主政枢府,深得慈禧宠信,又"素与(李)鸿章相纳"⑥,遂成为后党的中坚。

自日本递交"第一次绝交书"后,光绪皇帝非常恼怒,严责枢府"上次办理失当,此番须整顿",并派主战的翁同龢和李鸿藻参加枢府

---

① 费行简:《近代名人小传》,第79、116页。
②《翁文恭公日记》,乙未五月十二日。
③ 张亨嘉:《张之万神道碑》,《碑传集补》卷一,上海古籍出版社1987年版。
④《清史稿》列传二百二十六,《额勒和布传》。
⑤ 费行简:《近代名人小传》,第113页。
⑥《清史稿》列传二百二十三,《孙毓汶传》。

会议。于是，翁同龢俨然成为帝党的实际领袖。从此，在中枢内部开始形成了帝、后两党峙立的格局。试观翁同龢日记："主战者五析，议无所决。余与高阳（李鸿藻）皆主派兵。"① 可知除翁、李外，军机王大臣都是主和的，和战分野已相当清楚。翁同龢虽参与枢机，但无力改变后党把持的局面。帝党成员编修叶昌炽在日记中写道："闻枢府把持，藩篱甚固，翁、李两公虽特派会议，不能展一筹。媢嫉之臣，千古一辙，可胜浩叹！"②

翁同龢为推行其主战主张，并改变枢府的既成格局，只有依靠发动清议之一途。其门人侍读学士文廷式自称："总署事极秘密，余则得闻于一二同志，独先独确，因每事必疏争之，又昌言于众，使共争之。尝集议具稿，时有为余危者，余曰：'愿执其咎，不敢让也。'"③ 时翁同龢奉旨参与军机大臣、总署大臣会议，又有与翁同龢关系甚密的汪鸣銮在总理衙门行走，即文廷式所说的"一二同志"。翁同龢正是通过文廷式来联络帝党成员与后党抗争的。其另一门人张謇则为翁同龢的谋士，每每代翁同龢策划，多被采纳。翁同龢、张謇二人之日记及其来往密信，对此有着详细的记录。礼部右侍郎志锐为瑾、珍二妃之兄，时亦主战颇力。此三人在当时成为帝党最活跃的健将。在他们的发动下，台馆诸人屡上封事，痛切陈词，言战不遗余力。光绪帝亦"欲得外廷诸臣协力言之"④，以推动局面，故言战者更加畅言无忌。

在此阶段中，帝党借助于清议，围绕着以下四个问题与后党展开了斗争：

---

① 《翁文恭公日记》，甲午六月十四日。
② 叶昌炽：《缘督庐日记钞》，甲午七月十二日。
③ 文廷式：《闻尘偶记》，《近代史资料》第1981年第1期，第52页。
④ 叶昌炽：《缘督庐日记钞》，甲午八月二十八日。

第一，是选帅问题。当时众所公认的帅才是二刘，即湘刘和淮刘。湘刘，新疆前巡抚刘锦棠；淮刘，台湾前巡抚刘铭传。先是李鸿章主张以淮将统淮军，提出起用刘铭传，得到朝廷的批准。7月2日，李鸿章转电刘铭传："本日奉旨：福建台湾前巡抚刘铭传著即来京陛见。"① 刘铭传以"和局可成，病重"为由，表示不肯出山。后形势日趋严峻，李鸿章又于7月15日致电刘铭传："初盼和成，免劳大驾。今倭坚执不回，内意令大举致讨，有将无帅，恐致偾事。拟即奏请会办北洋督办朝鲜军务。公虽微疴，视鄙人老惫，当胜万万。盼速复。"② 在此以前，李鸿章还通过龚照瑗劝其出山："倭事急，北省有将无帅，若淮局不振，国将弱，乞速出山，尽公义私情，以全大局。"③ 后李鸿章又让盛宣怀通过刘铭传的侄子刘盛休"设法劝驾"。但刘铭传"决意不肯出山"④。对此，历来猜测纷纷，莫知底蕴。原来，刘铭传深知即使目下勉强与日本开仗，不久主和派即会居于上风，曾有"知和议在即，我决不出"⑤之语。这才是他不肯出山的主要原因。或谓刘铭传之不出，与翁同龢有关。事实上，帝党对起用刘铭传并无意见。而且张謇还向翁同龢进言："湘刘帮办南洋，淮刘帮办北洋，取其目前将士一气，亦可统游弋之师。"⑥ 这倒是顾全大局的建议。7月29日，枢府收到李鸿章所转刘铭传"病未愈，目昏耳聋，万难应召"⑦的复电后，才决定以刘锦棠当其任。此时，刘锦棠业已病重，未能命驾北上，不久就病故了。这样，选帅问题便暂时地悬了

---

① 《李文忠公全集》电稿，第15卷，第60页。
② 《李文忠公全集》电稿，第16卷，第19页。
③ 《龚大臣中英法往来官电》，《中东战纪本末三编》第2卷，第36页。
④ 《盛档·甲午中日战争》(下)，第128页。
⑤ 《谏垣存稿》，第2卷，第30页。
⑥ 《张謇致翁同龢密信》。
⑦ 《东行三录》，第149页。

起来。

　　选帅问题久悬，使许多廷臣为之焦虑，于是纷纷上疏奏请简派。8月17日，江南道监察御史钟德祥奏称："为今日计，防不可不急，而战则又不能急。所最宜急者，似在我皇上之简将帅。"① 翰林院编修周承光奏请"钦简大臣经略节制，事权划一，举旗东指，节节进兵"②。河南道监察御史易俊仍然疏称："刘锦棠、刘铭传皆百战名将，威望素著，或特简一人督办朝鲜军务，以一事权，听其居中调度，不为遥制。"③ 18日，江南道监察御史张仲炘甚至提出："特派懿亲重臣曾办军务者驰赴朝鲜，调度诸军。"④ 21日，翰林院侍讲樊恭煦则请简派是月16日由安徽巡抚调山东巡抚的李秉衡以当此任。李秉衡在中法战争期间督办广西后路军务兼会办广西前敌军务，"与冯子材分任战守"。谅山大捷后，彭玉麟奏曰："两臣忠直，同得民心，亦同功最盛。"⑤ 李秉衡以此声名大噪。此时，李秉衡已至北京，翁同龢等"询以军事及三省练兵"。李秉衡知驾驭淮军甚难，答以"军事未谙"，且"自幼随任，退不能归籍，三省练兵不能办"⑥。本来，帝党颇寄希望于李秉衡，拟令其督办朝鲜军务，不使李鸿章掣肘。但李秉衡辞意颇坚，只好暂作罢论。最后，经过军机处讨论，决定："其特简大臣督办朝鲜军务一条，查陆路各军向归李鸿章节制调遣，刻下战守机宜应仍由李鸿章妥为布置，以免纷歧。"⑦

---

① 《清光绪朝中日交涉史料》(1404)，第17卷，第4页，附件三。
② 《清光绪朝中日交涉史料》(1405)，第17卷，第6页。
③ 《清光绪朝中日交涉史料》(1407)，第17卷，第7页。
④ 《清光绪朝中日交涉史料》(1413)，第17卷，第15页。
⑤ 《清史稿》列传二百五十四，《李秉衡传》。
⑥ 《翁文恭公日记》，甲午七月十三日。
⑦ 《清光绪朝中日交涉史料》(1434)，第17卷，第24页。

先是刘铭传决意不肯出山，李鸿章知总署已致电湖广总督张之洞："奉旨传知刘锦棠来京陛见。"① 李鸿章坚决不同意以湘将统淮军，反对帝党"以剂湘淮"②的构想。7月29日，军机处传旨询问李鸿章："前据奏，李鸿章奏统率需人，请饬刘铭传迅速北上。昨据电奏，因病未能赴召，现在进剿各军应否另调大员统率？著李鸿章迅筹具奏。"③ 8月2日，李鸿章复电把朝鲜的战局说得十分有把握，不另派统帅也不会误事，其用意是阻止朝廷在淮将以外另选统帅，并非真的不要统帅。

李鸿章

其实，自刘铭传表示决不出山后，李鸿章正在考虑派何人担任赴朝大军的统帅问题，只是一时尚拿不定主意而已。8月27日，淮系官员佘昌宇在给盛宣怀的一封信里便透露了一点消息："平壤岌岌可危，该处乃三韩最要之地，倘被倭占，东三省已失门户，非特朝鲜大势全去，东三省岂能安枕耶？……鄙意此本傅相重任，而万无亲征之理，刘省帅（铭传）又托病不出，现在伯行（李经方）星使已到，淮军有将无帅，断难用兵，非伯行代相前去不可。但此举傅相不便陈奏，伯行又难自请，必须廷臣封章入告，望兄设法暗中托人陈奏。如能奉旨赏给三品卿衔，授为钦差大臣督办朝鲜军务，实于大局有益。"④ 李经

---

① 《总理衙门致湖广总督张之洞电》，《朝鲜档》（1930）。
② 《张謇致翁同龢密信》。
③ 《清光绪朝中日交涉史料》（1279），第15卷，第38页。
④ 《盛档·甲午中日战争》（下），第172页。

方为李鸿章之子，以其经历而督办朝鲜军务，未免过于出格，而且在枢府中也绝难通过。于是，佘昌宇又亲自向李鸿章提出一个变通方案："前敌距津三千里，傅相遥控，运筹决胜，似乎太远。必须有一统帅节制、联络各军，随机应变，设伏出奇，俾免将领不和，致生意外之事。刘省帅既有病不出，目前资历最深、战功最著，首推宋祝三（庆）军门。即可奏请特派督办朝鲜军务，再以伯行星使副之，则淮将无不联络一气。如我傅相亲临前敌无异，必成大功。"① 李鸿章知道以宋庆督办朝鲜军务，叶志超必不服气，而李经方素不知兵，且无威望，以其统率大军必遭非议。于是，他于9月7日致电叶志超，明确表态要叶一人挑此重担："方儿向未亲行阵，吾更难内举不避亲，弟唯一力担承，勉为联络，求于事有济而已。"② 果然，随后即有御史张仲炘奏参李经方"在上海以米三千石售与倭人"，"前使日本，与其宫眷相往还，曾认倭王之女为义女，复议聘为儿妇"，"在倭开有洋行一座，资本八百万"，等等。③ 所言虽荒诞不经，然亦非毫无来历，盖闻拟委李经方之消息，有以破坏之也。李鸿章未应诺托人奏请此事，也算有一点自知之明。

此后，李鸿章便多次为叶志超渲染战功。如谓："六月二十七成欢之战，顷探实倭兵将死亡确有三千内外。"④ 又编造"该军欲移公州"时，"倭兵死者千七百余人"。⑤ 清廷不明真相，以为叶志超多次率军作战，"自六月二十三日以后迭次毙倭兵不下五千余人"⑥。8月25日，终于委派叶志超为总统，命其"督率诸军相机进剿，所有一切

---

① 《盛档·甲午中日战争》（下），第177页。
② 《东行三录》，第163页。
③ 《清光绪朝中日交涉史料》（1566），第19卷，第25页。
④ 《清光绪朝中日交涉史料》（1471），第18卷，第9页。
⑤ 《清光绪朝中日交涉史料》（1474），第18卷，第10页。
⑥ 《清光绪朝中日交涉史料》（1501），第18卷，第21页。

事宜仍随时电商李鸿章，妥筹办理"①。叶志超平日名声并不佳，张謇曾告翁同龢曰："叶志超亦庆军旧部，沾染官场习气，且夸诞，恐不足当大事。"② 这说明帝党对叶志超是有一定了解的。但在枢府讨论叶志超的任命时，军机王大臣却认为"叶志超抵韩较早，情形较熟，且历著战功"③，予以通过。叶志超在淮军中间威信亦不甚高，据聂士成称："电旨派叶军门为诸军统帅，一军皆惊。"④ 但是，选帅问题之争总算就此结束了。

第二，是罢孙问题。在枢府内部，自从7月15日光绪帝命翁同龢、李鸿藻参加会议后，在和战问题上矛盾日益明显。会议后，由徐用仪草拟《复陈会议朝鲜之事折》，于18日复奏，竟将翁同龢、李鸿藻之名列于首席军机大臣礼亲王世铎之前。翁同龢在当天日记中写道："余名首列，此向来所无也。从前会议或附后衔，或递奏片，无前衔。"翁同龢向世铎抗议，告以："列衔不应余名在前，以后只递折片，不具衔名。"又复奏时，军机大臣与翁同龢、李鸿藻分批进见，意见迥然相左。光绪帝为调和枢臣之间的矛盾，便于8月6日谕军机处："诸臣商办，如有所见，尽可单衔，勿事后异同。"⑤ 这种情况引起了主战派官员的极大忧虑。福建道监察御史安维峻首先于13日奏参军机诸臣，谓："方今军机大臣，或庸懦无能，泄沓成习，或日寻盘乐，流连忘返。盖老成宿德之人，大抵不过如此。"又指出："近来虽派李鸿藻、翁同龢一同会议，而复奏时二臣不获同觐天颜，其中有无欺蒙，亦恐难以预料。疆臣之贻误如彼，枢臣之尸素如此。敌氛日近

---

① 《清光绪朝中日交涉史料》(1464)，第17卷，第44页。
② 《张謇致翁同龢密信》。
③ 《清光绪朝中日交涉史料》(1461)，第17卷，第43页。
④ 《中日战争》(六)，第13页。
⑤ 《翁文恭公日记》，甲午六月十六日、六月十八日、七月初六日。

而备御未闻,战至日多而袖手仍昔。未审将来何以待之!"① 军机诸臣传阅此折,皆"愤愤,语多激昂"。安维峻抨击军机诸臣"泄沓成习""袖手仍昔",显然不仅仅是他个人的悬测之词,而是有所实指的。11日,翁同龢就在日记中写道:"威海告警,而同僚无忧色。"② 表示异常气愤。当天傍晚,他又致书张謇,告以日舰扑威海事,并无限慨叹道:"泄泄梦梦,又将如何也!"③ 表示对军机诸臣的极端不满。可见,安维峻之奏参军机诸臣,是了解枢府内部的矛盾情况的。

到8月16日,志锐更指名奏参孙毓汶兼及徐用仪:

近来东事日急,警报时闻,朝野莫不忧心,而奴才默视枢辅用事之大臣,其用心有大可异者。方日人肇衅之时,天下皆知李鸿章措置之失,独孙毓汶悍然不顾,力排众议,迎合北洋。及皇上明诏下颁,赫然致讨,天下皆闻风思奋,独孙毓汶怏怏不乐,退有后言,若以皇上为少年喜事者。

查该大臣于中外情形,华洋交涉,素不留心,而专愎成性,任意指挥,不顾后患。皇上自思自用兵以来,该大臣曾赞一策划、上一谋议乎?皇上欲开言路,该大臣则阴抑之;欲倚重老成,则坚摈远之。皇上之所是,则腹非之;皇上之所急,则故缓之。一切技量,皆潜寄于拟旨时词气轻重之间,小或授意同侪,大则奋然当笔,阳开阴阖,操纵自由,暗藏机关,互相因应。秉政十年,专权自恣,在廷卿贰,无不受其牢笼,各省督抚得其一书,至有相传"小圣旨"之说者。窃弄威福,劫持上下,自伊侄孙楫开缺之后,尤怀怼怨,益肆欺蒙,其专愎罔上之心,人人知之,而无

---

① 《谏垣存稿》,第2卷,第34页。
② 《翁文恭公日记》,甲午七月十一日、十三日。
③ 《中日战争》(四),第572页。

敢言者。

徐用仪起自章京，性情柔滑，事事仰承其意。即会议一事，徐用仪毅然秉笔，翁同龢等不过略易虚字。及封折之际，会议者竟不得与闻。故初次会议所上之折，翁同龢等列名于礼亲王之前，自来无此体制；如令会议者见之，似不能如此舛误。我皇上事事虚己纳言，而该大臣诪张舞弊。时事若此，安望转机？

折中最后提出："方今皇上将欲大有为于天下，而令此城狐社鼠久托其中，可必其无一事能遂皇上之愿也。倘蒙宸断，应将孙毓汶罢斥，退出军机，朝政必有起色，军事必有转机。"① 此折据事奏参，深中孙毓汶、徐用仪的要害。当天，孙毓汶、徐用仪即行怠工，办奏片不肯动笔。庆亲王奕劻将志锐折呈于慈禧后，慈禧又召见庆亲王面商近两个小时。次日，光绪帝以原折示孙毓汶、徐用仪二人，"温语慰劳，照旧办事，仍戒饬改过"②。孙毓汶为慈禧所亲信，主战派虽欲罢斥之，而未能成功。

第三，是易李问题。帝党早就对"中国之兵，狃于庆典，不开边衅，翱翔海上"的情况不满。张謇认为："今中国持重，无远略，而北洋敷衍，及其未死而无事之意，各国皆知之。"因此，他曾向翁同龢建议："北洋如果驻扎威海，居中调度策应，置直督者似宜及此即用湘人，俾分淮势而约剂之，茶陵之望尚称。"③ "茶陵"，指闽浙总督谭钟麟，盖谭为湖南茶陵人。这是易李之初议。此议虽不可能实行，但与当时志锐奏参李鸿章"一味因循玩误"④，却是互相呼应的。不久，光绪即命枢臣"南北洋派帮办"⑤。8月14日，总理衙门寄信给李

---

① 《清光绪朝中日交涉史料》（1394），第16卷，第34~35页。
② 《翁文恭公日记》，甲午七月十七日。
③ 《张謇致翁同龢密信》。
④ 《清光绪朝中日交涉史料》（1169），第14卷，第38页。
⑤ 《翁文恭公日记》，甲午六月二十七日。

鸿章，让他"酌举一人，请旨帮办一切事，以资襄助"①。但并未寄信南洋告添帮办事。很明显，此举表面上是加强北洋军事领导之意，实为李鸿章指挥不得力也。对于北洋添帮办一事，李鸿章是坚决反对的，于17日复信曰：

> 此次倭人称兵，侵扰藩属，并扬言图犯畿疆。鸿章职司所在，自当力为其难。军情瞬息万变，遇事须当机立断，乃能齐一视听，迅赴戎机。鸿章在兵间四十年，亲见从前各路会办、帮办人员，大抵令其分剿一路，稍假事权，仍由统帅调度。若两帅同办一事，则往往意见参差，徒增牵掣，贻误滋多。否则，徒拥虚名，毫无实用。即如法越之役，吴清卿中丞奉命会办北洋，清卿人本平正，颇能和衷，唯平素不甚知兵，凡事悉由鸿章主持，未见襄助之益。北洋海防各处炮台均系逐年布置，但使兵力足敷，饷需能继，当能勉支。鸿章虽以衰年，一息尚存，此志不敢少懈，必须尽力筹备，不任少有疏虞。②

此时，李鸿章获悉湖南巡抚吴大澂奏请北上抗敌，故在复信中特别点出吴大澂难胜任帮办之职。因李鸿章不同意派北洋帮办，此事只好暂时搁起。

派帮办事既被李鸿章拒绝，帝党便打算实行易李的计划。8月23日，志锐以"李鸿章衰病侵寻情形甚为可虑"为由，奏请"简派重臣至津视师，就便查看李鸿章衰病情形"，如果属实，则留津坐镇调度一切。志锐折着眼于李鸿章衰病，并多夸诞之言，如谓李语言"时有舛误"，"每日须洋人上电气一百二十分，用铜绿浸灌血管，若不如

---

① 《清光绪朝中日交涉史料》（1382），第16卷，第30页。
② 《李文忠公全集》海军函稿，第4卷，第28页。

此，则终日颓然若醉", 等等。① 因此，军机处讨论的结果，便以其所言非实，驳曰："查李鸿章数月以来，并未因病请假，调度一切见于电奏，亦尚周币，军事饷事仍应责成李鸿章一人经理。至津视师应毋庸议。"② 否决了志锐的建议。

8月24日，钟德祥继续抨击李鸿章"至今不肯杀敌，居心叵测"，"淮军御倭又类瘫痪"，建议朝廷"迅简将帅，以顾要边，以振全局"。③ 25日，户部右侍郎长麟则奏请"特简主将督办军务，以一事权而资攻取"④。其真实意图是希望恭亲王奕䜣出来收拾局面，一则抑制后党，二则夺回李鸿章的兵权。但是，钟德详、长麟的建议遭到军机诸臣的反对。翁同龢记此事云："于钟则痛驳，本多传闻失实也；长折片皆未行。"⑤ 26日，文廷式复奏参李鸿章"侵寻暮气"，"本心都无战志，属僚承其意旨"，无人肯战。⑥ 同一天，给事中余联沅折参李鸿章贻误大局者，有六事，指出李鸿章"膺此钜任，竟有万不能胜者"，"请旨迅简知兵大臣出统其师"。⑦ 枢府讨论文廷式、余联沅二人之折时，亦未获通过。其驳语有云："李鸿章身膺重寄，历有年所，虽年逾七旬，尚非衰耄。且环顾盈庭，实亦无人可代此任者。所奏毋庸置疑。"⑧

帝党在易李问题上也遭到了失败。

第四，是拔丁问题。早在战争爆发以前，帝党抨击李鸿章的重要一条，就陆海军主将叶志超和丁汝昌"首鼠不前，意存观望，纵敌玩

---

① 《清光绪朝中日交涉史料》(1449)，第17卷，第30~31页。
② 《清光绪朝中日交涉史料》(1444)，第17卷，第26页。
③ 《清光绪朝中日交涉史料》(1450)，第17卷，第31页。
④ 《清光绪朝中日交涉史料》(1458)，第17卷，第38页。
⑤ 《翁文恭公日记》，甲午七月二十五日。
⑥ 《清光绪朝中日交涉史料》(1467)，第18卷，第5页。
⑦ 《清光绪朝中日交涉史料》(1468)，第18卷，第5~6页。
⑧ 《清光绪朝中日交涉史料》(1469)，第17卷，第8页。

寇"，并谓："外间舆论有'败叶残丁'之消，其不孚群望可想而知。"引起了光绪帝的重视，因降旨令李鸿章"随时留心体察，毋得稍有疏忽，致误事机"①。战争爆发后，因为叶志超虚报战功，一时真相难查，所以丁汝昌成为帝党的主要攻击目标。其罪名有两条：一是"叶军后路久断接济，由于海军护运不能得力"；二是"寻倭船不遇，折回威海卫布置防务"，显系有意回避。8月3日，光绪帝重申察看丁汝昌的前旨，谕令李鸿章："着即日据实复奏，毋得稍涉瞻徇，致误戎机。如必须更换，并将接统之员妥筹具奏。"② 据闻，当时光绪帝深怒海军不能救援叶军，诘责奕劻，气得把茶碗摔碎，并谓："丁汝昌不能战，糜费许多饷何益？"③ 同一天，李鸿章电复总理衙门：

> 叶军接济难通，深为焦虑。本欲用海军护运，商丁提督；以"我军无侦探快船为前驱，倭于汉口各口内布置已久，倘我深入，彼暗设碰雷，猝出雷艇四面抄袭，我少快炮船，行较迟，恐坠奸计。若驰驱大洋，彼以船快炮速，我以炮大甲坚，明战可冀获胜；若入口内，则非稳着。我军精锐只定、镇、致、靖、经、来、济七舰，不可稍有疏失，轻于一掷，大局所关。昌唯随时亲率七舰，远巡大同冰洋，遇敌痛剿，近顾北洋门户，往来梭查，使彼诡计猝无所施"等语，似系老成之见。

6日，又致电总理衙门称：

> 西人金谓我军只八舰为可用，北洋千里全资屏蔽，实未敢轻于一掷，近畿门户洞开。牙山军覆，何堪海军复被摧折！臣与丁汝昌不敢不加意慎重。局外责备，恐未深知局中苦心。海军仿西法，事理精奥，绝非未学者所可胜任。且临敌易将，古人所忌。

---

① 《清光绪朝中日交涉史料》(1169、1170)，第14卷，第38~39页。
② 《清光绪朝中日交涉史料》(1299)，第16卷，第6页。
③ 《盛档·甲午中日战争》(下)，第120页。

纵宜随时训励，责令丁汝昌振刷精神，竭力防剿。如果实有畏葸纵寇各情，贻误大局，定行据实参办，断不敢稍有徇饰。①

前后两封电报，实际上是驳回了对丁汝昌的指责。于是，军机处决定对丁的问题暂行缓议。拔丁问题，也反映了帝党和李鸿章在如何使用海军的方针问题上是存在严重分歧的。

自从8月10日日本联合舰队21艘军舰袭击威海卫后，言官对丁汝昌的抨击更加猛烈。12日，张謇致书翁同龢献策："丁不能拔即已，如其可拔，须极密，毋令有他虞也。"② 13日，军机处讨论议处丁汝昌的问题。会间，翁同龢与李鸿藻"力争丁督不可不严切责成，仍不能加一重语"③。所拟电旨仅谓："该提督此次统带兵船出洋，未见寸功，若再观望，致令敌船肆扰畿疆，必重治其罪。"④ 对此，翁同龢非常不满，但亦无可奈何。

此后，志锐等人仍继续奏参丁汝昌，军机处皆置而不议。直到8月25日，广西道监察御史高燮曾奏请更易海军提督，河南道监察御史易俊奏请治丁汝昌之罪，军机处才再次讨论处分丁汝昌的问题。关于此次讨论的经过，翁同龢在日记中记述较详，可知当时争论颇为激烈："于易、高两折参丁汝昌，余与李公（鸿藻）抗论，谓不治此人罪，公论未孚。乃议革职带罪自效。既定议，而额相（勒和布）谓宜令北洋保举替人，乃降旨。余不可。孙君（毓汶）谓宜电旨，不必明发。余又不可。乃列奏片，谓丁某迁延畏葸，诸位弹劾，异口同声云云。"⑤ 在这次讨论中，帝党的意见占了上风，当时所拟缮电旨进呈片写明："应请旨将丁汝昌即行革职，带罪自效。其海军提督一缺，请

---

① 《北洋大臣来电》，《清光绪朝中日交涉史料》（1300、1314），第16卷，第7、11页。
② 《张謇致翁同龢密信》。
③ 《翁文恭公日记》，甲午七月十三日。
④ 《清光绪朝中日交涉史料》（1379），第16卷，第29页。
⑤ 《翁文恭公日记》，甲午七月二十五日。

旨饬令李鸿章遴选堪充海军提督之员酌保数人,候旨简放。"①

8月26日,明降谕旨:"海军提督丁汝昌著即行革职,仍责令带罪自效,以赎前愆。倘再不知奋勉,定当按律严惩,决不宽贷,懔之!"②并按军机处进呈片所拟寄李鸿章电旨。但是,慈禧对此不表示同意,仍不得行。翁同龢叹道:"昨丁汝昌革职之旨呈诸东朝,以为此时未可科以退避,姑令北洋保替人来再议。事格不行矣!"③ 可是,谕旨已经明发,无收回之理,便于27日另寄李鸿章一道电旨:"严谕李鸿章迅即于海军将领中遴选可胜统领之员,于日内复奏。"④ 至于革丁汝昌职一事,则避而不提了。

8月29日,李鸿章复奏海军提督确难更易缘由,并陈述保船制敌之方,兹录之如次:

> 北洋海军是臣专责,提督丁汝昌迭被弹劾,屡蒙谕旨垂询,当此军事紧急之时,果有迁延避敌情事,亟应随时严参,断不敢稍涉徇护。唯现在密筹彼此情势,海军战守得失,不得不守保船制敌之方,敬为我皇上详晰陈之。
>
> 查北洋海军可用者只镇远、定远铁甲船二艘,为倭船所不及,然质重行缓,吃水过深,不能入海汊内港。次则济远、经远、来远三船,有水线甲、穹甲,而行驶不速。致远、靖远二船,前定造时号称一点钟十八海里,近因行用日久,仅十五六海里。此外各船,愈旧愈缓。海上交战,能否趋避,应以船行之迟速为准:速率快者,胜则易于追逐,败亦便于引避;若迟速悬殊,则利钝立见。西洋各大国讲求船政,以铁甲为主,必以极快船为辅,胥

---

① 《清光绪朝中日交涉史料》(1461),第17卷,第43页。
② 《清光绪朝中日交涉史料》(1475),第18卷,第11页。
③ 《翁文恭公日记》,甲午七月二十七日。
④ 《清光绪朝中日交涉史料》(1494),第18卷,第16页。

是道也。

  详考各国刊行海军册籍，内载日本新旧快船推为可用者共二十一艘，中有九艘自光绪十五年后分年购造，最快者每点钟行二十三海里，次亦二十海里上下。我船订购在先，当时西人船机之学尚未精造至此，仅每点钟行十五至十八海里，已为极速，今则二十余海里矣。近年部议停购船械，自光绪十四后，我军未增一船。丁汝昌及各将领屡求添购新式快船，臣仰体时艰款绌，未敢奏咨渎请，臣当躬任其咎。倭人心计谲深，乘我力难添购之际，逐年增益。臣前于预筹战备折内奏称"海上交锋，恐非胜算"，即因快船不敌而言。倘与驰逐大海，胜负实未可知；万一挫失，即赶紧设法添购，亦不济急。唯不必定与拚击，但令游弋渤海内外，作猛虎在山之势，倭尚畏我铁舰，不敢轻与争锋。不特北洋门户恃以无虞，且威海、仁川一水相望，令彼时有防我海军东渡袭其陆兵后路之虑，则倭船不敢全离仁川来犯中国各口，彼之防护仁川各海口，与我之防护北洋各口，情事相同。观于前次我海军大队游巡大同江口，彼即乘虚来窥威海、旅顺；迨我海军回防，则倭船即日引去，敌情大概可知。

  伏读迭次电旨，令海军严防旅顺、威海，勿令阑入一步；又令在威海、大连湾、烟台、旅顺各处梭巡扼守，不得远离等因。圣明指示，洞烛机宜，至今恪遵办理，北洋门户庶几无审扰之虞。盖今日海军力量，以之攻人则不足，以之自守尚有余。用兵之道，贵于知己知彼，舍短用长。此臣所为兢兢焉以保船制敌为要，不敢轻于一掷以求谅于局外者也。

  至论海军功罪，应从各口能否防护有无疏失为断，似不应以不量力而轻进转相苛责。丁汝昌从前剿办粤捻，曾经大敌，迭著战功。留直后，即令统带水师，屡至西洋，借资阅历。创办海军，特蒙简授提督，情形熟悉，目前海军将才尚无出其右者。各将领中，如总兵刘步蟾、林泰曾等，阶资较崇，唯系学生出身，西法尚能讲求，平时操练是其所长，而未经战阵，难遽统率全军之任。且全队并出，功罪相同，若提督以罪出官，而总兵以无功超擢，亦无以服众心。若另调他省水师人员，于海军机轮理法全未娴习，情形又生，而虑偾事贻误，臣所不敢出也。自来用兵，谤书盈箧，而卒能收功者，比比皆是。状恳圣明体察行间情事，主持定断。臣不胜迫切悚惧之至！①

慈禧既不同意革丁汝昌职，李鸿章又为之剖白，光绪帝只好借此下台阶，谕曰："既据该大臣密筹海军彼此情势，战守得失，详晰复奏，自系实在情形。丁汝昌暂免处分，著李鸿章严切诫饬，嗣后务须仰体朝廷曲予保全之意，刷新精神，尽心防剿。"② 同日，翁同龢在日记中写道："丁提督事已电复，不办矣！"③ 颇为感慨系之。

通过选帅、罢孙、倒李、拔丁等问题的争论，可以看出，帝党是积极主战的，但不能知己知彼，一味只讲进攻，却拿不出切实可行的克敌制胜的方针；而且不大讲究斗争策略，乱加攻击，甚至天真地认为换掉几个人即可解决问题，表现了他们十足的书生气。后党则是主张单纯防御，即消极防御。积极防御是为了反攻和进攻。不讲反攻和进攻的防御，只能导致失败，而不可能取得胜利。以李鸿章制订的"保船制敌"方针而言，只防御不进攻怎能制敌？不能制敌，船如何能保住？从当时的情况看，无论帝党还是后党，都无法使中国在这场反侵略战争中获得胜利。由于后党有慈禧做后台，并且控制了军机处，

---

① 《李文忠公全集》奏稿，第78卷，第52~54页。
② 《清光绪朝中日交涉史料》（1517），第19卷，第4页。
③ 《翁文恭公日记》，甲午八月初一日。

因此每一次争论都是以后党的胜利而告终。在此阶段中，慈禧基本上是站在幕后，结局尚且如此，这便预示了：随着战局的发展，尽管帝后两党在许多问题上还会展开斗争，但帝党绝无赢得成功的可能性。

四 石川伍一案与李鸿章

中国正式宣战后，在天津发生了一起震动朝野的日谍案件，就是石川伍一间谍案。日谍石川伍一虽被捕，北洋却将此案压下，迟迟不报朝廷。直至言官揭发，此案才得披露于世，故更为引人注意。

石川伍一，日本秋田县人。1884年来中国，先在上海跟随武官曾根俊虎海军大尉研究中国问题，并进修汉语。1887年，投身汉口乐善堂，从此开始了他的间谍生涯。曾往四川调查，归来后写成极详细的调查报告，并附有绘制的地图。1891年，石川伍一调到天津，帮助关文炳海军大尉专门从事中国华北的侦察活动。1892年，关文炳乘船回国遇难，海军少佐井上敏夫奉命来天津，石川伍一又成为井上敏夫的助手。同年5月，石川伍一与井上敏夫乘小火轮由烟台出发，游历长山岛、庙岛、砣矶岛、城隍岛、小平岛等，并"观看旅顺炮台"。随后，又往貔子窝、大孤山，以及朝鲜大同江、平壤和仁川口等处，经威海卫返回烟台。其"所走洋面，均用千斤砣试水深浅，每处相距约一百多里不等"[1]。8月，"再次与海军少佐井上敏夫、陆军少佐神尾光臣乘筑紫军舰，进入旅顺、大连湾、大和尚岛及威海卫，考察设防情况"[2]，从而掌握了大量重要情报。此后，石川伍一便回到天津，住在紫竹林日本人开设的松昌洋行里。松昌洋行，实际上是日本设在天津的一个情报站。天津乃北洋大臣驻节之地，极受日本间谍机关重视，

---

[1]《禀牍佚词》，《朝鲜档》(2803)，附件。
[2] 东亚同文会编：《对支回忆录》下卷，列传，1936年版，第562页。

石川伍一则以松昌洋行职员的身份为掩护，多方搜集情报。石川伍一经人介绍结识了军械局书办刘棻，因见刘棻任职军械局，便"有意和他交好"，以刺探军情。刘棻贪图贿赂，丧失民族立场，先后接受"谢礼洋银八十元"，多次向石川伍一提供有关情报。如1894年初，他"将各军械营枪炮、刀矛、火药、子弹数目清册，又将军械所东局、海光寺各局制造子药每天多少、现存多少底册"，均"照抄一份"，秘密交给石川伍一。[1] 神尾光臣将此抄件带回国内，使日本对北洋的军备及军火供应更加了如指掌。

两国宣战后，日本驻天津领事荒川已次等下旗回国，石川伍一和另一名日本间谍钟崎三郎却潜伏下来。8月2日，天津城守营千总任裕升探明了石川伍一、钟崎三郎二人的行踪。任裕升报称："东倭改装奸细，今午已见二人，其行止已详探明确。闻现该奸细等将移居英租界三井洋行。"为避免引起列强的干涉，前驻法参赞陈季同向盛宣怀建议："若能诱出租界，即可拿捕无碍。"3日，石川伍一意识到在紫竹林熟人太多，恐被识破，便于夜间搬至刘棻家中。清晨，石川伍一怕在刘棻家亦难保安全，又想转移到王大家里隐藏起来，但尚未来得及出门即被拿获。钟崎三郎因先已潜往山海关一带而漏网。当天，盛宣怀请陈季同看认，陈季同证实："此人名石川，即是出入倭武官处之奸细。"[2]

石川伍一案是甲午战争初期在天津破获的一件要案。按照常理，坐镇天津全面负责指挥对日作战的李鸿章，理应立即将拿获石川伍一的经过奏明朝廷。但奇怪的是，他却迟迟不肯奏闻，这确实是异乎寻常的。直至言官揭发和中枢催问，他才勉强上报，但只是寥寥数语，

---

[1]《日本奸细石川伍一供单》，中国第一历史档案馆藏军机处档。
[2]《盛档·甲午中日战争》（下），第111、123页。

闪烁其词，并未将此案真相如实说明。正由于此，当时一些官员才攻讦李鸿章"有心纵奸"①。

最先揭露此案的是给事中余联沅。逮捕石川伍一的第10天，即8月13日，余联沅奏称："天津拿有倭人奸细，供出拟用炸药轰火药局，并供京城内奸细亦不少。"朝廷才得知此事，并引起重视。15日，总理衙门致电李鸿章，询问有无其事。当天，李鸿章复电称："津郡拿获倭人奸细名石川，剃发改华装已久，专探军情，研讯狡不承认。俟有确供，即严办。"②

李鸿章在此案办理中的迁延态度，遭到了主战派官员的强烈抨击。志锐指责李鸿章拿获日奸而"游移未办"，认为："以公法论，日人当斩；以国法论，书办应诛。"③余联沅揭发李鸿章"贻误大局"有六，其一即是"获敌奸细，不加穷究，且欲纵之"，并指斥李鸿章为通敌之秦桧。④于是，光绪帝于8月28日再次颁旨，令李鸿章确查此案。9月1日，李鸿章复电总理衙门称：

> 昨奉勘电，饬查天津军械所书吏刘姓通寇传播军情等因。遵查五六月间闻有倭人在大沽、山海关一带往来窥探，通饬营局严密查访。七月四日，拿获改装倭人义仓告，又名石川伍一，即系军械局员访闻，会同海关道密商天津镇，派弁缉获。发县讯究，据供："向在松昌洋行贸易，改装多年，领事行后租界不能住，因托向从服役之王大，代觅其戚书吏刘姓之屋暂住。"立将该书吏刘棻斥革，押交王大归案。饬县再三研讯，均供无传播军情等事。⑤

---

① 《清光绪朝中日交涉史料》(1614)，第20卷，第17页。
② 《清光绪朝中日交涉史料》(1377、1389)，第16卷，第28、33页。
③ 《清光绪朝中日交涉史料》(1394)，第16卷，第35页，附件一。
④ 《清光绪朝中日交涉史料》(1468)，第18卷，第7页。
⑤ 《清光绪朝中日交涉史料》(1519)，第19卷，第5页。

2天前，盛宣怀代表李鸿章复函美国领事李德，即明确指出石川伍一"为奸细无疑"①。现在却上报石川伍一等"无传播军情等事"，显系为之掩饰，以期将大事化小，小事化了。

但是，朝廷却对此案抓住不放。在李鸿章上报"供无传播军情等事"的当天，即有密寄上谕，谓"领事既行，该犯何以不随同回国，仍复潜迹寄居？情殊可疑。著李鸿章督饬严行审讯，如究出探听军情等确据，即行正法。王大、刘姓如有通同情弊，并著按律惩办，不得稍涉宽纵。将此密谕知之！"9月8日，又有旨严谕李鸿章："屡经言官以该督隐匿不报奏参，天津距京甚近，若其事毫无影响，何至众口喧传？所获倭人既形迹可疑，岂宜含糊轻纵？著李鸿章饬将该犯石川伍一严行审讯，务得精确，明正其罪。"②

在这种情况下，李鸿章不敢再搪塞拖延了。9月11日，他函复总理衙门："查石川伍一一名系属奸细，现正集证审问。"③ 17日，始将审理此案的结果上报，谓："石川伍一与已革书吏刘棻质讯，无可狡辩，始均供认。"又称："石川伍一既供认留探军情，刘棻被其勾结偷抄炮械底单，均属显干军纪。石川伍一拟按公法用枪击毙，刘棻即行正法。"④ 20日午时，由天津县知县李振鹏、城守营千总任裕升监刑，将石川伍一押赴教场照公法用枪击毙，刘棻绑赴市曹处决。⑤ 当天，李鸿章将石川伍一的供词送报总理衙门备案。其供曰：

> 我是日本人，年28岁，来到中国有几年了，到过北京、烟台等。因学过华语，上年九月间跟随我国海军武官井上敏夫来到天津，住在紫竹林我国人开的松昌洋行。后来刘棻给我开过炮械数

---

① 《津海关道盛宣怀代复美国领事李德函》，《朝鲜档》(2215)，附件二。
② 《军机处密寄李鸿章上谕》，《清光绪朝中日交涉史料》(1525、1569)，第19卷，第7、26页。
③ 《北洋大臣来文》，《朝鲜档》(2241)。
④ 《清光绪朝中日交涉史料》(1597)，第20卷，第3页。
⑤ 《天津县知县李振鹏集》附录《文武监刑官职揭》，《朝鲜档》(2292)。

目清单。我知道刘菜是军械局书办,有意和他交好。他荐王大在我处服役。五月节前,我又托刘菜查开营兵数目。叫王大顺便带来一信,拆看是兵数清单。我先后谢过刘菜洋银 80 元。从朝鲜衅起以后,我又托刘菜打听中国派兵情形。刘菜叫王大给我带来几次书信,却非确实消息。王大亦不知信内情由。至我和刘菜认识,是前在护卫营的汪开甲引荐的。刘菜初次给开炮械清单,也是汪开甲转托。这都是中日失和以前的事。我又因于邦起前在水师营当差,托他打听军情电报。于邦起先后到我那里去过四次,我问他信息,总说没法打听。我给过洋银 50 元,随后他又送还。我仍给他送去,听说他把洋银存在钱店,叫我去取,我也没有取回。这也是失和以前的事。后来他就不去了。自宣战后,我国驻津员弁回国,留我在津打听军情,发电知会。我就改装华人。因紫竹林熟人太多,恐怕识破,和刘菜商明,七月初三日夜里,先把行李搬到他家。初四日早,我对王大说领事回国,在紫竹林居住没人照料,所以想要搬到城里潜到他家藏匿的话。不想当日就被军械局访闻,把我拿获。今蒙会审,我实只留津探听军情,别无他谋。安身未定,即被拿获,岂能埋藏地雷炸药?这实是没有的话。是实。①

至此,这起轰动一时的日谍案始审理了结。

此案虽审理了结,但其余波则长期未能平息。此后,为审理过程中的种种可疑之处,奏参李鸿章者仍然大有人在。其中,最奇者是志锐折,还附有一份《日本奸细石川伍一供单》(以下简称《供单》):

我系神大人差来坐探军情的。自光绪九年,即在中国北京、天津等处往来。现在住在军械所刘树菜家中,或来或去。代日本

---

① 《石川伍一供词》,《朝鲜档》(2264)。

第三章　战争爆发后的国际外交

探官事的人，有中堂签押戴姓、刘姓、汪大人，还有中堂亲近的人，我不认识。我认识刘树棻，系张士珩西沽炮药局委员李辅臣令汪小波引荐的，已有二三年了。刘树棻已将各军械营枪炮、刀矛、火药、子弹数目清册，又将军械所东局、海光寺各局制造子药每天多少、现存多少底册，均于正月底照抄一份，交神大人带回我国。张士珩四大人与神大人最好，因此将中国各营枪炮子药并各局每日制造多少底细告知神大人。水师营务处罗丰禄大人的巡捕于子勤，还有北京人高顺，在烟台、威海、旅顺探听军情。神大人同钦差、领事起身之时，约在六月二十八九。七月初二、三日，神大人半夜在裕太饭馆请中堂亲随之人，并汪小波、于子勤、戴景春、戴姓、刘姓、汪大人、刘树棻等商议密事，遇有要紧军情，即行飞电。所说皆系实话，未见面的人不敢乱供姓名。我系日本忠臣，国主钦差遣探军情，不得不办。在中国探军情的不止我一人，还有钟崎，住在紫竹林院元堂药店。又穆姓在张家口，现在均到北京。又有钟姓一人，由京往山海关，皆穿中国衣服。又有日本和尚，现在北京，能念中国经，皆说中国话。打电报叫日本打高升船官兵的信，是中堂衙里送出来的；电是领事府打的。所供是实。①

将《供单》与《石川伍一供词》对照，可知刘树棻即刘棻；汪小波即汪开甲；于子勤即于邦起。《供单》上有些日本奸细的名字在《石川伍一供词》里却未见到，如：神大人，即日本驻天津武官神尾光臣。高顺即高二，又称高儿，宛平县人，住北京顺治门外，早年受雇于日人。曾于1892年随井上敏夫及石川伍一探测渤海各口，并侦察威海卫及旅顺炮台。战争爆发时，又奉井上敏夫之命，"在烟台海岸

---

① 《日本奸细石川伍一供单》，中国第一历史档案馆藏军机处档。

一带探听军舰、货船来往数目"①。中日宣战后,井上敏夫回国,高顺又在日谍宗方小太郎的领导下从事军事侦察活动。穆姓即穆十,亦是被敌人收买的日特。《宗方小太郎日记》中曾提到此人:"本日派穆十至旅顺,使之探听情况。"②钟崎或钟姓,皆指日谍钟崎三郎。《供单》称其"由京往山海关",也是事实。据日方记载:钟崎潜往山海关方向,"沿途仔细侦察军情,获得了重要情报"③,"又到山东烟台等地详细调查后,经上海于10月3日回到广岛"④。《供单》中供出的这些内幕情况,是局外人无法编造的。

《供单》与李鸿章所上报的《石川伍一供词》,其内容为何出入如此之大?对此,志锐奏称:

> (李鸿章)所奏者,非实情也,乃伪供也。津中人士无不切齿!奴才连次接得津信,深悉其情,并得奸细亲供一张。如按其供内所叙情形,则此次朝廷主战,外间不过照令奉行,绝无争前效命之理。且军械所与日本通,炮药局与日本通,我之底蕴皆泄于人,姑勿论前敌诸人皆喻北洋主和之意。即使奋勇,而接济不通,是必败也。亦勿论李鸿章之通倭与否,但其立意不战,则手下通倭之人必多方蛊惑以乱其心,且百计刺探,以泄其谋。汉奸不绝,内奸不除,断无能操胜算之理!……奴才所深虑者,供内所叙各处奸细甚多,未闻有查拿之举。恐录呈御览之供,必已大为改饰。兹特另片抄呈,即乞皇上检查所奏之供,以为核对。若果不符,则供内所叙之委员、跟役以及各处坐探奸细,均请特派

---

① 《高顺供词》,《朝鲜档》(2803),附件一。
② 《宗方小太郎日记》,1894年8月8日。
③ 黑龙会编,《东亚先觉志士记传》下卷,列传,第239页。
④ 东亚同文会编,《对支回忆录》下卷,列传,1936年版,第577页。

能员设法严密提拿，交部讯究。①

志锐称此《供单》为"奸细亲供"，李鸿章所奏之《石川伍一供词》"必已大为改饰"，是十分可信的。石川伍一案牵连到李鸿章的外甥张士珩、亲信罗丰禄及直隶总督衙门里的一大批人，此事非同小可，李鸿章始则匿而不报，继则搪塞拖延，后来实在无法再拖，便只好改窜供词上报了。谁料志锐这件极端重要的奏折，竟在后党把握的军机处里压了下来，不以上闻，以致使人长期难窥此案的真相。

从李鸿章对石川案的处理过程中可以看出，他之所以这样拖延游移，除此案牵连到他本人的亲属和亲信外，还与他当时对和战方针的态度是有关的。战争爆发前，他一厢情愿地想保全和局，除公开请求列强调停外，还通过罗丰禄与日本驻天津领事荒川已次秘密接触。罗丰禄与荒川已次密谈了些什么？因事属机密，当时没有留下文字记录。然御史钟德祥揭露"天津遍传李鸿章愿以300万赔偿兵费"②，当亦非空穴来风。后来，与李鸿章关系至密的吴汝纶，在致直隶布政使陈宝箴书中承认："东事既起，廷议欲决一战，李相一意主和，中外如水火之不相入。当时敌人索600万，李相允200万，后增至300万，内意不许。"他又特别指出："以上所言，皆某所亲见。"③ 吴汝纶时在李鸿章幕中，在和战问题上与李鸿章沆瀣一气，何况他写此信的目的是替李鸿章辩解，焉能造谣？可见，战争爆发前夕"李鸿章愿以300万赔偿兵费"之说，是实有其事的。

日本挑起战争之后，李鸿章仍未放弃保全和局的幻想。在中国对日宣战的当天，他还跟俄国公使喀西尼保持着联系。盛宣怀代表李鸿

---

① 《志锐奏参鸿章改饰日谍供词请派员严拿北洋通倭之人折》，中国第一历史档案馆藏军机处档。
② 《清光绪朝中日交涉史料》（1404），第17卷，第3页，附件一。
③ 吴汝纶：《答陈右铭书》，《桐城关先生年谱》乙未闰六月十二日。

章与俄国参赞巴福禄会谈。当时,双方有如下之谈话:

巴:"喀大臣总望中日两国和好,俄国亦不能坐视日本如此之强横。"

盛:"吾想贵国此时亦要发兵矣。倘贵国发兵,大约总在元山一带俄、韩边界相近之处。"

巴:"倘我能做主,此时当要发兵。吾国家离此甚远,虽有电报可通,总不如吾等目睹情形之明白。且吾国家总想设一妙法,与中日讲和,未必有一定主见。而近来数日则有不然,缘昨日喀大臣接到驻日俄使电,云'按日国照会内开,承英、俄各国从中调处,本国本拟照准办理,奈近来本国已另定主意,断不能和事'等语。想吾国家接到此电,即当立定主见也。"

盛:"吾国并中堂之意,均欲与贵国合而为一,将日兵逐出。唯贵国须用兵费甚巨,亦断不能不重为酬劳。"

巴:"诚然。前吾国新闻曾云:'如日本强夺朝鲜地方,中、俄应会同保护。'新闻所云即民人之话,想吾国民人亦有此意也。"①

李鸿章以赔兵费换取日本撤兵的交易没有做成,便又想用"酬劳"兵费的办法诱使俄国"兴兵逐倭"②了。这说明:尽管战争已经打了起来,但他心中始终不忘一个"和"字。余联沅指出:"该督挟有欲和之意,以奉旨严切,未敢公然出口,而其心实无战志。"③ 当时,天津有"万寿前必议和之说"④,多谓出自李鸿章亲信之口。给事中洪良品奏称:逮捕石川伍一后,李鸿章"志存和局",故"以'杀了要赔钱'

---

① 《盛档·甲午中日战争》(下),第107~108页。
② 《翁文恭公日记》,甲午七月十六日。
③ 《清光绪朝中日交涉史料》(1468),第18卷,第7页。
④ 《清光绪朝中日交涉史料》(1566),第19卷,第25页。按:"万寿",指慈禧生日,为夏历十月初十日。

为辞","不听正法"。① 志锐揭露:"天津访拿日本奸细一案,未经入奏之先,李鸿章即立意不杀此人。云:'若杀之,殊有碍于和局。'"②皆绝非捕风捉影之言。可见,李鸿章正在处心积虑地筹谋挽回和局之法,是不希望为了一桩间谍案而使自己保全和局的意愿化为泡影的。

五 缓不济急的备战

日本挑起了这场侵略战争,对于清廷来说,事情虽然来得突然,却应在意料之中。中国方面反应太迟,后虽匆促备战,然缓不济急,只能步步落人后着了。

早在6月18日,袁世凯因日本续派新兵来朝鲜,虽力阻其勿进入汉城,日方已允,又自食其言,认为口舌之争已无济于事,因此便向李鸿章提出:"似应先调南北水师迅来严备,续备陆兵。"这是一个加强战备的建议。与此同时,叶志超也来电告急:"日在汉仁已密布战备,应如何筹办,候示遵行。"③ 当时,李鸿章正醉心于折冲于尊俎之间,认为有列强出面调停,即可化干戈为玉帛。对于袁世凯的建议和叶志超的告急,他并不太重视,只是添调镇远、广丙、超勇三舰往仁川④,"聊助声势"⑤ 而已。

丰岛海战爆发前一个月,即6月25日,光绪颁旨令李鸿章筹备战守之策:"现倭已多兵赴韩,势甚急迫,设胁议已成,权归于彼,再图挽回,更落后着。此时事机吃紧,应如何及时措置,李鸿章身膺重

---

① 《清光绪朝中日交涉史料》(1614),第20卷,第17页。
② 《志锐奏参李鸿章改饰日谍供词请派员严拿北洋通倭之人折》,中国第一历史档案馆藏军机处档。
③ 《李文忠公全集》电稿,第15卷,第45页。
④ 《中日战争》(六),第93页。
⑤ 《李文忠公全集》电稿,第15卷,第46页。

任，熟悉倭韩情势，著即妥筹办法，迅速具奏。"① 而李鸿章不但迟迟不肯复奏战守之策，反屡次电告"俄廷并驻倭使令告倭必须共保东方和局""俄皇电谕勒令撤兵，（日）如不肯撤，俄另有办法"②之类的消息，以制造乐观气氛。光绪帝并没被这种乐观气氛所感染，再次谕催李鸿章筹划战备之事："前经迭谕李鸿章酌量添调兵丁，并妥筹理法，均未复奏。现在倭焰愈炽，朝鲜受其迫胁，势甚岌岌，他国劝阻亦徒托空言，将有决裂之势。李鸿章督练海军业已有年，审量倭韩情势，应如何先事图维，熟筹措置。倘韩竟被逼携贰，自不得不声罪致讨，彼时倭兵起而相抗，亦在意计之中。我战守之兵及粮饷军火，必须事事筹备，确有把握，方不致临时诸形掣肘，贻误事机。李鸿章老于兵事，久著勋劳，著即详细筹划，迅速复奏，以慰廑系。"在谕旨的一再催促下，李鸿章才勉强复奏称："倭人乘机构衅，以兵重胁韩，倘至无可收场，必须预筹战备。请饬户部先行筹备饷二三百万，以备随时指拨。"复奏如此含糊，当然难以令光绪帝满意，于是又进一步要求李鸿章"逐一详细复奏"③。

7月4日，李鸿章根据上谕的要求，将北洋海军及分扎沿海设防情况详细复奏后，指出：

> 现就北洋防务而论，各口频年布置，形势完密，各将领久经战阵，固属缓急可恃；即甫经创办之海军，就现有铁快各艘，助以蚊雷船艇，与炮台相依辅，似渤海门户坚固，敌尚未敢轻窥。即不增一兵，不加一饷，臣办差可自信，断不致稍有疏虞，上劳宵旰。臣前疏所请备饷征兵，系体察倭韩情势，专指出境援剿而

---

① 《清光绪朝中日交涉史料》（1032），第13卷，第25页。
② 《清光绪朝中日交涉史料》（1043、1048），第13卷，第27、29页。
③ 《清光绪朝中日交涉史料》（1051、1058），第13卷，第29~31页。

言。现在倭兵备调者实有五万，必须力足相埒，至少亦须二三十营。若移缓就急，调出一营，即须添募一营，以补其缺，方免空虚无备，为敌所乘。

从李鸿章的复奏看，其轻敌思想十分严重，自谓所请二三百万之饷也只是"预防未然，以免临渴掘井之患，如果挽回有术，少用一分兵力即省一分饷需。唯事机已迫，但可备而不用，不可用而不备"①。他似乎对北洋的防务颇具自信。其实并不然，同日，李鸿章接到汪凤藻的电报，谓："倭非略占便宜，终难歇手。"因此受到启发，向朝廷建议道："中国为大局计，不惜迁就，以示变通。彼允，则衅犹可弭。""否则，速请各国出场调处，亦是一法。"② 所谓"不惜迁就，以示变通"，即让日本"略占便宜"，实际上是答应赔日本兵费。在他看来，此法不行，列国出面调处必可收场。

光绪在两天后批准了李鸿章所请的预筹战备饷项，谕户部和海军衙门会商筹拨。7月11日，户部与海军衙门会商决定：户部筹150万两，由东北边防经费、军备饷需及本年京饷等款内拨给；海军衙门筹150万余两，拟从北洋生息款内提拨。可是，北洋生息款"发商限期参差，一时难提足数，计六七月内可收回18万余两，迨秋冬间约可秋50余万两"③。结果到宣战以后，北洋才收到168万余两的款项，仅占此项拨款的56%。

朝廷对北洋的防务似乎暂时放下心来。恰在此时，台湾巡抚邵友濂请调南洋兵轮三四艘，光绪颁旨命刘坤一"酌派兵轮前赴台湾备

---

① 《清光绪朝中日交涉史料》(1071)，第14卷，第4页。
② 《清光绪朝中日交涉史料》(1066、1079)，第14卷，第2、7页。
③ 《清光绪朝中日交涉史料》(1120)，第14卷，第17页。按：北洋生息款，原估收回时间不准。据李鸿章《添拨备倭饷需折》：到此年十月，实收款一百八万二千八百两。(《李文忠公全集》奏稿，第79卷，第16页)

用"①。刘坤一以船少力单，不敷分布，决定"抽派南琛兵轮一号，及本系兵轮现改运船之威靖一号，饬令添募水勇，加配炮位，一并赴台"，并"请旨于北洋、广东再抽调数号赴台协助"。② 7月10日，光绪批准刘坤一所请，命李鸿章商李瀚章酌量派拨。当天，李鸿章电致其兄李瀚章，告以：北洋无船可调，而且拟令"广乙、丙暂留备调，广甲顷亦赴威归队，以便远征"。并问："广东是否另有兵轮可派赴台，如南琛、威靖之类？请就近酌调一二号应命。示复，以便汇奏。"③ 李鸿章明知广东除广甲、广乙、广丙三舰外，余皆数百吨的小型炮船，根本没有"如南琛、威靖之类"，当然不能分拨台湾，此事也就不了了之。

7月12日，御史张仲炘上疏指责李鸿章"观望迁延，寸筹莫展"，一心依靠列强调处，"甘堕洋人之术中而不知悟"，提出"断不可和，唯有力与之争"的方针。④ 光绪帝采纳了张仲炘的意见，谕李鸿章制订进兵的计划。14日，光绪帝又颁旨严命李鸿章筹备派兵事宜，指出"和议恐不足恃，亟应速筹战备，以杜狡谋"，并诫其"慎勿诿卸迁延，致干咎戾"。⑤ 16日，光绪帝发下第三道更为严厉的谕旨："现在倭韩情事已将决裂，如势不可挽，朝廷一意主战。李鸿章身膺重寄，熟谙兵事，断不可意存畏葸。著懔遵前旨，将布置进兵一切事宜迅筹复奏。若顾虑不前，徒事延宕，驯致贻误事机，定唯该大臣是问！"⑥ 在朝廷的严谕督催下，李鸿章不敢继续拖延不复了。同日，便将拟派卫汝贵、马玉崑等统兵进平壤事复奏。18日，此计划得到批准，朝命

---

① 《清光绪朝中日交涉史料》（1094），第14卷，第10页。
② 《清光绪朝中日交涉史料》（1107），第14卷，第14页。
③ 《李文忠公全集》电稿，第16卷，第12页。
④ 《清光绪朝中日交涉史料》（1130），第14卷，第21～22页。
⑤ 《清光绪朝中日交涉史料》（1147），第14卷，第27～28页。
⑥ 《清光绪朝中日交涉史料》（1164），第14卷，第35页。

李鸿章即饬派出各军迅速前进,并皆由其统一调度。24日,又有谕旨:"李鸿章所派各军到防后,如何相机应敌,著严饬诸将领妥慎办理,毋误事机,其奉天调往之军,并著转电迅速前进。倘有观望不前,致有贻误,定将该大臣等重惩!"①

李鸿章在奉旨"速筹战备"的同时,又电督办东三省练兵事宜都统定安和盛京将军裕禄,商调东三省练军和奉军入朝。定安与裕禄商议,决定派副都统丰升阿率盛字、吉字马队四起及步队两起,总兵左宝贵率奉军马队两营及步队六营,分起前往平壤。卫汝贵的盛军、马玉崑的毅军、左宝贵的奉军及丰升阿的盛字等营,先后进入朝鲜境内,抵达平壤。当时称之为"四大军"。这些赴朝军队虽有"四大军"之名,但皆麇集在平壤一地,后路空虚,又无援军,实际上仍是孤军。

光绪帝看到了平壤后路空虚的问题,因于8月6日有"平壤后路必须陆续添兵援应"之谕旨。8日,李鸿章电称:"查平壤现有卫汝贵、马玉崑及东省练兵丰升阿等,候后队到齐,计共马步队1.4万人,可资控扼。津沽及沿海要口均须严防,难再抽调。商之宋庆,该军素称精锐,又令添调毅军1 000人,归马玉崑统带,稍厚兵力,已分起前进。"② 添调的1 000兵力,实际上只有400人先行开拔。至于平壤后路空虚的问题,则始终未能解决。

陆军的战备情况如此,海军的现状也未能改变。李鸿章既知"战舰过少",便把加强海军的希望寄托在买船上。先是在7月16日,即致电驻英公使龚照瑗:"海军快船速率过少,英厂如有制成新式大快船,多置快炮,行二十三四迈,望密访,议购价若干,趁未决裂前送

---

① 《清光绪朝中日交涉史料》(1220),第15卷,第18页。
② 《清光绪朝中日交涉史料》(1318、1328),第18卷,第11、14页。

华,迟则无及。"① 31日,龚照瑗电复李鸿章:"倭又在英购三快船,尚未定议。中如购,可先定,乞速示。"8月1日,又电询:"现觅一快轮,与前觅价5.5万镑船同,一点钟行26迈多,炮四,少价5 000镑。包送大沽,唯水脚不赀。要否?"当天,李鸿章便致电总理衙门,请商诸海军衙门和户部,筹款添定快船。5日,龚照瑗致电总理衙门,亦建议"广筹饷械战船"②。6日,再次致电总理衙门,又进一步提出:"倭有战船二十四,北洋大小兵轮十三,雷船无多,恐寡不敌众。交冬,洋面更吃紧,南洋兵轮又不能出海,北洋久持,独力可虑。可否奏请饬南洋速购数快兵轮助之,迟则难办。"③ 清政府财政支绌,当然不可能南北洋同时购买新舰,决定先买舰加强北洋海军。7日,军机处密寄李鸿章上谕曰:

> 自光绪十五年越南用兵之后,创办海军已及十载,所有购船、制械、选将、练兵诸事,均李鸿章一手经理。乃倭人自上次朝鲜变乱,经我军勘定,该军败挫而归,从此蓄谋报复,加意练兵。此次突犯朝鲜,一切兵备居然可恃;而我之海军船械不足,训练无实。李鸿章未能远虑及此,预为防范,疏慢之咎,实所难辞!现在添购快船已属补牢之计,究竟何时可到?能否赶及此次战事,足备进攻之用?著李鸿章迅即奏复。因思海军为国家第一要务,此后必须破除常格,一意专营。该大臣熟悉中外情形,于兹事久经体察,应如何扩充办理,总成大军,可以来洋攻剿?计需购船械若干,用款若干,应分几年购办?如何仿照西法慎选将才,精求训练?均著李鸿章通筹熟计,详晰陈明,候旨遵办。④

---

① 《李文忠公全集》电稿,第16卷,第22页。
② 《龚大臣中英法往来官电》,《中东战纪本末三编》第2卷,第40、41页。
③ 《李文忠公全集》电稿,第16卷,第42页。
④ 《清光绪朝中日交涉史料》(1325),第16卷,第14页。

从这道密旨看来，清廷确实要下决心加强海军了。

但是，清政府拟拨的购船款仅200万两，还迟迟难以落实。直到8月26日，户部始奏明拨款办法，称："复查北洋定购快船共应拨银200万两，内除海军衙门已由生息项下筹银100万两外，所有臣部应筹之100万两，自应如数指拨，以济要需。"① 但到10月下旬，户部款100万两才收到63.9万余两，"短银36万余两两年内冀可收齐"；海军衙门款100万两"年内所收计仅8万两有奇"。购舰费名为拨款200万两，短时间可以兑现的款则寥寥无几。李鸿章只好先设法"筹垫英金30万镑，合银194万余两，汇付伦敦交驻英使臣龚照瑗"；以备定购快船之需。② 而这200万两的购船款，恰恰给龚照瑗出了一个难题。因西方各国船商趁战争之机抬高船价，200万两这个数目已不顶什么用了。8月10日，龚照瑗复电李鸿章称："大快船、铁甲船亦可觅送，唯价皆40万镑外，计200万两合30万镑零，不敷一船之价，奈何？若均办小船，恐不济用。办此事任大责重，万分为难，乞示遵。"③ 于是，清政府只好采取措施进一步扩大饷源。

8月14日，光绪帝颁旨强调筹饷为当务之急。当天，户部提出停止工程、核扣俸廉、预征盐厘、酌提运本等四项筹饷办法。言官也纷纷上疏，提出各种筹饷建议。9月8日，户部奏称："酌拟筹饷四条，约可提挪银400万两。"并从京城银号、票号各商等"商定借银100万两，备充饷项"④。在此以前，两广总督李瀚章已筹拨60万两⑤；长芦盐运使季邦桢也腾挪银20万两，并"饬令众商先行垫借40万两，抵

---

① 《户部来文》，《朝鲜档》(2189)。
② 《李文忠公全集》奏稿，第79卷，第17页。
③ 《龚大臣中英法往来官电》，《中东战纪本末三编》第2卷，第42页。
④ 《光绪朝东华录》，光绪二十年八月，第150页。
⑤ 《李文忠公全集》电稿，第16卷，第52页。

交以前积欠帑利，专备军务急用"①。到平壤之战为止，清政府所能筹到的款项大抵如此了。

在此期间，李鸿章还一直通过龚照瑗来办理购船事宜，联系频繁。光是龚照瑗访知：巴西有一快船，航速17节，各种炮35门，其中大小速射炮16门，船价39万镑；智利有快船2只，航速21节，速射炮5门，各价7.5万镑。其实，在龚照瑗所访知的三船中，巴西船航速太慢，船型业已陈旧，且不说价格太昂；智利二船，实系1000多吨的小舰，虽有速射炮数门，亦难任海战。龚照瑗却对此甚感兴趣。有人向他推荐一位英国军官，据说此人"在洋送船多次，果有三大船，如命先毁长崎等口后，或驻南洋分倭势，或赴北洋开战，皆愿效力"。8月18日，李鸿章电复龚照瑗，谓三船"皆远不及倭船"，然智利二船虽旧，"内意因价不昂，姑允"；巴西船航速不快，"应缓定之"。②龚照瑗接此电后，非常着急，要李鸿章拿定购船的主意，电称："西谚云：'船炮天下。'倭添船械无已，各国惊羡，强已可见。华半临海，近畿辅重任，中堂一人担当。时局如此，谅已洞烛。省费与济事孰重？如因省费，勋名损于倭，恐天下后世有罪无恕。精备船械，必胜倭，人尽知之。战具用费，当可自主。"李鸿章复电表露自己的苦衷说："翁司农（同龢）不愿借洋债。又难筹巨款，故多棘手。尊论痛切，可愧！"其后，又访查几个国家的现成快船，但船家居奇，价格愈来愈昂。英镑价格也不断上涨。到8月下旬，30万英镑已合银210万两③，仅半个多月的时间，价格就上涨了8.3%。由于巨款难筹，结果只议定购买智利二船和英国一艘小快船。不料智利借口中立推翻

---

① 《李文忠公全集》奏稿，第78卷，第41页。
② 《龚大臣中英法往来官电》，《中东战纪本末三编》第2卷，第42~43页。
③ 《东行三录》，第158~159页。

协议，这场交易只好告吹。一艘英国小快船虽已成交，又因英国政府禁止军舰出口，连这艘已经付款的船也不能启行来华。这样，清政府希望购舰来加强海军的计划也失败了。

由上述可知，无论中国陆军还是海军，备战皆迟缓而未能得力。清政府平时不修武备，等战争打起来后才仓促备战，犹如临渴掘井，已经来不及了。

第二节　日本强化战争的内外措施

一　迫朝鲜改政订盟

日本政府为了推行其强化战争的政策，并不以控制朝鲜政府为满足，它还要从朝鲜攫取更大的实际利益，并且获得日本向朝鲜派兵的"合法"名义。

7月30日，大鸟圭介即根据陆奥宗光的指令，向朝鲜政府正式提出签订一项临时条约，使日本获得铁路、电讯和增开通商口岸的利益。大院君则与日本人貌合神离，甚至试图争取列强插手，以摆脱日本人的羁绊。他与韦贝谈话时，即有"日本所望之改革过激，故稍有怀疑""日清两国现已开战，而两国长期打下去则有害于东西和平，故甚愿各国为之斡旋"等语。日本政府担心大院君的越轨行动，"有终将陷入其所望而招致意外干涉之虞"。为此，陆奥宗光又于8月13日发出如下之训令：

若朝鲜政府此时对清国宣战，乃迄今之进程中最适宜之步骤。万一朝鲜政府有难于言战之处，可使其公开发表代替宣战之言论，此点至关重要。因此，请将此种理由与大院君及其他人等严肃言之。要之，为保全朝鲜之独立，尽管日清两国竟至干戈相见，而朝鲜国视此衅端恰似他人之事，则必铸成大错。朝鲜政府无论对清国或其他各国，应于事实上或言论上经常表露出日朝两国共同对抗清国之意。否则，仅日清两国处于交战国地位，朝鲜恰如中立国之势，则将产生以下后果：第一，有招致他国干涉之虑；第二，日本政府派无名之师于该国，不能不受他国之非难。请于充分了解之后，尽力列举此时使朝鲜与我国同盟而与清国共同作战之实证。①

15日，在大鸟圭介的督促下，朝鲜已设立军国机务所，着手"改革"各衙门官制，组成了以金宏集为总理大臣的新内阁。

为了与朝鲜政府签订临时条约，首先要明确日本与朝鲜之间是何种关系。大鸟圭介向朝鲜政府提出的临时条约草稿中即有"保护朝鲜国独立"的字样，而置朝鲜于日本保护之下，这是需要内阁议决的。大鸟圭介向政府提出："究竟将来把朝鲜置于何种地位，而我日本又当居于何种地位？"② 日军在朝鲜大举向中国军队进攻之前，必须首先决定对朝鲜的根本政策问题。

为此，日本内阁于8月17日举行了专门会议。陆奥宗光在会议上提出了四种可供选择的方案：

甲、今后中日战争结束，即使如我等所期望，胜利归于我国，亦仍然任其独立自主，日本及他国皆毫不加以干涉，朝鲜未来的命运完全任其自主。

乙、在名义上承认朝鲜为一独立国，但由帝国政府间接直接、

---

① 《日本外交文书》，第27卷，第700号。
② 藤村道生：《日清战争》，上海译文出版社1981年版，第95页。

永远或某一长时期扶植其独立,并代为担任防御外侮之责。

丙、由中日两国共同保障朝鲜领土的完整。

丁、以朝鲜作为世界的中立国,由我国向欧美各国及中国提议,使朝鲜成为类似比利时和瑞士一样的地位。

陆奥宗光自己否定了甲方案,认为朝鲜内政即使多少有所改革,也难永久保持独立,则"此次派出大军、使用巨额军费的结果,不免归于泡影"。何况一旦亲清派抬头,日清间还要产生争执,"而使中日两国在朝鲜战争的历史重演",致使"今次之盛举归于徒劳,岂非等于儿戏?"而采取丙方案,陆奥宗光也提出疑问:由于"中日两国在朝鲜的利害关系常相对立","恐将因无谓的争论而告决裂,或者由于拖延谈判,以致交战国的状态长期继续"。至于丁方案,陆奥宗光指出:欧洲各国分享战争的果实,而日本"得不偿失,将为帝国人民所不满;何况帝国政府派出大兵,消耗巨额军费,结果毫无所得,恐终不免为舆论所攻击"。通过对四种方案的比较,陆奥宗光虽然倾向于采取乙方案,但仍有两点担心:

一、帝国政府一向对各国政府宣称:朝鲜为一独立国;日本并无侵略其领土的野心。因此,现在纵令间接地使半岛王国屈从于帝国势力之下,恐将引起其他外国的非难和猜忌,或因此发生许多纠葛。

二、帝国政府即使不顾上述困难,使朝鲜成为我之保护国,但将来如因某种事件,朝鲜的独立受到中国、俄国或其他与朝鲜有利害关系国家的侵害时,我帝国是否能够始终以独力防御朝鲜的外患而予以保护?

他不敢将乙方案作为肯定的方案提出,因为知道"不论采取其中任何一个方案，在中日战争未分最后胜负以前，是谈不到的"①。

对于陆奥宗光提出的这两点，内阁会议也是缺乏自信的，终于未能最后作出结论，仅仅暂定以"四案中乙案的精神作为目标，以待他日再作正式决定"②。大鸟圭介根据内阁会议的决定，对临时条约草稿进行了几处修改；特别将"保护"的字样改掉，而易以"巩固"二字，以符合阁议的精神。并将临时条约命名为《暂定合同条款》，于8月20日由大鸟圭介和朝鲜新内阁外务大臣金允植共同签订。其内容包括七条：

一、此次日本国政府深望朝鲜国政府厘正内治，朝鲜国政府亦知其实属急要之务，至允依劝勉励行各节，须明保取次认真施行。

二、厘正内治节目中，京釜两地以及京仁两地创修铁路一事，朝鲜政府顾此时库款未裕，本愿与日本国政府若或日本公司订立合同，及时兴工，只因朝鲜政府现有委曲情节，碍难照办，但仍须妥筹良法，务速克成所期为要。

三、在京釜两地以及京仁两地，由日本国政府已设军务电线，酌量时宜，妥订条款，仍可存留。

四、因念两国交谊务俾辑睦，以及奖励商务起见，朝鲜国政府允在全罗道沿海之地开通口岸一处。

五、本年7月23日在大阙相近之地，两国兵丁偶而接仗，言明彼此各愿不必追究。

六、日本国政府素愿襄助朝鲜国政府俾其克成独立自主之业，故于将来与巩固朝鲜国之独立自主相关事宜，另由两国政府派员

---

① 《明治二十七年八月十七日向阁议提出的方案》，陆奥宗光：《蹇蹇录》，第84~86页，附录。
② 陆奥宗光：《蹇蹇录》，第82页。

会同妥议定拟。

七、以上所开暂定条款,经画押盖印订定后,酌量时宜,方可将在大阙护卫之日本国兵一律撤退。①

此条款既满足了日本在朝鲜想获取的实际利益,又为使朝鲜将来成为日本的保护国埋下了伏笔。

另外,为使日本向朝鲜派兵取得"合法"的名义,大鸟圭介又于8月26日强迫朝鲜政府签订了一个以所谓"攻守相助"为内容的《朝日同盟条约》。此盟约包括三条:

第一条 此盟约以撤退清兵于朝鲜国境外,巩固朝鲜国独立自主,增进朝日两国所享利益为本。

第二条 日本国既允担承与清国攻守争战,朝鲜国则于日本队伍以时进退,以及预筹粮饷等诸项事宜,必须襄助予便,不遗余力。

第三条 此盟约俟与清国和约成日,作为罢约。②

这个盟约,实际上是日本政府继续推行战争政策的一种措施。通过这个盟约,一方面表明朝鲜是一个所谓"独立国",具有可以同任何国家订立攻守同盟条约的权利,避免日本军队的侵略行径被指责为侵犯中立,以防止列强的干涉;另一方面,用陆奥宗光的话来说,就是将朝鲜紧紧地牵在日本手中,"使其就范,不敢他顾"③。由此可见,日本政府的计谋是多么阴险毒辣!

无论如何,《朝日同盟条约》的签订,终于使日本得到了发动平壤之战的"合法"名义。

---

① 朝鲜《高宗实录》,第32卷,第24页。
② 《日本外交文书》,第27卷,第706号。
③ 陆奥宗光:《蹇蹇录》,第77页。

二 加强对战争的领导和煽动战争狂热

日本政府对华宣战之后,采取了种种措施,以加强对战争的组织和领导。

8月4日,日本政府首先以天皇睦仁的名义颁布《寄寓华人敕令十条》,对旅日华侨加强了管制。其中规定:"凡寓住日本之华人,自本日颁发之日起,20日以内将住所事业呈报地方府县知事注册";"凡有不请注册之华人,府县知事饬令出境";"凡华人若行为有害日本利益者,有作奸犯科者,或紊乱秩序者,或情迹可疑者,照例惩办外,饬令出境";"凡关系战争由日本海陆军向华人发令惩办",等等。①

8月13日,日本政府发布征集军事公债的紧急敕令:"为支办有关朝鲜事件之经费,政府得拨用属于特别会计的资金,并得借款或征集公债。"15日,公布《军事公债条例》,计划征募5 000万元。并规定:"本公债之本金,从发行证书之年起5年不动,从翌年起,50年内还清。"大藏大臣渡边国武还先后将关西同盟银行和关东同盟银行的总办们请到大藏省,劝其认购军事公债。渡边国武反复动员说:

> 本来此次中日战争,我帝国实出于万不得已,现在无须再事喋喋。但毫无疑问,其结果之如何,将决我国在东洋的地位,对外交与贸易亦有最大、最重要的利害关系。
>
> 方今军事,完全与往时不同,需费之巨,亦非旧时可比。即使说全局胜败之数往往取决于军费是否充实,亦非妄言。……
>
> 今中日战争渐臻高潮,但欲全局大胜而结束这一大问题,则尚不敢断言其为期不远。凡重视我帝国将来在东洋之地位,欲保全其外交上贸易上利益的人,必须专心致力于军需的供给,以期

---

① 《日本君主颁发办理寄寓华人敕令十条》,《朝鲜档》(2179)。

第三章　战争爆发后的国际外交

在外的陆海军人无内顾之忧。无论在朝在野，此乃我等应尽的本分。……

本大臣担当财务，不能缄默。故今天敦促各位来省，尽情吐达衷曲，希望各位将此意转致各同盟银行，使各银行再与来往的资本家、财产家商议，衷心一致，获取大好成果，使刻下正渐臻高潮的中日战争得制机先而操全局之胜算。①

在日本财团的支持下，"诸商好义者争应其募"②，遂超额募得7 694.9万元。

与此同时，日本大本营作出了增兵朝鲜的决定。日本已派至朝鲜的部队只有陆军少将大岛义昌从第五师团中组织的混成旅团，对成欢之攻击即由该队独力进行；以之进攻平壤之清军，则兵力未免单薄，难以胜任。于是，大本营命第五师团长野津道贯和第十旅团长陆军少将立见尚文统率第五师团之余部赴朝，以第三师团之一部属之。8月4日，野津道贯乘船出宇品港，师团参谋长步兵大佐上田有泽及参谋步兵少佐仙波太郎、炮兵大尉足立爱藏等随行。临行时，海军军令部部长桦山资纪亲来送行，抚其肩曰："今日之役，有加藤清正，无小西行长，子宜为所欲为。"③ 野津道贯领会其意，笑而行。6日，野津道贯一行抵釜山。8日，野津道贯率部从釜山出发，因天方酷暑，道路险阻，至19日始抵汉城。

按照大本营原先制定的作战方针，日本的进兵作战分为两期进行：

第一期，先派一部分兵力（第五师团）进入朝鲜，进行牵制作战。随后，续派陆军赴朝，以驱逐清军出朝鲜。与此同时，以

---

① 《中日战争》（一），第228~230页。
② 桥本海关：《清日战争实记》，第4卷，第142页。
③ 桥本海关：《清日战争实记》，第4卷，第144页。按：1592年，日本丰臣秀吉发兵侵略，加藤清正和小西行长皆其部下大将。史称此战为"文禄之役"。据说当时加藤主战，小西主和。桦山此语意谓有战无和，以勉野津。

195

联合舰队寻求中国舰队进行海上决战，以争取掌握制海权。

第二期，在实现第一期作战计划的基础上，在渤海北岸登陆，在直隶平原与清军主力决战，然后进逼北京，迫使清政府订立城下之盟。

为继续执行第一期作战计划，大本营于8月14日决定增派第三师团赴朝，与原在朝鲜的第五师团统一编成第一军。30日，天皇睦仁以枢密院议长陆军大将山县有朋任第一军司令官。枢密院议长兼任出征军司令官，在日本是空前绝后的，可见日本最高当局是多么重视这次任命了。

第一军编成后，山县有朋于9月4日离开东京，6日到广岛，立即筹划大军的进发。8日，由62艘载运大军的船队出宇品港，第六旅团长陆军少将大岛久直乘坐的广岛丸为先锋，其次为山县有朋乘坐的长门丸，第三师团长陆军中将桂太郎乘坐的横滨丸继之，其他各船皆依序成列在后。山县有朋一行于12日抵达仁川，14日入汉城。16日，山县有朋率军北进，当天军司令部进至高阳。此夜，军司令部收到平壤陷落的电报。

在山县有朋离开宇品港的同一天，明治天皇决定移大本营于广岛。9月13日，睦仁从东京出发，于15日到达广岛。随从睦仁的文武官员，除首相伊藤博文和外相陆奥宗光外，还有参谋总长陆军大将有栖川炽仁亲王、参谋次长兼兵站总监陆军中将川上操六、野战监督长官野田豁通、运输通信长官寺内正毅、野战卫生长官石黑忠惠、海军军令部长海军中将桦山资纪、陆军大臣陆军大将大山岩、海军大臣海军大将西乡从道、宫内大臣土方久元、侍从武官长兼军事内务局长陆军少将冈泽精等。确定大本营进驻广岛，是想以此表明天皇亲自统兵出征，以便把日本全国上下的思想统一到战争上来。对此，日本报纸立即作出了反应。民友社记者平田久即以激动的心情写道:"陛下君临每个国民的心中。我皇万岁!"① 睦仁的这一行动,不但向日本人民渗透了天皇制的意识,而且在日本军人中加强了天皇是军队首脑的观念。这对于这场日本发动的侵略战争来说,是一个极大的推动力。

当时,在日本国内,政界、财界及军界的中心人物多系士族出身,他们最热衷于对外战争。许多士族出身的所谓志士,还自愿报名参加义勇兵。士族的衰落,"到处助长了不能沉默的气氛,并且从中巧妙地溢出了日清战争的排外情绪"。日本当局煽动起来的战争狂热,也严重地影响了知识分子。被称为日本资产阶级启蒙运动创始人的福泽谕吉,不仅为日本发动这场侵略战争带头醵金以助军费,而且还鼓吹:"日清战争是文明与野蛮的战争。"甚至向国人发出呼吁:为了战争的胜利,即使"国内出现何种不平、紊乱,也无须去谈论它"。内村槛三则大肆宣扬侵略有理的谬论:"日清战争对于我们来说,实际是义战。不仅在法律上,而且在伦理上也是无可非议的。"

但是,在开战后的一个多月,由于战争的影响,不景气的现象在日本国内开始显露出来。据统计,由于战争而遭到损失的各行业的比重:农业品为13%;商业为31%;工业为51%;运输业为17%。生产平均减少30%以上。随着这种不景气之风的到来,国内厌倦战争的情绪相当普遍。据《东京朝日》报道:"商人都祝愿早日结束战争。"《国民之友》还以《要预防民心之反动》为题,发表如下的社论:

> 现在人心之激奋,已不像开始那种情况了,人们以一己私利的目的为主,而无世界大志。人心所向唯在希望把战后之利益作为目的。可是,这一希望却丝毫未达到,反而已经造成了不景气的损失。此外,则是人心厌恶战争,祈望早日结束。而今在工商

---

① 藤村道生:《日清战争》,上海译文出版社1981年版,第101页。

业者的内心里，感叹不景气和叹息征清之师的心情业已多少萌芽。报纸没有明白地报道，他们也没有吐露出此种叹息的勇气，故不能成为一种议论。谁能担保此种沉醉于胜利之心，此种工商、农家胸中之秘密，不掀起一种反动之巨浪呢?①

对于有可能掀起"反动之巨浪"的危险，日本当局当然不能熟视无睹。为了防止这种危险，日本政府开动宣传机器，编造种种英勇美谈，以煽动战争歇斯底里。如在成欢之战中被击毙的白神源次郎，在这次战役中只是个预备兵，却被渲染成一个嘴不离军号而"安然死去的号兵"。还专门为这位"英雄"谱写了一首歌词，当作军歌来唱，以此来唤起国民的爱国心。同时，咏赞日本刀也成为诗歌的最时髦的主题，在报章上连篇累牍地刊载。高桥午山在成欢之战后写的《日本刀歌》是其代表作之一：

> 日本男儿铁心肠，百炼凝成三尺霜。
> 电光一闪射眼处，丑虏纷纷随手僵。
> 神后杖之征三韩，冲其巢窟降其王。
> 时宗提之惩胡元，十万伏尸漂激浪。
> 更有丰公试大挥，蹂躏八道意气扬。
> 呜呼！日本刀兮日本刀，借汝精灵耀国光！②

赤裸裸地煽动对外侵略扩张。还有增田岳阳在丰岛海战后写的《闻驻韩海军破清舰长句记喜》，竟然写道："日本力，日本胆，何不蹂躏四百州？"③公开鼓吹出兵侵略中国。

日本政府也知道光靠打气是不能持久的，所以急于与清军决战，企图用胜利的捷报来驱散正在全国弥漫的对战争的消极情绪。

---

① 以上引文皆见藤村道生：《日清战争》，上海译文出版社1981年版，第97~99页。
②《日清战争实记》，第3编，第80页。
③《日清战争实记》，第2编，第82页。

三 加紧战争的步伐

日本明治政府在参谋本部铺设的道路上一步一步地走向战争。但局势发展如此之快,却出乎明治天皇睦仁和内阁大臣的意料。因此,在日本政府内部一度引起了思想上的混乱。

开战之后,睦仁忧心忡忡地声言:"这次战争是大臣的战争,而不是我的战争。""如此原非本意的事情,当不敢冒昧向神明奉告。"并拒绝派敕使向伊势神宫和孝明天皇报告开战之事。伊藤博文在写给陆奥宗光的信中亦称:"和你一样,不知不觉地就乘船出洋了。"①

7月28日,陆奥宗光收到大鸟圭介所谓朝鲜政府要求日军驱逐牙山清军的报告。对此,睦仁也甚为不满,于是询问:"此事是否经过外务大臣的训令?还是大鸟圭介自行其是?"伊藤博文指示陆奥宗光暂停对牙山清军的进攻。但是,陆奥宗光担心这样会给驻朝使馆和混成旅团造成混乱,扣压了命令暂停进攻的电报。当天,他反而向大鸟圭介发出了"彻底改组"朝鲜政府的电令:

> 我为您之成功感到高兴。望趁此机会,于最短期间将朝鲜政府之官员进行彻底改组,协助大院君,并尽一切努力巩固其地位,使其至少维持一年。如有可能,可劝大院君于朝鲜政府之行政机构中雇用有才能的日本人。此等人可选自日本政府官员,亦可从政府以外人员中挑选。在必要时,我们亦可任命并委派。阁下须特别谨慎,勿使已在朝鲜政府供职之欧美人解雇。若大院君需要警卫队,阁下可向其提供足够之士兵,使之成为具有皇家派头之警卫队。如其需要资助,阁下可声言日本政府拟秘密向其提供一定资金,并于仁川金库为此目的准备8万日元。但阁下必须事先

---

① 藤村道生:《日清战争》,上海译文出版社1981年版,第87~88页。

说明，此款仅为给朝鲜政府之无息贷款。①

在接到陆奥宗光电令之前，大鸟圭介已经开始对朝鲜政府进行改组。7月24日，即日军围宫劫政的第二天，朝王李熙即被迫下诏实行新政：

> 传曰：三世不同礼，五帝不同乐。礼乐因时制宜，况政治乎？顾我邦介在东亚枢要之地，委靡不振，职由政治之颓隳紊乱，不思变通耳。夫谋国之道，用人为先。其四色偏党之论，一切打破，不拘门地〔第〕，唯贤唯才是举。凡系内治外务，务从时宜。大小臣工各修奋励之义，克相予寡昧，以新政治，亟图保国安民之策可也。

同时，下诏惩治闵党：左赞成闵泳骏流配恶岛，前统制使闵炯植、庆州府尹闵致宪等各按其罪处罚不等。并登用新人，亲日派皆擢居要职，如金鹤羽任兵曹判书，赵义渊任壮卫使，安駉寿任右捕将，金嘉镇任外务协办，俞吉濬任外务参议，等等。李熙诏令大院君摄国政："各国事例，其军务皆归亲王管辖。本国则海陆等务进明于大院君前裁决。"②26日，又设置军国机务所，以金宏集为领议政。李熙下诏"军国机务处会议总裁领议政为之"③。28日，军国机务所正式会议，议定机务所章程，并决议设立议政府，以及外务、内库、度支、军务、法务、学务、农商、工务八衙门和警务厅。另设宫内府，专门承办宫中事务。大院君也亲临了军国机务所开会典礼。于是，日本外务省便于当日照会各国驻日公使，声称："如今帝国政府所望之改革内政，赖国王陛下与大院君之尽力，可望实行。因此，关于朝鲜国之独立问题，

---

① 《日本外交文书》，第27卷，第425号。
② 《朝鲜档》(2172)，附件一。
③ 《朝鲜档》(2172)，附件二。

于今已无可议论之必要。"①

大院君李昰应在日人的诱逼下充当了傀儡，但又不甘心永远当下去，所以同日人貌虽合而神离。7月30日，他便派学士李炳观"入华求援，并陈朝鲜兵状"。临行时，由受聘在汉城英国总领事馆办理文案兼英文翻译的华人许寅辉致书李鸿章介绍。其书有云：

> 六月二十日夜五更，（倭）毁断电线，紧闭四门，率兵直入王宫，抢夺军器，把持韩王及王妃、世子。又胁驱太公于禁中，前后左右无非倭党，一言一动皆不敢私，其政教号令悉听倭党指挥。桎梏之下，何求不得？故韩王与韩太公万难以事实咨奏，即见一二忠良，唯有相对含涕而已。……
>
> 李学士炳观世受国恩，忠义素著，不忍坐视，屡见大院君，不能问答国事。因恳发给名片两纸，挥泪而别。虽经微服入华，拟作包胥之泣，然敌人布满中道，举步坎坷。李意国表既不能修，应将该片并紧要可凭各件随带入津，谒见傅相。但目下韩内外非敌党不足擅权，万一事泄，则遇害不仅一身而已。欲迳自呼恳傅相，又恐干冒，是以再四泣商，乞为介绍。②

其后，朝王也通过平安道闵丙奭密电李鸿章求助："敝邦运否，有臣叛谋，与倭酝酿胁制存革，罪犯天条。现今危急，迫在呼吸，转奏天陛，克存宗社，以救生灵。千万祈祝。立复。"③ 对于朝王和大院君的举动，日本并不是毫无了解，但它当时还不急于去解决这些问题，因为它的迫切任务是同中国作战，这就必须以朝鲜政府的名义行事。这样，日本即可令朝鲜政府给予日军进退及粮食、夫役、车辆等供应上

---

① 《日本外交文书》，第27卷，第685号。
② 许寅辉：《客韩笔记》，光绪丙午长沙刻本，第10~11页。
③ 《清光绪朝中日交涉史料》(1425)，第17卷，第19页。按："罪犯天条"一句，《李文忠公全集》作"罪犯天朝"。（见电稿，第16卷，第50页）

的方便，并防止列强把日军的行动说成是侵犯中立，而受到谴责和干涉。总之，日本在朝鲜组成一个傀儡政权，既能够假借朝鲜政府的名义发动战争，又获得了发动这场大规模侵略战争的基地。

尽管如此，击沉"高升"号事件的突然发生，还是给日本政府在外交上带来了一些麻烦。陆奥宗光乍闻日本军舰击沉英国商船的消息时，异常吃惊。他确实担心英国会趁机干涉。但是，伊藤博文没有听从陆奥宗光的意见。他坚持命令已经集结在广岛的第五师团余部立即开赴朝鲜，把战争继续进行下去。

通过开战后的一系列事件，伊藤博文在领导这场侵略战争中的作用更为突出了。根据伊藤博文的分析，虎视眈眈的列强将有朝一日联合起来进行干涉。到那时，这种干涉就不仅仅是口头上的劝告，甚至可能是武力的行动。因此，在奏议中提出了自己的主张：

> 当前之急务，须于受到列强此种联合强力干涉之前，迅速取得对清国的重大胜利，居于任何时候均能向敌国提出我国条件之地位。而占有此种地位时，即使未达到全局之目的，亦能审时度势，无损于国威，无坠于国誉，取得对我有利之结局，且能为将来之前途而深谋远虑。当然，在此种情况下，决不应单纯以军事为是事，宜相机行事，始终在外交方面慎重行事，以期不使国家陷于危险境地。此诚国家之要务也。①

为此，他提出了两条方针：第一，速战速决；第二，"文武配合"以做到战略和政治策略一致。本来，明治天皇对于大本营的战略优于政治策略的做法，颇不以为然，故很赞同伊藤博文的观点，并要求伊藤博文出席大本营的御前会议，担负起战争的领导责任。7月26日，睦仁特命伊藤博文从27日起参加御前会议，企图以此清除战争指挥中政

---

① 伊藤博文：《内阁总理大臣奏议》，《机密日清战争》。

治策略和战略上的分歧。①

伊藤博文的第二条方针既得以实现，便以全力贯彻其第一条方针，进一步加紧了战争的步伐。

四　部署撤使后的谍报工作

日本从来把间谍视为军部的"手足和耳目"，唯有依靠他们才能"运筹帷幄之中，决胜千里之外"。② 甲午战争以前，日本在华间谍活动全由陆军省和海军省所派的武官来领导。日本既挑起战争之后，眼看撤使在即，不得不对在华的谍报工作重新进行布置。

日本海军在丰岛海面对北洋舰队实行突然袭击，并击沉了装载清军的英国商船"高升"号，此事震惊中外。"师期暗泄机要"③，究竟是什么原因？长期以来，人们揣测纷纷，皆系无稽之谈，因此迄今仍是一个悬案。姚锡光《东方兵事纪略》记载："倭人间谍时在津，贿我电报学生某，得我师期。"④ 一些有关甲午战史的著作皆采用此说。电影《甲午风云》里也特别突出了这个情节。可见姚说影响之深了。问题并不是这样简单，实际情况要复杂得多。

从1894年春日本蓄谋挑起侵略战争以来，日本间谍机关便加强了在中国的活动。天津的日本领事馆是日本在华情报中心之一。因为这里乃直隶总督、北洋大臣的驻地，既靠近北京，又是陆海交通的枢纽，所以日本间谍机关对此地极为重视。陆军少佐神尾光臣、海军少佐井上敏夫、海军大尉泷川具和等人，都是老牌的日本间谍，以驻中国公使馆武官的名义派遣来华，却不驻北京，而长期驻天津。为了便于开

---

① 藤村道生：《日清战争》，上海译文出版社1981年版，第88、93页。
② 德富猪一郎：《陆军大将川上操六》，第112页。
③ 《中倭战争始末记》，第3卷，第24页。
④ 《中日战争》（一），第17~18页。

展活动，日本间谍机关还在天津紫竹林开设了一家松昌洋行，以做生意为名搜集军事情报。根据日本间谍的内部分工，神尾光臣负责专门探察李鸿章的行事和意图，泷川具和负责调查直隶海岸地理形势和搜集海军衙门的情报，井上敏夫前往烟台负责侦察北洋舰队的行踪。

为了达到偷袭的卑劣目的，日本间谍机关决定首先要搞到中国的运兵计划。在此以前，驻松昌洋行的日本间谍石川伍一，已经通过护卫营弁目汪开甲结识了天津军械局书办刘棻。中日两国宣战以后，化装潜伏在天津的石川伍一被查获。此案曾轰动一时，朝野为之震动。当时人们断定，日本海军在丰岛海面的偷袭，与刘棻提供的情报是有关系的。

事实上，当时日本间谍要搞清中国的运兵情况，并不是很困难的事情。丰岛海战爆发前，日本间谍特务麇集天津，四处侦探无孔不入，活动相当猖狂。"倭领事及武随员二人，自5月初至今日派奸细二三十人，分赴各营各处侦探，并有改装剃发者。"[①] 对此，中国当局长期熟视无睹，泰然处之。尤为甚者，连海口码头重地也"令在华倭人自如侦探"[②]。据目睹此情形者说：7月22日傍晚，中国所租的运兵船"飞鲸"号从塘沽起航时，"见倭夷往来不绝。凡我船开行，彼即细为查探。非但常在码头梭巡，竟有下船在旁手持铅笔、洋簿，将所载物件逐一记数。竟无委员、巡丁驱逐"[③]。在这种情况下，中国的运兵计划有何保密可言？当时，李鸿章所派"照料""爱仁"号运兵船的德商信义洋行满德，事后写了一份报告上于李鸿章，里面十分具体地谈到了日本间谍的活动情况：

[①]《清光绪朝中日交涉史料》（1267），第15卷，第35页。按："倭领事"指荒川已次，"武随员二人"指神尾光臣和泷川具和。

[②]《盛档·甲午中日战争》（上），第31页。

[③]《郑观应、陈猷颈血宣忏函》，《历史研究》1980年1期，第16页。

> 倭人在中竟能洞悉中国军事，此非满德臆造妄言。即如满德奉宪委乘爱仁轮船运兵赴牙山事，当满德未抵唐〔塘〕沽时，居然有一倭人久住唐〔塘〕沽，此倭人才具甚大，华、英、德、法言语俱能精通，看他与人言论间……随时用铅笔注载。此小行洋人俾尔福所见。及满德坐火车时，又有一倭人同载，满德并未敢与之交谈，则爱仁、飞鲸、高升船载若干兵，若干饷，何人护送，赴何口岸，该倭人无不了彻于胸也。①

中国运兵船在码头停泊期间和出发时，一直处在日本间谍的严密监视之下，而且任其"自如侦探"，这才是"师期暗泄机要，遂致高升被击，船没师熸"②的真正原因。何况李鸿章的直隶总督衙门里还有内奸。石川伍一供称："打电报叫日本打高升船官兵的信，是中堂衙里送出来的；电是领事府打的。所供是实。"③

在侦察中国派兵情况的同时，日本间谍机关还把注意力集中于驻泊在威海卫港内的北洋舰队，以掌握中国护卫运兵船的计划。为此，特密电正在汉口活动的间谍宗方小太郎，由汉口到烟台日本领事馆向井上敏夫武官报到。宗方小太郎，1864年生，日本熊本县人。1884年来到中国，曾花三年时间游历中国北部九省，调查政治、经济、军事、矿产及风俗人情等状况。1887年，在汉口参加以乐善堂商号为掩护的日本间谍机关。后任日本在华间谍机关北京支部的负责人。1890年，日本间谍机关在上海设立日清贸易研究所，专门从日本国内招收青年进行间谍训练，宗方小太郎任该所的学生监督。日本间谍上级机关特地把这样一个富有经验的间谍派到烟台，可见对这个任务是多么重视。7月5日，宗方小太郎抵烟台，即赴领事馆报到。宗方小太郎的任务

---

① 《盛档·甲午中日战争》（下），第103页。
② 《中倭战守始末记》，第3卷，第24页。
③ 《日本奸细石川伍一供单》，中国第一历史档案馆藏军机处档。

是侦探北洋舰队的动向，并用暗号报告上海转电东京：

暗语电文	实际含意
买货不如意。	北洋舰队未出威海。
草帽辫行市如何？	北洋舰队出威海进行攻击。
近日回沪。	北洋舰队之防御由威海移至旅顺。
要回国，速送五百元。	北洋舰队半数在威海。
送银待回音。	威海无舰队。
草帽辫今好买，速回电。	北洋舰队由旅顺返威海。

7日，宗方小太郎决定"秘密赴威海卫军港侦探"。8日，宗方小太郎化装为农民，由烟台出发。10日，抵威海，夜登环翠楼"眺望湾内形势及灯台点火"。11日，登威海城东门，"视察港内。在刘公岛前，港南北有40里，碇泊军舰13艘"。13日，宗方回烟台后，又派侦察员去威海，以监视北洋舰队之行踪。16日，济远、威远二舰从上海抵烟台，宗方登济远舰"观察装载之兵器"，并探知二舰将去朝鲜。19日，所派侦察员返回烟台，报告北洋舰队"已作准备，将于今日或明日相率赴朝鲜"①。20日，日本海军军令部部长桦山资纪海军中将，亲乘山城丸由横须贺出发，于22日午后5时抵达佐世保，向舰队传达了参谋总长殿下的令旨。根据桦山资纪的部署，日本联合舰队第二天便从佐世保向朝鲜西海岸进发，以寻找中国军舰和运兵船实行袭击。后来，宗方小太郎的密友绪方二三便说，日本海军在丰岛海上之获胜，多得利于宗方情报之及时。② 诚哉斯言！

日本既挑起战争之后，眼看撤使在即，还需要继续发挥军部"手

---

① 《宗方小太郎日记》（稿本）。
② 绪方二三：《我等之回忆录》（六），《九州日日新闻》1934年9月6日。

足和耳目"的重要作用，便又对在华的谍报工作重新进行部署。

7月28日，即中日宣战的前三天，日本在天津的一些重要间谍分子聚会。参加这次天津聚会的有：驻华武官陆军少佐神尾光臣、海军大尉泷川具和（化名堤虎吉）、陆军中尉山田要、林正夫，以及石川伍一和钟崎三郎。并将已调至烟台的宗方小太郎亦招至相商。聚会的地点即在天津紫竹林的松昌洋行内。当天宗方小太郎在日记中写道："乘2时30分头等火车赴天津。过军粮城站，两个小时抵天津。至松昌洋行，面会石川伍一、堤、山田、林。夜与堤、石川伍一同访神尾陆军少佐，有所商量。又与石川伍一至三井访吴永寿。同石川、钟崎长谈至深夜，1时半就寝。本日恰为盛军余部乘"海定"号出口之日也。"① 29日，他们又讨论了一天。最后，商定的内容大致如下：

一、北京、天津、烟台三地使领馆人员撤退后，日本驻上海总领事馆仍予保留，故以上海为谍报工作的指挥中心。

二、陆军省员山田要和海军省员泷川具和个人提出，继续留住天津。

三、北京使馆撤退后，将在奉天的前陆军少尉川畑丈之助调至北京。

四、宗方小太郎仍回烟台，负责监视北洋舰队的行踪。

会后，宗方于31日回到烟台，川畑也于8月1日过烟台前往北京。

8月2日，即中日宣战的次日晨5时，日本临时代理公使小村寿太郎从通州乘船东行，于3日上午11时到天津，上岸在紫竹林旅馆暂住。公使馆二等书记官中岛雄、三等书记官郑永昌、外交官补松方正作、书记生高洲太助等随行。小村寿太郎离北京前，曾与英国公使欧格讷会面，告知欲留山田要、泷川具和两名武官在华之意，欧格讷表

---

① 《宗方小太郎日记》（稿本）。

207

示赞同。同日，美国驻天津领事李德来访小村寿太郎。谈话间，李德表示不同意山田要、泷川具和继续留在天津，谓："果如英国公使所告，则有因此而妨害租界地安宁之虑。"小村寿太郎认为李德既如此建议，只好命山田要、泷川具和同路返国。仅石川伍一、钟崎三郎"辫发清服之二人，因陆海军务之关系，经山田、堤两氏提议，批准其继续滞留"。对此，李德表示同意，但建议"两人不能立即进入租界地"①。

先是在8月2日晚9时，日本驻天津领事荒川已次、武官神尾光臣、林正夫等乘小火轮赴塘沽，换乘英船"重庆"号后，拟于次日晨出口。当天夜间，"重庆"号正停泊在塘沽码头时，突有十余人闯入轮船，将船上的日本男女捆绑起来拥下船去。清兵闻讯赶来，才未发展为严重事件。事后查明，事件为首者贾长瑞，乃通永练军左营六品军功贾长和之弟，因其兄在"高升"号上被日人轰毙，而产生复仇之心。当时却误传此事系清军干的。为此，美国领事李德曾提出交涉。②日本间谍也很紧张，因为在事件发生时日人丢失了一件重要的密函。宗方小太郎在日记中记述此事道："在大沽遭到中国兵暴行之际，堤氏寄给井上敏夫之有关军事上的密函为兵士所夺去。因此，官府对残留于天津之邦人注意甚严，形势颇为不稳。"此时，潜伏在天津的钟崎三郎见事情不妙，急忙逃往山海关，只将石川伍一留在天津。

8月4日上午，荒川已次、神尾光臣、林正夫等所乘"重庆"号驶抵烟台。驻烟台的日本武官井上敏夫、领事伊集院彦吉、书记生横田三郎等亦上"重庆"号，赴上海换轮回国。同日，宗方小太郎记道："帝国国民而留于此地者，仅予一人而已。函上海田锅氏报告予

---

① 《日本外交文书》，第27卷，第755号。
② 《天津领事德致北洋大臣函》，《朝鲜档》(2154)。

留烟之事。午前，与井上敏夫少佐交代完毕，予继续其事务。井上敏夫氏亦与领事今日一同归国。领取侦察费567元。"于是，宗方小太郎便一个人在日本领事馆潜伏下来。

同一天，小村寿太郎一行坐小火轮赴塘沽，山田要和泷川具和皆随行。8月5日，乘英船"通州"号出口。8日，"通州"号抵上海。此时，日本驻华公使、领事及武官皆集于上海。井上敏夫于11日先回国。小村寿太郎及其他领事、武官则于12日乘法船"亚拉"号离沪。

日本使领人员撤退时，在华日本间谍的分布情况大致如下：

北京　川畑丈之助

天津　石川伍一

山海关　钟崎三郎

烟台　宗方小太郎

浙江　高见武夫

上海　大越成德（总领事）、根津一（陆军大尉）、津川谦光（海军大尉）、黑井悌次郎（海军大尉）、田锅安之助、前田彪、松田满雄、成田炼之助、景山长次郎、伊东文五郎、福原林平、楠内友次郎、藤岛武彦[①]

由于清政府严令查办日本奸细，除上海一地外，其他各地的日本间谍都未能长期潜伏下来。天津的石川伍一，在小村寿太郎离开天津的当天即被逮捕。潜居普陀山法雨寺的高见武夫，因被藤岛武彦供出，尚未来得及活动也被捕了。北京的川畑丈之助，见处境危险，由美国公使出面交涉，以在华"学生"的名义发给护照回国。钟崎三郎在山海关一带活动了一些时候，才辗转逃回日本。

宗方小太郎在烟台活动的时间也不长，却搜集了大量重要的情报。

---

① 因清政府查办日谍甚紧，根津一、津川谦光、黑井悌次郎三人皆于9月上旬乘法船回国。

兹摘其接替井上敏夫工作后的日记如下：

8月5日　午后7时，军舰镇边入港，盖为购买粮食自威海来者也。即派人探听威海之动静。自威海至成山角之电线已架设完成，山东布政使带兵6营驻防于该地云。本港附近地方招募兵勇200余人赴旅顺，归提督宋庆节制。

8月6日　午前7时，"通州"号自天津入港，我小村公使等搭乘该船回国。予以一函致书记官中岛雄。作致上海东文三氏①报告书二通，报告北洋之动静。托中岛氏送出（第11号）。

8月7日　本日派高儿至威海，使之窥伺动静。

8月8日　本日派穆十至旅顺，使之探听情况。下午2时，以前派往旅顺之迟某（旧历六月十七日出发）经过21天归来。

8月10日　"武昌"号入口，下午3时开往上海。致函东文三氏，报告威海、旅顺之形势。此函寄至四马路三山公所，由白岩转交（第12号）。下午3时，高某自威海归来。目下碇泊于该港之兵船有镇远、定远、经远、靖远、来远、致远、平远、超勇、威远、广丙、广甲、康济、湄云、镇东、镇中、镇北、镇边17艘，外尚有鱼雷艇4只。（昨9日下午3时所见。）暮时，烟台市中喧传我舰队窥伺威海，开炮数发而去，人心颇为汹汹。

8月11日　午前有便船，送出致上海东氏关于威海之报告，托田锅氏转交（第13号）。帝国军舰昨日炮击威海之说证实。本日碇泊于威海之舰悉行出口，仅留镇东、镇北、镇中、镇边4艘云。此说系自威海归来之送信者所报告。

8月13日　传说孙金彪派兵2营驻扎于烟台威海间要地。

8月14日　10日，镇远、定远、来远、致远、经远、靖远、

---

① "东文三"，系井悌次郎海军大尉之化名。

广甲、广丙、济远（10日下午修竣归自旅顺）、平远、扬威11舰，带鱼雷艇2只，自威海出发，赴朝鲜近海，因未遇敌舰，于13日返威海云。本日镇远、定远、经远、来远、致远、靖远、广甲、广丙8舰出威海，巡航旅顺、大沽等地方。

8月17日　托中国信局（由田锅氏转交）送出致上海东文三氏报告（第15号）。驻防于旅顺之豫军8营于14日陆路向朝鲜出发云。

8月19日　"广乙"号逃难兵本月14日自威海出发，据来到本地者说：目下威海仅有超勇及鱼雷艇3只，其余船只大都赴大沽、山海关一带，装载陆军送往沙河子云。丁汝昌目下亦在天津。此外，镇北、镇中、镇边、镇东四小舰在威（18日午前）。上海东氏函到，谓予之12号报告未送到云。

8月21日　本日午前送出致东氏报告（第16号）。下午派遣高某至天津，使之窥探石川伍一之现状，兼探听津沽之动静。

8月26日　下午，上海伊东氏派来特使，称东京本部来电，命予速至上海。盖以予之第12号密函、15号函落于中国官府之手也。

由于宗方小太郎的密函在上海为中国探员沈守敦所截获，上海官厅知照登莱青道刘含芳在烟台逮捕宗方小太郎。宗方小太郎遂于29日乘怡和洋行的"连升"号潜往上海，然后乘英船回国。

宗方小太郎潜伏烟台，通过派出侦探的办法严密监视北洋舰队的动静，并随时密报上海转电本国。8月10日，日本联合舰队袭击威海卫，就是根据宗方小太郎第11号报告的建议。宗方小太郎在8月6日的报告中称：

北洋舰队之势力自上月24〔25〕日在仁川近海小败以后，似颇受挫折。以今日之情况估计,已可断定中国舰队已舍弃进取之策,改为退守之计。依鄙人所见言之,北洋舰队绝不能超出北纬16度①之外。昨日下午,"镇边"号开入海港。兹就舰上之人探听:目下碇泊于威海之舰数仅镇远、定远、来远、经远、致远、镇西、镇中、镇北、镇东九舰;此外,为平远、靖(远)、超勇、扬威、康济、威远等舰,则已出口进攻云。

这一估计是符合实际情况的。丰岛海战后,李鸿章即指示丁汝昌"相机进退,能保全坚船为妥"。8月5日,李鸿章又提出:"我军只八舰为可用,北洋千里全资屏蔽,实未敢轻于一掷,致近畿门户洞开。牙山军覆,何堪海军复被摧折?"②后则真的下令北洋舰队不许远航北纬38度以外:"兵船赴大同江,遇敌势将接仗。无论胜负,不必再往鸭绿江口,恐日本大队船尾追入北洋。妥慎防之!"③宗方小太郎进一步向日本海军省建议:

以目下之形势而言,中国断无使自身之要地空虚而向朝鲜进攻之勇气。由此观之,虽有所谓以威海舰队之半数开向朝鲜说,其实可能派至旅顺地方。今日之急务,为以我之舰队突入渤海海口,以试北洋舰队之勇怯。彼若有勇气,则出威海、旅顺作战;彼若不出,则可知其怯。我若进而攻击威海、旅顺,则甚为不利;应将其诱出洋面,一决雌雄。否则,持重于朝鲜近海,以待彼之到来,其中虽必有所深谋远虑,然为鄙人所不能理解者也。依鄙人之见,我日本人多数对中国过于重视,徒然在兵器、军舰、财力、兵数之统计比较上断定胜负,而不知在精神上早已制其全胜矣。噫!今日之事,唯有突击之一法。"突击"二字,虽颇似无

---

① "16度",疑为38度之误。
② 《李文忠公全集》电稿,第16卷,第31、41页。
③ 《李文忠公全集》电稿,第16卷,第44页。按:大同江口和鸭绿江口皆在北纬38度以外。

谋之言，然而不可不知无谋即有望也。①

大本营完全采纳了宗方小太郎的建议，于8月10日对威海港发动了袭击。这次袭击对清政府震动很大，不知日本海军的意图所在，因此疑虑万端，连连下令催北洋舰队出洋"截击"或"跟踪击剿"，②这样反使北洋舰队在战略上更加陷入被动。

日本在上海的谍报工作开始碰到了一些挫折。由于清政府援朝部队主要在营口上岸，日本大本营需要摸清中国的派兵数字，便由陆军省命令上海的根津一派间谍前往侦察。中日宣战后，先派福原林平和楠内友次郎前去，未上船即被逮捕。又派藤岛武彦约高见武夫同去，亦皆被捕。8月下旬，最后决定派前田彪、松田满雄、成田炼之助、景山长次郎四人结伴前往，由前田彪化装为富商，松田、成田、景山三人皆化装为仆人，才顺利到达营口。他们分头活动，了解清军的兵力情况，然后用暗语电告上海转报本国，终于完成了此次侦探任务。③

宣战后的头一个月，日本在华间谍的活动非常活跃，虽有一些人被捕，但多数还是完成了使命。其中，宗方小太郎起了特别重要的作用。据说，当时他的报告"只有海军大臣、次官、军令部长等首长方能阅读，他对海军决定对华战略作出非常大的贡献"④。甚至有人把日本海军在黄海海战中的战绩也归功于宗方小太郎，认为："在军歌中所唱的'不见烟也没有云'的黄海海战中，宗方为日本舰队打败中国舰队立下了伟大的功勋。"⑤这些话虽不无夸大之处，但也说明了军部的"手足和耳目"在日本发动和进行这场侵略战争中的重要作用是不

---

① 《宗方小太郎报告》，第11号。
② 《清光绪朝中日交涉史料》（1368、1379），第16卷，第25、29页。
③ 《东亚先觉志士记传》下卷，列传，第375页。
④ 波多博：《谈宗方先生》，《宗方小太郎文书》第701页。
⑤ 岛田四郎：《宗方小太郎》，《宗方小太郎文书》第694页。

容忽视的。

第三节 宣战前后的国际关系

一 上海中立区问题

先是在7月23日日本联合舰队出佐世保港准备袭击中国军舰的当天，英国政府已知日本决意挑起战争，便向日本政府提出了保证"不在上海及其通路为战时之运动"的要求。这实际上是对日本发动这场侵略战争的默许。

英国的这个要求的基本意思，就是说日本一旦发动战争，必须把上海当作中立区对待，不对它进行攻击。其最初的设想，是由欧格讷提出来的。早在6月28日，欧格讷鉴于日本坚持不肯从朝鲜撤军和俄国也可能插手，便向金伯利建议道："如果您认为可以向日本暗示，日本若拒绝撤军并向中国开战，英国将阻止对任何通商口岸的干扰。日本大概能够明白。"7月1日，他再次致电金伯利说："日本一直在向朝鲜增兵，形势十分危急。我在北京可以断定，如果英国宣布禁止袭击通商口岸，会得到各有关国家的支持，并阻止日本的进攻。同时，还可以抢在俄国的前面，巩固我们同中国的联盟。"金伯利对欧格讷的建议很感兴趣，即时非正式地通告了日本公使青木周藏："英国政府不会漠视对通商口岸贸易的干扰。"他又认为："从法律上说，如果任何一交战国封锁这些港口，我们也无权坚持自由贸易立场。"[①] 这说明起初英国还没有拿出很具体的方案，而且是否正式对日本提出也还

---

① 《中日战争（1894）》，第29、34页。

犹豫不决。

7月22日，英国驻上海总领事韩能得知中国有一旦开战便封锁吴淞口的计划，于是致电金伯利说："中国当局计划，一旦宣战就封锁吴淞口，以防止日军进攻。我担心这会给经济贸易活动带来严重干扰。可否征得日本政府允诺，不对上海及其通道采取军事行动？"这就把欧格讷的建议具体化了。金伯利认为这倒是一个切实可行的方案，当即给巴健特发出训令："现命你转告日本政府，英国希望他们作出保证，与中国开战时不对上海或其通道采取军事行动，因为通讯中断会大大影响英国的经济利益。并请日本政府迅速答复。"日本政府看清了英国的意图，立即允诺。23日，巴健特向金伯利报告："日本政府已经作出保证，不对上海港或其通道采取军事行动。"[1] 随后，英国又将日本政府的保证通知了中国。

对"上海通道"的正确含义究竟应如何解释，却引起了中国的关注。本来，来往文件中有三种用法，即：Shanghae and its approaches（韩能语）；Shanghae or its approaches（金伯利语）；the port of Shanghae or the approaches（日本政府照会）。问题的关键在于对 approaches to Shanghae（上海通道）一语应有一个明确的解释。龚照瑗于7月25日向英国外交部提出交涉，认为"上海通道"应该"包括整个长江口"。英国外交部则答复，"上海通道"指的是"吴淞江及崇明岛西南岸与大陆之间的航道"[2]。

此事在日本内阁和海军省之间引起了意见分歧。陆奥宗光在答复英国要求的同时，曾致函海军大臣西乡从道，告以此答复系与内阁总理大臣商定的，"即属日英两国政府之协定，今后与清国开战之时日

---

[1]《中日战争（1894）》，第65、69页。
[2]《中日战争（1894）》，第74页。

愈近，务须坚守此协定，勿使有违背之举"①。对此，西乡从道甚为不满。7月26日，他复函陆奥宗光对"上海及其通路不为战时之运动"一语提出三点疑问：

一、根据测量，在对上海及其通路无害距离之海面上，可为战时之运动否？

二、在上海之通路（例如吴淞）上，清国军舰首先向我军舰开炮时，我军舰应否回击？

三、如英国政府对我政府所要求那样，亦要求清国政府于上海及其通路不为战时之运动，清国政府是否按我政府之答复而答复对方？（此点须取得英国政府之答复与保证）

27日，陆奥宗光对西乡从道提出的三点疑问作了如下解释：

第一条，对上海市及其出入通道不实行占领、炮击、包围及封锁等事，于英国来往书翰中有 Warlike operation against Shanghae and its approaches 一语（即反对作战于上海及其通路）。

第二条，由第一条可以理解。

第三条，英国以相同之意请求清国乃属必然之事，故此后如出现阁下所通知之形势，则理应无所要求。

陆奥宗光的解释并不圆满，尤其是不但回避了对第二条的解释，而且对第三条的解释也完全出于猜测，是没有说服力的。他明白这一点，故在复函的最后特别加上了这样的话："此乃帝国政府与英国政府间承诺之事。因事态紧迫，请阁下了解上述问题后，迅速发出训令。"②这话的意思很清楚：日本政府为了尽快地发动这场侵略战争，必须对英国作出让步，以取得它的支持，暗示西乡谅解政府的苦衷。

---

① 《日本外交文书》，第27卷，第736号。
② 《日本外交文书》，第27卷，第740号。

对于陆奥宗光的解释,海军方面很不满意。7月28日,由海军次官伊藤隽吉出面写信给外务次官林董,对陆奥宗光的解释提出质问:

"第二条,由第一条可以理解。"岂非主张若清国军舰在吴淞首先炮击我舰,我舰亦不得回击?如是,势必导致不可侵犯之上海中立区不仅得不到安全,反而造成清舰可炮击而日舰不得还击之不公平协定的结果。此并非中立国之义务以及对交战国双方无所偏颇为要旨之意。第三条"英国以相同之意请求清国乃属必然之事,故此后如出现阁下所通知之形势,则理应无所要求"。果真如此,但应事先明确:第一,英国是否亦向清国提出与日本同样的要求?第二,清国对此提议是否应诺?若清国军舰于上海及其通路对我舰可为全部或一部分战时运动,而我舰对清舰则根本不能为之,岂非与彼以非常之利益,而我则蒙受非常之不利?

信中建议外务省向英国驻日临时代理公使巴健特发出如下照会并要求英国政府答复:

第一,英国政府是否亦请求清国政府与日本同样于上海及其通路不为战时之运动?

第二,清国政府是否允诺?

第三,如清舰于上海及其通路首先向我炮击,我将被迫应战。①

此时,日本政府正为击沉英国商船"高升"号而担忧,害怕恶化日本同英国的关系,只能暂时把这个问题先压下去。

中国政府对于日本政府"不在上海及其通路为战时之运动"的保证是疑信参半的。当时,南洋大臣刘坤一认为:"鉴于马江前事,自

---

① 《日本外交文书》,第27卷,第741号。

宜预为之计。"① 因而有堵塞吴淞江之议。7月25日，英国公使欧格讷尚未接到日本舰队在丰岛袭击中国军舰的消息，曾到总理衙门劝阻此事："闻贵国因恐与倭失和，有堵吴淞口之议。我政府已问过日本，日本说决不犯上海。此言甚确，请饬该地方官切勿封口。"庆亲王奕劻回答说："贵国既能保其不犯，我们自然相信。"② 不料当天便发生了日本军舰击沉英国商船"高升"号事件。于是，27日，奕劻便问欧格讷："英船悬挂英旗，倭兵居然炮击，于英国体面亦有所关。况英国现正为中日说和，日本不特不听，且如此无理，英国似不能忍而不问。且日本专作狡狯之计，若事事如此，则不犯沪上之说亦不可靠了。"欧格讷答称："不犯沪上有字据，或当不致反复。"③ 此时，中国驻英公使龚照瑗致电刘坤一，告以：英国外交大臣刻接驻日公使电，日本政府"已立据上海口岸及海洋商轮水道决不扰害"，请"勿塞吴淞口"。刘坤一认为："事关防务，责有应尽。倭虽有文与英'沪作局外'，敌谋狡诈，究难尽信。"他主张按照中法战争时的做法，"吴淞口门钉桩，中留洪路以便行船，桩旁用船载石，备临警沿塞"。这样，"中洪本留有船路，仍无碍商船出入"。并提出："所议仅指吴淞，上海包括在内，万一倭船驶近浦口，图犯长江，吴淞炮台自不能不轰击防范。请并致各使预为声明，以免事后枝节。所虑倭人诡谲异常，或冒用别国旗号蒙混暗渡，亦请转商各使，转饬严禁，以重防务。"当天，总理衙门复电称："倭不犯上海，已与各国有约，谅无改变。唯倭兵已在朝鲜击我兵船，由彼开衅。倘倭船驶近浦口，即可击之。"④ 对于是否堵吴淞口问题，虽未作正面答复，但并未否定刘坤一的意见。

---

① 《清光绪朝中日交涉史料》（1216），第15卷，第16页。
② 《清光绪朝中日交涉史料》（1230），第15卷，第23页，附件一。
③ 《清光绪朝中日交涉史料》（1261），第15卷，第33页，附件一。
④ 《南洋大臣来电》，《清光绪朝中日交涉史料》（1243、1245），第15卷，第27~28页。

第三章 战争爆发后的国际外交

7月31日,龚照瑗致电李鸿章报告与英国外交大臣商谈的情况:龚照瑗请金伯利"议明不扰江口",而金伯利则谓"倭只肯包崇明以南,不包以北"。龚照瑗的报告强调指出:"长江不在包内,尤宜严防。"① 于是,总理衙门更倾向刘坤一的意见了。8月2日,欧格讷致函总理衙门,对刘坤一预行堵截吴淞口之议表示"诧异",并要求"再电南洋勿庸预行堵口"。② 3日,总理衙门复函欧格讷,拒绝了英国的要求,但又答应"宽留口门"以照顾英国的面子,所以英国政府也就没有再进一步提出要求。

此事并未到此结束,日本方面还在缠住英国交涉不休。中日正式宣战后,日本在上海的总领事馆人员并未撤退。8月4日,日本驻上海武官黑井悌次郎海军大尉向海军军令部部长桦山资纪密报:"清国并不承认以该上海之地为中立区。据近日密探,屡有将军需品运出之事。又闻,向南方航行之外国船只虽明知其所载为战时违禁品,但秘密配合输送者亦有之。"并建议说:"如仍墨守上海为中立区之约,则仅对清国十分有利。以日本政府来说,应在协议中附以某种条件,使上海将能完全遵守中立。然断然撤销此协议,则为至当之事。"③ 即主张撤销原先与英国达成的协议,而易以附加限制条件的协议。11日,西乡从道将黑井悌次郎的报告转致陆奥宗光。陆奥宗光对此事颇费斟酌,经征询伊藤博文的意见后,才于20日致函英国公使巴健特,表示日本政府考虑撤销对上海中立区所作的保证。其内称:

> 据近来自可靠方面获悉,清国政府并不承认以上海及其附近为两国交战时应特殊对待之场所,故迄不停止该地附近兵工厂之准备与制造军需品。甚至委托外国船只将战时违禁品由该地运交

---

① 《清光绪朝中日交涉史料》(1274),第15卷,第37页。
② 《总署收英国公使欧格讷函》,《朝鲜档》(1895)。
③ 《日本外交文书》,第27卷,第743号,附件。

各地清国之陆海军。如是，清国政府虽有以上海及其附近作为战争基地之事，而帝国政府却仍墨守上海及其通路置于战争以外之约。显然，清国政府将乘帝国政府道义上之允诺，攫取军事上不当之利益。因此，当清国政府不停止以上行为时，为保护帝国政府军事上之正当利益，帝国政府将不能遵守前此与贵国政府关于不向上海及其通路为战时运动之约定。为此，请贵国政府速与清国政府交涉，并采取适当之措施，使其停止以上海或其附近为战争基地之所有行为，遵守日清两国共同保护中立国贸易之道义，实为帝国政府所至望。①

23日，陆奥宗光又接到驻上海总领事大越成德的报告，列举上海一带的备战活动如下：

一、受台湾巡抚之委托，由上海道台经办，在上海城内张贴布告，招募兵勇。仅吴淞炮台即招募新兵约2 000人。迄今仍在继续招募，致使租界之苦力及人力车夫均不敷用。

二、北洋大臣管辖之江南机器局及火药制造厂位于租界地上游约二哩半处，然其武器弹药之输送则在租界地装添，并经黄浦江出吴淞。开战后，工人又增加班次，不分昼夜工作，在其周围增加哨兵，禁止一般外人游览。

三、开战后，清国仍令其士兵通过租界地来往于吴淞炮台。8月6日，未携带武器之清兵约300人由南门出，经过美租界之际与警察发生冲突，被捕十数人。道台将被捕士兵送交其营官，令其严惩，并下令尔后经过租界地时须遵守警察规则。显然，道台并未承认租界为局外之地，而且同意租界地为至吴淞炮台之通路而为战争准备之工具。

---

① 《日本外交文书》，第27卷，第744号。

四、清国政府在上海雇用洋人供其军队使用，并有继续以高薪募集洋人之密谕。目前吴淞炮台新雇外国军官36名。此为担任南洋舰队之清舰舰长某英人所直告。

该报告最后指出："清国以上海及其附近为战争准备基地一事，已昭然若揭，毋庸置疑。"① 同一天，陆奥宗光致电驻英公使青木周藏，告知中国把上海作为战争准备基地一事，虽然英国驻上海总领事韩能复电谓"尚无根据"，但"根据大越及其他人的观察，事实是不可否认的"。并令其与英国政府交涉，提出对前此双方之协议应附加一个条件，即："如果英国政府也从中国政府那里取得保证，日本政府同意不对上海及邻近地区采取战争行动。"②

8月29日，巴健特照会陆奥称：

外交大臣电告我，他已收到驻上海总领事韩能先生之电报，保证外国船只不租给中国政府去为中国军队运送战争禁运品。因为日本政府同意不对上海采取任何军事行动，所以中国政府也答应不在上海港及附近地区设置障碍。上海的情况并无变化。日本政府在作出上述保证时，完全知道上海附近有中国的兵工厂。日本政府相信中国不能撤销他对英国所作的保证。

金伯利伯爵的个人意见认为，进行中立的商业贸易是必要的，日本方面的保证应该坚持。为了使此问题引起阁下的严重注意，鉴于上海作为一个贸易港口有其特别的重要性，以及中国已答不在上海及其附近地区设置障碍，我冒昧地希望日方应形成一个不对该港采取任何战争行动的文字保证。③

本来，英国提出上海中立区问题，既是对日本发动战争的默许，也是

---

① 《日本外交文书》，第27卷，第747号。
② 《日本外交文书》，第27卷，第746号。
③ 《日本外交文书》，第27卷，第748号。

向日本政府提出的交换条件。日本政府挑起战争之后，对原先的许诺又要附加条件，这当然是英国政府难以接受的。英国坚持认为，日本在7月23日所作的保证是无条件的。后来还通知日本政府："英国政府不能废除日本政府给予的保证，日本应受其约束。"① 日本虽然还在喋喋不休地讨价还价，但看英国态度强硬，终于软了下来，这桩公案也就不了了之。后来，陆奥宗光追忆这场交涉时说："英国则唯恐破坏其在东亚的商业利益，利用一切机会力图……保护本国特殊利益。"② 这话算是说对了。

二　日使下旗回国与"重庆"号被扰事件

甲午战争爆发后发生的第一起中外交涉，是由英国客轮"重庆"号被扰事件引起的。

原来，日本驻京津的使领人员是分两批回国的。日本驻华代理公使小村寿太郎一行是第二批。8月1日，即中日宣战的当天，小村寿太郎下旗离京抵通州。2日晨5时，小村寿太郎一行自通州乘船。3日上午11时，到达天津三岔河口。李鸿章派亲兵军官2员、士兵40名及炮舰2艘前来警卫。当晚宿于紫竹林恒丰泰客栈。4日上午10时半，小村寿太郎乘小火轮自天津出发，至塘沽换乘英国客轮"通州"号。此时，天津镇总兵罗荣光派千总单瀛前来致意。拔锚启程后，经过大沽炮台时，两岸皆悬旗致礼。小村寿太郎等一路顺利，于8日抵上海，12日乘法船"亚拉"号归国。日本驻天津领事荒川已次一行早于小村寿太郎离开天津，是第一批，因事前未通知中国方面，以致发生了一起意想不到的事件。

---

① 《日本外交文书》，第27卷，第752号。
② 陆奥宗光：《蹇蹇录》，第41页。

荒川已次一行是在 8 月 1 日离开天津的，当时乘海关小火轮到塘沽，搭乘英国"重庆"号客轮。2 日凌晨不到 1 点钟，一伙身份不明的人拥上重庆轮，搜查船上的日本乘客，并扣留了日本男女十几人。对于此事，日谍宗方小太郎在日记中写道："船停泊于大沽时，中国兵枪上刺刀，闯入轮船。……在大沽遭到中国兵暴行之际，堤氏寄给井上敏夫之军事上之密函亦为兵士所掠夺。因此，官府对残留于天津之邦人注意甚严，形势颇为不稳。"① 日记中的"堤"是"堤虎吉"的简称，乃日本驻天津海军武官泷川具和大尉的化名。"井上"，即日本驻华武官井上敏夫海军少佐。此密函之被搜获，便成为在天津破获石川伍一间谍案提供了重要线索。

搜查重庆轮的消息迅速传开，而且越传越离奇。8 月 2 日，英国驻天津领事宝士德致函罗丰禄称："风闻昨夜中国兵勇在塘沽登重庆轮船，将所有日本人尽数擒拿至岸上杀死，复将尸首弃置船上等语。是否属实，唯祈示知。"盛宣怀委托的德商信义洋行经理满德前去查实后报告说："我军骚扰倭人事，所幸领事女人与小孩尚未十分骚扰，约获倭女人 10 人上岸，在栈房内管押。由半夜 1 点钟至第二日早 5 点光景，计上重庆船之兵勇约 70 人，随带枪刀，其势汹汹，所有在船女人及小孩等因惧而啼号。兵勇上船时各房舱俱查看，即法国武官及斐理博之女人房舱均行查看，幸无伤害等事。此事在华未免抱歉也。"② 当时还没弄清是什么人上的船，故仍认为是中国士兵干的。

后经悬赏购线访缉，始于 1896 年 9 月将此案正犯贾长瑞拿获。贾长瑞供称：

小的是雄县人，年 21 岁。家有祖母，81 岁。母亲年 46 岁。

---

① 《宗方小太郎日记》（稿本）。
② 《盛档·中日甲午战争》（下），第 111~112、121~122 页。

并没妻子,弟兄两人。哥子贾长和在北塘练军步队左营充当正兵,前年六月里哥子坐英国高升轮船到朝鲜去,被东洋人用炮把船打沉,死人不少,哥子也死在内。小的祖母和母亲知道,在家日夜哭泣,想他逃出才好,叫小的出来各处打听,并到北塘营里查问,都说哥哥实是死了,就顺便把营里哥哥遗剩破旧鞋帽、腰刀取回。七月初一日夜,小的走到塘沽,听到街上人声嚷乱,说有东洋轮船装得许多东洋人来了。又听说都是奸细。街上的人都往矿务局码头跑去,小的跟去查看。那时天下小雨,又是黑夜,看不清是何船只,也没见船上挂旗,更不知是英国的船。小的正想报复兄仇,又想东洋奸细又来害人,但听得众人七嘴八舌,都说东洋人把高升轮船打沉,害了我们许多性命,大家拿东洋人报仇。况且奸细送官有赏。小的因杀兄之仇愤恨难忍,就首先和大家乱拥上船;小的把携带破旧顶帽戴上,冒充六品顶戴,带着腰刀,在船上合十来个人缚住一个东洋人,大家共缚有十几个东洋男女拥下船去。大家围守想要送官,就有官兵打着大灯笼赶来,吆喝说大家不应乱闹,要拿住捆打,并用马棒乱赶。小的摸不清头路,当就逃跑,大家也一哄而散。后来听说是官兵把东洋人送回船上去了。今蒙会审,小的实是听说东洋船装来东洋奸细,心想报复兄仇,同众上船,本非意在财物,哪有进舱拿取搭客钟表的事?也不知一同上船的人是何姓名,更不知是英国的船。所供是实。

根据贾长瑞的供词,此案的起因和经过情形大体清楚。据所派委候补知县阮国桢会同天津知县李振鹏审讯的结论是:"查此案因日本人搭坐轮船停泊塘沽,大众误传日本船载来日本奸细,前往查看。并因高升轮船被日本击沉,伤毙中国多命,以致众怒勃发,乱拥上船,本系不谋而合。该犯贾长瑞因其兄充当通永练军,亦在英国高升轮船被日本人击毙，愤恨难忍，冒充官弁，同众上船，意在捉拿日本奸细报仇请赏，并未攫取财物。其时黑夜下雨，实不知英国船只。唯其假冒顶戴，首先误上英船滋事，实属大有不合，深堪惋惜。"①

此案因涉及法、美、英三个西方国家，所以格外受到重视。首先作出反应的是英、法两国驻天津的领事。当时法国驻华武官斐里博上尉及其夫人也正搭乘重庆轮，闯到船上的群众曾搜查过他们的房间。于是，斐里博写了一封记述此事经过的信，由法国驻天津领事杜士兰转给了英国领事宝士德。8月2日上午，宝士德往见李鸿章，声称："此事的严重性在于侮辱了英国国旗。"李鸿章说："骚扰乃无知苦力所为，彼等全然不知国旗者何物。十分抱歉，所有的人犯都将按律惩处。"宝士德提出要向英国"书面道歉"。李鸿章说："我已说过感到歉意，尚不够吗？"宝士德继续坚持，说："书面道歉乃礼仪之必需。"李鸿章不为所动，起身道："区区小事，何需劳神？"欧格讷接到宝士德的报告后，于6日致电金伯利，认为李鸿章既已"表示歉意，并许诺惩处肇事者"，就"不必要求补偿"。②

几天后，美国驻天津领事李德代表本国公使田贝又致函李鸿章，以受委托保护日本臣民的合法权益为由，提出质问：搜查"日本领事太太"，"是否贵国家乐有此事"？并要求"将日本领事太太等前在塘沽所失物件若干查明后，拟请按价赔补"。对此，盛宣怀代表李鸿章在复函中予以驳斥：一、"以日本谕盟肇衅，该国驻津领事出口，已在宣战之后，并未请领护照，不在保护之列，且并非中国国家乐有此事"；二、"所失物件，中国本不应赔偿，因重庆系挂英国旗号船只"，"贵国田大臣请将日本领事失去各物，由中国按售价赔补，北洋大臣

---

① 《中日战争》续编（五），第536~537页。
② 《中日战争（1894）》，第282、284页。

无不可以允准。但高升轮船亦系悬挂英帜，日本于未经宣战之先，用炮击沉，伤毙中国千余人，并失去银物等项，按照公法理应分别恤偿。查高升沉没在重庆失物之先，总须日本将高升伤毙人命遗失财物恤偿之后，中国方能将重庆失物一案按照实价赔补"。①复函将日本击沉高升号与搜查重庆轮对比，孰轻孰重，谁该赔偿，其理自明。日本海军击沉英船"高升"号在当时是一个极为敏感的国际性事件，美国也不愿意卷进去，因此，也就不便再次饶舌了。

最后，此案是这样判决的："将该犯贾长瑞用重枷枷号一个月，押赴塘沽码头滋事处所示众。因其误上英船，情节较重，从重俟枷满后永远监禁，以示惩儆。"②该判决不仅对贾长瑞要重枷枷号示众，而且还要在枷满后永远监禁，明显量刑过重，有过分迁就英、美等国之意。

三 英国局外中立和俄国的不干涉政策

自总理衙门向各国公使声叙日本无理开衅之举以后，反应不一。法国、比利时、美国、俄国、德国、荷兰等国，或声言日本开衅各情已转达本国政府，或表示尚望仍归和好。明确宣布守局外中立的有英国、葡萄牙、意大利、西班牙等国。

英国是最早宣布局外中立的国家。8月7日，维多利亚女王在《伦敦公报》上发表声明称：

> 今我国与各友邦均享升平，而中日乃缘事失和，殊为不幸。我国素敦睦谊，凡我忠义之民寓居彼国，赖约章保护，各有应得权利。今欲我民保我太平，坚守局外中立极严极公之例，故与我

---

① 《中日战争》续编（五），第62~63页。
② 《中日战争》续编（五），第537页。

各大臣筹商，特颁此谕。凡我英民当一体遵照，自居局外，毋违国章，毋背公法；如果违例，则咎由自取，罪无可逃。

该声明在特别引述了英国议会于1870—1871年制定和通过的《英国友邦爆发战争期间英国国民行为管理法案》中关于征兵、造船和出兵的具体规定之后，号召英国臣民："凡我人民恪遵此谕，局外责守，是公法所重，毋得故违！"①

当天，即由英国外交部外务大臣金伯利将英国女王之谕令向英国以及海外领土和属地颁布，行文称："刻下中日两国既经开战，奉大君主谕旨，英国应守局外中立之例。凡属英国及其管辖之疆土、保护之属邦所有各口岸，均不准两战国借作军务之用。"②并特颁条例四款，规定从本月12日起开始生效。

继英国之后，葡萄牙公使高于9月13日照复总理衙门，谓本国守局外中立之义。意大利公使巴尔迪于10月10日照复总理衙门称："此际中国与日本业已开衅，意国与两国来往，均属和睦，因此意国政府凡属意国人民皆必须尽守无涉之规，按现在章程《万国公法》办理。"西班牙代理公使梁威里于10月16日照复总理衙门，附录现行有关严守局外中立之法规，并声称"谨守局外之明文"③。

在西方各国中，俄国的举动最引人注目。起初，中日争端刚起时，俄国公使喀西尼调停最为积极，后来却不了了之，早就引起朝野上下的极大不满。如今，日本业已挑起衅端，喀西尼收到总理衙门声叙日本无理开衅的照会后，只是复照谓"当经将大致情形电知本国政府"④，又是没有下文了。这究竟是怎么一回事？

---

① 《中日战争（1894）》，第106~108页；《清季中日韩关系史料》，第6卷，第3984~3987页。
② 《中日战争（1894）》，第108~109页；《清季中日韩关系史料》，第6卷，第3574~3575页。
③ 《清季中日韩关系史料》，第6卷，第3594、3655、3660页。
④ 《清季中日韩关系史料》，第6卷，第3427页。

早在战争爆发以前，礼部右侍郎志锐即批评李鸿章和总理衙门大臣"专恃外国公使从中调处，借作说和之客，以图退兵之计"。并质问道："无论俄踞海参崴（符拉迪沃斯托克）及库页各岛，英踞巨文岛窥伺东海，与日人交情素昵；即令偏袒向我，则我既无可恃之势，又无可假之权，全凭口舌折冲，虽俄、英各使逞辩苏张，果能化弱为强，强日人以就我范围乎？"[①] 事实证明志锐的这一批评是正确的。及至中日正式宣战之后，编修丁立钧又提出勿信调停之警告："牵就于他国调停之说，所亏损者必多。缘欧洲大邦之觊觎中土者不止一国，专视一国要求之得失以为动静，故于调停中外之事，无不抑中国以伸外国，势使然也。"[②] 虽然他说得确有道理，但不为当权者所重视。

此刻，李鸿章依赖列强以求和局之心依然不死，尽管军情万急，戎马倥偬，他同俄国公使喀西尼的联系从未中断。8月4日，喀西尼致电俄国外交大臣吉尔斯称：

> 正式宣战，敌对行动已开始。各列强的调解暂时停止。然而中国政府保证：中国仍随时准备恢复各列强所建议的和平谈判，一俟日本同意撤出汉城，使国主复位，日本军队南移，中国军队当移至朝鲜北部，然后由中日两国和俄、英、法、德、意代表在北京或天津进行讨论朝鲜的改革。

其实，此时沙皇政府已经确定了其行动方针。7日，吉尔斯即指示其驻日公使希特罗渥："我们不干涉中日战争。"8日，他又根据"皇帝陛下的意志"，向喀西尼发出阐明俄国行动方针的训令，十分详尽。其内容大致谓：

> 中日两国因朝鲜而起的误会，起因在于朝鲜的内乱。我们不

[①]《清光绪朝中日交涉史料》(1169)，第14卷，第38页。
[②]《清光绪朝中日交涉史料》(1298)，第16卷，第6页。

偏袒任何一方。然而朝鲜问题可以说是发生在我们国口,因此邻我国的滨海省,对我国有密切的关系。可是,我们只追求两项目的:(一)缓和中日两国政府间的争端;(二)保护我们自身的利益。第一项目的可以没有其他有关列强参加,由我方直接施用外交压力而达到,也可以联合有关列强而达到;完成第二项目的,则全靠我国自己的决定。

无论如何,帝国政府遵循的目标是不为极东敌对双方任何一国的一面之词所乘,也不被他们牵累,而对局势有偏袒的看法。类似的行动方式,不仅有失我们的尊严,甚至可以限制我们将来行动的自由。所以当李鸿章通过你而提出建议,要我们直接干预朝鲜内政改革问题,并担任赞同维持现状的有力调解时,我们毫无遗憾地拒绝了他的建议,因为正好李鸿章所明知的,赞同维持现状就是等于偏袒中国。外交部很明白,所谓改革,不过是中日冲突的借口,而且由于我方非正式的调解,我们可能一反我们的本意,很容易站在中国和狡猾的直隶总督的一边,而与日本公开为敌。总之,我们与皇帝陛下的指示一致,必须认清在朝鲜可能加于我们身上的任务是在于事件来日的发展。①

他的意思很清楚,就是俄国明知日本的所谓改革朝鲜内政"不过是中日冲突的借口",但在表面上却表示"不偏袒任何一方",不站在中国一边,不"与日本公开为敌",实际上是支持日本的侵略行动,以便通过中日战争来获得自身的利益。

8月9日,俄国《新闻报》发表了一篇题为《朝鲜对俄国之重要性》的署名文章。兹摘要如下:

只需瞥一眼朝鲜地图,就可看出不使它落入任何外强手中对

①《中日战争》(七),第278~281页。

俄国是何等重要。朝鲜与俄国新乌苏里斯克之间的实际边界只有22.5俄里，一旦横贯西伯利亚的铁路竣工，它就足够使贸易关系得以建立。新乌苏里斯克地区前途光明。但要想那里的贸易得到充分发展，就必须在朝鲜沿岸有第一流的港口。……

海参崴（符拉迪沃斯托克）从对韩贸易条约中已获益匪浅，随着船坞的建造和商业船队的建立，它很快将变得日益重要，特别是对该地区煤炭的控制。一旦西伯利亚铁路修好，我们可以向朝鲜出口各种产品，如毛织品、纸张、钢铁、铜制品等；俄国商人将获取丰富的利益。对朝贸易条约在俄国的附属国尤其重要，俄国商人可从中得到许多豁免，他们的事情可根据俄国法律由自己的领事作出裁决。他们有权在济物浦、元山、釜山、汉城、城津各港及仁川地区经商，可以在那里修建房屋和教堂，不用护照就可在其居住地方圆100华里的范围内旅行，而持护照则可去任何地方。……

对于我们的太平洋舰队来说，朝鲜的港口极为重要，其条件优越，终年不冻。无论如何，朝鲜对我们的重要性绝不亚于任何一个那些花了我们大量本钱的中亚省份。我们决不能忘记除了白海以外，海参崴（符拉迪沃斯托克）及其沿海是我们与公海联系的唯一直接通道。我们应该正确估价这个国家，不要让中国、日本或英国在那里立足。这是我们在远东发展海军和贸易力量的不容置疑的条件。

英国驻俄大使拉塞尔斯读了这篇文章后，觉得"很有趣"，即将剪报寄给了金伯利，并附上这样两句话："文章指出，尽管俄国的兴趣在于对朝鲜的贸易发展，但俄国不可能允许朝鲜落入中国、日本或英国手中。文章还强调了朝鲜港口对俄国舰队的重要性，因为除了白海外，俄国舰队只有冬季封冻的海参崴（符拉迪沃斯托克）港这样一个大洋入口。"① 其实，俄报文章提出的这两点，正是反映了俄国政府的观点。

恰在同一天，俄国政府为了研究中日战争发生"应如何行动事宜"，特经沙皇亚历山大三世批准，召开了一次特别会议。参加会议的有外交大臣吉尔斯、陆军大臣万诺夫斯基、海军代理大臣契哈乞夫、财政大臣维特等。吉尔斯认为："我们不必干涉已发生的战争，或用任何方式袒护交战国的任何一方"，但有可能和英国一起促成和平协议，"协议基础是在朝鲜保持'现状'"。他还表示决不能接受李鸿章的建议，因为"此一建议后面显然隐藏着中国政府想把我们牵入干涉朝鲜的意愿，从而得到我们的帮助"。财政大臣维特同意"暂时不必参加中日纠纷"，但认为："不能不注意纠纷结束以后，当一方成为胜利者而想利用自己胜利果实的时候，可能引起英国的干涉。"他主张当"英国显出野心计谋时，立即予以回击"。海军代理大臣契哈乞夫认为："在英国出面干涉时，我们不难占据靠近朝鲜大陆属于朝鲜尚有良好碇泊所的马养岛。"并宣称："万一将来可能发生任何纠纷时，要增强我国太平洋上的舰队并无困难，为此我们可以调遣我国地中海舰队至太平洋。"陆军大臣万诺夫斯基也认为："朝鲜'现状'的维持，应是我们今日远东政策的主要目标。"他提出："为保卫我们的利益起见，应预先采取若干军事预防，并且要增加我们南乌苏里边区的军队，以便迅速集中及积极行动。我国在太平洋边疆的任何军事准备都需要相当的时间，所以此一措施更为重要了。"会议最后得出以下结论："（一）认为俄国积极干涉中日战争是不符我国利益的。会议认为，在朝鲜问题上，我们应继续与其他有关国家共同行动，努力使交

---

① 《中日战争（1894）》，第117~118页。

战双方尽速停止军事行动,而以外交方式解决朝鲜问题。(二)不必另作中立声明,继续促使中日两国政府注意尊重我国利益,尤应使他们注意必须在我国与朝鲜接壤处避免一切足以引起误会的借口。(三)注意中日战争的结果,是保持在朝鲜的'现状'。(四)陆军大臣所提在意外情况时增兵朝鲜边境地方的问题,在需要拨付必要的款项时,侍从武官长万诺夫斯基可与财政大臣达成协议。"① 这四条呈奏沙皇亚历山大三世后,得到了裁可。

在俄国政府召开特别会议的当天,吉尔斯便将特别会议的精神通知了阿穆尔区总督杜霍夫斯科伊和各地外交使节:"帝国政府认为对朝鲜纠纷引起的中日战争没有特别发表中立声明的必要,但帝国政府也不想干预此战争。"又强调指出:"应使我国利益受到尊重,尤应注意,在接近我国领土的朝鲜地区内必须力求避免足以构成误会借口的一切事件。"② 杜霍夫斯科伊根据政府指示,下令将前月潜入图们江一带"阳作边界设防"的俄国军队撤回防地③,采取屯兵边境暂时静观以伺机而动的方针。俄国政府的这一方针,是为它捞取更大的利益着想的,因此得到舆论的热烈拥护。日本驻俄公使西德二郎即向陆奥宗光报告:"对于日清开战,观察此地社会一般之感情,则多偏向我方。关于朝鲜维持论,各报纸多为自己的利益着想,而赞成该国政策之意见。此点自然不违反彼我利益。"④ 从西德二郎的报告可以看出,俄国赞成日本挑起衅端,以便乘机渔利,虽然主要是为谋求自己的利益着想,但在客观上却与日本的利益有着某种一致性。

俄国对中日战争所采取的方针,也得到了欧洲列强,特别是法、

---

① 《中日战争》(七),第296~300页。
② 《中日战争》(七),第284页。
③ 《中日战争》续编(五),第83页。
④ 《日本外交文书》,第27卷,第784号。

德两国的赞同。俄国驻法大使莫伦根向吉尔斯报告：法国政府"将在原则上支持我们提出的任何建议，而且在对亚洲政策问题上将与我们合作"。俄国驻德代办查雷可夫也向吉尔斯报告：德国的政策与俄国是吻合的。"中日正式宣战，并未改变德国政府避免在目前极东所发生的事件中充当任何积极角色的决策。"① 俄、德、法三国政府对中日战争的政策的一致性，便成为它们日后联合干涉还辽的政治基础。

总之，无论是英国的"局外中立"还是俄国的"不干涉"，都不能仅仅从字面上理解。其实，"局外中立"也好，"不干涉"也好，都不是不偏不倚。英国并非将自己置身"局外"，更谈不上"中立"。俄国声称"不干涉"，也只不过是干涉的时机尚未成熟罢了。

四　日本间谍案与中美交涉

甲午战争期间，日本的在华侨民均由美国保护。8月1日中日宣战的当天，美国驻华临时代理公使田夏礼照会总理衙门称："兹由日本起，嗣后居各口之日本臣民，均在本署大臣及本国驻各口领事保护之下。"② 按照外交惯例，两个国家外交关系破裂以至发生战争时，委托第三国代为保护侨民之合法权益，这本来是正常的。由于日本间谍案件的连续发生，从宣战之日起中美之间便开始了一系列的交涉。

8月4日，日本间谍石川伍一在天津秘密被捕。当天，美国驻天津领事李德来访盛宣怀。在交谈中，李德否认天津尚留有日本人，口称："倭人均已跟随小村回去，此间并无人留。"③ 8日，美国临时代理公使田夏礼突然送交总理衙门一件照会，提出处理日本间谍案的原则意见：（一）"倘其情节尚在疑似之间，切勿遽刻惩办，缘此等事最

---

① 《中日战争》（七），第282、285页。
② 《美国署公使田夏礼致总理衙门照会》，《朝鲜档》（1994）。
③ 《盛档·甲午中日战争》（下），第123页。

容易办理过节，中国若行错办，未免或留后日之悔"；（二）"即系实有日本人来做奸细之据，如遽行严惩，亦非切当办法"，"将其解交就近海口逐其回国"，"此办法已足为惩其做奸细之罪矣"；（三）"不因两国失和，于日本人民恨恶而深绝之"。①实则暗示清政府对石川伍一的处理最重也只是驱逐出境。9日，总理衙门先致美国公使田贝一照会："至于日本人或改装剃发，希图刺听煽惑，即非安分之徒，不在保护之列。"12日，再次照会："查中日两国现已开仗，战守机宜，关系綦重，日本奸细改装剃发，混迹各处，刺探军情，实与战争大有关碍，且虑潜匿煽惑，不得不从严惩治，以杜狡谋而图自卫。来文谓如有奸细，即解交就近海口逐其回国，实不足以惩其作奸之罪，亦与公法不符。"又指出："至日本现寓中国之安分商民，已经咨行各省妥为保护，原系分别处理，并非因两国失和，于日本人民概行恨恶而深绝之也。"②

美国的建议被拒绝之后，田贝只好直接出面要求释放石川伍一了。8月29日，他通过李德转交给李鸿章一份电报，否认石川伍一为日本间谍："据日本国家声称：石川伍一并非奸细。本大臣应请中堂开放，送交驻津李领事转饬回国。"9月4日，盛宣怀复函李德，列举种种事实证明否认石川伍一为间谍是颇难自圆其说的。其一，石川"改装易服，潜匿民家，四出窥探，其意何居？"如系安分商民，"尽可安寓租界洋行，何以假冒华人，私至城内居住？"其二，"所有日本人之在天津者，均已随同小村回国"，"何以该犯石川伍一独不同行，且不令贵领事知其住处？"其三，针对"石川伍一并非奸细"之说，指出"该犯破获之时，形迹可疑之处，不一而足。其为奸细无疑！"③ 10日，总

---

① 《美国署公使田夏礼致总理衙门照会》，《朝鲜档》（2063）。
② 《总理衙门照会美国公使田贝照会》，《朝鲜档》（2067、2088）。
③ 《北洋大臣李鸿章来文》，《朝鲜档》（2215），附件一、二。

理衙门正式照会田贝，说明石川伍一"不在保护之列"，并请转饬驻津领事"勿再误会，致倭奸恃为护符，幸逃法网"。① 由于清政府掌握了石川伍一的确凿罪证，驳复理直气壮，使田贝对石川伍一一案再也无置喙之地了。

当清政府正在处理石川伍一案之际，又同美国开始了引渡两名日本间谍的交涉。8月13日，江海关道在上海法租界同福客栈查出两名剃发改装的日本人。拘至巡捕房后，从二人身上搜出关东地图、驻军情况和将领衔名，以及暗写字据等物。法国领事"以倭人现归美国保护，交美署看押"。16日，总理衙门照会田贝要求引渡："沪关所拿华装倭人二名，既经搜出图据，确系奸细，不在保护之列。按照公法，自应由中国讯明办理。"并要求美国公使转饬其驻上海总领事佑尼干"速将该倭人二名即交上海道审办"②。同一天，光绪帝降旨："著刘坤一即饬江海关道，告知美领事迅即交犯严讯，并根究党与，一律搜捕，按照军律惩办。"③

美国公使以"现尚未接到总领事详报，无知悉此案详细情形，是以未便遽照所请饬行办理"④ 为由，企图将此案拖下去。随后，佑尼干竟玩了个"替讯"的把戏。经过美国总领事越俎代庖式的"替讯"，向中国方面交出这样一份供词："数年前在沪读书。回国后，今年夏至上海，业玉器古董。所带地图，好为中日有事备阅。"刘坤一认为："中日有事，尽人而知。该犯带地图留中国，美署讯语未可深信。"于是，江海关道派员"坐索"，而美国总领事"坚不肯交"。⑤ 两下里气氛相当紧张。

---

① 《总理衙门致美国公使田贝照会》，《朝鲜档》(2238)。
② 《总理衙门致美国公使田贝照会》，《朝鲜档》(2129)。
③ 《清光绪朝中日交涉史料》(1403)，第16卷，第39页。
④ 《美国署公使田夏礼照会》，《朝鲜档》(2135)。
⑤ 《清光绪朝中日交涉史料》(1429)，第17卷，第21页。

在这种情况下，总理衙门只好发电给驻美公使杨儒催美国政府电令速交。与此同时，陆奥宗光也指示其驻美公使栗野慎一郎与美国国务院交涉。8月29日，美国国务卿格莱星姆正式答复栗野，告知田贝关于美国领事作为仲裁人之建议未被接受，并指出田贝和佑尼干的做法是对"保护"概念的误解：

> 此保护权为该政府临时授予彼等者，仅扩大至帮助居住于清国之守法日本臣民，并未授予日人以超地区权，亦不应将领事馆或公使馆变为某些违犯当地法律或交战条约的日人之避难所。此保护权必须非官方地、坚持不懈地以中立态度行使。总领事馆不应接受两名尚未查清之日本臣民，亦无权收留彼等。①

同一天，格莱星姆向田贝发出电训，告诫他要"辨别是非，谨慎从事"，"美国公使不能作为另一个国家的官方外交代表行事，此种官方关系乃美国宪法所不允许"。并对日谍引渡问题明确指示：

> 本政府为在华之日本臣民提供帮助时，不能将此等臣民与美国臣民等同起来，并授予他们作为日本帝国臣民所喜欢之治外法权。既不能使其服从美国法律或服从我公使或领事之裁判权，亦不能允许将我向慕正义之使馆或领事馆变为对抗法律之罪犯避难所。一句话，在华之日本臣民仍为有自己君主之臣民，并一如既往地服从当地法律。②

恰在此时，汉口又发生一起美国领事柴有德庇护日本间谍的事件。8月24日，"有倭人剃发改易华装，在汉口租界外行走。营勇向前盘诘，正欲查拿，该倭人即持刀抗拒，逃入租界。美领事不肯交出，谓系日本安分人，即时护送登轮往沪"。于是，总理衙门于31日致田贝照会

---

① 《日本外交文书》，第27卷，第761号，附件一。
② 《日本外交文书》，第27卷，第766号，附件。

指出：

> 此次汉口之改装倭人，一经营勇盘诘，即持刀抗拒，逃入租界，情弊显露，而美领事讳为日本安分之人，即时送沪。是否有意袒庇倭奸，殊难剖白。但论公法，似已未协，且于贵国保护真正安分商民之名有损。盖缘沪关所获倭奸，不早交出讯办，以致他口倭奸效尤无忌，实于中国军情大有妨碍。应请贵署大臣严饬各口领事，嗣后如遇此等情事，即照公法交出讯办，以敦睦谊可也。①

这样，在中国方面的多方交涉下，田贝不得已才于9月1日饬令佑尼干将两名日谍引渡给上海地方当局。

美国国务院引渡两名日谍，本是符合国际法的。日本驻美公使栗野慎一郎甚为不满，与美国国务院继续交涉，希望美国政府"为保护日人在华利益"，"进行非官方之帮助"。9月7日，日本内务大臣井上馨和外务大臣陆奥宗光联合致电栗野，表示"不能不认为必须服从清国之裁判权"②。此后，栗野仍然为此事大肆活动，并制造舆论，向各报记者发表声明："合众国政府既然应诺对于居住清国的日人予以保护，即应于中立国范围之内尽充分斡旋之劳。当清国政府对日人施以野蛮而残酷之措施时，合众国公使及领事馆介入其中并加以抗辩，此乃其当然之职责。"美国舆论界亦对"合众国政府之措置不满"③。由于美国舆论一时对日本有利，陆奥宗光于是训示栗野：

> 日清两国行政司法制度之完备程度，根本不可同日而语。故认为合众国政府并不了解上述情况，仅以为既然帝国政府令侨居本国之清国人服从其裁判权，清国政府对侨居该国之帝国居民亦

---

① 《总理衙门致美国公使田贝照会》，《朝鲜档》(2201)。
② 《日本外交文书》，第27卷，第761号，附件二，附记。
③ 《日本外交文书》，第27卷，第762号。

> 执行同样权力，亦绝非无可非议。现上海美国总领事不愿将被嫌疑之日本人引渡与清国官吏，并为之特别尽力，而美国政府仍下严格之训令，禁止该领事斡旋此事。此为本大臣所至感遗憾者。故您于了解此种情况后，可在适当时机要求国务卿：今后如清国政府对帝国臣民施以非理、非道义之措施，烦合众国政府为避免上述问题而竭尽斡旋之劳。①

格莱星姆为平息日本的不满，只好编造道："在驻清国美公使田贝到达任所前，之所以向清国官吏引渡上述二名日人，乃因已请其保证不予任何处分之缘故。但清国政府不顾其保证，于田贝抵北京之前便进行残酷拷问，随之处以酷刑。对此，拟查明事实，同清国政府进行适当之交涉。"②

事实上，迄于此时，两名日谍尚未被"处以酷刑"。这两名日谍引渡后，始知一名福原林平，一名楠内友次郎。福原林平，日本冈山县人，系上海日清贸易研究所毕业生。楠内友次郎，日本佐贺县人，亦系从上海日清贸易研究所毕业。8月10日，福原、楠内二人奉命赴营口一带侦探清军部署情况，便伪称湖北商人投宿于中国人在法租界开设的同福客栈，拟于11日乘船前往营口。因船延期至14日出港，福原、楠内举动异常，遂于13日被捕。③ 经审讯，楠内系奉命"转报军情，未报被获"；福原不肯吐实，及展示从他身上搜出的暗码字据，"始供欲探北路军情，尚未赴津被获"。9月8日，有旨命南洋大臣刘坤一"饬令江海关道取具供词，即行就地正法"④。刘坤一接旨后，认为"案情关系重大，且该倭奸党类甚伙，尤须一一追究"⑤，不应草草

---

① 《日本外交文书》，第27卷，第763号。
② 《日本外交文书》，第27卷，第766号。
③ 黑龙会编：《东亚先觉志士记传》下卷，列传，第442、530、531页。
④ 《清光绪朝中日交涉史料》(1563、1570)，第19卷，第24、27页。
⑤ 《南洋大臣刘坤一来文》，《朝鲜档》(2383)。

结案。他下令将两名日谍押解南京,派员会审。通过会审,不仅详细查明了福原林平、楠内友次郎的间谍罪状,而且发现一个重要线索,使审理浙江的日本"僧人"案有了突破性的进展。

先是在8月19日,元凯轮船大副把总贝名润,在浙江镇海登江天商轮进行例行检查,发现有一僧人携洋伞一把,口音不对,便上前盘诘。该僧说是广西人,又称贵州人,言语支支吾吾。搜查身上,发现墨盒、纸、笔、时辰表、普陀山僧名单一纸,洋银22元及小洋若干,因其形迹可疑,便拿获讯办。经提审,该僧供认名藤岛武彦,但又编造了一套谎话,说是日本大阪人,因受日本驻上海总领事大越成德派遣,到普陀山法雨寺访日本僧人高见,"因彼高见犹未知今回两国失和之事,故特至法雨寺告事情切迫,使他回国","恐路上有人盘问,故先落发"。但他却否认有侦探军情等事。又传到高见,"杂于众僧人中,令藤岛指认,相视良久,茫然莫识"①。这两名日僧到底是何许人?藤岛武彦,日本鹿儿岛人,1885年赴上海学习汉语,次年加入汉口乐善堂,曾至兰州一带调查,后回日本在大阪经营纸草制造业,从经济上资助上海日清贸易研究所。甲午战争爆发后,藤岛武彦便被派赴中国任军事侦探。高见武夫,日本冈山县人,入镰仓圆觉寺为僧,偶然与上海日清贸易研究所负责人荒尾精相识,非常投机。荒尾劝其以经略中国为志,甚中高见武夫下怀,便收拾行装返乡。适其少年时代之同学福原林平由上海回国探亲,便于1893年11月相偕来上海。随后,高见武夫便到普陀山法雨寺潜伏下来,以伺机活动。②但由于中国方面并不掌握藤岛、高见的情况,故暂作为悬案,先将二人看押。至是,福原林平供出了他与藤岛、高见相识,并知高见名武夫。根据

---

① 《浙江巡抚廖寿丰来文》,《朝鲜档》(2325)。
② 东亚同文会编:《对支回忆录》下卷,列传,1936年版,第574~576、590~592页。

此供，刘坤一即饬令廖寿丰将藤岛武彦、高见武夫押解杭州审理。高见武夫始供出实情：原与福原同馆，"他能说中国话，知中国事。他招我来，是要我一同窥探军情。"藤岛武彦亦不得不招："7月初到上海，见日本（总领事）大越。因为中日交兵开战，大越给我盘费洋元，记有暗码，命我先到普陀山招高见武夫，一同测绘中国地形，窥探军情。我剃去头发，扮作僧人。"① 从而这件历时半年的悬案，终于得到结案。后福原林平、楠内友次郎与藤岛武彦、高见武夫均先后被处决。因证据确凿，美国政府终未能再出面交涉。

几乎与中美交涉引渡上海两名日谍的同时，美国临时代理公使田夏礼又向总理衙门提出日本在华"学生"川畑丈之助回国问题的交涉。8月31日，田夏礼致函总理衙门谓：据美国"住孝顺胡同刘教士禀称：该教堂向设有学中西文艺学房。学生内有日本人川畑丈之助一名，两月前该学房放热学时，该学生即出外游历。昨于七月三十日旋回学房，仍欲入学。伊尚不知中日业已失和，该教士因际此时不愿留此日本学生，欲其回国"等因，要求发给路照，"执持赴津"回国。② 凭空出来一个日本在华"学生"川畑丈之助，此事颇为突然。9月2日，总理衙门复函田夏礼，提出："本衙门前经派员特向贵署大臣询问：有无倭人潜留京城？准贵署大臣面称：并无倭人踪迹。现在倭人忽称由外旋回，究于何处游历？由何处回京？无由详其踪迹。且出外两月之久，尚不知中日业经开战，仍欲入学，殊难凭信！"并要求必须"问明该倭人何年来京附学，本年避暑往来踪迹"。③ 本来，田夏礼来函破绽甚多，总理衙门虽指出其"殊难凭信"之处，但对该"学生"外出游历为何不领取护照这一关键问题却置而不问，反倒专问起

---

① 《藤岛武彦供词》《高见武夫供词》，《朝鲜档》（2325），附录一、二。
② 《总理衙门收美国署公使田夏礼函》，《朝鲜档》（2203）。
③ 《总理衙门致美国署公使田夏礼函》，《朝鲜档》（2207）。

"何年来京附学""往来踪迹"等一时难以查明的枝节问题。这场交涉一开始,清政府便处于被动的地位。果然,田夏礼于5日即按所问回复:

> 据刘教士称:"该学生系于本年三月初三日来京入学,至五月初二日放热学时,中国学生均各回家,学中教习亦多有往内地避暑者。该日本学生于五月二十四日出京游历,经过怀来县及宣化府,至张家口遇雨守候,雨霁过新河站、哈拉城至察哈尔,又至苏门哈达,由旧路旋京,于七月二十九日进城,仍欲在学房附学,教士因恐生事,是以不愿收留。该日本人系极好学生,并甚朴实。"查该教士人品向来方正,以上所言实为可靠。①

川畑丈之助,日本鹿儿岛人,原为步兵少尉,于1892年9月辞去军职,并获准到中国从事侦察活动。他在奉天一带活动近2年,跋涉各地,搜集情报。日本挑起战争后,他便将2年来实地侦察的结果报告当局,对日本后来发动辽东战役立下了功劳。② 当时,潜伏在烟台的日本间谍宗方小太郎在8月1日的日记中写道:"本日川畑等经满洲来此地。彼鹿儿岛人,向曾辞去陆军大〔少〕尉之职来中国,滞留于西安府〔县〕,近来将去北京者也。"③ 可见,川畑丈之助是由东北经烟台转赴北京,而不是经张家口等地入京;川畑丈之助到北京的时间已是8月间,而不是7月29日。田夏礼对总理衙门的答复,完全是编造的谎言!虽然川畑丈之助来历不明,形迹可疑,但总理衙门一则没有掌握什么证据,二则不愿与美国的关系搞得太僵,便决定"稍与通融",只要田夏礼担保川畑丈之助"必无作奸犯科,有干中国国法军

---

① 《总理衙门收美国署公使田夏礼函》,《朝鲜档》(2224)。
② 黑龙会编:《东亚先觉志士记传》下卷,列传,第210页。
③ 《宗方小太郎日记》(稿本)。按:"西安府"应为西安县之误。西安县,光绪间置,属盛京省海龙府。

法之处",可允其出境。① 于是,日本间谍川畑丈之助便由美国公使馆发给护照,由上海乘船回国了。

在甲午战争初期,中美之间围绕着日本间谍问题进行过多次交涉。显而易见,美国驻华外交使节在处理日本在华间谍问题时,不但偏袒日本一方,而且千方百计地予以庇护,甚至不惜用伪造供词或证明的卑劣手段以欺骗中国。其支持日本的立场是相当清楚的。

五 "高升"号被沉事件及其结局

日本海军击沉英国商船"高升"号一事,震惊中外,成为举世瞩目的国际重大事件。对此,中日两国的反应自然不同,而作为"高升"号所有国的英国的态度才是问题的关键所在。

丰岛海战后,济远舰于7月26日晨6点半到威海下锚。27日,李鸿章收到方伯谦的电禀,始得知日本海军在丰岛袭击中国军舰和击沉英国商船,便于当天下午电告驻日公使汪凤藻:"二十三(7月25日),日兵船在牙山口遇我兵船,彼先开炮接仗。"② 7月27日,他又将方伯谦电转报总理衙门,特别指出:"至高升系怡和船,租与我用,上挂英旗,倭敢无故击毁,英国必不答应。"③ 并电驻英公使龚照瑗:"所租怡和高升装兵船被日击沉,有英旗,未宣战而敢击,亦藐视公法矣!"④ 李鸿章认为,日本击沉"高升"号,公然"藐视公法",必定会激起英国的干预。当然,这只是他的幻想。

本来,在日本的挑衅活动不断升级之际,军机处内部在采取何种对策的问题上是意见不一的。翁同龢、李鸿藻主张采取强硬态度,甚

---

① 《总理衙门致美国署公使田夏礼函》,《朝鲜档》(2249)。
② 《李文忠公全集》电稿,第16卷,第32页。
③ 《清光绪朝中日交涉史料》(1241),第15卷,第27页。
④ 《李文忠公全集》电稿,第16卷,第33页。

第三章 战争爆发后的国际外交

至不惜公开宣战,而奕劻等人则持反对的态度。及至接到李鸿章的电报,军机大臣们感到有英国被卷入,形势对中国是有利的,因此主战之议转居于上风。从当天军机处的奏片中,便不难看出这一微妙的变化:

> 臣等公同商酌,现据李鸿章电报,倭兵已在牙山击我兵船,并击沉英船一只,狂悖已极,万难姑容!且衅自彼开,各国共晓,从此决战,大属理直气壮。现拟先将汪凤藻撤令回国,再以日本种种无理情状布告各国,然后请明发谕旨,宣示中外。至一切布置进兵事宜,请寄谕李鸿章妥筹办理。①

军机处内部意见之所以能够统一起来,是因为相信了李鸿章电报所说"英国必不答应"的话。所以,这个统一是有条件的。英国政府的态度,便成为决定事态发展的至关重要的因素。7月27日,即军机处看到李鸿章电报的当天下午,总理衙门奕劻等人与英国公使欧格讷有一次谈话,其中涉及击沉"高升"号事件的内容如下:

> 欧:"英船名高升者,租装中国兵往韩,在牙山口外被倭兵开炮击沉……我想昨日所闻韩王被拘,尚可设法商量,从长计较。现在关系更大,我已报本国政府了。"

> 奕:"英船悬挂英旗,倭兵居然炮击,于英国体面亦有所关。况英国现正为中日说和,日本不特不听,且如此无理,英国似不能忍而不问。且日本专作狡狯之计,若事事如此,则不犯沪上之说亦不可靠了。"

> 欧:"不犯沪上,有字据,或当不致反复。"

> 欧:"日本多行无理,各国均极不平。贵衙门以前办理此事,按理做去,步步不错。我甚愿贵国仍按理缓缓办去,我英国不能

---

① 《清光绪朝中日交涉史料》(1235),第15卷,第25页。

不同日本讲理。"

奕："事势如此，我们不能不将日本开衅之事布告各国了。日本如此无理，两国素讲公法，当作何办法？"

欧："此时我不能出断语，当听政府之命。既日本将英船击沉，或竟调水师前往，亦未可知。"

奕："看目下情形，日前所说商劝各节，只好搁开了。此事算失和否？"

欧："自然不能不算开仗。"

奕："现在撤兵不成，衅端已肇，又伤英国商船，贵国政府似不能无办法。"

欧："这个自然。"

奕："汝既告政府，何时可有回信？"

欧："明日当有回信。我得信即奉告。或自来，或令翻译来。"①

在这次谈话中，总理衙门试图抓住击沉"高升"号事件，激起英国政府的义愤，以制止日本的战争行动，并使英国怀疑日本"不犯沪上"的保证，放弃中立的立场。而欧格讷的回答，则仅限于这一事件本身。虽然如此，欧格讷的回答中却有"我英国不能不同日本讲理""既日本将英船击沉，或竟调水师前往，亦未可知"等语，仍然使清政府抱有英国会公开干预的幻想。

先是前一天，总理衙门接到李鸿章的复电，对军机处"以日本种种无理情状布告各国"的意见表示赞同，说："倭先开战，自应布告各国，俾众皆知衅非我开，似宜将此案先后详细情节，据实声叙。"②

---

① 《清光绪朝中日交涉史料》(1261)，第15卷，第33~34页，附件一。
② 《清光绪朝中日交涉史料》(1252)，第15卷，第31页，附件一。

现欧格讷又有"按理做去"的建议。于是,总理衙门于7月30日致各国照会,先声叙朝鲜问题颠末,继则指责日本挑起战端:

> 何意该国忽逞阴谋,竟于本月二十三日,在牙山海面,突遣兵轮多只,先行开炮,伤我运船,并击沉挂英旗英国高升轮船一只。此则衅由彼启,公理难容。中国虽笃念邦交,再难曲为迁就,不得不另筹决意办法。想各国政府闻此变异之意,亦莫不共相骇诧,以为责有专归矣。①

清政府用照会揭露日本破坏国际公法的侵略行径,希望公理得到伸张,也很符合欧格讷"按理做去"的建议。当时"理"确在中国一方,但问题在于:在"力"的方面,中国却不如日本。而且,西方列强又各有其"利"之所在,在中国的"理"、日本的"力"、列强的"利"三者的相互关系中,"理"的分量是极其微小的。在此情况下,清政府欲求公理伸张,岂可得乎?

7月27日上午,即欧格讷与总理衙门奕劻等人会见之前,已经得到了"高升"号被日本军舰击沉的消息。并立即致电金伯利报告:

> 日本军舰击沉"高升"号轮船。该船载有1 500名士兵,是开赴牙山的。它是中国租用的运兵船,悬挂英国国旗。当时,日本军舰在牙山港内等候出击。一艘中国军舰被日本俘获,另一艘受重创后逃逸。船上受雇于中国的德国军官汉纳根一同丧生。总理衙门要我下午早点儿前去。我想建议他们采取权宜政策,以便英、俄两国有时间采取联合行动。没有事先警告就对"高升"号进行袭击,而且其时正为划区占领问题进行谈判,日本人也知道您的建议已经为中国所接受,尽管他们自己尚未作出明确的答复。

---

① 《清光绪朝中日交涉史料》(1262),第15卷,第34页,附件一。

这就更加说明了他们的行为非法和无耻。①

当时，欧格讷所得到的消息虽不完全准确，但报告指出日本海军蓄意击沉"高升"号，其行为非法无耻，还是客观公正的。

与此同时，英国驻日临时代理公使巴健特就日舰击沉英国商船"高升"号一事向日本外务省提出了交涉。本来，先是在7月19日，日本政府为对付英国的调停，曾在声明中故意提出中国根本不能接受的条件，并向中国发出最后通牒，限于5天内答复。② 当时，海军大臣西乡从道问陆奥宗光："若日本舰队在最后通牒期满后，与中国舰队遭遇，或中国有再增兵的事实而立即开战，在外交上有无为难？"陆奥宗光答称："从外交顺序来说，并无任何妨碍。"③ 这说明日本的丰岛海上袭击是早有预谋的。可是，当巴健特建议日本政府收回自7月19日起5天后便不再接受任何谈判建议时，陆奥宗光又于24日收回了该声明，并虚伪地保证："日本无意对中国发动战争。"④ 言犹在耳，而日本却在第二天发动了丰岛袭击。尽管这次海上袭击是日本阴谋策划的，但其结果却出乎日本当局的意料之外。陆奥宗光事后回忆说："最使我国官民大吃一惊的，是我国军舰'浪速'号击沉悬挂英国国旗的一艘运输船的消息。……最初接到在丰岛海战中我国军舰击沉悬有英国国旗的运输船的报告时，都想到在日、英两国间或将因此意外事件而引起一场重大纷争，任何人都深为惊骇，因而有很多人主张对英国必须立即给予能使其十分满意的表示。"⑤

陆奥宗光确实为此极为紧张，担心会招致英国对日本的干涉，他

---

① 《中日战争（1894）》，第81页。
② 《中日战争（1894）》，第62页。
③ 陆奥宗光：《蹇蹇录》，第70页。
④ 《中日战争（1894）》，第73页。
⑤ 陆奥宗光：《蹇蹇录》，第70~71页。

写信给伊藤博文说："此事关系实为重大，其结果几乎难以估量，不堪忧虑。"并提出："是否暂时停止增派大军，双方不再接触？实在过于忧虑，特呈此书恭候高见。"① 伊藤博文乍闻此事，也为之惊愕失色，立时召见海军大臣西乡从道，出示英国公使的照会，并且说："值此重大危机之时，浪速舰长东乡平八郎敢擅将英国商船击沉，殊属轻举妄动，望速将该舰长罢免，以谢英国政府。"西乡从道则认为，应等到舰队和东乡平八郎的报告到来之后，再行讨论办理。伊藤博文连日催询，西乡从道仍以尚未接到电报为辞，延不办理。于是，在伊藤博文和西乡从道之间发生了一场互不相让的争论：

伊藤："在此国家重要之时，万不可荏苒失机。前方之报告虽不完备，而英商船之被我舰击沉则确为事实。兹英国舆论极度恶化，是我不可不于此时执行机宜之处置，有以平英国之怒。"

西乡："余对于自身统率之部下尚未接到其报告，仅凭外国所传之电，处分该事件之关系者，实为不可能，仍请有以稍待。"

伊藤："以一舰长之事迁延不办，为一失去时机，陷国家于危险地位，究谁任其责？"

西乡："此责完全由余负之，公请放心。"②

伊藤博文与西乡从道的很不协调的对话，并不意味着在发动侵略战争这一既定方针上，日本内阁和海军意见相左，而是伊藤博文不能不更多地考虑英国的态度问题。他担心一旦英国政府改变其所谓"局外中立"的立场，转而对日本实行干涉，无疑将会使日本的战争计划遭到严重的打击。

7月26日，即事件发生的第二天，"浪速"号舰长东乡平八郎曾

---

① 藤村道生：《日清战争》，上海译文出版社1981年版，第90页。
② 《中日战争》（六），第80~81页。

向日本联合舰队司令官伊东祐亨报告击沉英旗商船"高升"号始末：

>明治27年7月25日午前8时30分，于仁川海面与"高升"号相遇，判定其为奇怪之船只，放空炮2发，令其停泊；又令其抛锚。该船立即抛锚。然后，根据司令官将其带往根据地之命令，再次派分队长人见大尉至船内查讯。该船为清国人所雇，搭乘清兵1100余人，并载有武器，正在驶向牙山途中。当命令该船须随本舰时，船长答曰："吾无他助，仅听尊命。"……因该船发出希望小艇回来之信号，本舰立即派小艇载军官向船长问话："为何需要小艇？"船长称："清国兵不许我随从贵舰，主张归航大沽。因彼等乘外国船从本国出发之际，并未接到交战之通知。"军官答："待我等归船后，可再以信号传令。"于是归舰。因得知船长以下受清国人胁迫，本舰立即以信号令其舍弃该船。商船发出送小艇来的信号。我发出可以彼之小艇前来之信号，商船答以我等不被允许。故认定清兵胁迫船长拒绝我之命令，先于前桅杆悬挂红旗，同时以信号令其立即舍弃该船。至此，决定破坏之。午后1时半，将其击沉。①

东乡平八郎的报告虽然站在侵略者的立场，以"认定清兵胁迫船长拒绝我之命令"为击沉"高升"号的理由，但其所叙述的击沉"高升"号的过程还是大体上符合事实的。

7月28日，日本政府已获悉日舰击沉"高升"号的消息，便决定采取"恶人先告状"的做法。29日，联合舰队司令官伊东祐亨和"八重山"号舰长平山藤次郎有内容相同的报告到日本海军省。主事山本权兵卫见所报告的事实经过对日本不利，便亲自动笔修改。他确定了三条修改原则：一是诬称中国军舰首先发起攻击；二是谎称事后才知

---

① 《日本外交文书》，第27卷，第710号，附件一，甲号。

道"高升"号是英国商船；三是把丰岛之战与击沉"高升"号拉到一起，以混淆视听。经过山本炮制过的报告玩弄"贼喊捉贼"的卑劣伎俩，不惜编造弥天大谎，以为日本洗刷和开脱。西乡从道对这份报告感到满意，立即核准上报。

虽然日本政府已经知道中英之间不存在什么密约，而决意要发动这场侵略战争，但对于英国政府究竟将对击沉"高升"号事件采取何种态度，它还是不完全摸底。所以，陆奥宗光一度想建议暂时不再增派大军到朝鲜，不对中国军队发动新的攻击。伊藤博文对英国的态度觉得较有把握，不同意陆奥宗光的意见，似乎成竹在胸地说："当初在决定开战时，就要让留在广岛的一个旅团立即出发，事到如今，难以改变控制了。"①

7月30日，英国众议院开会时，外交副大臣柏提在答复议员的提问时，提到了日本军舰击沉一艘运兵船的事。同一天，金伯利收到印度支那轮船公司董事长马堪助的来信，其内称：

> 作为英国商船"高升"号的船主，谨向阁下报告：我们今天收到公司代理人贾丁、马西森先生及上海殖民部来电，告知"高升"号被中国租用，向朝鲜运送军队，在朝鲜近海被日本鱼雷击沉。除大约40名中国人获救外，所有人员随船遇难。……我们还没有得到租船的详细情况，之所以抗议日本当局的不友善行径，是因为一艘悬挂英国国旗的船只，在交战双方未经宣战、局势仍然和平的情况下，未接到投降警告就遭到袭击致毁。这是令人无法容忍的。……我们向阁下请求：一旦掌握了更为确切的情况，立即通报日本政府这一严重的、不可原谅的粗暴行径，要求他们

---

① 藤村道生：《日清战争》，上海译文出版社1981年版，第91页。

对人员伤亡和财产损失负责。[1]

金伯利接信后,一面要求印度支那轮船公司提供"高升"号的租船合同及是否悬挂英国国旗的情况,一面致函司法局询问从国际法的角度是否有权向日本索取赔偿。

日本驻英公使青木周藏注视英国政府的动向,十分焦虑不安,便于7月31日致电陆奥宗光,建议道:"关于英国运输船事件,请在英国政府提出要求以前,由我主动提出予以相当赔偿。再者,乘坐该船之德国军官如已死亡,亦请采取同样措施。"[2] 陆奥宗光更为老辣,决定留有回旋余地,一面立即会见巴健特,告以:关于事件的详细报告尚未到达,将继续调查,并保证"万一日本军舰错打了英国船,日本将赔偿全部损失"[3];一面指示青木周藏按此精神通知英国政府。

日舰击沉"高升"号事件发生的一周后,真相终于大白于世。8月1日上午10时半,在天津海军公所,由北洋海军营务处罗丰禄、天津海关税务司德璀琳代表北洋大臣,听取法国军舰"利安门"号救起的"高升"号2名船员和3名水手陈述遇难经过。到场者有:俄国驻天津代理领事来觉福、法国驻天津领事拉福来、德国驻天津领事司艮德、美国驻天津领事李德、英国驻天津领事馆的葛克伯及天津怡和洋行经理人考新斯。德璀琳在宣布开会时说:"中国政府因欲讯问高升轮船如何被毁一节,故将所救出之人带来天津。因欲至公无私,故请各国领事观审。"又谓:"'高升'号系英国商轮,能载重1353吨,因高(朝鲜)王被日兵所迫,求中国救护,故中国雇此船载兵往高,系照1885年中日条约所载,高丽有事,中国可以派兵至高。初不虞日兵

---

[1]《中日战争(1894)》,第83页。
[2] 陆奥宗光:《蹇蹇录》,第71~72页。
[3]《中日战争(1894)》,第86页。

第三章 战争爆发后的国际外交

之半途击袭也。"随后,在船员欧利爱特等供述时有如下之问答:

问:有见日本人与船主说话否?

答:看见。但吾适上船上观星台,故未听明船主与日人说何言语。唯见日人与船主、领港并客人一位共话。

问:尔知中日兵船曾开仗否?

答:不知。

问:船上西人看见否?

答:不知何往。其时水面人多难认,想必早已跃入海内随水去矣。船上有舢板8只,下水者仅6只,船中人纷纷跳入舢板内,故舢板有翻倒者。其时因十分惊惧,故未曾见。舢板被日人用机器炮击沉,唯见水面之人被日人枪毙者甚众。

问:高升扯何旗?

答:日船未来之前早已扯起英国旗号,并中桅上又扯起本行旗。①

对于"高升"号被沉事件的经过,这些中外亲历者"说得都很清楚、坦白,令人感动。在主要事实及大部分的细目上,他们都是一致的"②。不仅如此,"高升"号船长高惠悌及乘客德国汉纳根大尉二人的证言,进一步证实了上述5位亲历者陈述的可靠性。从而证明了日本政府所公布的报告,其主要情节都是编造的谎言。

"高升"号真相大白后,英国舆论大哗,"尤其是各报纸对此问题决不肯轻易罢休。有的说日本海军侮辱大不列颠帝国的旗章,英国应使日本表示道歉;有的说日本海军的行为是在战争开始以前,即在和平时期发生的暴行,日本政府应对沉船的船主及因此次事变而丧失生

---

① 《中倭战守始末记》,第1卷,第5~6页。
② 《中日战争》(六),第29页。

命财产的英国臣民予以适当赔偿。其他尚有言论激烈以宣泄愤怒之情者"①。印度支那轮船公司也函复金伯利："所询是否有证据证明高升遭袭击悬挂英国国旗……这一点基本可以肯定。"② 金伯利在舆论的压力下,也作出一点似乎强硬的姿态。一方面他电告驻俄公使拉塞尔斯："中国驻地之我舰队司令已率舰队前往仁川,保护英国侨民的生命财产。请将此事转告吉尔斯先生。并告诉他,英国政府愿英、俄两国海军指挥官保持坦诚的联系,以采取措施保护中立国的经济贸易。"另一方面,又致电欧格讷重提 7 月 20 日对日本的警告:"由于背离了 1885 年与中国签订的条约精神,日本应对此负责。"③

英国司法局对有关"高升"号被沉事件的材料进行了研究,于 8 月 2 日答复金伯利说:"我们认为,英国政府有权要求日本政府对沉船及由此带来的英国公民的生命财产损失提供全部赔偿。"最后签名的是英国皇家法院的两位法官里格比和里德。当天,青木周藏收到日本外务省发来的"高升"号船长高惠悌和大副田泼林的证词。在证词的后面,日本外务省把证词的几句话又重复了一遍,以示重要:

  船长说,想跟随"浪速"号或离开"高升"号时,都受到来自中国军官的生命威胁。大副也说,日本军官第二次到"高升"号上是想在开火前带走船上的欧洲人,但遭到中国人的拒绝。

青木周藏当即将证词送交英国外交部。日本政府本想用此证明来把罪责推卸给"高升"号上遇难的"中国军官",却恰恰戳穿了原先日本报告关于事前不知为英国船的谎言。金伯利又将证词转给司法局征求意见,并询问:"日本政府又一来电,是否有劝说我们改变原有的意

---

① 陆奥宗光:《蹇蹇录》,第 74 页。
②《中日战争 (1894)》,第 90 页。
③《中日战争 (1894)》,第 91 页。

见之意图?"实际上,是想以此来使法官们改变态度。但是,仍由里格比、里德签名的答复称:"我们认为,即使日本此番来电内容属实,也不能改变日本政府对英国公民蒙受损失应负的责任。"①

至此,金伯利才不能继续犹豫,于8月3日照会青木周藏:

> 英国政府就来函所述与皇家法院的法官们进行了商讨。最后认为,由于日本海军的行为而使英国公民生命财产的遭受的一切损失,日本政府必须负全部责任。我满意地注意到,日本政府已经表示,愿意为其指挥官的过失而提供适当的赔偿。一旦英国政府收到详细的情况报告而作出最后结论,我会即时向你通报。②

该照会的措辞貌似强硬,实则预先留有回旋余地。"最后结论"云云,只不过是采取拖延办法以缓和舆论的指责而已。

陆奥宗光接到青木周藏的报告后,立即邀见巴健特,并向他表示:"关于此次令人遗憾之事件,一俟经过充分调查以后,如果不幸发现帝国军舰的行为有失当之处,帝国政府即当给予适当的赔偿。"③ 并将此意电告青木周藏。所谓"充分调查",无非是重演贼喊捉贼的故技,以为英国政府放弃赔偿要求提供"根据"罢了。青木周藏在复照中将上述意思告知金伯利时,还特意在后面加上了这样一段话:

> 我满意地注意到,阁下期待在此问题上得出最后结论的进一步消息。我将像往常一样,不中断这种非官方的通信,以了解此事件之详情。我希望阁下能将此看成是我方真诚愿望的进一步证明,以促成这一令人痛心的问题之充分谅解。我相信,事实将随着较详细完整的报告的提出而日渐明朗,并将消除先前简单而不

---

① 《中日战争(1894)》,第93、97页。
② 《中日战争(1894)》,第98页。
③ 陆奥宗光:《蹇蹇录》,第72页。

完整的报告所产生的令人不快的印象。①
青木周藏的"满意"真是画龙点睛之笔，点出了陆奥宗光的"充分调查"和金伯利期待"最后结论"正是演的一出双簧戏。

并不是所有的人都能够看出来这是一出双簧戏。英国远东舰队司令斐里曼特海军中将就是这样。他于8月4日奉命带舰队到达仁川后，派"敏捷"号（Alacrity）去天津取回汉纳根等人的证词，再加上先前欧格讷提供的有关情报，便得出了如下结论：

> 7月25日清晨，"高升"号载着中国军队航进，在丰岛附近与4艘日舰遭遇，被令停船。抛锚后，中国士兵拒绝让船长跟日舰走，要求若日舰允许可返回大沽口。但"浪速"号却蓄意向其发射了白头鱼雷，并用重炮猛轰，将其击沉。船沉时，还继续向落水的中国人开火，但搭救欧洲人。②

对于日本海军的卑劣行径，斐里曼特也感到气愤，一面派"射手"号（Archer）舰寻找日本旗舰，质问其司令官：浪速击沉高升是否奉司令官之命，还是征得司令官之同意？一面飞电责诘日本海军省，其略云：

> 中日倘有战争之事，则当预先照会各国，然后各国按照万国公法，不使轮船载运中国兵马。今日本并无照会至英国，则英国之高升轮船自应载运中国兵马，并无一毫背理之处。日兵无端燃炮轰击，以致全船覆没，船中司事均遭惨毙，是何理耶？明明见有英国旗号，而肆无忌惮一至如此！将与中国为难耶？抑与英国为难耶？请明以告我。③

同时还向英国海军部建议："我方应要求立即罢黜并拘捕'浪速'号

---

① 《日本外交文书》，第27卷，第723号，附件二，乙号。
② 《中日战争（1894）》，第111页。
③ 《中倭战争始末记》，第1卷，第6页。

舰长和那些在中日两国政府谈判期间指挥军舰卷入事件的高级官员。若不遵从，我应被授权实行报复。最重要的是，应当做些事情以弥补大英旗帜所遭到的侮辱。"① 一时之间，英日双方剑拔弩张，大有一触即发之势。

当然，李鸿章更看不出来金伯利、陆奥宗光二人演的是一出双簧戏。他听说日本政府"考虑赔偿"的话，便相信日本真要赔偿，又燃起了一线希望。8月7日，他打电报给驻英公使龚照瑗说：

> 倭兵船击沉高升一案，闻倭向英谢罪，议赔船货。华人搭船者，原赖有英国旗保护，乃倭于未宣战之先，忽轰此船，致毙千余人性命，并器物等件。死者家属冤苦，应请英向倭索赔抚恤。汉纳根亲供明日电呈，凶惨如绘。望与（马）格里商，聘著名状师询此案。中国照理照例，应索赔，即交其核办，再与（英）外部商订。名虽向英索，仍应由英向倭索。趁彼议赔未定时，可将此款列入，缓则无及。②

8日，他还致电总理衙门提出此议，并说："若欧使询商时，乞钧署与办，勿松劲。"③ 当然，这些不切合实际的想法，是不会收到什么效果的。

日本政府鉴于击沉"高升"号而引起的日英纠纷，很可能使正在付诸实施的侵略图谋前功尽弃，便决定采取以攻为守之策，首先从英国外交部下手。8月7日，先派驻英公使馆德籍秘书西博尔德男爵拜访柏提，谈话中自然会涉及"高升"号被沉事件。于是，西博尔德和柏提围绕着日本的责任问题展开了一场辩论：

柏："金伯利伯爵曾就'高升'号被沉一事送致青木周藏公

---

① 《中日战争（1894）》，第111页。
② 《东行三录》，第153页。
③ 《清光绪朝中日交涉史料》（1322），第16卷，第13页。

使一份照会。"

西："听说了。但在这种情况下，英国外交部不可能期待日本政府给予一个相应的满意答复。发生此事是不幸的。就我个人来说，对受害者是深表同情的。但从军事观点，特别是国际法的观点看，对受害者则不能表示同情。"

柏："道理比较简单：一艘日本军舰击沉了装载前往朝鲜的中国军队的英国船，而朝鲜是中国根据1885年条约完全有权力派遣军队的地方，日本无权阻止这艘船，或者说无权阻止中国派兵。"

谈到日本无权问题时，西博尔德则强调事先已有"最后通牒"。那么，所谓"最后通牒"算不算正式宣战呢？

柏："但在那里并没有真正的战争声明。"

西："我承认这一点。然现代国际法权威，特别是美国的权威，都认为不必要求什么正式的声明，仅仅表示他们有采取非常手段之意图就行了。柏提先生还能记得1870年法国代办在柏林就普法战争开始写给俾斯麦的信吧？信中仅仅表示了法国政府在认为有必要时将保护其权力之步骤。日本政府较之上述事情是走得远了一点。它要求英国公使通知中国，中国增兵是对日本的一个威胁。这就明显地意味着，日本把派兵看成是敌对行动。"

柏："但战争实际上还没有真正打起来。"

西："是的。在'高升'号被拦时是那样，但几分钟后情况不一样了。因为济远向浪速发射了鱼雷。我想，发射鱼雷不能不意味着敌对行动。"

柏："当然，但这些还不能证明。"

西："我相信在浪速舰开始阻拦之后，是中国军舰开了第一炮。这是毫无疑义的,因为'济远'号升起了停战旗。这样的事无论如何也弄不清楚,因为济远在升起白旗的情况下还向它的敌人靠近,就很像是一个骗局。"

柏:"中国军舰开火,是因为浪速舰阻拦这艘轮船。"

西:"不是英国的船就是中国的船。如果是英国的船,正如你所说那样,中国军人就无权干涉,因为这是英国军人的事;如果是中国的船,中国军人则有权干涉。要是那样的话,英国政府现在就毫无理由去抱怨了。船不是英国的就是中国的,它不可能同时属于两国。假设是英国的,中国军人则无开火之借口。"

柏:"船是英国的。正如你所说,中国军人没有因船被阻而开火的理由。浪速舰也抓住了这一点。"

西博尔德说中国军舰先开第一炮,本来是一种推测,他开始说"相信"是这样,继之又说"这是毫无疑义的",用偷换概念的手法把自己的推测虚构为客观事实了。然后又运用二难推理的形式,得出"中国军人无开火之借口"的结论。这真是拙劣的诡辩!因为他所确定的"中国军舰先开第一炮"的前提完全是虚假的。可笑的是,身为英国外交副大臣的柏提,竟然陷入了这位日本公使馆秘书所设下的迷阵,承认是中国军舰先开第一炮,进而肯定"高升"号上的中国士兵没有为了自卫而进行反击的权利。

接着,他们又就浪速击沉"高升"号是否有理的问题继续进行争论:

西:"是的。如果按时间顺序考察此事,你可以看到,浪速舰是完全对的。'济远'号之行动使中日之间敌对行动业已开始,从而战争法也开始实行了。根据战争法,交战一方有权阻止中立船只载运战争禁运品。我想,你会承认军队和弹药是禁运品。"

柏:"当然,但无须击沉船。"

西:"这便是下一个问题了。敌对行动既已开始,浪速舰派一小艇去命令'高升'号跟它走。换句话说,它捕获了这条船。这样做是符合国际法的。"

柏:"但不应击沉它。"

西:"这又是下一步了。当浪速舰长命令'高升'号跟随时,其船长却遭到了拒绝投降的中国人之阻止。汉纳根先生、高惠悌船长和浪速舰长可以作证。'高升'号船长已不再担任指挥,他已是中国人手中的囚犯。他们威胁他的生命,不让他放下小艇。从法律上说,他们已占据了这条船。因此,该船尽管还挂着英国旗,但已不是英国人所有。作为该船代表的船长已失去自由,而成为一个犯人。他们这样做,不是船上中国军队的自愿行动,便是中国将领下达的命令。从法律上说,在第一种情况下,是船已落入海盗之手;在第二种情况下,是中国军队在中日敌对行动开始时占领了该船。这样,浪速完全有理由采取这样的军事措施。因为控制船上配备的武装和采取敌对行动人员的反抗,是完全必要的。"

柏:"但不必击沉它。"

西:"在这一点上,我们务必要将感情和公法区别开来。如果浪速毫无他法可想,那在法律上也是有理由的。正像我认为那样,应不失时机地击沉它。因派小艇跟踪中国船是浪速的责任,而小艇跟在中国船后边跑,任何时候都可能遭到中国强大海军力量的攻击。此外,浪速舰也近于掌握在中国军人的手中并有被击沉的危险。因为一旦炮弹进入机房引起爆炸,它就报销了。"

西博尔德首先颠倒了事件的因果关系,把中国士兵反投降说成是敌对行动的开始,继而把"高升"号定性为"中国船",甚至危言耸听地编造浪速有被击沉的危险。这正如强盗持枪威逼过路人,过路人不听威逼反被扣上威胁强盗一样,这完全是强盗的逻辑!

这位受雇于日本驻英公使馆的秘书鼓起如簧之舌,任意信口雌黄,竟使柏提无言以对,最后只好说:"我可以私下告诉你,击沉英船不但是坏事,而且是很愚蠢的事。"西博尔德答道:"我也和你同样感到遗憾。为了辩论,即使我们所争的问题远了些,但我仍然坚持那是对的。如果英国政府由于某个军官的行为而改变其对日本的友好态度,那就更令人遗憾了。"[①] 他是暗示英国不要小题大做,为了区区小事而忘了联日防俄的战略。对英国当局来说,这番话是很能打动心弦的。

2天后,柏提签署了一份备忘录,把西博尔德所转述的日本政府的论点,归纳为7点,其中有4点涉及"高升"号被沉事件:一、"7月25日,是中国开了第一炮。中国军舰发射了一枚鱼雷,继之以火炮击中日本军舰"。二、"英国运输船'高升'号成为敌对的中国远征队的一部分,失去其中立立场,船主、货运商及船长肯定知道远征的目的及所冒的风险"。三、"'高升'号被击沉时并未处在英国船长和水手的掌握之下,中国人控制了该船,从而使其带上了海盗的特征"。四、"未经宣战即开始了战争状态,它至少在7月25日已经形成"。备忘录对日本的谬论从正面宣扬而不加说明,仅在结尾处轻描淡写地附了几句话:"上述辩解是否属实,多半要取决于日本对情况说明的准确性。然英国海军由自己同胞处得到的证词和函电,表明日本政府所述是不准确的。"[②] 这里露出的蛛丝马迹,隐藏着英国政府已考虑采取淡化"高升"号被沉事件的方针。

---

① 《日本外交文书》,第27卷,第723号,附件三,丙号。
② 《中日战争(1894)》,第112页。

不久，日本法制局长官末松谦澄经过"充分调查"，提出一份报告书，认为浪速舰之行为"绝非失当"。① 报告书的要点如下：

第一，"浪速"号是在战争已经开始以后才对"高升"号行使交战国的权利的。

第二，"高升"号船籍虽原属英国，但在事变中途，该船船长完全被剥夺行驶其职务的自由，该船已为中国军官所控制，严格说来，当时英船"高升"号已被中国军官强占。

第三，该船船长事先曾与中国政府订定契约，一旦开战，须将本船交付中国。特别是该船在大沽启航时接有密令，无疑已经预料到中日两国有交战行为。

据此，日本政府认为"显然没有如英国外交大臣所提出的对于其船员的生命财产负赔偿之义务，完全可以说是交战国行使当然之权利"②。于是，陆奥宗光向驻英公使青木周藏发出如下之训令：

末松调查的情况对我方极为有利。其报告抄件已于8月15日寄出。此外，还已查明，中国政府在租赁"高升"号时，曾向天津汇丰银行预付4万英镑押金。其条件是，如该船在宣战前后发生任何意外，这笔钱则付给轮船公司作为偿金。③

末松谦澄的调查书与西博尔德到英国外交部游说是互相呼应的，其基本论点也是一致的。二者还有一个突出的共同特点，即都是在国际法的外衣下而肆意歪曲事实的真相，以为自己的海盗行径辩护。

另外，日本不惜采用卑鄙的贿赂办法，也起了作用。青木周藏曾向陆奥宗光秘密报告：

《每日电讯报》、友好的《泰晤士报》和其他主要报纸，由

---

① 《日清战争实记》，第2编，第50页。
② 陆奥宗光：《蹇蹇录》，第73页。
③ 《日本外交文书》，第27卷，第726号。

于审慎地雇用,均就上述消息改变了腔调。除路透社外,几家主要报纸和电讯报社都保证了合作。英国权威人士维斯特雷基公开表示:根据国际法,浪速舰是对的。在德国《科隆报》的政治通讯员和友好的《大陆报》,也因此受到影响。你要提供我约1 000英镑的特工经费。①

由于日本的收买,不仅某些英国权威人士甘心为虎作伥,连英国及欧洲的一些主要报纸也都"改变了腔调",开始为日本的侵略行径辩护。

当然,最主要的问题还在于:对英国政府来说,联日防俄才是大局,它不会为一艘商船被击沉而改变其既定方针。起初,为了不使自己偏袒日本的态度过于暴露,英国政府撇开皇家法院的法官们,指示上海英国海事裁判所审理"高升"号被沉一案,并命英国远东舰队司令斐里曼特海军中将就此事提出报告。斐里曼特遵照政府的意图,却一变原先的态度。据日本递信省得到上海发来的机密电报:海事裁判所审理"高升"号被沉事件的经过是,"为了日本的利益,由英国海军提督提出报告,认为日本击沉该船乃正常之举,并劝告政府不作任何要求"②。

上海英国海事裁判所的判定,给英国政府在"高升"号被沉一案中完全倒向日本提供了"根据"。但是,对于如何向中国要求赔偿,即由英国政府出面向中国提出还是支持印度支那轮船公司直接向中国提出较为合理,还一直拿不定主意。到1895年1月,金伯利只好请英国皇家法院拿个章程。而皇家法院含糊其词以应付之,答复曰:"依据国际法,此事取决于对'高升'号所造成的损失。"③

于是,金伯利指示柏提给印度支那轮船公司写了一封长信。该

---

① 《日本外交文书》,第27卷,第720号。
② 《日本外交文书》,第27卷,第725号。
③ 《中日战争和三国干涉(1894—1895)》,第47页。

信称：

日本于8月1日发表中日两国处于战争状态，但事实上两国海军已在7月25日发生了敌对行动。在"高升"号被"浪速"号拦阻并登船前几小时，中国军舰已经与一艘或数艘日本军舰交火。一艘显然受伤的中国军舰，佯悬日本旗以施诡计，从"高升"号旁边驶过。"浪速"号本身锅炉舱中弹。敌对行动由此开始，实际上已被承认。这并不与国际法原则矛盾。这场战争已经开始，即没有正式宣战便进入了战争状态。

本来，"高升"号一开始所从事的服务是和平的、合法的。但是，当战争爆发时，便具有交战的特色，使日本名正言顺地行使交战权。假如该船想保持中立，就必须履行中立国义务。该船受雇运送中国军队和战争物资去朝鲜，日本有权制止这样做，不准该船驶向目的地。为了忠实履行中立国义务，船长准备同意"浪速"号舰长发出的命令，而"高升"号上的中国军官强行担任指挥。此举出自交战动机，妄图占据主动地位以对付日本海军。这时，"高升"号已不处于中立的英国船长的控制之下。事实上，该船已成为一艘交战船。因此，"浪速"号船长获悉这一情况后，有权将该船当作交战船。船主要求日本政府赔偿，是没有任何国际法原则可作为依据的。

还必须注意，当7月17日"高升"号被租用时，已预料到中日间有爆发战争的可能性。因此，在租船合同中特别规定，万一中日间发生敌对行动时，该船应立即调往上海，并将终止合同。其变通办法，是租船者立即买下该船。

由于"高升"号是在敌对行动开始之后从事向作战地点运送中国军队的工作，而且"高升"号的英国船长已被剥夺了指挥权，实际上对该船的控制权已落入船上的中国军官之手。所以，女王陛下的政府曾被劝告将赔偿英国国民生命财产损失的责任归于中国。金伯利大臣准备按照贵公司的要求，支持贵公司向中国政府提出合理要求，或者通过驻北京的公使馆提出这样的要求。

然而，在提出任何要求之前，应该提供有关遭受损失的程度，以作为可供利用的证据。我建议，在计算船的价值时，应以合同上写明的总额作为基础。调查了各个情况的细节之后，应估定个人的索赔数目。①

这封信不但重复了日本政府的谰言，而且还极力说服印度支那轮船公司向中国索赔。

对于英国政府的态度变化，连印度支那轮船公司的董事们也难以理解。先是在1894年8月6日，柏提曾奉金伯利之命，写信通知公司："日本政府必须为其海军军官的行为引起的英国国民的人身财产损失承担责任。……为使应索的赔偿心中有数，请尽快将沉船造成的人身财物损失详情禀报金伯利大臣。"② 董事会也对政府的决定复信表示满意。不料如今英国政府却来了个一百八十度大转弯，怎能不令董事们愤愤不平？他们致函金伯利说："如果承认'高升'号轮船在整个航程中没有任何违法行为的话，那么，对于日本人在犯下如此野蛮的屠杀罪行，使如此众多的无辜英国臣民丧生，并对英国国旗表示不敬之后，竟能完全逃脱惩罚，董事们深感失望。"③

在金伯利的说服下，印度支那轮船公司决定让其在上海的代理人提出向中国索赔的金额。经过几个月的准备，印度支那轮船公司于5

---

① 《中日战争和三国干涉（1894—1895）》，第53~54页。
② 《中日战争和三国干涉（1894—1895）》，第104页。
③ 《中日战争和三国干涉（1894—1895）》，第71页。

月2日提出了一份索赔金额的清单:①

项目	索赔金额（美元）
船价	190 000
船上存煤及储藏物品	8 000
一个月的租金	9 000
船员及水手补偿金	250 000
一年的利息	31 000
合计	488 000

按当时中外货币的比价，总赔偿金额48.8万美元，可折合4.88万英镑或白银34.16万两。连欧格讷也认为这个索赔金额是有水分的。他以船员及水手补偿金为例，指出："我注意到他们代表中国籍船员由于敌人而遭受的损失和伤害向中国政府索赔金额超过11.2万美元，其中几乎有4万美元是为那些船员花名册未载的中国人而索赔的。……似乎他们简单地确定了25万美元这个随意的数额作为个人索赔，然后再在索赔人中间进行分配，而不是先将单个项目适当确定后再决定总数，而且他们没有就损失的性质和价值以及幸存者所受的个人伤害提供任何证明。"②

原来，英国外交部与印度支那轮船公司商定，索赔要求将通过驻华公使欧格讷正式向清政府提出，而欧格讷却不愿意担任这个不光彩的角色。5月6日，他致电金伯利：

> 高升提出索赔将损害英国的利益。"高升"号的沉没是战争留下的最大创伤，被认为是一次背叛行为。英国迟迟不想限制日本，使自己背上了"亲日"的重大嫌疑。一旦发现英国又想在中

---

① 《中日战争》续编（六），第649页。
② 《中日战争》续编（六），第646页。

国身上捞取补偿，将会极大地伤害中国人的感情，并造成极坏的影响。由于拒绝支持逼迫日本让步，将会中断友好关系，使接管重组海军的希望化为泡影，并将失去一大堆政治及其他方面的利益。若在伦敦提出索赔并建议交付仲裁，将会减轻摩擦。①

9日，欧恪讷又致函金伯利，对6日的电报作了如下的补充：

> 若要求中国为自己遭受的莫大损害作出赔偿，将会引起强烈的愤懑。我无意从法律的角度判断是非，因孰是孰非无关紧要，问题是索赔会影响我们在中国的利益。根本无法使中国人明白国际法中的罚款是怎么回事。即使我们的法官费数月之功认真研究，作出无可置疑的正确结论，他们还是不会满意。遗憾的是，这一案件引起了广泛的关注。人们普遍相信，日本是肇事者，中国和英国是受害者，英国应予以报复。

他在6日的电报中把索赔的事推给伦敦，并建议交付仲裁。在这封信中又对仲裁进一步提出了具体的建议：

> 我相信，没有严厉的制裁，中国政府是不会完全接受索赔的。唯一和平解决的办法，是希望他们能够同意服从仲裁。如有外国政府及法官的支持，我们作为索赔人就会少遭非议。②

欧格讷的建议给英国政府出了个难题。当时，英国既在中国的形象相当不好，又在欧洲列强中处境较为孤立，考虑到自身的在华利益，也就只好不再追究此事了。

结果是清政府自认晦气，原先租船的押金既收不回来，便自然变成了偿金。此案遂无形了之。正如有人指出："国际法云云，岂有定评哉！"③

---

① 《中日战争和三国干涉（1894—1895）》，第408页。
② 《中日战争和三国干涉（1894—1895）》，第407页。
③ 《中日战争》（六），第82页。

第四章　清政府加紧乞和与美国居间

第一节　和议的初步酝酿

一　李鸿章获谴和帝党"易帅"受阻

平壤之战后，清廷内部在和战问题上的分歧逐渐表面化了。这个分歧，首先表现为帝党处分和罢黜李鸿章的斗争。

9月17日，平壤败绩的电讯传来，在枢府诸臣之间又引起了一场争议。李鸿藻指责李鸿章"有心贻误"。张之万、孙毓汶、徐用仪等皆持不同意见。翁同龢则支持李鸿藻，谓其言乃是"正论"，李鸿章"事事落后，不得谓非贻误"。[①] 最后，定议以李鸿章"统筹全局，是其专责，乃未能迅赴戎机，以致日久无功，殊负朝廷委任之意"，拟定两层：一、"拔去三眼花翎，褫去黄马褂"；二、"交部严加议处"。[②]当即草拟明发谕令二道，请光绪帝择定一道发下。当天12点1刻，军机处将奏片递上。到1点半即发下对李鸿章的处分，用拔去三眼花翎、

---

① 《翁文恭公日记》，甲午八月十八日。
② 《清光绪朝中日交涉史料》（1598），第20卷，第3页。

第四章 清政府加紧乞和与美国居间

褫黄马褂一道。光绪帝不请示慈禧太后便匆匆降旨,可见对李鸿章愤恨之深了。

8月19日,李鸿章奏陈军情,谓"仰荷圣慈,不加重谴,仅予薄责,策励将来,感激涕零,罔知所报",但对平壤之败多所辩护:"此次平壤各军,倭以数倍之众,布满前后,分道猛扑,遂至不支,固由众寡之不敌,亦由器械之相悬,并非战阵之不力也。"并建议说:"故就目前事务而论,唯有严防渤海,以固京畿之藩篱;力保沈阳,以固东省之根本。然后厚集兵力,再图大举,以为规复朝鲜之地。奉天地广兵单,与臣相距过远,且为将军及练兵大臣驻扎之所,一切调度未便遥制,应请特简重臣督办,以便调遣而专责成。"① 对此,帝党成员用"因循贻误于前,诿卸于后"② 二语以评之。在他们看来,只要仍然专恃李鸿章,则败局势难挽回。文廷式指责李鸿章:"袒护劣员,贻误军事,罪无可辞。朝廷仅予薄惩,尤未足尽其欺饰之咎!"并指出:"今日之失机,实出于筹划之疏谬,万万无辞者也。此时若仍恃该大臣一人调度,必至忿恚弃师,不可收拾。"③ 其意至为明显,就是要改组军事领导机构,不能由李鸿章把持战争指挥权。9月20日,给事中洪良品奏请:"朝廷再简一知兵大员为之统帅,以免遥制而一事权;令李鸿章为之接应粮饷器械等类,功罪同之。"同日,在枢府会议上,庆亲王奕劻自请赴九连城督师,并特别提出要以承恩公桂祥(慈禧的弟弟)为副帅。显然,这是为了堵住帝党的嘴。但是,慈禧自有打算,对李鸿章则温言抚慰,说他"办理军务为难情节,早在深宫洞鉴之中",表示对军事上的失挫予以谅解。不仅如此,慈禧还驳回了另派奉天督兵大臣的意见,仅派四川提督宋庆为帮办大臣,仍令

---

① 《李文忠公全集》奏稿,第78卷,第61~62页。
② 《缘督庐日记钞》,甲午八月二十四日。
③ 《清光绪帝朝中日交涉史料》(1608),第20卷,第14页。

李鸿章"统筹兼顾，不得稍有诿卸"。① 帝党"易帅"的活动受到了不可抗拒的阻力，所以翁同龢写信给张謇说："将不易，帅不易，何论其他？此天也！"② 充分表露了他的无可奈何之情。此时，慈禧已下决心推行她的议和方针，还要倚重李鸿章，当然不会因指挥战争不得力而罢黜他的。

二 慈禧探询和议与帝党对策

战争爆发后，李鸿章多次乞请列强干涉而贻误军机，但仍未认真吸取教训，他同俄国公使喀西尼的联系始终未断。8月13日，他致电总理衙门，报告喀西尼派参赞巴福禄晤谈一事。李鸿章称："看来俄似有动兵逐倭之意。该使谓，如何办法，该国尚未明谕，而大要必不出此。"③ 联俄之议遭到翁同龢等的反对，"力言俄不能拒，亦不可联，总以我兵能胜倭为主，勿盼外援而疏本务"④。因此被驳回。慈禧同李鸿章一样，都有联俄的幻想，故此电正投合她的心意。不过，在主战舆论高涨的情况下，她不便出来明确表态。尽管如此，此电后来却成为她探询和议的张本。

当时此事虽然极密，难免外间无有所闻。李鸿章此电发出的第五天，江南道监察御史钟德祥即奏称："密托外人先授以和意，抑其何策也？自古至今，以和敌取侮而不误国，臣未之闻也。"并请光绪帝"独断，不宜再误而自我托人调处"。⑤ 此"独断"所指为何？其弦外之音，是不言而喻的。还有些言官极陈和议之害。如福建道监察御史

---

① 《清光绪帝朝中日交涉史料》(1614、1635)，第20卷，第17、27页。
② 《中日战争》(四)，第574页。
③ 《李鸿章全集》(二)，电稿(二)，第880页。
④ 《翁文恭公日记》，甲午七月十六日。
⑤ 《清光绪帝朝中日交涉史料》(1404)，第17卷，第2页。

第四章 清政府加紧乞和与美国居间

安维峻说:"夷情变诈,毫无信义,得步进步,难满欲壑……万万不可和。和者,自损其威而示人以弱也。"① 江南道监察御史张仲炘说得更为痛切透彻:"急与言和,必赔兵费,则与其以巨款填彼欲壑,何若以之充饷,待其力竭请成索饷于彼,且绝后患之为得耶?臣所虑者:一两月后,我军或胜或败,他国又复出为调停,当事诸臣亦求事之速了。苟安目前一时,虽觉无伤,而积弱恐将不振。且今日之战事,实中国一大转机。我能制倭,则各国之待时观衅者,尚可稍戢其强暴之心;否则,一经示弱,则攘袂而起者,更不知其几何!今日图东陲,明日攻西藏,辽沈、台、琼等处在在可虞。虽有善者,亦不能为谋已!"② 他的这些话,不幸都言中了。还有些主战派官员直接抨击李鸿章。如侍读学士文廷式指责他"本心都无战志"。给事中余联沅揭发他对"言战者辄加斥责,而又听信二三佥邪不可轻战之言,他国洋人又从而恫吓之、隐持之,该督挟有欲和之意","一味优媚,损国威而懈士心"。③

不仅如此,有些统兵大帅和封疆大员也发出了反对和议的呼吁。9月18日,即平壤之战的第四天,黑龙江将军依克唐阿即奏陈"和害战利",指出:"若当轴诸臣、前敌各将仍存一主和意见,则敌先有入寇之举,而我尚无御侮之方,纵敌贻患,莫此为甚!从来中原误事,失在一和,可为殷鉴。当此倭奴逆命之秋,主战者固多,恐有仍挟各国劝令和平之议,援行上年越南故事,摇动圣心者。深为朝廷虑之。"④ 其言虽极婉转,然所指甚明。他还向朝廷提出"暗出奇兵进剿"之计,认为大军并集九连城待敌来攻为失计,最佳之策为主动进攻,将

---

① 《清光绪帝朝中日交涉史料》(1496),第18卷,第18页,附件一。
② 《清光绪帝朝中日交涉史料》(1413),第17卷,第16页。
③ 《清光绪帝朝中日交涉史料》(1467、1468),第18卷,第5、7页。
④ 《清光绪帝朝中日交涉史料》(1661),第20卷,第37页,附件一。

269

陆军分为三支：第一支，除所统 3 000 人外，速募吉林山中猎户，共足万人之数，由吉林烟冈集穿山进入朝鲜咸镜道，"相机暗进，以攻敌之所必救"，"以声东击西之计"，以吸引平壤之敌；第二支，平壤撤回各军，俟平壤敌军"抽向东北以拒我军"时，"即可乘势进剿"；第三支，奉天各军及盛、吉、齐三练兵近万人，则由奉天帽儿山（今吉林临江市）而进。此时，第一支军由朝鲜东北继进，以"首尾环攻汉城"①。依克唐阿的建议虽不一定能取得完全成功，但起码可打乱日军的部署，但清廷对依克唐阿的方策竟以"缓不济急"② 而予以轻率否定。从表面上看，似乎清廷始终不肯放弃一味死守的消极防御方针，实则里面是另有文章的。

尤值得注意的是，9 月 13 日两江总督刘坤一所奉"中倭既经开衅请勿轻与议和"一折，上奏的当天，即被清廷驳回。刘坤一在折中称："征剿之师万不可因此中止，各国既不能禁倭人首开兵端，今亦何能强我以遽罢战事？倭距我与朝鲜最近，而情同无赖，未可以信义期之，若不予以重惩，更正前约，则倭人动辄借端肆扰，而我奔命不遑，西洋各国亦笑我为无人，以我为易与矣。议者以中倭终归于和，然议和不得要领，将来流弊无穷。此次中国征兵数万，糜饷数百万，原为一劳永逸之计，若复稍涉迁就，实无以绝后患。"③ 此奏所称"议和不得要领，将来流弊无穷"等语，本是极有道理的。清廷于当天寄刘坤一谕旨却置此于不顾，抓住其折中某些轻率不当的言辞大加批驳，并极力铺叙日军力量之强，其中有云："现在情势迥不相同：连日据李鸿章电奏，我军自平壤败衄，叶志超等军均退至义州一带。倭人以倾国之兵，水陆并举，众至三四万，时连数昼夜，更番恶战，我军伤

---

① 《清光绪帝朝中日交涉史料》（1661），第 20 卷，第 38~39 页，附件一。
② 《清光绪帝朝中日交涉史料》（1670），第 20 卷，第 42 页。
③ 《清光绪帝朝中日交涉史料》（1651），第 20 卷，第 33~34 页。

亡甚多。目下东边戒严，大局岌岌可虑。是倭兵之未可轻视，已堪概见。"① 语气之中已自认输，对折中"勿轻与议和"的主旨避而不答，而且驳回如此之速，看来清廷最高领导层已有定见。这种微妙的变化，预示着慈禧太后要开始出面"作一半主张"②了。

果然，9月27日，慈禧便提出派翁同龢到天津，探询李鸿章能否设法请求俄国调停。对此，翁同龢表示不同意见："此举有不可者五，最甚者，俄若索偿，将何畀之？且臣于此等始未与闻，乞别遣。"再三叩头辞谢。最后，慈禧又转变话锋说："吾非欲议和也，欲暂缓兵耳。汝既不肯传此语，则往宣旨，责李某何以贻误至此！朝廷不治以罪，此后作何收束？且败衄者，淮军也，李某能置不问乎？"翁同龢始答："若然，敢不承。"慈禧见翁同龢答应去天津，便又说："顷所言，作为汝意，从容询之。"她想既达到探询和议的目的，又无须担和议误国的骂名。翁同龢更怕无端留下骂名，便提出："此节只有李某复词，臣为转述，不加论断。臣为天子近臣，不敢以和局为举世唾骂也。"慈禧谕其次日即行，"往返不得过七日"③，可见她求和的心情是多么迫切！

9月30日，翁同龢到天津直隶总督衙门见李鸿章。他先传慈禧、光绪帝上谕慰勉，随即严责之。李鸿章惶恐自责说："'缓不济急，寡不敌众'，此八字无可辞。"翁同龢说："陪都重地，陵寝所在，设有震惊，奈何？"李鸿章答称："奉天兵实不足恃，又鞭长莫及，此事实无把握。"适在此时，由北京寄来一道廷寄，谕示李鸿章及翁同龢。盖慈禧怕翁同龢不谈联俄的事，故有此廷寄也。廷寄略云："闻喀使

---

① 《清光绪帝朝中日交涉史料》(1652)，第20卷，第34页。
② 《翁文恭公日记》，乙未正月十八日。
③ 《翁文恭公日记》，甲午八月二十八日。

西尼三四日到津，李某如与晤面，可将详细情形告翁某，回京复奏。"于是，翁同龢对李鸿章说："出京时，曾奉慈谕，现在断不讲和，亦无可讲和。喀使既有前说，亦不决绝。今不必顾忌，据实回奏。"会说不如会听，李鸿章聆听之下，早已体会到慈禧的真意。他的女婿张佩纶便于次日在日记中写道："闻翁叔平（同龢）来津，有责备合肥语，并微露主和之意。"① 李鸿章既知慈禧出面主和，正合乎自己的心意，便将俄国参赞巴福禄的话相告："喀使以病未来，其国参赞巴维福②先来云：'俄廷深忌倭占朝鲜，中国若守十二年所议之约③，俄亦不改前意。'第闻中国议论参差，故竟中止。若能发一专使与商，则中俄之交固，必出为讲说。"又说："喀与外部侍郎不协，故喀无权。"翁同龢说："回京必照此复奏。余未到译署，且此事未知利害所在，故不加论断。且连俄而英起，奈何？"李鸿章保证说："无虑也，必能保俄不占东三省。" 10月4日，翁同龢回京复命，慈禧立即召见。翁同龢力言："喀事恐不足恃，以后由北洋奏办，臣不与闻。"④ 慈禧倾向和议，殷切期望俄国出来主持，自是一厢情愿；而李鸿章所谓"必能保俄不占东三省"，更属自欺欺人之谈。至于翁同龢，虽然反对和议，也不同意联俄，却又拿不出什么好的办法，只好表示"臣不与闻"，以免"为举世唾骂"了。

先是9月28日，即翁同龢离京的当天，帝党成员即在议论此事。当日，张謇在日记中写道："闻常熟（翁同龢）奉懿旨至津诘问，而言者以为议和，颇咎常熟。且有常熟颇受懿旨申饬主战之说。其实，

---

① 张佩纶：《涧于日记》，甲午九月初三日。
② 巴维福 Aleksandr Tranovich Pavlov，又译作"巴福禄"或"巴布罗福"。
③ 指1886年10月李鸿章与俄国临时代理公使拉德仁所达成的三条协议：一、不改变朝鲜现状；二、俄国保证不占朝鲜土地；三、日后发生与朝鲜大有关系之事，由中俄共同商定办法。后来，清廷因恐受俄国束缚，未立换约文。但拉德仁向李鸿章表示，即使不互换约文，俄亦不改变原来主意，决不占朝鲜土地。
④《翁文恭公日记》，甲午九月初六日。

第四章　清政府加紧乞和与美国居间

中国何尝有必战之布置耶？常熟处此固不易，要亦刚断不足。"① 对于后党的议和活动，帝党采取了两条对策：

第一条对策，是请恭亲王奕䜣出山。在帝党看来，起用奕䜣是挽救时局的重要措施。早在 8 月 3 日，户部右侍郎长麟即奏请起用奕䜣，以"原折留中"②而无结果。平壤之战后，帝党要求起用奕䜣之心更切。侍讲学士陆宝忠记其事云："中秋后，警报迭来，予与埜秋（张百熙）入直后，互论国事，以为欲挽艰危，非亟召亲贤不可，顾以资浅言微，恐不足以动听，踌躇数日。8 月 27 日，至万善侧直庐，与曾竹铭同年、埜秋往复相酌，谋请李若农前辈文田。若老忠义奋发，愿不避严谴责，联衔入告。即与同志诸人到若老宅，由伊定稿，即口缮发写，傍晚封口，明晨呈递。列名者为李文田、陆宝忠、张百熙、张仁黼、曹洪勋、高庆思。28 日入直，宝忠独蒙召对，所宣示者不敢缕记。临出，上谓：'吾今日掬心告汝，汝其好为之。'"③ 9 月 27 日（夏历八月二十八日），翁同龢在日记中也记有"李文田等连衔请饬恭亲王销假折"一事。同日，当慈禧提出探询联俄之议后，翁同龢和李鸿藻皆"合词吁请派恭王差使"。但是，当时在场的慈禧不明确表态，光绪帝也不敢表示同意，佯作"执意不回，虽不甚怒，而词气决绝。凡数十言，皆如水沃石"④。值得注意的是：光绪帝在诸臣见起后又单独召见陆宝忠，说了些什么心腹话？对此，编修叶昌炽记道："伯葵（陆宝忠）前辈召对，圣意欲得外廷诸臣协力言之也。"⑤ 可见，光绪帝不是不同意起用奕䜣，而是自己不敢做主，想以外廷诸臣奏事的方

---

① 《张謇日记》，甲午八月二十九日。
② 《翁文恭公日记》，甲午七月初三日。
③ 《陆文慎公年谱》卷上。
④ 《翁文恭公日记》，甲午八月二十八日。
⑤ 叶昌炽：《缘督庐日记钞》，甲午八月二十八日。

式来促使慈禧对此事点头。

9月29日，事情果然发生了戏剧性的变化。前一天，翰林院同人集议于浙江会馆，请起用恭亲王奕䜣，由文廷式属稿和领衔，列名者57人。张謇在日记中记其事云："芸谷（文廷式）领衔合翰林院57人上请恭邸秉政奏。是日，上召恭邸。太后延见六刻之久，有会总理海军之命。人心为之一舒。芸谷之见，上甚忧劳，且谕北洋有心误事。"① 奕䜣之起用，确实使帝党大为振奋。30日，"邸钞：懿旨起用恭邸，管理译署、海军、会办军务"②。10月5日，便有编修丁立钧"领衔合翰林院35人上请罪北洋（李鸿章）公折"。张謇也于这日单衔上《推原祸始防患将来请去北洋折》③，指斥李鸿章说："直隶总督李鸿章，自任北洋大臣以来，凡遇外人侵侮中国之事。无一不坚持和议，天下之人以是集其诟病，以为李鸿章主和误国。而窃综其前后心迹观之，则二十年来坏和局者，李鸿章一人而已。""试问以四朝之元老，筹三省之海防，统胜兵精卒五十营，用财数千万之多，一旦有事，曾无一端立于可战之地，以善可和之局？稍有人心，能无痛哭。故李鸿章之罪，非特败战，并且败和。"并提出："唯无一日不存必战之心，故无一人敢败已和之局。"④ 此两句谓能战而后能和，时人视为警句，遐迩传诵。帝党抨击李鸿章主和误国，实际上指向了探询和议的慈禧。故以上两折皆留中不报。帝党以为，将恭亲王奕䜣请出来，便可以与倾向和议的后党对抗，这完全是一种历史性的误会。奕䜣于1884年被逐出枢府后，曾集唐诗有云："猛拍阑干思往事，一场春梦不分明。"如果说他当时对自己的下场还不分明的话，如今却真正分

---

① 《张謇日记》，甲午九月初一日。
② 叶昌炽：《缘督庐日记钞》，甲午九月初二日。
③ 《张謇日记》，甲午九月初四日。按：时间系张謇误记。据《翁文恭公日记》，丁立钧等公折及张謇折皆于九月七日（公历10月5日）上奏。
④ 黄浚：《花随人圣盦摭忆》，第447~448页。

明了，就是一切依着"老佛爷"才能安居其位。因此，奕䜣被起用后，不仅对奕劻等"与之委蛇"，而且还与李鸿章沆瀣一气。① 这样，主和派更多了一个当权人物。帝党这步棋完全下错了。

帝党的第二条对策，是定联络英、德以拒日之议。10月6日，文廷式约翰林院同人赴谢公祠，商议"递联衔封奏，阻款议及邀英人助顺"。讨论中，有人因联英之说只是总税务司赫德个人的意见，不可深信，于是提出："款议必当谏。英人助顺之说仅有赫德一言，其枋国及议院未必允，未可遽以入告。"② 多数人皆主入奏，最后商定联英、德拒日之议，由文廷式领衔并主稿。7日，此折递上，其中力驳和议之非："筹战之事未可轻易，而议和之举，则非战胜之后尤所难言，仓促而成，必有贻无穷之患者。道路传闻，以为有赔款割地之举，朘生民有限之脂膏，蹙祖宗世传之基业，度圣明在上，必不肯出此下策，以偷安一时。"还提出密连英、德二国，"资其兵费"，估计所费"大约2 000万金上下，便可遵办"。并认为："与其议和而用为赔费，何如战胜而出以犒师？得失甚明，可无疑议。"③ 同时，侍郎志锐也上折奏"请连英伐倭，欲以二三千万饵之"④。看来，他们是相互呼应的。

帝党反对和议，其动机无疑是好的；资助英、德伐日，也是着眼于战，与后党之求和迥不相同。但是，他们靠幻想来对待现实问题，是绝对行不通的。不仅如此，帝党的密联英、德之议反授后党以柄，成为被攻击的口实。叶昌炽记道："闻联英之议，岩岩者俱以为引狼入室，深闭固拒。"⑤ 张謇在日记中更有详细的记述：

> 十一日（公历10月9日），闻浙人有上恭邸书，请上忍辱受

---

① 文廷式：《闻尘偶记》，《近代史资料》1981年第1期，第46、48页。
② 叶昌炽：《缘督庐日记钞》，甲午九月初八日。
③ 《清光绪帝朝中日交涉史料》(1739)，第21卷，第24页。
④ 《翁文恭公日记》，甲午九月初九日。
⑤ 叶昌炽：《缘督庐日记钞》，甲午九月十一日。

和者，发端先引明与我朝事。

　　十二日（公历 10 月 10 日），知昨闻果实。领衔者编修戴兆春，主稿者孙宝琦，与其事者孙宝瑄、夏敦复、夏偕复、姚诒庆、汤寿潜、陈昌绅等 14 人，皆杭、嘉、绍人。军机徐用仪嗾之云。或谓军机孙毓汶之子梴嗾之。①

张仲炘说："外间谣言四起，佥谓款议将成。又谓军机大臣徐用仪嗾使其同乡联名上书，意主求和而罢战。传言虽不足信，然此说一播，无不寒心。传至军中，岂不群焉解体？"国子监司业瑞洵也指出："不意竟有浙江京官编修戴兆春、陈昌绅等十四人上书恭亲王以和议进者。辇毂喧传，士夫骇叹，无不斥为谬论，诧为奇闻。当修矛偕作之时，忽建纳币请成之议，适足以助敌焰，懈军心，损军威，遏士气。"② 虽谓"谣言""喧传"，实则皆为事实。帝党反对和议的第二条对策，不但未能奏效，反而不自觉地帮助了后党的乞降活动。

三　帝后矛盾的激化

　　在整个甲午战争时期，帝后两党斗争的发展可以旅顺口陷落作为一个重要的标志。在此以前，帝后两党虽在和战方针问题上意见不一，矛盾时隐时显，斗争或明或暗，但尚未达到激化的程度。旅顺口陷落后，慈禧决定不顾一切地推行求和方针，便不惜公开撕破面皮，向光绪帝本人实行压服。

　　本来，早在 9 月下旬，慈禧即露出乞和之议。她当时还有顾忌，不得不向群臣剖白说："吾非欲议和也，欲暂缓兵耳。"③ 于是，有联俄之议及英国再倡调停之举。日本政府正式拒绝了英国的调停建议后，

---

① 《张謇日记》，甲午九月十一日、十二日。
② 《清光绪帝朝中日交涉史料》（1767、1801），第 21 卷，第 34 页；第 22 卷，第 12 页。
③ 《翁文恭公日记》，甲午八月二十八日。

第四章　清政府加紧乞和与美国居间

清政府求和的活动仍然一直没有停止。及至日军突破鸭绿江清军防线和登陆花园口，朝廷震动，诸臣束手无策。翁同龢和李鸿藻往见恭亲王奕䜣，"痛哭流涕，请持危局"，把希望寄托在这位懿亲元老身上。11月1日，慈禧召见亲王大臣，问诸人计将安出。孙毓汶首陈请各国调处事。翁同龢表示反对，说："此事不可成，亦不欲与，盖将来无以为国也。"① 慈禧不动声色，但心里已有了主意。当奕劻建议令奕䜣督办军务时，她立即允准。2日，即传下谕旨，派奕䜣督办军务，奕劻帮办军务，翁同龢、李鸿藻、荣禄、长麟会同办理。慈禧在2个月以前让奕䜣管理总理各国事务衙门事务，如今又派其督办军务，是要加强战争的领导吗？恰恰相反，这正是她推行求和方针的一个关键步骤。因为她已经瞅准了必须内依奕䜣、外靠李鸿章，才能贯彻自己的求和方针。对奕䜣之复出，时人有诗云："再起贤王晚，终凭伯父亲。艰难扶病日，恐惧引嫌身。"② 竟被言中。奕䜣被派为督办军务的第二天，便约请英、法、德、俄、美五国公使在总理衙门晤谈，请他们向政府发电，共同"出面干涉，以获取对日和平"③。这绝不是偶然的巧合。帝党指望奕䜣扭转局面的幻想完全破灭了。

对于此次重请各国调停一事，翁同龢开始是坚决反对的。光绪帝如何呢？11月5日，翁同龢利用进讲的机会，探听光绪帝的口气。归后，他在日记中写道："上英爽非复常度，剖决精明，事理切当，天下之福也。"不难由此看出，君臣二人在对待各国

光绪帝载湉

---

① 《翁文恭公日记》，甲午十月初三、初四日。
② 叶昌炽：《缘督庐日记钞》，乙未二月十一日。
③ 《中日战争》（七），第449页。

调停的态度上是完全一致的。光绪帝自知难以阻止乞和，一时陷于异常苦闷之中。当时，有位官员上折请下罪己诏，光绪帝"深韪之"。翁同龢进谏说："此即盛德。然秉笔甚难，假如土木、宦官等事，可胪列乎？抑讳弗著乎？讳则不诚，著则不可。宜留中省览，躬自刻责而已。"①翁同龢的顾虑是有道理的，因为下罪己诏必然要涉及一些讳莫如深的问题，只能加速帝后矛盾的激化，所以罪己诏是下不得的。光绪帝心中的不平使其性格变得粗暴起来，有时对亲王大臣声色俱厉，大发脾气。并以额勒和布"才欠开展"、张之万"年逾八旬"为由②，将二人逐出军机处。当然，这既不能改变军机处的格局，也不会使慈禧回心转意，打消乞和的念头。

帝党虽然反对乞和，但后党主持的乞和活动却正在积极进行。后党一面派户部左侍郎、总理衙门大臣张荫桓赴天津，同李鸿章密商办法；一面与美国驻华公使田贝等继续保持接触。与此同时，主和派也活跃起来，或密通信息，或公开制造舆论。吉林将军长顺在给慈禧的亲信荣禄的密信中即透露了一点消息。长顺身为前敌统兵大员，却告诉荣禄战不可恃，希望枢府王大臣周知此事。他写道："军兴以来，默数各军，无一可恃；既无可恃，即难任战。……关外军情如是，在枢廷诸公恐亦未必周知也。弟既知之，何敢缄默？"还向荣禄献计说："时局果至如此，势将不了。沈城、兴京旧都，陵寝禁严，岂容倭奴逼视？该贼凭陵不已，倘或挟此以要求，为臣子者将何计之从？外间传言，英、德两国欲为中倭调和，庆邸达之宸听，天怒愈甚。……唯审量彼己之势，默揣当今之局，和则犯千古之不韪，战则尤兵将之不可恃。此中应如何安危定倾，非出自宸断，将

---

① 《翁文恭公日记》，甲午十月十三日。
② 《光绪朝东华录》，光绪帝二十年十月，第190页。

无有以轻言进者。执事参与戎事，知必有渊谋深筹以处之。"他的话包含两点意思：一、保护陵寝重地，必须出自和；二、设法让光绪帝承担和议的责任。对后党来说，长顺的话当然是很中听的。荣禄当即复书委婉地表示赞许，并提出谨慎从事的劝告。长顺读信后称："反复寻绎，言简意赅，至引义之高，见爱之切，具征忠告盛心。"[1]关于长顺提出的第一点，当时即有反响。这就是盛京陵寝总管联瑞等20余人的电报："东边为龙脉所在，安危实系于此。现在倭人到处盘踞，任意挖掘坑陷，修台埋雷，元气必伤，根本势将动摇，大局何堪设想？贼氛渐逼渐近，窃虑倭人乘虚占领陵寝重地，上惊列祖列宗在天之灵。联瑞等籍隶辽沈，世受国恩，值此地方糜烂万分危急之际，不得不同声呼吁，上达天听。因念夷狄侵扰中国，自古恒有，然历代圣贤之君每为和戎和番之举，不肯频事兵革者，为欲保全民命故也。"该电报还提出："与其俟全局败坏，再图挽回，致成不可收拾之势，孰若及早筹议善策，尚可补救一二，维持根本？"[2]并恳请光绪帝速定大计，即及早求和。在当时的情况下，正如长顺所说，"和则犯千古之不韪"，连主和派也不敢公开宣扬和议。联瑞等人之所以敢于公然主和，就是因为他们抓住了一个"名正言顺"的题目。光绪帝看了这份联名电报，不但不怪罪他们，反而"颇曾动容"[3]。不难由此看出，在这份联名电报署名者的背后，有着长顺的影子。长顺当时正在沈阳，很可能是此事的策划者。至于让光绪帝承担和议责任一事，慈禧后来正是这样做的。可见，荣禄和长顺这两个后党的幕后人物，在当时起着不容忽视的作用。

---

[1]《长顺函稿》，《近代史资料》1962年第3期。
[2]《清光绪帝朝中日交涉史料》(1989)，第24卷，第15页。
[3]《翁文恭公日记》，甲午十月二十一日。

帝党虽不能阻止后党乞和，但帝党的不合作态度却成为后党乞和的障碍。11月21日，奕䜣等人决定派天津海关税务司德人德璀琳赴日，翁同龢"未过问"，表示消极对抗。22日，奕䜣、奕劻晋见慈禧，告田贝已奉美国政府来电，为中日调处。为此，总理衙门草拟了一份给美国公使的复照，略谓："大清国大皇帝、大美国大皇帝同派田贝讲解日本事，以朝鲜为自主，并议赔偿兵费，议定再定数目，先令停战；若议不成，仍开战。"呈此稿时，光绪帝亦不谓然，说："冬三月倭人畏寒，正我兵可进之时，而云停战，得毋以计误我耶？"① 帝党对乞和活动处处抵制，使慈禧大为光火。她已经失去了耐性。为了扫除乞和道路上的障碍，她不惜施展手段，以迫使光绪帝就范。这样一来，便导致了帝后矛盾的激化。

11月26日，慈禧在仪鸾殿召见枢府诸臣，趁光绪帝不在座之机，突然宣布："瑾、珍二妃，有祈请干预种种劣迹，即著缮旨降为贵人。"翁同龢再三请求缓办，慈禧终不答应。翁同龢问："上知之否？"慈禧云："皇帝意正尔。"② 当天降旨曰："本朝家法严明，凡在宫闱，从不准干预朝政。瑾、珍妃承侍掖廷，向称淑慎，是以优加恩眷，洊陟崇封。乃近来习尚浮华，屡有乞请之事，皇帝深虑渐不可长，据实而陈。若不量予儆戒，恐左右近侍借以为夤缘蒙蔽之阶，患有不可胜防者。瑾妃、珍妃均著降为贵人，以示薄惩而肃内政。"③ 过了两天，慈禧怒气依然未消，当着群臣谈及瑾、珍二妃，"语极多，谓种种骄纵，肆无忌惮"。并宣谕将珍妃位下太监高万枝处死。在盛怒之下，她还抓住翰林院侍读学士文廷式弹劾孙毓汶一折，斥为"语涉狂诞"，声称事定之后，"当将此事整顿"。29日，军机处又奉懿旨，撤礼部右

---

① 《翁文恭公日记》，甲午十月二十四、二十五日。
② 《翁文恭公日记》，甲午十月二十九日。
③ 《光绪朝东华录》，光绪帝二十年十月，第194页。

侍郎志锐"回京当差"。先是在11月8日，光绪帝闻金州不守，旅顺告急，决定派志锐赴热河招练兵勇。志锐于10日请训，13日启程，至是撤还，"招募团练均停办"①。数日之内，慈禧黜二妃，杀内监，斥文廷式，撤志锐，搞得阴气森森，究竟为何？事实上，慈禧所迁怒的对象都跟光绪帝宠爱的二妃有关。志锐乃二妃之兄。文廷式以世交旧谊，与志锐友好，且于二妃前居家时尝为之授读，又为光绪帝所器重。所以，慈禧此举不单纯是打击帝党主战派，而主要是针对光绪帝本人的。对此，有些帝党成员是看得很清楚的。翰林院编修叶昌炽便在日记中写道："闻宫廷种种龃龉。季孙之忧，不在颛臾，而在萧墙。可怕，可怕！"②

对于慈禧的处置，光绪帝不敢公开抗争，还装作一种"意极坦坦"③的样子。但是，此事却引起帝党和接近帝党的官员的极大不平。广西道监察御史高燮曾首先上折抗论，成为甲午战争中言官公开指责慈禧的第一人。高燮曾，字理臣，湖北武昌人，素以敢言闻名。战争爆发后，高燮曾针对慈禧为大举做寿而筹备点景事，即曾上《军务孔亟请停点景事宜折》，指出："羽书旁午时，为此娱目骋怀，似与哀惧之意相背，将何以申警将士，振发庸愚？"要求将"所有点缀景物一切繁仪概行停止"，庶可与"纯皇帝（乾隆）兢兢业业不敢铺张之家法，适相符合"。④今见时局危殆，慈禧竟悍然不顾，滥施淫威，高燮曾决定置生死于不顾，于11月30日上折指斥前日懿旨，谓"枢臣不应唯阿取容，无所匡救"，并有"挟私朋比，淆乱国是，若不精白乃心，则列祖列宗在天之灵，必诛殛之"等语。慈禧见折后大怒，于当

---

① 《翁文恭公日记》，甲午十一月初二、初三日。
② 叶昌炽：《缘督庐日记钞》，甲午十一月初五日。
③ 《翁文恭公日记》，甲午十一月初一日。
④ 《清光绪帝朝中日交涉史料》（1459），第17卷，第40页。

281

天正午召见枢臣于仪鸾殿,"首指高折,以为离间,必加辩驳"。翁同龢劝解说:"明无弗照,圣无弗容。既调护于先,何必搜求于后?且军务倥偬,朝局嚣凌,宜以静摄之,毋为所动。"孙毓汶则奏称:"言者结党陷害,夙习已然,请鉴悉。"慈禧犹豫甚久,始压下怒火,谕曰:"姑以汝等请,后再有论列者,宜加惩创;否则,门户党援之习成矣。"①

慈禧虽处置了瑾、珍二妃及有关诸人,然意犹未足。12月4日,她在仪鸾殿召见枢臣时,又宣布了三件事:一、以志锐"举动荒唐",命充乌里雅苏台参赞大臣,实则以此名义将其贬出京外;二、授奕訢首席军机大臣,使其集政治、军事、外交大权于一身,以便主持议和事宜;三、撤满汉书房,以隔断光绪帝与其身边主战的近臣的接触,使其孤立起来。当9月27日慈禧初露议和之意时,光绪帝曾在当天单独召见翰林院侍读学士、南书房行走陆宝忠问计,告以为难情形,陆宝忠奏对:"社稷为重,母后只可婉劝,而不可奉命唯谨。"光绪帝说:"拂意太过,于孝有亏。"② 但又露"欲得外廷诸臣协力言之"③之意。南上两书房人员还多奏停办点景,大触慈禧之怒。她发恨说:"今日令吾不欢者,吾亦将令彼终身不欢!"④ 于是有书房辍讲之举。至此,帝后关系已发展到极为紧张的程度。不过,这只是慈禧给光绪帝的小小警告而已。十分清楚,如果光绪帝不肯就范,慈禧必定还会使出更毒辣的手段。对于慈禧撤两书房之举,光绪帝十分不满,在召见枢臣时不禁怒形于色。无论黜二妃、斥文廷式,还是贬志锐,他都能默不作声,但感到撤书房一事却非同寻常,会使自己的地位受到威

---
① 《翁文恭公日记》,甲午十一月初四日。
② 王芸生:《六十年来中国与日本》,第2卷,三联书店1979年版,第192页。
③ 叶昌炽:《缘督庐日记钞》,甲午八月二十八日。
④ 王芸生:《六十年来中国与日本》,第2卷,三联书店1979年版,第192页。

胁，他有成为空头皇帝的危险。然而，他自知无力对抗，只得命奕䜣在谢皇太后恩时为之求情。这表明他在慈禧的压力下开始屈服了。慈禧见光绪帝愿意服输，也就给他留一点面子，谕曰："前日予所论太猛，今改传满功课及洋字均撤，汉书不传则不辍之意可知。"① 通过撤书房可以看出，光绪帝虽有收揽大权之志，但终究还是跳不出慈禧这位"老佛爷"的手心。

经过精心的谋划，慈禧使光绪帝不得不降心相从，这就扫除了她乞和道路上最主要的障碍。从此，慈禧便毫无顾忌地操纵和议了。12月12日，她批准张荫桓为全权大臣，准备正式与日本议和。对此，光绪帝虽不敢表示反对，但帝党的一些成员却在酝酿谏争。27日，他们邀集翰詹科道30余人在松筠庵会议，准备联衔上奏。② 因为第二天发生了福建道监察御史安维峻革职发军台事，帝党的这一计划只得暂时中止。

安维峻（1854—1925年），字晓峰，号槃阿道人，甘肃秦安人。1875年中举人，用为七品小京官。1880年成进士，改庶吉士，授编修。1893年11月，始迁福建道监察御史。战争爆发后，先后上40余疏，全是关于战争的条陈。安维峻忧虑时局，"当军情吃紧时，每缮折，辄痛哭不能已"，有时"连数昼夜不寐"。③ 及12月间，闻和议势难中止，遂于25日上《力阻和议疏》，指责当事者"以长策必出于议和，议和必出于赔款"是"借寇兵而赍盗粮"。并警告说："今一败即和，是我求成于敌，非敌求和于我也。至此以后，将赔兵费，割重地，视为救急之良图，无复自强之一日矣！"④ 凡此皆被言中了。然此折递

---

① 《翁文恭公日记》，甲午十一月初八日至初十日。
② 叶昌炽：《缘督庐日记钞》，甲午十二月初一日。
③ 安维峻：《谏垣存稿》，自序。
④ 安维峻：《谏垣存稿》，第4卷，第28~30页。

上后，并无反应。27日，复草《请诛李鸿章疏》，"迨缮真，夜已二鼓矣，即呼正阳门入趋上之，意以命拼一疏，倘可上回天听，虽死无恨"①。他在折中抨击枢府诸臣说："枢臣亦明知和议之举不可对人言，既不能以死生争，复不能以去就争，只得为掩耳盗铃之事，而不知通国之人早已皆知也。"并将矛头直接指向慈禧及其心腹太监李莲英："此举非议和也，直纳款耳。不但误国，而且卖国。中外臣民无不切齿痛恨，欲食李鸿章之肉。而又谓和议出自皇太后旨意，太监李莲英实左右之。此等市井之谈，臣未敢深信。何者？皇太后既归政皇上矣，若犹遇事牵制，将何以上对祖宗，下对天下臣民？至李莲英，是何人斯！敢干预政事乎？如果属实，律以祖宗法制，李莲英岂复可容？"②安维峻冒死上疏的正义行动，赢得了朝野爱国人士的广泛同情，以此"直声震中外，人多荣之"③。志锐特制"陇上铁汉"印章相赠。④时人赞之曰："吴柳堂后一人也。"⑤

12月28日，光绪帝览奏，因慈禧有"后再有论列者，宜加惩创"之语，深恐不为慈禧所见谅，借此以兴大狱，表示震怒，饬拿交刑部治罪。后党诸臣从而迎合，亦言宜加惩办。翁同龢力排众议，为之辩解："究系言官，且彼亦称市井之言不足信。"⑥乃定革职发军台效力。当日明发谕旨，有"安维峻呈进封奏，托诸传闻……肆口妄言，毫无忌惮，若不严行惩办，恐开离间之端"等语。并告诫臣工说："乃近来竟有一二人领衔，纠集不应具折之员至数十人之多，殊乖定制，以

---

① 安维峻：《谏垣存稿》，自序。
② 安维峻：《谏垣存稿》，第4卷，第31~32页。
③ 《清史稿》列传二百三十二，《安维峻传》。
④ 安维峻：《望云山房诗集》，卷中。
⑤ 叶昌炽：《缘督庐日记钞》，甲午十二月初二日。按：吴可读，字柳堂，甘肃皋兰人。光绪帝初，任吏部主事。1879年，同治安葬惠陵，以死谏为同治立嗣而著名。
⑥ 《翁文恭公日记》，甲午十二月初二日。

后再有似此呈递者，定将列名之员概行惩处。"① 这显然不代表光绪帝的本意，而是后党借此机会进一步打击帝党。安维峻以言获罪后，"访问者萃于门，饯送者塞于道，或赠以言，或资以赆，车马饮食，众皆为供应"②。侍讲丁仁长上书奕䜣，力言安维峻不可罪斥，其书有云："安某受离间之名，而有调护之实；恐宵小名为调护，而实施离间之奸。"③ 时人称："可见公道在人心，晓峰（安维峻）于此不朽矣！"④

对于安维峻之遣戍军台，主战派官员私下议论纷纷，或认为"几遭不测，枢府营救，仅予薄谴"，或认为"皆出枢府之迎合"⑤，莫衷一是。实则二者兼有之。光绪帝此举既是对主战派的保护，也是对后党主和派的屈从。围绕着和战这个大方针，经过几个回合的特殊较量，光绪帝感到了自己势单力薄，不得不暂时妥协。翁同龢是反对和议的，却也变了口气，娓娓地表示同意议和。他对慈禧说："臣于和议向不敢阿附，唯兹事亦不可中止，使臣已遣而逗留，恐彼得借口。且我之议和，正欲得其贪吻之所出，先作准备耳，幸少留意。"⑥ 由此可见，光绪帝名为亲政，并无实权，根本不是老谋深算的慈禧的对手。帝党在斗争中不但无还手之力，连招架之功也谈不上。这就决定了其失败的命运。通过这一阶段的斗争，慈禧扫除了乞和道路上的障碍，便决定沿着这条路走到底了。

---

① 《光绪朝东华录》，光绪帝二十年十二月，第212页。
② 《清史稿》列传二百三十二，《安维峻传》。
③ 《翁文恭公日记》，甲午十二月初五日。
④ 赵元普：《与李叔坚书》。转见李鼎文：《评价甘肃举人〈请废马关条约呈文〉及其他》，《甘肃师大学报》1963年第1期。
⑤ 叶昌炽：《缘督庐日记钞》，甲午十二月初四日。
⑥ 《翁文恭公日记》，甲午十二月十九日。

第二节　列强调停之声再起

一　英国再倡调停

慈禧派翁同龢去天津探询联俄之议，实际上只是她准备乞和的一个由头。她是有病乱求医，不管俄国还是英国，谁肯出面斡旋，便依靠谁。她遣翁同龢赴津的主要目的，是向李鸿章暗示求和之意，以便让李鸿章好放手进行乞和活动。

在慈禧探询俄国的同时，枢府诸臣也在频频与英人总税务司赫德接触。因当时英国公使欧格讷不在北京，清政府便企图通过赫德请英国政府出面斡旋和议。10月4日，奕劻等与赫德会谈，决定以中国"放弃宗主权"、由有关各国"相互保证朝鲜的独立和中立"为条件，与日本讲和，并请英国政府从中主持。5日，赫德致电海关驻伦敦办事处税务司金登干转英国政府，提出以下建议：

> 中国请英国政府赶紧按上述办法（指奕劻与赫德商定的和议条件）出面斡旋，以免日本侵入中国本部，加重困难。这一建议，日本可能轻率拒绝，但鉴于战争是强加在中国身上的，应予支持。直接有关国家是中、日、俄，但广泛的保证更佳。中国希望英国参加，也希望对于朝鲜感兴趣并对日本具有影响的美国参加。如能邀请有约各国，包括德、法、意、奥都参加则更佳。最好立即行动，阻止日本再前进。目前局势既是如此，已到刻不容缓的紧要关头，再不能拖延时日了。

最后，特别说明："此电系应总理衙门之请，并经授权拍发的，已经赋予行动的全权。"①

10月6日，奕䜣和奕劻与赫德再次会议，微露可以答应赔款之意，表示："中国既系被迫应战，原难容许任何过奢的要索，但如认为非此不可，仍可提出办法再商量。"② 同一天，孙毓汶和徐用仪又与赫德从下午4时谈到6时。他们对赫德说："政府有责任力撑危局，现在也知道继续作战没有把握，早日和解是最好的办法。"孙毓汶、徐用仪二人"几乎痛哭流涕，愿意听受任何好的建议，答应以后办这样办那样"。③ 这实际上暗示允许赔偿军费。

10月8日，英国政府向其驻日临时代理公使巴健特发出试探日本政府意图的训令，其电云："日本国政府可否向各国承诺，以担保朝鲜独立及向日本国赔偿军费为条件的媾和？"④ 9日，英国政府通过中国海关伦敦办事处的金登干转电赫德："英国政府已向德、法、美、俄政府提出，在共同保证朝鲜独立的基础上，由各国联合调停，并另加赔偿战费的建议。"⑤ 这便为英国政府再次倡议的调停奠定了基调。

英国政府还怕清政府在赔偿军费问题上后退，转电赫德继续动员清政府："以朝鲜独立的单纯条件，是没有希望能开谈判的。提出发动战争的道义问题也没有用，必须完全面对既成事实。迄现在为止，与各国的磋商是顺利的，而日本却是气势汹汹，除非中国立即同意英国所提朝鲜独立，另加金钱赔偿的建议，恐将错过目前有利于谈判的时机。"⑥ 其实，在清廷内部，只有慈禧、奕䜣、奕劻、孙毓汶、徐用仪等几人知道英国提出的赔偿军费问题，翁同龢、李鸿藻以至光绪帝

---

① 《中国海关与中日战争》，第60页。
② 《中国海关与中日战争》，第62~63页。
③ 《中国海关与中日战争》，第63页。
④ 《日本外交文书》，第27卷，第790号。
⑤ 《中国海关与中日战争》，第64页。
⑥ 《中国海关与中日战争》，第65页。

皇帝还都被蒙在鼓里。在慈禧的支持下，奕䜣等人不经枢府诸臣讨论和奏报光绪帝，便答复赫德："赔款虽然难堪，但并非绝对不行。"①原则上接受了赔偿军费的条件。

与此同时，李鸿章也在天津与欧格讷和喀西尼先后商谈。10月10日，欧格讷到天津，与李鸿章会晤时告以："外部以中日战事未便持久，两有损伤，嘱相机解劝，已电驻日英使探询日政府，尚未接复。"并申明英国政府的态度说："如从前先令撤兵再议朝鲜办法，事必无成。今要讲和，非允赔兵费不可。"又称："两国战久，不但两国伤人伤财，亦与各国商务有碍。且看各国主意如何？但可从旁劝说，未便用力强压。"12日，喀西尼又带同巴福禄往访李鸿章，首先表示："俄国政府尚未明言作何主意。现值中日用兵之际，局面未定，如中日和议成后，日久踞韩，俄国必照前议出来干预。目前宜暂守局外之例。"又进一步表明对中日战事的态度说："俄暂难挽越，亦无可如何。日人自以为水陆之战皆甚得手，现时如与议和，中国已须吃亏；然如不趁此了结，将来日兵再进一步，贪心更大，和局更难。"② 欧格讷要中国赔偿兵费讲和，喀西尼也劝中国"趁此了结"，李鸿章不加评论地将他们的话报告给奕䜣，正说明他本人对这种条件是同意的。

10月13日，欧格讷到总理衙门，正式代表英国政府提出，以中国允各国保护朝鲜、赔偿日本军费为条件，出面联合各国调停。并限定即日定议。奕劻派人叫奕䜣到总理衙门，一直议至晚上10点钟，奕䜣等答应英国提出的条件后会议始散。14日，军机处讨论与日议和的条件问题，争论十分激烈。在此以前，奕䜣也将此事向慈禧报告。在讨论议和条件时，孙毓汶、徐用仪气势"汹汹，以为不如此不能保陪

---

① 《中国海关与中日战争》，第66页。
② 《李文忠公全集》译署函稿，第20卷，第54~55页。

都,护山陵"。翁同龢和李鸿藻初闻赔款之议,大吃一惊,坚决反对,谓:"英使不应要挟催逼,何不称上(光绪帝)意不允以折之?"奕訢胸有成竹,并不多言。孙毓汶、徐用仪已知慈禧出面做主,光绪帝不允也无用。因此,当翁同龢、李鸿藻提出"俟俄使到再商"时,他们执意不可。这日午时,慈禧召见枢府诸臣,翁同龢、李鸿藻"指陈欧使可恶,且所索究竟多少,如不可从,终归于战"。二人"论款事语极长",侃侃而谈。然而,慈禧为了在她的 60 寿辰前结束战争,赔款也在所不惜,岂是翁同龢、李鸿藻二人的谏诤所能挽回?当天,翁同龢在日记里愤慨地写道:"天意已定,似不能回矣!"[1]

对于英国倡议的联合调停,列强的态度究竟如何,这是日本政府所必须考虑的,因为当时确有"欧洲各国试图对日清两国交战进行干涉的传言"[2]。日本政府对此采用了非常审慎的态度。10 月 9 日,日本驻德国公使青木周藏致电陆奥宗光,向他建议"给英国的答复尽可能地推迟时间"[3]。陆奥宗光接受了青木周藏推迟答复的建议,但提醒他不要流露出有关议和条件的任何言语。

事实上,列强出于自身利益的考虑,对联合调停的态度并不是真正积极。10 月 9 日,意大利外交大臣布朗克接见日本公使高平小五郎时说:"列强干涉之事,今日虽未成为议题,但随着事态的发展必有此事,这将对贵国产生甚为不利的结果。故贵国应确定朝鲜独立及赔偿军费二事,使各国满意,庶可以不受列国之干涉而结束大局。"高平小五郎当即表示:"以一己之见,今日我军已深入敌地,此事恐难实行。"[4] 布朗克见日本态度如此,随即密告:"迄今大国之间协商,

---

[1]《翁文恭公日记》,甲午九月十六日。
[2]《日本外交文书》,第 27 卷,第 792 号。
[3]《日本外交文书》,第 27 卷,第 793 号。
[4]《日本外交文书》,第 27 卷,第 800 号。

仅止于互相保护其臣民，将来万一有必要之时，亦难进行干涉。"① 其实，布朗克所密告高平的正是英国政府的态度，因为当时意大利在国际外交上一直保持与英国相同的立场。早在9月25日，日本驻俄公使西德二郎即电陆奥宗光："我秘密得知，英国在此刻无干涉之意图。"30日，他又致函陆奥宗光，进一步分析英国政府态度的变化及其原因说："英国之所以最初对清国表示同情，皆因考虑战争取利必归于清国。清国强大的海军可以阻止日本运送士兵的船只，并在同日本的海上作战中获胜。然而，出乎意料的是，在日清战争的第一期，全胜已归于日本。于是，其政府突然转变态度，以至各报也高唱英国应予日本以援助，使日本获得战胜的结果，并尽力使列国不加干涉。"② 事实正是如此。10月15日，英国政府便向赫德通报对调解一事的基本情况，共五点："（一）赔款是首相提议而由外交部采取的；（二）不能希冀列强用武力干涉来支援建议中的解决条件；（三）某两个国家（指美国和德国）不赞成对日本使用道义压力；（四）不能希望英国政府在外交行动以外另作单独行动；（五）日本态度坚决，料有最后答复，现尚未收到。"③ 对于这次联合调停来说，英国政府是倡议者，它对中国的态度是施加压力，要求中国必须赔偿军费，而对日本的态度则仅限于"外交行动"，即传递信息，其倾向日本的立场就很清楚了。

美、德两国确实连对日本使用"道义压力"也表示反对。10月6日，英国驻美国代办戈申致函美国国务卿格莱星姆，询问："美国政府是否愿意与英、德、法、俄联合干涉中日纠纷？这种干涉的基础是：各国保障朝鲜的独立；日本取得战费赔偿。"12日，格莱星姆函复戈

---

① 《日本外交文书》，第27卷，第792号。
② 《日本外交文书》，第27卷，第788~789号。
③ 《金登干致赫德电》，新字第800号。见《中国海关与中日战争》，第67页。

申:"虽然总统诚恳地希望中国与日本双方都是体面的,而且在不屈辱朝鲜的和平条款上迅速获致协议,但是他不能如所邀请,加入英、德、俄、法的干涉。"虽然英国向美国说明"所计划的干涉仅限于外交的行动"①,但是美国仍然拒绝参加联合调停。格莱星姆还密告日本驻美国公使栗野慎一郎说:"英国政府询问美国政府:关于恢复和平试图干涉一事,是否有与英、德、俄、法同盟之意?美国政府则以同欧洲诸国联合,与美国的政策背道而驰而拒绝之。"②后来再一次向栗野慎一郎传递消息说:"英国又继续要求美国加入干涉同盟,美国再次予以拒绝。"并且明告栗野慎一郎:"美国同情于日本国,本无妨碍日本国战胜之意。"③德国也一开始便拒绝参加联合调停。德国外交大臣马沙尔致电其驻中国公使绅珂说:"本月七日,此间英国大使书面建议干涉中日战争,干涉之根本事项,应为朝鲜独立由列强保证及中国偿付赔款;同样请参加之照会发出给圣彼得堡、巴黎、罗马及华盛顿内阁。我们立刻注意到这种干涉足以遇到的各种考虑,并表示意见:在现时干涉几乎是不适宜的,从各种现象判断,日本将要拒绝干涉。"马沙尔还致电其驻英国大使哈慈菲尔德说:"鉴于两交战国目前之军事情况,日本接受中国提案似乎不可能,因此我们不得不拒绝承担在这提议基础上的调解。"④除此以外,当青木周藏秘密谒见德皇威廉二世时,德皇觑使密告青木周藏:"朕为日本国的利益而坚决反对武力干涉。"⑤青木周藏为之惊喜万分,立即报告给陆奥宗光:"本使之秘密谒见不无成效。……德国外交大臣确言:如无德国,将实行武力干涉。该大臣主张采取继续有利于日本国之同一策略,但无论什么事情,

---

① 《中日战争》(七),第447页。
② 《日本外交文书》,第27卷,第803号。
③ 《日本外交文书》,第27卷,第811~812号。
④ 《中日战争》(七),第322~323页。
⑤ 《日本外交文书》,第27卷,第808号。

日本国应许给欧洲各国的特别待遇，亦要给予德国。"①

法国政府对联合调停一事表面上似不关心，不明确表态，实则倾向日本。西德二郎于9月30日曾向陆奥宗光报告："在欧洲诸国中，俄、英、法是同远东贸易及殖民有重大关系的国家。从法国报纸观察，法国对日清之战虽稍有忽视的倾向，但一般将日本视为远东开化之先导，并对其示以好意。而对于因循守旧的清国，则怀有某些恶感。加之，法国迄今与清国不仅屡开战端，而且近来又在安南及云南境内与为数众多的清国恶徒冲突，而徒费巨款。"② 由于边境纠纷不断，清政府令驻法临时代办庆常在巴黎与法国政府谈判解决，以免影响列强联合调停之事。中国公使龚照瑗致电总理衙门说："越界未定之处，仍令该使（庆常）和商速结，以杜争端。"③ 同时，清政府尚正在积极解决中法间的两件悬案：

一是法国人吕推被杀案。1894年3月，法国"游历士"吕推由西藏取小路至西宁，因6月5日行至红冒屯时丢马二匹，强将民马抢去使用，引起当地居民的公愤，被"捆投通天河身死"。此事引起中法之间的交涉。清政府一面向法国政府说明"吕推行小路，华官不及保护"，表示惋惜；一面应允在巴黎"登报婉解，并将我允议恤款一节声明，以安该家属之心"。经过双方的反复磋商，最后于10月11日议定，由中国付恤款25万法郎④而结案。

二是法国传教士赵得夏（或音译"若所"）被杀案。据法国公使

---

① 《日本外交文书》，第27卷，第809号。
② 《日本外交文书》，第27卷，第789号。按：所谓法国"在安南及云南境内与为数众多的清国恶徒冲突"事，纯系日本方面的恶意中伤。据龚照瑗致总理衙门电："越南马头山'游匪'掳害法官，与华无涉。"（见《龚大臣中英法往来官电》，《中东战纪本末三编》第2卷，第47页）可见，这是一起因越南居民反抗法国殖民者的斗争而引起的事件。
③ 《东行三录》，第172页。
④ 《龚大臣中英法往来官电》，《中东战纪本末三编》第2卷，第41、49页。

第四章　清政府加紧乞和与美国居间

施阿兰致总理衙门照会，该国传教士赵得夏于7月29日在朝鲜公州被叶志超部兵勇杀害，因此提出交涉。后来，访查的结果：成欢之战后，清军由牙山至公州沿途拿获日探甚多。正定前营什长郑发祥误认赵得夏为日探，将其杀害。按军令于10月20日将郑发祥正法。经过两国交涉，由中国赔偿抚恤金3万法郎了结此案。①

清政府尽可能妥善解决这两桩悬案，其目的是希望法国政府对联合调停持积极的态度。庆常曾到法国外交部游说："倭为戎首，扰乱通商大局，殃及西人身家财产，应由各国止倭兵，保大局。"法国方面虽对庆常所谈"深以为然"，但对联合调停事仍不置可否，表示"拟商英、俄"②，实际上是婉言拒绝了清政府的请求。

至于俄国，它对联合调停一事虽然关心，但不积极，是抱着静观事态发展的态度。早在日本挑起战争后，俄国政府所召开的特别会议即做出对中日战争不积极干涉的决议。平壤之战后，俄国的这一政策依然未变。据西德二郎给陆奥宗光的报告，他断言：俄国政府认为，"日本可以同北京政府进行任何谈判，但坚决反对日本独自破坏朝鲜的独立。既令日本无占领与俄国接壤的朝鲜之念，又让其明白不可妄图依靠英国的援助。日本虽以兵力进入清国领土，此乃日本自己决定之事，他国决不应干涉。但是，一旦日本获得全胜而要求赔款及索取土地时，则不能容许将朝鲜变为日本的州郡"。西德二郎的情报，使日本政府对俄国的态度有了充分的了解。10月16日，伊藤博文致电陆奥宗光说："俄国坚信战后日本将占领朝鲜部分领土，对此有所不满。因此，俄国正跟英国套近乎，目的是共同反对日本在朝鲜的政治宣传。有必要向俄国发出正式声明，以消除此误解。用此方法可使俄

---

①《致法国公使施阿兰照会》，《朝鲜档》（2547）。
②《东行三录》，第172页。

国站到我们方面，此乃大为有益之事。"① 当时，日本确实最担心的是俄国政府的态度变化。陆奥宗光也说："李鸿章与总理衙门一同一再恳求外国使节援助，并电令驻欧各国使节向其驻在国政府一味哀求乞援。而英国政府再次联合各国企图向中日两国劝告恢复和平；这时俄国正在虎视眈眈，伺机欲动。"② 日本的担心是有根据的。然而，此时还不是俄国行动的时机。正如赫德一针见血地指出：它要"等着'梨子熟了落在手里'，好捡便宜"③。

从10月8日英国询问日本是否愿意有条件的媾和以来，十几天的时间过去了。在此期间，日本政府一面为进攻中国本土而积极作准备，一面施展外交伎俩，使列强站到日本一边。从当时欧洲的资产阶级报纸看，舆论界有对日本一边倒的倾向。日本驻英国临时代理公使内田康哉兴高采烈地向陆奥宗光报告说：

> 本职曾接受英国上流社会人士对我国战胜的贺词。该国报纸大都赞扬日本的战胜，并表示满意。兹列举其重要者，如《泰晤士报》说："日本的军功不愧享受战胜者的荣誉，吾人今后不能不承认日本为东方一方兴未艾的势力，英国人对于这个彼此利害大体相同，而且早晚要密切相交的新兴岛国人民，不可丝毫怀有嫉妒之意。"《帕尔美尔报》说："往日是英国教导日本，现在应该是日本教导英国的时候了。"《每日电讯报》说："应劝告中日两国讲和，而且主张中国在履行全部和约以前，日本应占领台湾岛。"由此可见，英国人民在牙山战役以前对我国所怀的感情，现在已是如何地大为改变。又，此时另有一家报纸上描写法国人

---

① 《日本外交文书》，第27卷，第789、799号。
② 陆奥宗光：《蹇蹇录》，第89~90页。
③ 《中国海关与中日战争》，第49页。

的感情说:"富贵人家,门庭若市。今日本在欧洲取得的胜利,比战胜中国更为伟大。此后,日本可以毫无顾虑、为所欲为地纵横天下,亦可略取敌国的土地而蚕食之。"总而言之,日本可以像其他自认为有势力的国家采取同样的行动。欧洲列强不仅无法干涉日本人的这种行动,即对其所抱理想亦不能加以干涉。①报纸是该国资产阶级政府或政党的喉舌,是其对外政策的折光反映。英国本来是各国联合调停的倡议者,此时反倒"对日本有更加亲密之意",甚至"对由清国割让土地一事并无非常之异议。即关于日本国于朝鲜占有首位一事,亦无不同之意见"。② 所有这些,都已经超出它强迫中国答应的两项议和条件了。

当时,日本国内的"一般气氛,称心快意,欢欣若狂;凯歌之声,到处可闻","对于未来的欲望日益增长"。一些军国主义性质的团体,此刻非常活跃,只有一个口号,就是:"进攻!"在此国际国内条件对自己有利之际,日本为满足更大的贪欲,决定迅速扩大战争。陆奥宗光寄给在广岛的伊藤博文的一封私函说:"外国干涉之端已开,故我军行动,尤须特别迅速。在外国干涉尚未达到十分棘手以前,不论占领何地,皆为必要。阁下当必洞察机微,尤望注意此事。"③ 10月23日,日军进攻鸭绿江防的准备已经就绪,便由陆奥照复英国公使巴健特,拒绝了英国政府的调停建议:

在日本军队处处获得胜利的今日,帝国政府认为,在战争的现阶段,事态的发展尚未达到足以保证在谈判上得到令人满意的结果。因此,目前根据何种条约来结束战争,帝国政府将保留自

---

① 陆奥宗光:《蹇蹇录》,第87~88页。
② 《日本外交文书》,第27卷,第802号。
③ 陆奥宗光:《蹇蹇录》,第90、92页。

己的观点。①

10月24日,即日本照复英国的第二天,日军便发动了进攻中国本土之战。

二 清政府乞请五国调解与美国的居间

自10月间英国倡导联合调停失败后,慈禧并不死心,决定进一步乞请列强继续出面调处。11月3日,经清政府约请,英国公使欧格讷、法国公使施阿兰、德国公使绅珂、俄国公使喀西尼和美国公使田贝齐集总理衙门。奕䜣请求五国公使建议本国政府"出面干涉,以获取对日和平",并向五位公使各递交一份内容相同的照会,提出中国讲和的条件是:"日本应从满洲撤去它的军队,中国同意朝鲜将来独立。中国将赔偿战费,数额由各友邦共同决定,并且在一定期内付清。"总理衙门还给田贝加送了一封公函,其中特别引述1858年6月18日《中美天津条约》中"若他国有何不公轻藐之事,一经照知,必须相助,从中善为调处,以示友谊关切"一段话,希望美国政府能够"惠然出面干涉,阻止战争,重建和平"。②另外,总理衙门有电致意大利政府,也提出这一请求。这是甲午战争期间关于列国联合调停的第三次建议。

日本政府虽在10月间拒绝了英国的调停建议,但这并不意味着它毫不考虑和议问题。伊藤博文等人已经看到,西方列强的干涉势所难免,中日议和只是或早或晚的问题。日本当局主要考虑的问题有两个:一是选择最有利的时机议和;二是确定最有利的议和条件。为了实现这两项目标,日本决定趁列强干涉尚未达到十分棘手之前,迅速扩大

---

① 《日本外交文书》,第27卷,第806号。
② 《中日战争》(七),第448~450页。

战争，占领更多的中国土地，以便日后议和时满足自己更大的贪欲。其实，日本在以"事态的发展尚未达到足以保证在谈判上得到令人满意的结果"① 为由拒绝英国建议之前，已经研究了议和的具体条件问题，但认为时机尚不成熟，所以决定在攻占辽东半岛后再谈议和问题。

11月3日，即总理衙门约见五国公使的同一天，日本外务省也在同李鸿章的顾问、美国人毕德格主动接触。毕德格早在1874年就来到中国，起初担任美国驻天津的副领事，由于熟悉汉语和法、德等国语言，后来便成了李鸿章的秘书、翻译和顾问，又是李鸿章的儿子李经方的英文老师。他在李鸿章身边近20年，对李鸿章的思想很有影响，也深得李鸿章的信任和倚重。先是毕德格回国休假，期满后重返天津，于11月3日到达日本横滨。日本政府先已得到情报，便派在外务省担任顾问的美国人端迪臣专程前往横滨，邀请毕德格到东京一行。毕德格也想摸日本议和条件的底，便答应前往。4日下午，日本外务省官员与毕德格会见，主动地提出和议问题，因而有如下的谈话：

日本外务省官员："日本拟俟得旅顺口后方肯开议。"

毕德格："譬如已得旅顺，其开议之条款如何？"

日本外务省官员："现在主意尚未大定，其大概情况如左：一、赔费；二、朝鲜自主；三、割地；四、江宁、杭州所杀之倭人② 应令赔偿；五、按照各国一体均沾之例，以后所有在华倭人应享权利与欧洲各国之人无异。"

……

毕德格："将来日本如令中国割地，不知所割者为何地？"

日本外务省官员："此事须俟临时察看日本兵队所据地方

---

① 《日本外交文书》，第27卷，第806号。
② 指在南京决死的日谍福原林平、楠内友次郎及在杭州处决的日谍藤岛武彦、高见武夫。

酌定。"

毕德格:"日本拟将兵队所占之地尽据为己有乎?"

日本外务省官员:"或照如此办法亦未可知,唯当俟临时视日本兵队进占所抵之地酌定。"①

不难看出,日本外务省主动邀请毕德格会谈是经过慎重考虑的。其目的有两个:第一,表露愿意直接与清政府议和,既可堵塞列强插手干涉之路,又能鼓励清朝统治集团内部的主和派,使乞和成为清政府不可逆转的方针,以便从根本上动摇中国的抵抗力量;第二,所提五条既原则又颇具弹性,如提出赔偿军费而不说明具体数字,提出割地而又说割取何地须俟临时酌定等等,皆为日本希图满足其最大的贪欲而埋下伏笔。

日本政府一面通过毕德格向中国抛出"五条",一面密切注视西方列强的动向。奕䜣会见五国公使以后,英国政府根据清政府提出的请求,曾询问德、法、俄、美四国是否愿意"在共同保证朝鲜独立及赔偿适当战费的条件下,干涉中国与日本的战争"②。英国政府之所以对此事表现出相当的热心,是因为深恐日本军队的进一步行动将会导致清王朝的四分五裂以至崩溃,这就势必要威胁到英国在中国的地位和利益。其他欧洲国家则宁愿暂时采取观望的态度,以便伺机而动,好摘取熟透了的果实。所以,并没有一个国家积极响应英国的建议。

11月9日,法国外交部向日本驻法公使曾弥荒助宣布:法国"根本不介入(联合)干涉之事","在此问题上彼亦未做任何事情"。③

德国不仅拒绝参加调解,还暗中支持日本。这并不足怪。因为德国为了在远东与英、俄、法等国争衡,早就想在中国攫取一个军港,

---

① 《李鸿章全集》(三),电稿三,第174页。
② 《中日战争》(七),第451页。
③ 《日本外交文书》,第27卷,第816、839号。

第四章　清政府加紧乞和与美国居间

作为扩大侵略的基地，所以它希望看到中国的惨败，以便乘机实现自己的图谋。日军突破清军鸭绿江防线和登陆花园口的第四天晚间，德皇威廉二世偕皇后到柏林皇家剧院观剧，他发现中国公使许景澄没有出席，便在舞剧的第一场结束时派侍从官特别召见日本驻德公使青木周藏，"以满腔之喜悦对日本海陆军的胜利表示祝贺之忱"。并说："为使日清间停止作战，近日英国政府企图以不公平的所谓武装调停阻止贵军前进，朕让我的政府首先反对，并周知各国。"① 德皇的表态，使青木周藏心里有了底，便于11月11日致电陆奥宗光："德国坚决站在我方，反对调停。"第二天，许景澄会见外交大臣马沙尔，直接请求德国调解。马沙尔问："中国所提条件如何？"许景澄答："承认朝鲜自主，支付赔款。"马沙尔说："在此日本连胜之际，必不答应如此之条件。"许景澄继问："何等条件才为充分？"马沙尔拒绝回答，仅称："中国可以日本认可之适当条件直接交涉。"② 当天，马沙尔便将此情况通报给青木周藏。许景澄致电总理衙门："德外部称：'现揣倭愿奢，中国所拟恐彼不允，难办调处。'迭告以拟仗各国公断及先与试商，均不谓然。复请酌与各国同办，亦云：'难以允商。'论良久，因请其告德主再谈，意甚坚拗。"③ 德国政府的立场十分明显，它是想利用日本为其火中取栗，并俨然以日本的同情者自居，当然不肯出面调停了。

俄国一直在打自己的算盘，它未参加10月间英国倡议的联合调停，这次态度仍未改变。日本也在密切注视着俄国政府的动向。俄国外交大臣吉尔斯当时重病在身，正在休养之中。日本驻俄公使西德二郎为摸清俄国的真实态度，竟多次登门拜见，探听口风。11月9日，

---

① 《日本外交文书》，第27卷，第816、839号。
② 《日本外交文书》，第27卷，第819、824号。
③ 《清光绪帝朝中日交涉史料》(1954)，第24卷，第1页。

吉尔斯向西德二郎透露："此时尚未到干涉之时机。"23 日，吉尔斯告诉西德二郎："我国虽不愿朝鲜之过度变革，但对于朝鲜之事并无格外之意见。"28 日，俄国外交副大臣基斯敬又密告西德二郎："一周前，清国公使（许景澄）委托俄国政府调停战争，因各国政府皆不同意采取此方针，俄国政府亦不欲为之。故劝告清国公使可直接与日本交涉讲和。"① 据此，西德二郎断定，俄国同法、德两国一样，皆无意参加这次调停。

日本政府仍然担心，英俄之间是否达成了某种默契。11 月 12 日，在伦敦举行的一次宴会上，英国首相罗斯伯里在发表演说时提到中日战争问题，他说："当英国与俄国采取相同的方针，用给日本以荣誉并使清国不蒙受重大损害的条件，而使战争停止的稳妥办法时，英国政府必将欣然同意。"27 日，美国国务卿格莱星姆又向日本驻美公使透露：英国政府递交一份照会，内有"如取得俄国同意，英国政府可将清国所欲提出之一切条件，向日本提议"之语。罗斯伯里的演说和英国的照会不能不使日本政府感到疑虑重重，放心不下。28 日，陆奥宗光向西德二郎发出电训："俄国政府是否果真接受了英国政府的提议？如已接受，须暗中查明俄国之意图如何，急速电告。如阁下再以间接手段，探知俄国政府不参与英国的联合行动一事，则为政府之切望焉。"通过各方试探，日本政府终于知道，所谓"英俄两国联合干涉之说，只不过是传闻而已"②。罗斯伯里也公开承认："欧洲两三大国都认为现在对中日两国进行调停尚非时机，因而英国亦将尊重这个意见。"③

美国虽然同"欧洲两三大国"一样，再次拒绝了英国的联合调解

---

① 《日本外交文书》，第 27 卷，第 817、833、836 号。
② 《日本外交文书》，第 27 卷，第 833、834、835、840 号。
③ 陆奥宗光：《蹇蹇录》，第 109 页。

建议，但是它却表示愿意承担"单独的调停"。11月6日，格莱星姆一面训令驻中国公使田贝，向中国表示美国"随时可以在双方都体面的条件下出面调停，以结束目下的对日战争"；一面训令驻日本公使谭恩，向日本政府递交一份照会，其内称："若战争延长，无法节制日本海陆军进攻时，与东方局势有利害关系的欧洲列强，难免不向日本提出不利于日本将来安宁和幸福之要求，以促成战争的结束。美国总统对日本一向怀有最深笃的善意，若为东方和平，在不损害中日两国双方的名誉下尽力调停时，未悉日本政府是否同意？请予答复。"①格莱星姆在向驻中日两国公使发出训令的两天前，曾与美国总统克利夫兰彻夜商谈，确定了美国政府的调停原则。第二天，又同日本驻美公使栗野慎一郎详细地交换意见，并且达成了一致的谅解。格莱星姆向栗野慎一郎宣布了美国政府的"调停四原则"：一、因有欧洲各国欲联合干涉日清战争，其结果不无不利于日本之虑，出于对日本之友谊，并谋求两国之和平，故欲进行公平调停之尝试；二、自日清开战以来，日本海陆军连战皆捷，日本国之武威业已辉跃于宇内，故今日之调停毫不损害日本之名誉；三、如日本受到他国干预，而与英国或其一二盟国有启衅之事时，合众国政府和人民之一般情谊则在日本一边；四、合众国政府为友谊而进行调停时，决不容英国插手其间。随后，栗野慎一郎在向陆奥宗光报告时便极力称赞美国政府。他说："该国政府对日清两国之调停如此热心，并预防欧洲各国为一己之私利而强行干涉，以全日本之威望，无疑实出于对帝国友好之厚意。"②

陆奥宗光接到美国的照会和栗野慎一郎的报告后，也认为美国政府的立场"毫无疑问是公正无私的"，但又考虑到战争的进展仍未达

---

① 陆奥宗光：《蹇蹇录》，第111页。
②《日本外交文书》，第27卷，第814号。

到预定要求的地步，而且"国内主战的气势毫无减弱，现在即开媾和谈判，时机尚嫌过早"，因此想像前次回复英国那样，暂时推迟对美国的答复。特别是日本生怕第三国在议和时介入，始终"将问题严格局限在中日两国之间，使第三国在事前绝无插足的余地"①，更感到对此事必须慎重。

一个星期过去了，日本政府仍无反应。栗野慎一郎有点沉不住气了，再次致电陆奥宗光，劝告说："应听从合众国之调停，因为该国舆论不仅大为偏袒日本，而且大总统亦因其国内策略与一己之友情，而始终尽力于使日本满意之事。"②陆奥宗光虽然认为栗野的意见不无道理，但让美国以调停者的身份出现是不符合日本的政策的。11月17日，他将下述备忘录送交谭恩：

> 日本政府对于欲为中日两国之和睦尽力调停之美国政府之厚意，深为感谢。唯自交战以来，帝国的军队到处获胜，今为息止战争，以为无乞助友国之必要。然帝国政府非欲乘胜超越此次战争之正当结果之定限外，逞其欲望。但在中国政府尚未直接向帝国政府乞和前，帝国政府不能认为已达上述定限之时机。③

日本政府为炮制这份备忘录而费尽心思，先由陆奥宗光提交内阁会议充分讨论，然后才呈送明治天皇裁可。这样，日本既婉言谢绝了美国的调停，又将其继续扩大侵略战争的责任反加在中国身上。至于备忘录中"不超越定限之外"一语，据陆奥宗光自称，"是为消除当时欧洲各国认为日本将乘胜使中国陷于崩溃的疑虑而特意加上的"④。真可谓狡黠之至！

---

① 陆奥宗光：《蹇蹇录》，第111、117页。
②《日本外交文书》，第27卷，第823号。
③《中日战争》（七），第455页。
④ 陆奥宗光：《蹇蹇录》，第112页。

第四章 清政府加紧乞和与美国居间

日本政府反对第三国介入，拒绝了美国的调停，却又感到美国有可用之处。陆奥宗光认为："中日战争不能无限期延长下去，媾和谈判的时机迟早会成熟，那时对于第三国的公然调停虽无必要，但若有某一国从中周旋，特别是能成为一个互相交换意见的中介是非常便利的，而担当这个中介的当然没有比美国更为合适的了。"无非是想让美国仅仅充当一个居间传信人的角色。他在致送备忘录时，又以私人谈话的形式对谭恩说：

> 目前日本政府如果公开请求美国政府为中日两国调停，可能引起其他第三国的干涉，所以不得不暂时避免此事。将来中国如果愿意开始媾和谈判，而美国也愿意为彼我周旋交换双方意见的便利时，我国政府深愿倚赖美国的厚谊。①

陆奥宗光的谈话，既点明要中国先提出讲和，又婉转地把美国的作用限制在传递中日双方的意见上。对此，谭恩心领神会，当天电告格莱星姆说："日本外务大臣请求于中国对和平问题希望与日本接洽时，经由北京美国公使馆办理。"20日下午3时，美国驻华公使田贝即至总理衙门通报："我的政府通知我说，日本可以考虑中国通过我向它直接提出的和平要求。"并特别说明："我只要做一个中间人……日本既然不希斡旋，而是要考虑中国'直接'提出的条件，所以我预备把中国的提案用密码送达东京美国公使，再由他转送给日本政府。"②

清廷唯恐和议之不速，当然求之不得，立即表示同意。于是，从1894年11月22日起，直至1895年6月，计7个月间，田贝、谭恩二人一直是中日两国间传递信息和交换意见的中间人。

---

① 陆奥宗光：《蹇蹇录》，第111~112页。
② 《中日战争》（七），第455~456页。

三 德璀琳东渡的内幕

清政府请求列强调停后，急切地等待答复。中国驻西方国家的使臣也奉命往访各国外部，进行游说。11月5日，清朝驻英公使龚照瑗与英国外交大臣金伯利会晤，金伯利告以："前以韩自主、偿兵费调停息事，倭不允。英廷又因各国不尽同心，遂未另商办法，今不便再与倭重申前议。"龚照瑗恳请说："事关各国大局，总望切商各国持公论。"金伯利答："向来有要事，英先与俄商。当即电俄，俟电复，再酌电各国。"① 6日，龚照瑗又至法国外交部，得到的答复是："即电商各国。"② 7日，总理衙门接驻美公使杨儒电：据美国国务卿格莱星姆称，"总统已允调处，即日电驻日本使备陈利害，劝其息兵，但不会同各国"③。英、法两国既皆含糊其词，并无明确的答复，而美国虽允单独调处，但日方态度如何尚难预卜，这不能不使枢府诸臣陷于惶惶不安之中。

恰在此时，旅顺前敌传来警报，奕䜣、奕劻等益感各国调停缓不济急，有另谋救急之策的必要。试看翁同龢11月8日、9日两天的日记：

> 11月8日："诣巡防处，见北洋丑刻电，南关岭已失，徐邦道败退，旅顺仅半月之粮，此绝证矣。仍发电，令合肥速援，毋坐视。谈密事，直至黄昏，月上始归。"

> 11月9日："寅初二（刻）到直房，电报已不及看矣。寅正，偕孙兄（家鼐）入见。旋见起二刻余。退后，闻宁寿（宫）叫起，趋往。而恭邸又到直房看折。内侍云：'先在上前见起。'乃

---

① 《龚大臣中英法往来官电》，《中东战纪本末三编》第2卷，第51页。
② 《东行三录》，第180页。
③ 《清光绪帝朝中日交涉史料》(1916)，第23卷，第24页。

折回直房。良久,见于养心殿,两邸(奕䜣、奕劻)及李公(鸿藻)(同)。邸以昨事上陈,上可之。出,再诣蹈和门。巳正,入见于宁寿宫,四人(两邸、翁同龢、李鸿藻)一起,军机一起。恭邸奏昨事,太后遍询臣等。臣对:'释疑忌则可,其他未敢知,且偏重尤不可。盖连鸡不飞,亦默制之法。'凡四刻,乃退。是日,恭奏对语颇杂,不得体,余不谓然。出至直房,孙(毓汶)、徐(用仪)拟密寄,自书之,不假章京手,待递下,未初三刻矣。余携之赴督办处,两邸咸在,樵野(张荫桓)亦来,当面交讫。申正,余与邸语不洽,拂衣先归。"①

清廷内部为这件"密事"连日紧张万分,枢府诸臣先是漏夜筹商,第二天光绪帝在养心殿召见奕䜣等4人,继之慈禧又在宁寿宫分两起召见奕䜣等和军机大臣,随后孙毓汶、徐用仪二人亲拟"密寄"而一反常规地不假章京之手,再由翁同龢面交张荫桓,从凌晨3时半到下午4点整整忙碌了12个多小时,可见它是多么重要了。当时,翁同龢对所议"密事"是持反对态度的,"偏重尤不可",而宁可同意"连鸡不飞"的"默制之法"。那么,"密事"究竟所指为何?翁同龢的"默制之法"又是什么?原来,所谓"密事",就是决定特派大员直接与日本议和,由张荫桓等亲至天津与李鸿章商谈如何开议,以救燃眉之急。显然,翁同龢是不同意主动与日本直接开议的。他主张,在束手无计中仍以等待各国调停为好,庶可使列强互相牵制,这就是所谓"连鸡不飞"的"默制之法"。最后还是决定派户部左侍郎、总理衙门大臣张荫桓和督办军务处文案景星前往天津。

11月10日,张荫桓和景星带着奕䜣等的密函抵天津。这封致李鸿章的密函中说:"阁下数月以来,独任其难,九重业已深悉。此时

---

① 《翁文恭公日记》,甲午十月十一日、十二日。

应如何设法以期了结之处，阁下受恩深重，义无旁贷。且系奉旨归我等数人办理，必可合力维持。"① 当天，李鸿章又接到"密寄"，其中有云："须亟筹救急之方，现各国虽允出为调停，深恐远不济急。"②

开始，李鸿章似主张暂缓直接派员往日本商谈。他在 11 月 11 日给奕䜣的电报便反映了这种观点："窃揆各国情形，探知俄已调集铁舰、快船并运船多只来海参崴（符拉迪沃斯托克），蓄势不小。英初颇昵倭，近稍龃龉，闻密谕其水师提督，如倭犯吴淞、上海，即尽力攻打。法随俄意，故亦帮同排解。德、美则稍观望。我唯加意笼络俄、英、法，俾共出力，倭或小知惧缩。俄主新丧，稍迟当有举动。此间英人某，略知倭情，姑令密往探询其首相伊藤若何意见，倭欲甚奢，似欲夺湾，旅为要挟赔偿之地。"③ 他认为，日本欲望甚奢，不容易满足，而列强干涉有望，不如稍为等待。几天后，李鸿章获悉日本"有不愿局外居间之语，各国心志亦未齐"，才发现自己的估计过于乐观了。经过与张荫桓反复商议，得出了"遣谍迳达伊藤较联衡说合为捷，仍与署办并行不悖"的结论。又因"敌欲太奢，未易凑拍"，故建议"巴兰德前议宜速行，以助力"。④ 巴兰德本是德国外交官，早年来中国，后任驻日本公使。又调任驻华公使，至 1893 年卸任，前后任职达 18 年之久。巴兰德久居中国，是著名的"中国通"，且与清政府要员多有往来，卸任回国后仍联系不断。所谓"巴兰德前议"，就是聘请巴兰德"就任中国驻欧洲特命全权公使"⑤，加强在欧洲列强间的外交折冲，以期联合调停得以实现。可见，张荫桓与李鸿章商定了一个双管齐下的办法，就是一面加意笼络欧洲列强"俾共出力"，一面

---

① 《恭亲王等致李鸿章密函》，《李鸿章未刊稿》（抄本）。
② 《李文忠公全集》译署函稿，第 20 卷，第 56 页。
③ 《清光绪帝朝中日交涉史料》（1946），第 23 卷，第 34~35 页。
④ 《清光绪帝朝中日交涉史料》（1953），第 24 卷，第 1 页。
⑤ 《中国海关与中日战争》，第 72 页。

直接派员赴日"迳达伊藤"。

那么，派何人到日本去呢？李鸿章选中了在津海关担任税务司的德人德璀琳。他于11月13日致函奕䜣称：

> 六七月间，曾闻日人之意非不愿款，但欲中国自与商办，而不愿西人干预。目下彼方志得气盈，若遽由我特派大员往商，转虑为彼轻视。鸿章与樵野（张荫桓）等再三斟酌，唯有拣择洋员之忠实可信者前往，既易得彼中情伪，又无形迹之疑。查有津海关税务司德璀琳，在津供差20余年，忠于为我。六年俄事，十年法事，彼皆暗中襄助。十一年伊藤来津与鸿章订约，该与伊藤幕友某英员相识，从旁赞导，颇为得力。若令其前往察酌办理，或能相机转圜。否则，暂令停战，以待徐商，亦解目前之急。如以为可，拟由钧处迅速请旨派往，以重事权。该洋员到日后，一切筹议情形，随时电商，即转达钧署裁夺。是否有当，悉候主持。未尽之言，均由野樵两君面陈。①

16日，张荫桓和景星回到北京，即至军务督办处报告德璀琳东渡事。此时，清政府求和之心极为迫切，立即批准了这个方案。

11月21日，李鸿章致函奕䜣等，告知德璀琳赴日后的计划："密约所知倭人，中途探商，再行往晤伊藤。……如倭人愿望太奢，再电巴（兰德）登新报，遍告各国，愈见东洋无理取闹，届时或耸动各国出而弹压调处。如果伊藤肯与商量，不受其属下自由党人挟制，或先停战，或徐议和，即不烦各国调停矣。"②当然，这只是李鸿章一厢情愿的想法。

在奕䜣等人看来，这不失为救急之方，当即电询德璀琳行期，意

---

① 《李文忠公全集》译署函稿，第20卷，第56~57页。
② 《李鸿章致恭亲王等函》，《李鸿章未刊稿》（抄本）。

在促其速行。结果，德璀琳到日本后吃了闭门羹，只好怅然而返。李鸿章的这步棋算是白下了。

第三节 败绩声中发生的几起涉外案件

一 法国传教士赵得夏被害案及其处理

中国近代发生的教案数以千计，而唯一发生在中国境外的教案就属赵得夏被害案了。

先是在8月13日和25日，法国驻华公使施阿兰先后两次到总理衙门声叙，法国住朝鲜之传教士赵得夏在公州地方被叶志超部下兵勇杀毙。总理衙门以"兹值用兵之际，就异地查办实属非易"等语来搪塞。8月31日，施阿兰正式送交照会称：

> 本大臣当即以此事乃本国驻韩大臣报明，我国家当作真信，且甚惜之。加以叶提督之军彼时既住公州，有七月二十六日上谕可证。在提督于部下之兵如此行为，亦必能有所闻。现奉我国家电饬：将传教士被戕其咎重大，专为贵国声明，其杀毙教士之兵，催令迅速严为惩办。并如何处治之处，以谕旨告示宣布咸知。至若身死应获持平补报，俟我国家酌核，再行续达。①

总理衙门这才不敢怠慢，立即致电李鸿章转饬叶志超查复。

9月2日，叶志超电称："我军过公州，一路且战且走，所击皆倭人执械对敌者，并未见法国一人，亦未闻公州设有教堂。"表示根本不知道有此事。27日，施阿兰再次照会总理衙门，反驳叶志超之说，

---

① 《清季中日韩关系史料》，第6卷，第3536页。

并列举朝鲜统理衙门大臣金允植接到的公州地方官报、法国驻朝鲜办事大臣、水师提督及朝鲜主教的咨报，"均凭实据，可知教士若所（即赵得夏）于六月二十七日（公元7月29日）近在公州经中国兵杀毙"。照会还根据当时目睹者的证言详细地叙述了赵得夏的被害过程：

> 缘赵教士于六月二十五日早自全州骑马启程，仅有马夫一人跟随，偕往汉城，于二十六日下午渡公州河越40里至广程店住宿。迄二十七日早，复行就道，适与中国军由牙山战后退往公州者相遇。前者不但未加阻止，抑且开队让行。而至稍远有朝鲜人与中国军同行者，指告令捕送提督前。该中国军号衣书写正定前营步卒什长等字。……至提督与中军营将各将渡河，赵教士亦欲同舟渡去。而忽有兵前来，将伊强行拥推，令上已满之船。登岸后，又有一兵双手箍拿教士之首，复有以刃刺腰，并将伊两臂挽回背后。而赵教士伏首倒地，兵丁以刀屡砍，一刀击项，又一刀击破头颅，致脑浆涌出，至五刀教士始死。时已傍晚5点钟。教士倒卧在河之南岸沙地，是公州法场也。教士之马夫先受刀伤两处，又紧击背后枪伤二，是以身故矣。……迄六月二十九夜间，朝鲜教民二人本系在场目睹者，始能暗中将两尸埋葬，并详为报明其事。此系传教士赵得夏被害由目睹人证详报之实在情形也。①

此后，施阿兰屡次催询总理衙门，总理衙门才于12月23日答称："查此事出在朝鲜兵乱之时，该教士究竟如何身死，并无确切证据。现在叶提督已革职治罪，兵丁或死或散，更属无从质对，本衙门实属无从办理。"施阿兰仍紧追不舍，要求一面"讯明"，一面"允明抚恤"。此时，已根据勇丁号衣字样为线索，究出正定前营什长郑发祥。郑发祥供认曾杀日探一名，正与赵得夏被害之时日相符。因此判定其

---

① 《清季中日韩关系史料》，第6卷，第3558、3624、3625页。

为凶手无疑，当照军令将郑发祥正法。于是，总理衙门答应："酌照英教士辽阳被害成案，拟订恤银 7 000 两，以免久悬莫结。"施阿兰提出恤款在巴黎以法银交付，因"中国银市日久参差"，"其款应订作为法银 3 万法郎交收可也"。① 后经江海关将款电汇巴黎，由庆常转交法国外交部，此案才算了结。

二 扣留巴山军火船引起的风波

甲午战争爆发后，英国政府颁布《局外中立条例》四款，其第一款开宗明义地指出："停战以前，凡战国兵船不准在英地各口岸如常驻扎，或常川往来，或备办军需。"这个条例对于"局外中立"的解释比较笼统，用词亦甚含混。即如"军需"一语，是否包括军火？仅从字面上是说不清楚的。其他局外中立国家如西班牙，对于"局外中立"的解释便较为具体明确。如称："局外之国，反不应当稍为干涉战攻之事，或阻止战机，且应禁止诱雇人军，备船巡海，擒虏船只，扶助接济，偷走战用私物。总之，断不得行为何事，以致与战机稍有关涉也。"② 对比之下，可以看出英国所颁布的《局外中立条例》相当草率，这当不是偶然的。

先是，清政府接新加坡总领事黄遵宪电，称："有英国船满载药弹，本日出口赴倭，能否就近设法截拿？"③ 于是，谕旨饬令严密巡查。台湾巡抚邵友濂当即派南琛兵船和斯美官轮出洋巡缉。据知，这批从新加坡出口的军火船共 4 艘，其中"有三艘所运军火甚夥，价值较巨"，从台湾洋面以东迳赴日本；唯巴山轮"装载有限之军火"④，

---

① 《清季中日韩关系史料》，第 6 卷，第 3935、3943、3947、3971 页。
② 《清季中日韩关系史料》，第 6 卷，第 3575、3661 页。
③ 《中日战争》续编（五），第 110 页。
④ 《中倭战守始末记》，第 3 卷，第 20 页。

因有货物运往上海，故经台湾海峡北驶。9月20日下午3时，斯美先在福建白犬列岛，遥见东南海面有一无旗号之轮船，随即升号知会南琛，"向前紧跟所见之船"。此时，南琛"扯通旗语，嘱令所见之船停轮"，但该船不听，继续航进。南琛放空炮两响，仍不停轮，"旋见彼船扯起英国旗号"。①南琛再放空炮一响，该轮始停驶。南琛管驾袁九皋派员过船，取回船牌和货单，始知此船名巴山（Pathan），原来这是英商天祥行的货轮，租与美国纽约的霸伯公司，装载货物运往亚丁、新加坡、（中国）香港、上海和日本的两个港口。7月28日从纽约启程，在亚丁和新加坡靠岸后驶往香港。9月13日，又从香港驶向上海。②查阅货单，发现"该船载运枪、弹及日本铁路等件，并有松香等项违禁之物，显属有背公法"③，便令其展轮随行。袁九皋派帮带上巴山轮查看枪、弹等件，但巴山船长坚称"并未装有该项军火"。及至同阅货单，巴山船长始改变语气，问："我将手枪、枪弹取交，可否放我开船？"帮带答曰："船主起初不认装有军火，此时看过货单始肯承认，情迹可疑，应令同往台湾候查。"巴山船长诡言："煤不够烧，不能驶到台湾。"帮带谓："此去台湾只300余里，尔船上烧煤既可驶往上海、东洋（指日本），何至驶往台湾转有不敷？"④巴山船长理屈词穷，始表示愿到台湾听查。

9月21日抵台湾基隆后，袁九皋禀请台湾巡抚邵友濂派员开舱查验。22日，邵友濂即电淡水海关副税务司英国人马士，"饬基隆关洋员速赴英船，将所运军火等件搜检起卸"，并商其本人"亲往照料，务令实数起获"。23日，袁九皋会同马士赴巴山轮开舱查验。是时，

---

① 《中日战争》续编（五），第111～112页。
② 《中日战争和三国干涉（1894—1895）》，第15页。
③ 《中日战争》续编（五），第110页。
④ 《中日战争》续编（五），第111～112页。

"基隆口外风浪时作"，"起驳甚难"，巴山船长拒不进口，并在搜查时"节节为难"①。马士已觉察到巴山船长似不肯善罢甘休，甚至会"要索赔补"，因此于24日复电邵友濂谓："如要查实，非各货逐件盘验不能，唯该船所载，除旧铜5 000余担外，货物尚有1万余件，其往日本之货不过数百件而已。此船因先往上海，其上海货均在舱面，日本货系在舱底，若要查验日货，必将申（上海）货全行起卸，方可细查。但此船太大，不能入内，在基（隆）固无驳船如许之多，又无栈房可以暂积，实难设法。"并提出三条建议：一、"在上海将此手枪、弹子交出，如无货交，赔银1 000元"；二、"至谓仍有军火藏匿船内"，"俟申货起完，请上海道将其日货逐件细查，有否便知"；三、"该船有铁路物料等件"，"准可罚充入官，因日本铁路俱系官办，此项非商家之货故也"②。马士此电虽不无推卸责任之嫌，然其建议大致尚属可行，有利于迅速处理此案，以避免造成英方索偿的借口。邵友濂要电请总理衙门核示才能照行，一时难以作出决断。

与此同时，英国驻淡水代理领事金璋也打电报给英国公使欧格讷，报告巴山船事件的经过。巴山船长自恃有其国领事撑腰，开始寻衅闹事，制造查验的障碍，甚至扬言"情急自尽"③。9月26日，邵友濂二次派员上巴山轮查验，发现下舱有炮弹。④此时，巴山船长"将舱门封闭，不肯启查"。27日，邵友濂饬委员停搜，令巴山轮驶入基隆口内停泊。同日，总税务司赫德亦致电马士，请其出面，商令将船驶进口内。可是，此日验到下舱，巴山船长仍然不让查验。这样，查验巴山轮载运军火济日事便陷于僵局。

---

① 《中日战争》续编（五），第112、309页。
② 《中日战争》续编（五），第113~114页。
③ 《中日战争》续编（五），第115页。
④ 事后英国方面辩解说，搜出的炮弹是"假想的炮弹"，实际上是两个纺织厂用的滚筒。见《中日战争和三国干涉（1894—1895）》，第15页。

第四章 清政府加紧乞和与美国居间

直至此时为止，总税务司赫德的态度似乎还是持平的。9月28日，他又致电马士，重申对巴山轮的处理意见："若船上查有军火，无论多寡，应照局外章程，所有船货人均应办罪。故船可扣留，候案了结。"同日，总理衙门电示邵友濂检查巴山船有无另存军火。邵友濂接到电示，当即通知金璋"饬令船主人等暂时登岸，妥为看管"。金璋表示，此事须请示本国公使。30日，英国公使欧格讷回电云："巴山船所获军火应归中国，其余船货取保驶往上海。"[①] 10月1日，欧格讷再次电催将该船取保前往上海。同时，赫德的语气也发生了微妙的变化，提出"将有能看见的军火应扣留充公"，"该船主应在领事官前立保单，直路开往上海审明定夺"[②]。看来，赫德已经改变原来的态度，开始附和欧格讷的意见了。

恰在此时，突然冒出一个贺璧理来。贺璧理是英国人，时任江海关税务司，在中国海关资格相当老，被认为是赫德的当然继任人。他打电报给马士，公然袒护巴山船长，声称："该船无错，应速放行。"贺璧理的电报，是英国方面态度转趋强硬的一个信号。马士将贺璧理的电报转告于邵友濂。邵友濂既没有及时考虑欧格讷和赫德的处理意见，对贺璧理的电报当然更不屑理睬，仍坚持"尽力搜舱后再行商办"，却又不能将这个意见坚持到底。10月3日，邵友濂接金璋来电，该电称："昨晚奉本国钦差（欧格讷）电谕，以巴山此案中国官所办实属有违公法，致有追赔巨款之举。如果地方官再不急将该船释放，本国必力为设法以保商情。……倘至明日12点未得释放明文，本署只得电禀钦差察照。"英国公使不但措辞强硬，而且限定放船期限，使邵友濂感到了压力，一时不知所措。他立即致电金璋要求会晤，以期

[①]《中日战争》续编（五），第115~117页。
[②]《中日战争》续编（五），第117页。

争得转圜之余地。英国领事避而不见，仅致一函表示只能遵照英国公使之命而行，要求次日放船。4日，英国领事进一步恫吓邵友濂，谓："本日12点钟以后，不能再作和好之国办理。"至此，邵友濂再也不敢有片刻迟疑，即时命将船牌、货单发还，"将弹、枪三箱扣留，余货悉数交还"①，并通知放行。5日下午，巴山轮驶往上海。

巴山轮在基隆扣留凡14天，本来已知该轮装载3箱军火及铁路物料等军用物资，并发现其下舱装有炮弹，已构成违犯《局外中立条例》罪，中国将其扣留查验是完全合乎国际公法的。由于巴山船长不服查验，制造重重障碍，使查验工作难以进行。台湾巡抚邵友濂处理此案亦欠果断，既不敢下决心彻底查验，又未能及时提出切实可行的处理意见，以致因循徒费时日。及至英国方面进行要挟，却不敢据理力争，当即屈服于对方的压力而将巴山匆忙释放。这样一来，更加助长了英国方面的气焰，从而使中国在此后的交涉中处于不利的地位。

巴山轮从基隆起航后，邵友濂即致电苏松太道刘麒祥，请其在巴山轮抵沪后查验是否还有军火。刘麒祥接电后一面函致江海关税务司贺璧理详细查明，一面函致英国驻沪"大英按察使司衙门"按察使兼总领事韩能，届期派员到关查验。10月10日，查验工作正工开始。

在巴山轮能否起出军火，关系匪浅。刘麒祥理应带干练员弁亲临现场，严密监督此项工作的进行。何况他已察觉税司人等不甚可靠，岂不更应引起高度重视而采取得力措施？然而，他却仅派英文翻译凤仪前往江海关，会同贺璧理查明办理。本来，贺璧理对查验巴山轮军火一事即持反对态度，指望他"详细查明"岂非异想天开？实际上，即使凤仪忠于职守，态度认真，也很难把问题真正查明。巴山轮吃水过深，停泊吴淞口，须靠驳船载货进抵虹口招商局码头，而靠凤仪一

---

① 《中日战争》续编（五），第116~120页。

个人会同查验，连跑都跑不过来，又能查明什么问题呢？所以，此次查验工作完全操纵在贺璧理手中，其结果如何也就不难预期了。

在查验工作开始的前一天，英国方面便提出索偿的强硬要求，企图阻难查验工作的正常进行，并动摇中国官员查验的决心。英国总领事韩能向苏松太道发出照会，称："兹据代该船东经理人天祥行禀：该船及货物被扣留受损，无论现在将来，如因致遭亏折之处，定向中国索偿。……理合据情先行照会，并将本总领事力助该行索偿之处，照请贵道查照施行。"查验工作开始后的第二天，贺璧理又致函刘麒祥，提出以下具体意见：首先，他强调要把"军火"的概念限定一下，因"所饬扣留军火，不知何项为军火违禁之物"。他认为，"只能照善后条约第三款所载，火药、大小弹子、炮位、大小鸟枪并一切军器，方可扣留，其余货物应准放行"。按照他的解释，不仅巴山轮所载的松香、"铁路物料"等成为不违禁的，而且其他一切军需物资，都被排除在违禁品之外了。其次，他断定除在台湾已经扣留者外，巴山轮再无装载军火的可能。其根据有二：一是该船货单"一一详列，一望而知"，"并无别项军火在内"；二是该船于六月二十六日（7月28日）从纽约起航，"计时尚在中日开仗之前"，故货单对军火"无庸讳言"。其中，主要是第二条根据。贺璧理在这里打了马虎眼，即把七月初一（8月1日）中日宣战算作两国开仗的时间。其实，日本海军于六月二十三日（7月25日）就在丰岛海面对中国海军发动了突然袭击，而且击沉了英国商船"高升"号，早在巴山轮起航的前三天仗就打起来了。像这样轰动世界的特号新闻，难道纽约会不知道吗？因此，贺璧理断定巴山轮别无军火的理由是根本站不住脚的。复次，肯定赔偿为不可免之事，为少偿起见，对巴山轮运往日本货物不如免查。最后，谎称经过查看，运往日本货物应无可疑之处，说什么"本关趁暇到船查看，所装日本各货大略虽不如起验之细，当亦可以得其梗概也"①。由此可见，在查验工作伊始，便演出了一场并不高明的闹剧，剧中的两名主角便是韩能和贺璧理。他们配合默契，其目的就是千方百计地阻挠查验巴山轮的运日货物。

与此同时，英国公使欧格讷也公开出面对查验工作进行阻难。10月13日，欧格讷亲到总理衙门，提出中国此次捕留巴山商轮"未合公法"。18日，又照会总理衙门，进一步以中国无"战利法院"来否认捕留巴山轮的合法性："若无战利法院，则局外之国不许战国捕其船只。设或有战利法院而番〔判〕断未合，局外之国仍可向战国讨船索赔。是战国即有捕船之权，亦须承担其责。倘有错误，即唯捕船之国是问。即如此案，无论何等局外之国，均不能认战国似此相待巴坛〔山〕商轮光景。"就是说，英国方面横竖都是理，至于中国，无论有无"战利法院"，均"须承担其责"。并且还以索赔巨款相威胁："该船因捕留之故，索赔款数日有加增，尚不能定其确数。观其船身匪小，载货甚多，而索赔之数想不能少。况贵国如此误办，而欧洲舆论恐不能翕然许可也。本大臣顾念敦睦之谊，奉劝贵王大臣即早在沪将该船释放，定其赔偿之数，速结此案。"②欧格讷的这件照会，更从根本上动摇了清政府查验巴山轮运日货物的决心。

具体负责查验工作的刘麒祥，则一直忙于笔墨交涉，对实际问题却一窍不通。当刘坤一指示"应将可疑之箱照章办理"之后，他仍然不敢下决心查验，反倒征询贺璧理对此有何意见，实际上是把决定查验之权交给贺璧理了。贺璧理的答复很干脆："查平常进出口轮船，除在本口所卸各货应由本关按照舱单查验放行外，所有卸剩载运各口

---

① 《中日战争》续编（五），第313~314页。
② 《中日战争》续编（五），第478~479页。

第四章 清政府加紧乞和与美国居间

各国之货概不过问。向来并无查验过境可疑箱件之章，……日本如有军火，自然迳运日本，绝无转沪之理。今巴山船所剩运日本货件，查其舱单并无军火。如果谓其可疑，本关无章可照将其开验。如奉札饬，方可照办。"一方面断言"并无军火"，一方面声称"无章可照将其开验"，反正是查验不得！而刘麒祥既不敢承担开箱查验的责任，又怕上司怪罪下来，乃问计于贺璧理，以便上报交差。到10月18日，巴山轮只剩下运日货物了。贺璧理已经摸透了刘麒祥的心理，便在此时回复刘麒祥说："所有卸剩运日货物，究竟应否一并起查，还是兼须逐一开验？虽曾函询贵道，但迄未奉有切实明示，事关重要，不便擅夺。"他不正面答复刘麒祥所提出的问题，反而要求刘麒祥作出"切实明示"，并特别加上"事关重要，不便擅夺"一句，使本来就害怕担此风险的刘麒祥更急欲及早卸下肩上的这副重担。贺璧理看火候已到，便拿出"总税务司电谕"："此事如英总领事可出该船实在并无日本军火公文，即可停验放行。"并转告英国总领事的答复是："本总领事亦愿借此可以了结此案。且据该船主所禀，并照所有在案单据，实可决其必无军火在内，故可准照办理。至如该船因被扣查所受耽延时日，以及各货损伤之亏，并以复如多搁一日即多一日之费，应由中国赔补。"①刘麒祥听说有了总税务司的"电谕"，英国总领事愿出巴山轮并无日本军火公文，不禁喜出望外。清政府也怕惹出更大麻烦，希望早日了结此事，已电令巴山轮运沪之货一经卸完，即行释放。当天，刘麒祥即函告贺璧理将该轮出口日期报查。这实际上是允许巴山轮出口的通知。26日黎明，巴山轮由上海起碇前往日本。

本来，巴山轮所装运日货内必有违禁军火及军用物资。甚至连淡水关税务司马士也认为，除已查知的3箱枪、弹外，其"铁路物料等

① 《中日战争》续编（五），第316~317页。

件"皆应"罚充入官"。但是,清朝当局却"怕"字当头,怕赔补偿金,怕引起交涉,视委曲求全以息事为最上之策。在这种思想指导下,明明贺璧理声明"尚未起查",却说他"查明并无军火";明明英国总领事只是根据巴山船长所禀的货单而断"其必无军火在内",却也即承认"船无军火"。于是,连英方提出的"各货损伤之亏……应由中国赔补"的无理要求也顾不得驳辩,就匆忙将巴山轮放行了。那么,停验放行就能了事吗?不会的。既然中国方面承认巴山轮运日货物内"并无军火",而且船已离港再想查验也不可得,英国在交涉中也就更加有恃无恐,它怎么肯就此罢休呢?

巴山轮驶离上海港后,英国方面果然正式提出了索偿的要求。11月3日,欧格讷向总理衙门发出照会,其中心意思仍然是指责中国如此扣留船只不合公法,"必有索赔之请"①。总理衙门的复照,则针对来照中"不合公法"的说法予以反驳,指出该轮"实多有可疑之处:其一,西国新报明称,巴坛〔山〕船早经英国售与日本,船价已付,各国皆知。其二,局外商船均应有并无济敌之据,该船无之。其三,商船必有提货单、日记簿,该船主不肯呈验,显有情弊。其四,于货单外搜出炮弹,该船主先未申明。其五,该船见搜出炮弹,潜封舱口〔不〕准查验。凡此可疑之处,惟〔准〕以欧洲公法,似不能谓不应搜查。……盖船有形迹可疑之处,则咎在船主,不在捕者也。窃意中国办理此事,于公法捕船权利实已有所退让,不能谓比他国更有加增。如该商有欲索款之意,尚望贵大臣明白开导,勿任多渎。"② 总理衙门的复照,有根有据,理直气壮,使欧格讷一时无可狡辩。于是,他便决定暂时改变一下策略,由上海总领事直接出面进行纠缠。

---

① 《中日战争》续编(五),第481页。
② 《中日战争》续编(五),第482页。

这时，英国外交部也在寻找向中国索赔的"理由"。致函皇家法院说："看来，'巴山'号尽管直接开往中国港口上海，无疑其最终目的地是交战国。'巴山'号确乎装有少量在当时情况下成为违禁的货物。因此，那艘南琛轮有权在公海上阻止它，……把携带战时违禁品的船只押入港口，并接受有权限的战时法庭裁决。问题是中国政府尚未建立战时法庭。"并希望皇家能提出建议："英国政府是否应该支持船主一方提出的向中国政府索赔偿金的合理要求？如果提出这样的要求，以什么理由最为合适？"可见，英国政府的立场已经十分清楚了。果然，英国皇家法院对索赔一事给予肯定，复函称：

> 虽然该船确实携带了一小宗战时违禁品，仍可正当地支持船主的合理赔偿要求。该船被毫无理由地带到航线以外的港口，没有任何司法程序，即扣留该船，既没有起诉也没有在任何战时法庭上提出诉讼，以此为理由可能最为适当。①

11月9日，英国驻上海代理总领事哲美森，向苏松太道刘麒祥发出一份照会，其内容仍是索偿，并提出两条办法：一是采取一揽子的办法，"给银3万两了事"；一是"将受损各项开列清单，邀请公正人核算"。本来事属英人无理纠缠，而刘麒祥的复照则称："此事作何办法，本道无成见，如贵总领事将该船经理人索偿原委，并凭何条公法索偿，详备开示前来，此事本道当慎办详复。"② 交涉一开始，刘麒祥的态度就相当软弱，自居于被告的地位。

根据刘麒祥的复照，英国领事哲美森真的"详备开示前来"了。11月22日，他在照会中开列了以下四点：一、"（巴山船）在洋面被中国南琛兵轮令其停驶，是时船主交出货单，……声辩不听，必欲带

---

① 《中日战争和三国干涉（1894—1895）》，第16、17、48页。
② 《中日战争》续编（五），第319页。

往基隆";二、"彼时一听华官指挥进口,致遭搁浅,大受损伤……船在基隆被扣14天,船上货物横被搜查,颠倒错乱,堆积舱面,雨水淋湿,开箱夺货,迨将货回舱时,并不小心置放,以致受损甚重";三、"抵沪卸货……延误日期不少,应入坞修理,综计延误日期极少在26天";四、"仅三小箱(弹、枪)所值无多,何以指为军火?"最后指责"此事系由中国首先干犯",并质问道:"贵道于中国国家应赔之责是否承认?"30日,刘麒祥再次复照哲美森,一方面告以来照所述情形"须另行查明",一方面指出:"今纵按来文所开各情,中国并未越权。至于索偿,全凭中国有无违例之处。……总之,中国究违何例,应由索偿人指证。须俟此节论定后,方能酌核受损情形也。"①虽然说明"中国并未越权",但对英方的索偿要求却未能断然拒绝,仍然要索偿人指证"中国究违何例",以便"酌核受损情形"。这种自相矛盾说明刘麒祥的态度始终游移不定,留有余地,并不敢坚决驳斥英方提出的无理要求。

可是,几天之后,事情有了新的变化。由于哲美森照会极尽无中生有、颠倒黑白之能事,特别是其中涉及江海关的文字,大大地激怒了贺璧理。本来,当巴山轮在上海停泊时,在停验该船运日货物的问题上,贺璧理和前英国兼任上海总领事韩能是沆瀣一气的。如今,哲美森竟然追究起巴山轮在上海"延误日期"的责任来了,这件事势必会严重影响到江海关税务司的声誉和地位,怎能不使贺璧理大为恼火?于是,他于12月7日致函刘麒祥,对哲美森所谓"延误日期""极少26天"一事表示"不胜诧异",用事实驳斥所谓"延误日期"的谰言:

  查该船前于九月初九日(10月7日)礼拜日之晚驶抵吴淞。

---

① 《中日战争》续编(五),第320~321页。

本关先已得悉，故于初八日即将应发该船开舱准单赶前发出。只因该船主携带在沪，故迟至初十之早尚未开舱。迨后由关所派该船扦手自淞来电请示谕复，始于初十午后开舱，驳轻船身以便驶进。嗣于十四日船靠码头卸货，至二十日卸竣。当因船坞未有空处，故至二十二日才得进坞。次日即出，其得连日装货，至二十七日装满出口。前后统计，仅得 18 天。现经理人禀有 26 天，已属可异。况此 18 天中，只有该商自误之时，并无本关耽延之处。且轮船到通商口岸，按照约章，该商所应得者不过如约：凡轮船进口须将所卸货物应完税饷一并清讫，始发红单，准其出口；若本关另立之凡轮船所卸应税未纳之货，准觅他行具保存栈，一俟税清，领有关给准单方准提货出栈。该轮则准其先行出口。此项办法，乃系于约章之外格外体恤商情之意，并非商人所得要求者。今若照约办理，则该轮所卸应税未纳存栈之料，直至十月二十四日（11 月 21 日）始据清完。其船即应至是日方能出口。而其所以能于九月二十一日出口者，无非出自本关格外方便，岂得反谓耽误乎？

此段文字极为重要，它把巴山轮停泊上海的经过情形开列得清清楚楚，毫不含混：其一，巴山轮在上海停泊只有 18 天，根本不是 26 天；其二，在这 18 天当中，有几天是巴山船长自己耽误；其三，巴山轮出口比规定提前了 27 天，系出于格外照顾。同时，贺璧理的来函还推翻自己原先关于巴山轮"触礁"的说法，进而揭露所谓巴山轮"进基隆内湾以致搁浅受伤"之说，指出："照本税务司所闻及所得各凭据详加查核，料来该船可无搁浅之事。"[1] 来函所摆出的大量确凿事实，完全戳穿了哲美森所谓延误日期、搁浅受伤等谎言。

---

[1]《中日战争》续编（五），第331页。

至12月27日，署台湾巡抚唐景崧也发回批文。批文在详细说明台湾扣留巴山轮的经过后，又驳斥了所谓搜查巴山轮"不合公法"说及英方所捏造的种种"事实"，指出：

> 查局外之船载有济敌禁物，无论多寡，战国有搜查之权，即英领事亦称，欧公使两电嘱将所获军火归中国，取保往上海等因。是巴山之应查，毫无疑义。若谓仅弹、枪三箱，所值无多，何以指为军火？试问枪与弹不谓之军火，何物谓之军火？既可少载，岂不可以多载？当日南琛在洋面既见巴山军火确凿有据，焉能不带至基隆听候查验？该船既无违禁之件，何以先不进口？何以一经查至下舱，即封闭不服查验？所称延误，及其自取。至先后起验之货，不及一舱，何至受损？且受损者究系何物，当未放行之先何以不指明请验？兹于放行之后，凭空称物受损，何足为凭？又该船进基隆口时众目所睹，绝无搁浅之事，该船主亦无搁浅之说。其因何入坞修理，与中国无涉。总之，此案考之公法，中国既有应查之权，即〔既〕无违例之处，更无认偿之理也。

贺璧理的来函和唐景崧的批文，澄清了事件经过的真相，并批驳了英方的无理指控，从而证明了理在中国一方，而不是在英国一方。这对直接与英交涉的刘麒祥来说，应该是一个极大的支持。哲美森虽然理屈词穷，却不肯就此认输罢休，竟大耍无赖手段，横生枝节，继续纠缠。1895年1月16日，他又提出中国办理此案的两条所谓"错处"：其一，中国方面对巴山轮的指泊处不当。"该船所载三小箱内之货，如就军火两字意义而论，即指为实系军火，应行断令充公之所由，则该船亦当押往上海，不合带赴基隆。""即使承认带该船赴基隆之事不为无因，乃押带该船赴基隆之后指泊处并非妥当地方。"其二，所载货物之内"仅有三件可议，三件内尚有二件注明系手枪，一件系弹子。此项手枪专作玩具，计价银每支四钱，枪子系与其类同。""安得云有此三件，即坐该船以违禁装军火之罪？""台湾所扣三件内系手枪、枪子，并非军火，理合交还。深悉该手枪系玩具一类之物，断不能充战阵之用。夫军火原系与战交战之需。如上所云，手枪者即实为日本兵士打仗所合用，其数甚微，亦毫无裨益，决不能指为军火，应行交还。"所有这些，当然是不值一驳的。这也说明了哲美森自知理屈，只能无理取闹了。此时，刘麒祥因为心里有了底，也觉得理直气壮了，在复照中干脆指出："该索偿人所禀紧要各节，殊属空言无本，牵引失当……中国现与日本交战，即有权搜查装运不计多寡济敌军火局外之国船只，其船货应搜查。设有受亏情事，其责任全在船东，货主不能作为向中国索偿张本。"当时，总理衙门的态度也还坚决，认为"咎在商船，不在捕者"，"万无给赔之理"。①

巴山军火船事件的真相已经大白，无论英国公使还是其上海总领事，由于处于无理的地位，在确凿的事实面前也难逞其狡辩。照此看来，中国在这场交涉中应该是胜利者了。实则不然。因为在当时的历史条件下，确实是"弱国无外交"的。英方在公使级的交涉中没有取胜，在领事级的交涉中又没有取胜，便决定由英国政府直接出面了。3月9日，欧格讷照会总理衙门称："兹准本国外交大臣电谕，嘱令代该船船长向贵国索偿英金5 000镑。此款较该船被扣致亏之数颇形减少。若欲就此将该船受亏之款完结，务须立行付给。"② 两国交涉规格的升级，表明英国政府决心要对清政府实行压服了。

总理衙门虽然不愿无端拿出5 000英镑，但知据理力争已属无济于事，对英方提高偿金非常头疼，也希望设法早日了结此案。可是，

---

① 《中日战争》续编（五），第310、333、334、335、482页。
② 《中日战争》续编（五），第482页。

负责办理此项交涉的刘麒祥，熟知"历来中外交涉，领事本以偏袒为能事，以期见好于商人，故遇事必多方辩难，迨知理屈，又以护前不肯自休，再与坚持"，是很难对付的。这时，他找到英国律师谭文商议办法。谭文出主意道："解铃系铃是在（英）外部，非由出使大臣与之熟商，难期转圜。"① 刘麒祥认为甚是，便打电报托驻英公使龚照瑗直接与英国外交部商办。

其时，适值英国内阁改组，外交大臣亦在新旧交替之际，龚照瑗不克与议。直到7月5日，龚照瑗始率同参赞马格里往外交部交涉。当即约定，第二天由马格里与索偿人共同赴部面议。这日，龚照瑗接刘麒祥来电，提出拟请德国总领事公断。龚照瑗则认为此事恐非德领事所能公断，担心拖延愈久，需索愈增，决定早点付给偿金，令马格里往英国外交部商议赔款之数。6日，马格里开始与索偿人正式谈判。天祥行主交出一份索赔细单，所开共计5 558镑，查阅索赔细单，其中所开失装茶期亏损船脚一项赔款最多，计2 250镑。该行主声称："彼船若不扣留，即日本载茶至纽约。今因扣留，故误载茶之期，是以载米。米脚减于茶脚多矣。"② 马格里密访他行后，掌握了巴山轮离日本时所装货物情况，指出巴山轮从日本装茶证据，经英国外交部转告该行。7月10日，两造皆至英国外交部谈判，天祥行主始"愿将所索之数减1 000镑"。天祥行索赔的第二大项，是补偿巴山轮"延误日期"的损失，扣船26天，每天75镑，共1 950镑。马格里接受了已被贺璧理驳倒的延误26天的说法，但指出"扣船每天应补75镑之数过多，每天有40镑足矣"。争执多日，行主始于25日答应再减去558镑。这样，"计所索赔补5 558镑，经两次减为4 000镑"。仅从所开列

---

① 《中日战争》续编（五），第330、365页。
② 《中日战争》续编（五），第491~494页。

第四章 清政府加紧乞和与美国居间

的两项主要赔款数字来看，可知英商分明在趁机敲诈。英国外交部也大肆进行恐吓：中国方面如不允出 4 000 镑赔补，就要把偿金提高到 6 000 以上。因此，马格里认为再减已无可能，主张赔 4 000 镑从速了结此案。

此时已是《马关条约》签订之后，清政府正为偿付日本巨额赔款而大举外债，往外多拿几万两银子（4 000 英镑约合银 2.66 万两多）也是颇为困难的。正在举棋不定之际，想到前此英国律师谭文曾提出："按诸公法，其实错在巴山，即因扣留受损，该船主亦只能自认吃亏，断无索赔之理。"总理衙门即致函兑税务司赫德，告以龚照瑗"与英外部商论，订定赔船主 4 000 镑，而不及船货，本署总愿一了百了"，以及谭文的意见，请予"详细见复"。原来，截获巴山轮时，赫德尚提出"若船上查有军火，无论多寡，应照局外章程，所有船货人均应办罪，故船可留"，这与谭文的意见并无二致。可是，此刻赫德的态度却来了个一百八十度大转弯。他于 8 月 2 日复函总理衙门称："船行向中国索赔之事若属理所应为，则货商索赔谅亦系一律有理之事，至所云一了百了自是最为简捷之法。……其英律司〔师〕所云货商不能向中国索赔之说，是否如此，总税务司未能深知，然恐未免有误。……再，正在缮函间，适值欧大臣（欧格讷）前来。敝署据（欧大臣）云，减定 4 000 镑之数，若不立即交付，则该船行仍索赔 6 500 之原数。由此可见，该船行现允将减定之数接收了结，而付 4 000 镑较付 6 500 镑自为便益。"① 这实际上是伙同欧格讷一起对清政府施加压力。总理衙门一看 4 000 镑已是尽头数字，就怕一拖英方又会提高数目，只好接受下来。8 月 10 日，清政府从出使经费项下拨出银二万六千六百六十六两六钱六分，折合 4 000 英镑，由汇丰银行汇到英国，

---

① 《中日战争》续编（五），第 365、422、423 页。

始将此案了结。

　　清政府屈服于英国的压力而赔款，引起了连锁反应。8月3日，德国公使绅珂借口巴山轮上装有德产洋布价格亏损，代表德商鲁麒洋行索取偿金。美国也不甘落后。11月9日，由副公使田夏礼出面，借口巴山轮装有美国布匹等货价格亏损，代表上海美商裕丰、晋隆二行索取偿金。这场交涉历时一年有余才算结束。

三　京城日特案的审结和"酌为开释"

　　10月12日，为日本使馆看守六条胡同公馆的高顺突然被步兵统领衙门逮捕。当天还有另外两名日本仆役名赵春霖和吴承栋者也一起被捕。到12月26日，美国驻华公使田贝致函总理衙门："想中日现已欲行议和，此人在押受苦已经数月，拟请转行酌为开释可也。"总理衙门复函则称："闻此案情节重大，应由司法查照律例办理，业已送部，非本衙门所应过问矣。"[1]

　　高顺等究竟涉及何等重大案情呢？从他们的供词中可知其罪行大致如下：

　　高顺即高二，或称高儿，宛平县人，33岁，居住在顺治门外车子营路北。几年前，在日本武官井上敏夫海军少佐手下当差，每月工钱洋银10元。曾随井上坐小火轮游历长山岛、庙岛、砣矶岛、城隍岛、小平岛，并"观看旅顺炮台"。又往盛京游历貔子窝、大沽山等地及朝鲜之大同江、平壤、仁川口，路过威海卫等处。"所走洋面均用千斤铊试水深浅，每处相距约100多里不等。"后又奉井上敏夫之命，在烟台"每日代看海关上悬灯挂旗，报知军船货船往来数目，及日本与中国在牙山打仗，伊仍旧代探船只"。据他称，他是在井上敏夫回国

---

[1]《中日战争》续编（五），第240~241页。

后"酌量事情不好,恐怕被拿",才从烟台逃回北京的。

赵春霖,即赵二,天津县人,45岁。早在1884年春间,即跟日本人东敬名由北京前往天津,坐火轮船游历营口、沈阳船厂。又往宁古塔游历,与东敬名同被都统衙门逮捕。他在监押中逃回北京后,在交民巷日本公使馆"跑信",每月工钱洋银7元。本年7月间,奉命住在六条胡同看房屋,"探听密事,即告知日本公馆"。

吴承栋,即吴三,宛平县人,33岁,住永定门外四合馆路西。在日本代理公使小村寿太郎处当跟班,每月工钱洋银6元。小村寿太郎下旗回国时,曾送到塘沽上船回国。自称"别事不知"[①]。

高顺等三人的供词避重就轻,隐瞒了许多重要情节。例如《宗方小太郎日记》就记载了高顺的一些活动:

8月7日:"本日派高儿至威海,使之窥伺动静。"

8月10日:"下午3时,高某自威海归来。昨9日下午3时所见,目下碇泊于该港之兵船有镇远、定远、经远、靖远、来远、致远、平远、超勇、威远、广丙、广甲、康济、湄云、镇东、镇中、镇北、镇边17艘,另外尚有鱼雷艇4只。"

8月21日:"潜伏于天津之石川伍一终被官府捕获。下午派遣高某至天津,使之窥探石川之现状,兼探听津沽之动静。"

据此,可知高顺本是被收买的刺探军事情报的日特,干了不少危害国家的罪行,却都被瞒下了。

尽管这样,经刑部会同都察院、大理寺提犯亲审,判高顺、赵春霖二犯"均为倭人服役多年……甘心为效奔走;迨失和后,仍一为看望船只来往,一为告知营兵驻扎处所,虽与刺探机密走漏军情有间,究未便遽从宽典,自应严行惩办。……均合以境内奸细走透消息及境

---

① 《中日战争》续编(五),第392~398页。

外奸细入内探听事情者斩律，拟斩监候，秋后处决"；吴承栋"甘心为倭人服役，虽未为之探听事件，亦应从严惩办，拟在部监禁五年，俟事平后再行酌核办理"。①

刑部的判决说是"从严惩办"，实际上并非如此。在此时期内审结的间谍特务案件，都是立即正法，为什么对高顺、赵春霖却要秋后处决呢？因为这时清政府已决定对日乞和，对日特的处理自然要慎重：放了难免有失人心，放又放不得；杀了又没有回旋余地了，杀又杀不得。处在两难之中的清政府，只好来个"秋后处决"拖一拖，以待时局的变化。可见，所谓"秋后处决"，即田贝所说"酌为开释"之变相也。

这件京城日特案，本是中国国民犯法，由中国法庭审理，纯属中国内政，不容外国人置喙和干涉。由于中日《马关条约》的签订，这件本来纯属中国内政的京城日特案却变成众所瞩目的涉外案件了。《马关条约》第九款有云："中国约将认为军事间谍或被嫌逮系之日本臣民即行释放，并约此次交仗之间所有关涉日本军队之中国臣民，概予宽贷，并饬有司不得擅为逮系。"据此，《马关条约》换约之后，日本要求释放高顺、赵春霖、吴承栋三人。总理衙门奏称：

> 查本年全权大臣李鸿章与日本新订和约，第九款中国将被嫌逮系之日本臣民即行释放等语。此案赵春霖等三名系供日本使馆差役，即可援照日本臣民释放之约办理，应即速咨刑部查明释放，以免借口。②

这样，这几个充当日特的民族败类，竟当作"日本臣民"交还给日本公使馆了。

---

① 《中日战争》续编（五），第395页。
② 《中日战争》续编（五），第396页。

第四章　清政府加紧乞和与美国居间

第四节　日本制订对中国作战的新方略

战争爆发后，日本大本营制订的作战计划，包括甲、乙、丙三个方案，按第一期作战的结果而决定采取何种方案。其中，"甲案"规定，如果联合舰队取得对黄海和渤海的制海权，则运送陆军主力至渤海湾登陆，在直隶平原进行决战。黄海海战特别是日军侵入辽东半岛后，日本海军已经掌握了制海权，按照原定作战计划应立即实行"甲案"。山县有朋正是根据大本营的作战计划，才在11月初提出了《征清三策》。其第一策实即大本营作战计划的"甲案"。伊藤博文却反对立即将"甲案"付诸实施，而提出了对中国作战的新方略。

从11月初到12月初的一个月内，日本大本营以是否实行"甲案"的问题事关重大，一直拖而未决。伊藤博文认为："面临天寒冰结之气候，在渤海求运输交通之便利，乃至难之事。"① 这是他反对实行"甲案"的一个重要理由。这个理由能否成立呢？在此以前，大本营曾命联合舰队司令官伊东祐亨，派人至直隶抚宁县境的洋河口附近调查登陆地点。调查的结果支持了伊藤博文的观点。据调查人员报告，该处冬季西北风强烈，风力达5至8级，岸上冰雪厚积，登陆困难。② 这一理由，对于陆军来说，是有说服力的。山县有朋也不得不放弃自己的主张，他说："据传伊东联合舰队司令官所谈，目下已迫近结冰时期，以兵力于渤海湾山海关附近登陆颇难。果如此，则第一策已不能执行。"③

---

① 伊藤博文：《机密日清战争》，《中日战争》续编（七）。
② 戚其章：《中日甲午战争史论丛》，山东教育出版社1983年版，第194页。
③ 伊藤博文：《机密日清战争》，《中日战争》续编（七）。

伊藤博文考虑最多的还是政治策略方面的问题，这是他反对实行"甲案"的最主要的理由。他认为：即使日军在直隶登陆成功，也必将在中国造成混乱状态，而引起西方列强的干涉。这并不是伊藤博文的过虑。事实上，当时已经出现了列强干涉的明显迹象。

其一，是美国人密谋策划的"倒清"活动。这个活动的主要策划者就是李鸿章的顾问毕德格。甲午战争爆发后，他认为清政府在日本的打击下将无法生存下去，要使中国从混乱中摆脱出来，李鸿章是最合适的统治者。毕德格的密友威尔逊很赞同他的这一设想，并希望能够得到美国前国务卿科士达的支持。毕德格利用休假回国之机，同科士达进行了一番长谈。科士达也认为："最好是改朝换代，推李鸿章掌握权力。"并将这一密谋计划写信告诉了美国驻华公使田贝。威尔逊则写信给在日本驻美使馆担任顾问的美国人史蒂文斯，极力鼓吹日本控制中国的好处，应迅速采取行动，否则英、俄将瓜分中国，使日本丧失胜利果实。他提出：如果清廷覆亡，只有让李鸿章和日本控制新局面。史蒂文斯回信说他已把信给栗野慎一郎看了，还准备抄送一份给伊藤博文和陆奥宗光。与毕德格等人的密谋策划相呼应，美国的报纸也不断鼓吹类似的论调。如《纽约论坛报》即曾预言，日本将进攻北京，中国将被分裂为三部分，其中一部分由李鸿章统治。[①] 这起密谋事件表明，列强总在窥测方向，伺机插上一手，而这是与日本的利益相违背的，不能不引起伊藤博文的警惕。

其二，是八国出兵入京护馆。在清政府加紧乞和的同时，列强也正在酝酿派兵进入北京的计划。本来，战争爆发后，北京外国使馆的保护工作一直由步兵统领衙门负责，每处派官兵42人守卫。[②] 外国使

---

① 参阅夏良才：《关于中日甲午战争中一起"倒清拥李"的密谋事件》，《近代史研究》1984年第6期。
②《收步兵统领衙门片》，《朝鲜档》（2602）。

第四章　清政府加紧乞和与美国居间

馆的安全从未发生问题。赫德称："北京十分安靖，民心尚镇定，除一二个别事件外，尚无仇外举动。"① 尽管如此，美国公使田贝却以护馆为名要求派兵入官。11月23日，他致电美国国务卿格莱星姆提出："请海军部长增强'孟诺加西'号水兵50人在北京执勤。"② 在此以前，田贝已经获悉毕德格等人密谋策划的"倒清"活动。威尔逊还非常露骨地写信对田贝说："我要你在时机来临时充当华瑞克这一角色。"③ 可见，田贝要求美国政府派兵进入北京，并不是出于护馆的需要，而是有着更深远的打算的。如果说美国的派兵还停留在筹划阶段的话，那么俄国倒是闻风而动，准备提前行动了。12月12日，俄国公使喀西尼照会总理衙门："兹有俄国水师游击一员，带领水手40名，于本月（十一月）十七日（夏历）由天津起身，前赴北京本馆执役。"④ 当天，总理衙门便拒绝了喀西尼的要求，指出："此事断不可行，免致另生枝节。"并保证对外国使馆"自必力任保护，决不至有意外之虞"⑤。与此同时，意大利驻天津代理领事马赤也向直隶总督衙门提出派兵11名进京，同样遭到了拒绝。清政府拒绝俄、意两国派兵，对田贝的计划无疑是一个打击。田贝致电格莱星姆，主张派兵"以执行盛行于东方的（列强）合作政策"。格莱星姆也觉察到田贝已决定要求美国实行武装干涉。克利夫兰政府虽然对田贝的行动持保留态度，但还是批准派兵进入北京。于是，田贝便积极地为美军和欧洲列强的部队一起进军北京而进行准备。⑥

---

① 《中国海关与中日战争》，第64页。
② 《中日战争》（七），第456页。
③ Marilyn B. Young, The Rhetoric of Empire: American China Policy, 1895—1901, Harward Univ. 1968, P.29. 按：华瑞克（Warwick Richard Neville, 1428—1471），英国伯爵，因先后拥戴英王亨利六世和爱德华四世而著名，获得"拥立国王者"的绰号。
④ 《俄国公使喀西尼照会》，《朝鲜档》（2420）。
⑤ 《致俄国翻译柯函》，《朝鲜档》（2422）。
⑥ Jeffery M. Dorwarr, The Pigtail War: American Involvement in the Sino—Japanese War of 1894—1895, Univ. of Massachusetts Press, 1975, PP.67—70.

12月16日，总理衙门收到以田贝领衔的八国公使联衔照会，其内称："现遵各本国国家之命，已调水手或海军枪兵若干人，聚会天津，以便遇事招来京中，在使署防护巡查。各国驻京使署准有护卫防守之兵，或常川驻扎，或暂行留守，（天津）条约早已载明，又系三十五年以来素有之事，无驳碍之理。请转饬自津至京一路，妥为设法，遄行勿碍。"在照会署名的其他七国公使是：俄国公使喀西尼、英国公使欧格讷、德国公使绅珂、法国公使施阿兰、意国公使巴尔迪、比利时公使陆弥业和西班牙公使梁威里。17日，总理衙门复照八国公使据理反驳："查各国约章，并未载有各国驻京使署准有护卫防守之兵，或常川驻扎，或暂行留守之条。三十余年以来，亦无似此所行之事。英国条约第三款所称英国大臣公馆雇觅夫役，毫无阻拦，系指雇用中国人服役而言，并非护卫之兵。即十八款所称如有不法匪徒扰害各节，亦系责成中国地方官派拨兵役弹压，亦无准各国大臣自行拨兵保护使馆之文。"最后说明："中国应尽保护之责，业已切实办理。来文所称自行派兵进京防护一节，转恐人心惊疑，易致生事，诸多不便。务希贵爵署大臣体谅中国力任保护之意，电达贵国国家作为罢论可也。"①21日，田贝等八国公使再次照会总理衙门，声称：前次联衔照会"所引之权"，乃凭"与中国历订条约"，且"因明准所用人等送信、通事、服役等类，听自招选使用，并无限制；历年经有专拨之兵，至今仍有如此者"。因此认为这次派兵是"既凭此权，又据素来行过之事"②。总理衙门坚决反对列强派兵入京，并对其联衔照会中歪曲条约之条文处予以澄清，说："至所称雇募送信、通事、服役人等，各随其意毫无阻拦者，系指各使馆佣工华人而言之。约内并无听自招选兵

---

① 《致美国公使田贝等照会》，《朝鲜档》（2443）。
② 《美国公使田贝等八国联衔照会》，《朝鲜档》（2450）。

丁防护使馆之条。来文所解条约与原文之意迥不相符，未免误矣。至来文所称各使署有兵防护，至今仍留京中，此盖随员中间有一二武弁、原无不可。若以成群兵队在馆防护，则向来从无此事。"① 各国公使见狡辩无效，便决定不顾清政府的反对而强行派兵进京了。27日，八国公使又向总理衙门递发了一份措辞强硬的联衔照会："现唯有向贵王大臣声明，本大臣等当必各操其权，俟自酌度缓急，即行拨兵由津进京，以资保护使署及本国人民。"② 根据档案记载，除比利时外，其他七国都派遣了一支少则10余人多至50余人的军队。③ 法国政府还以保护租界为名，派巡洋舰和炮舰各一艘驶至天津。④ 列强的剑拔弩张，当然不能认为就是单纯为了保护租界和使馆。这一点，伊藤博文当然是十分清楚的。他向大本营提出："为使我得收战胜之利，则非善于权衡利害，慎重从事不可。"⑤

其三，是日本驻外使节所提供的列强动向的情报。在此期间，日本派驻西方国家的公使非常活跃，或频访其政府首脑，或接触其政界要人，基本上掌握了列强的远东政策及其动向。日本对各国的了解也是逐步深入的。当时，日本注意的重点是俄国和英国。

据日本驻俄公使西德二郎的报告，他起初认为："俄国政府所担心者乃日本是否永久占领朝鲜。对此，军人阶层尤为反对。""俄国之主要兴趣为扩张并占领朝鲜东海岸，以获得某些不冻港。"⑥ 后来，通过同俄国外交大臣吉尔斯及政界人士的多次交谈，他才发现俄国所关心的不仅仅是朝鲜一地，于是向政府报告说："此地（俄国）人们所

---

① 《致美国公使田贝等照会》，《朝鲜档》（2463）。
② 《美国公使田贝等八国联衔照会》，《朝鲜档》（2471）。
③ 这七个国家的军队直到1895年5月以后才陆续撤走。
④ 《行署理北洋大臣王文韶文》，《朝鲜档》（2675）。
⑤ 伊藤博文：《机密日清战争》，《中日战争》续编（七）。
⑥ 《日本外交文书》，第27卷，第821、842号。

考虑者,即使我军进而取得攻陷北京之胜利,也并不希望我分割大陆之土地。何则?盖我若要求占有朝鲜之一部分,俄国亦必要求其所欲之另一部分;若要占有满洲南方之一部分,英、俄必共同反抗之。倘使图谋台湾,英、法亦必提出异议。因此,可以断定,今日我所欲谋求之土地势难实现。"他还根据俄国某政界人士所透露的情况,再一次建议割取台湾,并强调此为"上策",而且俄国政府"必不持异议"。①

英国又是如何呢?西德二郎先从俄国外交大臣吉尔斯处获悉:"英国恐日本之最后成功将分裂中国",但"目前尚未至干涉之时"。英国众议院议员巴特利特也告诉日本驻英代理公使内田康哉,说欧洲各国之举动"有危险的迹象","故不应使军队靠近北京"。② 这不能不引起日本当局的高度重视。后来,日本还是间接地通过意大利政府获得了有关英国的准确情报。当时,意大利与英国在对外事务中利益一致,所以在外交政策方面往往采取相同的立场。意大利外交大臣布朗克向日本驻意公使高平小五郎透露:"英、俄两国虽有彼此相反的利益,但至争议可回避时则可联合。"布朗克还劝告说:"措施与条件应限于适当范围之内:第一,应避免割裂清国疆土或颠覆清国政府;第二,尽量不要搞乱正常秩序。"他还特别提醒高平小五郎:"倘影响各国的利害关系,最初欲坐视者亦将不能坐视,乃至不得已而干涉之。"西德二郎的情报也证实了布朗克的话。他向国内发回的报告称:"他日日清议定和约时,若日本乘战胜之威而提出削弱清国之命脉的条件,并使订约各国之利益蒙受损害,则各国(指欧洲列强)必共同反抗之。"③

---

① 《日本外交文书》,第27卷,第836、838号。
② 《日本外交文书》,第27卷,第817、820号。
③ 《日本外交文书》,第27卷,第818、831、837号。

正是基于上述情况，伊藤博文才决定放弃"甲案"，而代之以进击威海卫和攻略台湾的新方略，以尽量避免列强的跃跃欲试的干预。他在12月4日提出的《进击威海卫并攻略台湾之方略》中说："敌之北洋舰队现正泊于港内，因而大举进击威海卫既非其时，深入其港口亦不可得。今以陆军袭其背后，以水陆夹攻之，此即所谓扼其咽喉之半，且为剿灭长期挑而不战之敌舰之捷径也。……苟欲以割认台湾为和平条件重要条件之一，我方如不先以兵力将其占领之，则无使彼将其割让之根据，将奈之何？是故非坚信扼渤海之锁钥乃为至要之同时，必须南向获取台湾为大计不可。"为了减少来自军方的阻力，他不说放弃"甲案"，而说推迟"甲案"："如于冰冻季节毕此两役，待春暖时清廷犹踌躇而无向我请降之意，则进而坚决实行前此之'甲案'，以水陆连胜之余勇，陷山海关，进迫天津、北京，亦未为晚也。"这样，他的新方略也就为军方所大体接受。山县有朋给明治天皇上《奏请采纳海陆合攻威海卫方略疏》，在肯定解冻后实施盛京及直隶平原作战计划的前提下，同意了伊藤博文的主张。[1] 日本统治集团内部在伊藤的新方略问题上实现了有条件的统一。日本历史学者指出：伊藤的新方略"就是所谓歼灭北洋舰队，控制台湾，以造成有利的和谈条件，并获得割取台湾的'根基'。作为文官的伊藤首相从政治策略的观点出发，指导了大本营的作战，压抑了只从作战的角度来考虑的军人，从而避免了长期进行的消耗战。战争的领导问题，由于伊藤首相而一元化了，军事被放在有利于政治策略的位置上"[2]。

---

[1] 伊藤博文：《机密日清战争》，《中日战争》续编（七）。
[2] 藤村道生：《日清战争》，上海译文出版社1981年版，第130页。

第五章 马关议和前后的国际关系

第一节 科士达与中日广岛会谈

在李鸿章马关议和之前，清政府曾先后三次派员与日本谈判。第一次，是在 1894 年 7 月下旬，李鸿章拟命记名海关道罗丰禄作为秘密特使赴日，与伊藤博文就朝鲜问题开始谈判，并通过日本驻天津领事荒村已次"要求日本政府保证在秘密特使到达东京前，在朝鲜的日本军队不要采取敌对行动"。当时，日本政府的答复是，并"不特别反对罗丰禄来日本"，但不能保证"在朝鲜之军队放弃敌对行动"。[①] 只是由于日本海军发动丰岛袭击，罗丰禄才未能成行。第二次，是 11 月间，清政府接受李鸿章的建议，派津海关税务司德人德璀琳赴日探和，但日本拒而不纳，徒劳往返。第三次，是在 1895 年 1 月、2 月间，清政府为打开和谈的大门，决定派尚书衔总理各国事务大臣户部左侍郎张荫桓、头品顶戴署湖南巡抚邵友濂为全权大臣赴日议和。张荫桓、邵友濂之东渡，在甲午议和活动中占有重要的地位。正由于此，才揭

[①]《日本外交文书》，第 27 卷，第 607、608 号。

开了李鸿章马关议和的序幕。特别是张荫桓、邵友濂东渡时特聘美国人科士达为和谈顾问，故更引起世人之注目。

张荫桓奉命东渡议和，深知前途多艰，自称"此行原无把握"①，盖"和议之难易，必视战事之利钝为转移"②。他考虑到日方会无理刁难，因有1895年1月2日聘请美国人科士达为议和法律顾问之奏：

> 倭人动援西例，侈言公法。光绪十四年海军船兵斗杀之案，南洋特延英律师往办，重费不惜。臣此行应办之事，较为繁重。中日战争，倭俗屡播新闻，工于掩著，欧美诸洲间为所惑，有律师可以诘其情伪，代鸣不平。其他要挟，能查两国例案以折之，或不为所欺饰，大致亦易就绪。唯律师颇难其选。臣前使美国，所延律师科士达，人极公正，熟谙各国条例；又曾奉使俄、墨诸国，曾充美国外部大臣。现在优游林下，行年已老，臣虑其不肯远涉，前日试与电商，乃承慨诺。当电杨儒代拨盘用，令在神户相候，修脯酬劳晤时酌订。③

像科士达这样经历的人确实难找，朝廷在当天便批准了张荫桓的奏请。

其实，张荫桓对科士达并不真正了解，特别是对其政治外交倾向似乎是不太清楚的。科士达虽曾在中国驻美公使馆担任过法律顾问，同中国有一定的关系，但他实际上是亲日的。他自称，陆奥宗光任日本驻美公使时即和他建立了友谊。1894年春，科士达曾游日本，又与陆奥宗光过从甚密。当时，日美在华盛顿进行的修改条约谈判正陷于停顿。陆奥宗光请科士达回国后去看望国务卿格莱星姆，尽力使谈判取得圆满的结局。7月，科士达回到华盛顿，立即访格莱星姆进行游说，使其态度有所转变。为此，陆奥宗光写信向他道谢："数日前，

---

① 《中日战争》续编（五），第257页。
② 《清光绪朝中日交涉史料》（2636），第33卷，第21~22页。
③ 《中日战争》续编（五），第258页。

我驻华盛顿公使来电，说在修改条约问题上，格莱星姆采取了友好的态度。并告诉我，由于你有力的影响以及你善意地把日本的真实情况向格莱星姆说明，才出现这样充满光明的希望。感谢你现在对我的帮助。我希望您在将来以同样的态度继续帮助我们。"2个月后，日本新任驻美公使栗野慎一郎到职，又带来陆奥宗光的一封信，信内称："现在委任栗野的最重要的工作是修订条约，我请求您给他友好的信任，给他最需要的帮助，使他工作得到圆满的终结。"几个星期后，在科士达的帮助下，日本的"这位新任公使就签订了这个渴望已久的条约"。虽然科士达自己辩解说："关于此事，我的服务不是职业的，而纯粹是友谊的及私人的性质。"然而，以上事实表明，他和陆奥宗光之间绝不是一般的私人友谊关系。

科士达接到总理衙门聘请他的密码电报是在1894年12月23日早晨。他担心美国政府会阻挠此事，当天便去拜访他的"终生好友"格莱星姆。这位国务卿认为这项使命并无不合适之处，但在这个事实公开时应当声明此事和美国政府没有关系或并不代表美国政府。几天后，根据科士达的认可，美联社发表的消息即公开说明科士达此行"完全是以私人的资格，作为中国和谈使节的顾问，没有权力代表美国政府或替美国政府发言"。

科士达最担心的还是日本政府的态度究竟如何。他后来在外交回忆录中追述当时的情景说：

> 我往下所担心的，是要知道日本精神上将如何接受我的使命。有两个动机使我担心：第一，我知道我的职务的效能，将大大受该政府对我个人态度的影响；第二，多年来国内外都认为我是日本人治外法权解放出来的积极提倡者。……在这种情形下，我感到重要的是，假若我担任了中国皇帝请我做的工作，我应该使日

本政府了解我接受这工作的意思。因此，在向格莱星姆报告并离开国务院后，我便直接到日本使馆同栗野会面。①

可见他是多么急迫地想知道日本方面的态度。

12月23日正是星期日，科士达到日本公使馆密访栗野慎一郎，不巧栗野慎一郎有事外出，因留言谓有要事相商。当天晚间，栗野慎一郎亲自造访科士达。因关系并非一般，科士达不多客套，便直告栗野慎一郎说："关于此次日中两国间的议和谈判，中国政府来电委托本人作为此次向日本帝国派遣之中国全权大臣之顾问前去日本，预定于1月7日由温哥华乘加拿大邮船赴日。"随后，二人便"秘密进行推心置腹之谈话"。科士达向栗野慎一郎保证："此次虽应中国政府之聘而赴日，然与陆奥大臣具有亲交之谊，对日本所怀友谊之精神一如既往。"栗野慎一郎回馆后，立即向陆奥宗光发电报告：

> 科士达秘密通知我，他应中国之请求，协助中国全权大臣。他说在收到下封电报后，将于1月7日离开温哥华。看来，中国对领土之声明非常焦急。

12月26日午夜，栗野慎一郎接到陆奥宗光关于科士达担任议和顾问的训示：

> 虽然，我认识到，作为我的私人朋友，科士达会在一些事情上对我们有所帮助这一事实。但我认为，让我的一位私人朋友站在我们的敌人一边，是很失策的。因此，如有可能，我特别希望能阻止他来。为达此目的，需要花费必要的费用，我不会反对的。务望尽最大的努力，千方百计地阻止他协助中国的全权代表。应让他充分了解，在取得如此巨大成功的战争中，目前日本所处的地位和具有的伟大雄心，是很重要的。即使在三个月前，当英国

---

① 以上引文均见《中日战争》（五），第464-465页。

政府作出努力时，日本尚不愿接受以朝鲜独立、战争赔款作为终止敌对行动的条件，时至今日更加不可能了。因此，极为明显，在今日取得双倍胜利之时，日本至少要多得些东西。事实上，中国尽其最大努力而给予者，在日本看来仍是不够的。科士达应该记住这些，这是十分重要的。但务必小心，勿以官方身份，而以个人意见告诉他。

陆奥宗光指示栗野慎一郎尽力阻止科士达前来日本，甚至采取"花费必要的费用"的办法。从陆奥慎一郎的密电露出的蛛丝马迹可以看出，科士达肯定过去收取过日本提供的"费用"；否则，陆奥宗光不会也不敢这样贸然地提出对他"花费必要的费用"的。

陆奥宗光的指示给栗野慎一郎出了一个很大的难题。一方面，由于时间过于仓促，已来不及对科士达做工作了。按科士达的日程，将于12月29日离开华盛顿，并于12月27日早晨到日本公使馆辞行。从栗野慎一郎接到训示到科士达来辞别正是凌晨时间，是无法与科士达联系并晤面详谈的。另一方面，也是最为主要的，日本也不会大方到真正拿出巨额"费用"来使科士达改变主意。对此，栗野慎一郎对陆奥宗光作了详细的说明：

> 本官受阁下之训示，为阻止科士达出行，除明言该氏为中日议和谈判赴日为帝国政府嫌忌外，尚有如该氏出发前已无电报往复之间暇，亦可以金钱相试之一途。因科士达近年来与清国政府关系亲近，已为不可掩饰之事实。目前，不仅每年从清国政府领取不少于2万美元之津贴，而且秘密侦知此行有一举置备终生家产之计划。故以若干金钱左右其进退，绝无希望。此外，该氏此次出行不仅预期莫大之报酬，而且已就此次清国向日本应偿之赔款与纽约某商行取得联系，有欲于美国募集银币公债之计划。

栗野慎一郎的分析是有道理的。他认为靠少量金钱不可能解决问题，而不花钱反倒有可能解决问题。因此，决定说服科士达按日本政府的意图行事。

12月27日早晨，科士达按约定时间来到日本公使馆。栗野慎一郎根据陆奥宗光训示的精神，作为一己之见对科士达说：

> 足下此次受清国政府之委托，作为中国特派全权大臣之顾问前往我国，乃基于清国政府之聘请。帝国政府对足下担任该大臣之顾问，自不能任意干涉，但前此英国政府曾以赔偿军费及确认朝鲜独立等条件建议和谈，帝国政府已于三月前拒绝其调停。其后，帝国连战皆捷，军国敌忾有急剧上升之势。因此，若提出与前此相同之条件，可以想象，无论如何不能为帝国政府所满意。故阁下欲助清国大臣，愚见以为了解此事是为至要。否则，此次虽特意行成，或将成为泡影，亦未可知。

科士达早已成竹在胸，当即表示：

> 尔来日本政府所取之措施至当。军国之机运将由此而起，乃势所难免。阁下所示为本人所充分了解者。故本人对清国之境地将予以相当之忠告。并不得不尽力斡旋，以使日本政府满意而许诺媾和。

结果，日本政府没花一文钱而有收买之实，清政府花费巨资礼聘的顾问却成了为敌人效力的帮凶。纸里究竟包不住火！当时美国报纸即报道，科士达系与日本公使"熟谈之后，经日本政府之同意而赴日的"。栗野慎一郎不得不向报界发表声明，"以更正其错误"[①]。这正是"此地无银三百两"了。

12月29日，科士达同他的私人秘书汉得森乘火车离开华盛顿到

---

① 以上引文见《日本外交文书》，第27卷，第872、874、877号。

达温哥华，改乘加拿大的太平洋邮船"印度女王"号前往日本，于翌年1月21日晨抵日本横滨。美国驻日公使谭恩在码头迎候，并将科士达接往东京。当天午后，在谭恩的陪同下，科士达拜访英国驻日公使楚恩迟，并转交了英国驻美大使庞士福特的一封介绍信。楚恩迟在英国驻华盛顿使馆供职时曾见过科士达。谭恩也盛赞科士达是"一位极有能力的好人"，"肯定会为中国人出些好主意"，并认为他"或许能帮助结束这场不幸的战争"。①科士达拜访楚恩迟的目的显然是探听日本可能会向中国要求哪些条件，但毫无所得。从英国使馆出来，他又拜访了日本外交副大臣林董和俄国驻日公使希特罗渥。然后，他前往神户，以等候张荫桓一行的到来。

  对于科士达这次来日使命的真正底细，日本舆论界是不知情的，所以有人撰文对他讽刺有加。例如受日本政府津贴的英文报纸《日本每日邮报》即刊登评论，认为："在这种场合，根本不需要科士达先生这样的大人物大驾光临，一封简短的法律文书掩饰不住这位前国务卿的身份。毫无疑问，许多日本人宁肯把科士达先生与中国使团的关系看作是一种新的外国干涉。……日本除了想在与相邻的东方帝国谈判中排除所有的外国成分外，迄今一直对最值得考虑的调解也持反对态度。日本不可能同意任何外国势力插手目前正在迫近的谈判。……如果北京政府不确实认真对待和谈的关键问题的话，即使是十几个科士达先生也肯定会一事无成。"②陆奥宗光连忙授权当地报纸发表声明，宣布科士达是中国议和使节的顾问，并称："我对科士达先生之来是很满意的。他是我个人的朋友。他做了顾问后，那么我们的行动，就受不到像我们单独同中国会议，在方法上是不正常及迟延的那种限

---

① 《中日战争与三国干涉（1894—1895）》，第96页。
② 《中日战争和三国干涉（1894—1895）》，第56页。

制。科士达先生是一位人格无可指摘的、有经验的外交家,他的出席将加速会议的进行。"①

事实上,伊藤博文和陆奥宗光早已商定要破坏这次会议,所以并未因为中国全权大臣有科士达作为顾问而使和谈得以开始。1月30日早晨,张荫桓一行抵达神户,与在码头迎候的科士达相会。据楚恩迟公使向金伯利报告:"目睹中国使团登岸的人群采取了不友好的行为,尤其是日本当局故意让他们受到冷遇。"成群的人从码头一直跟随到中国使团下榻之处,"并用激烈的言辞发泄自己的感情",而日本政府甚至"没有向中国使节提供四轮马车"。从《日本每日邮报》所发表的《神户记事》一文,也可约略窥知张荫桓一行到达日本时的情景:

> 人们不能说中国使节在星期三受到的接待是个良好的和平开端。就日本官员的态度而言,显然非常冷淡,必要的仪式成了草草过场的形式;就前来观看的民众的态度而言,任何一个旁观者都能看出,充满敌意的气氛仿佛达到了一触即发的程度。……当中国使节离开码头时,人群里顿时发出阵阵长时间的叫喊声,情况变得严峻起来。但幸运的是,人群没有把明显的敌意进一步变成行动,否则中国使团可能会吃亏。因为虽有大批警察在场,但其人数仍不足以对付动武的暴徒。

中国使团乘小火轮离开神户上船时也遇到了麻烦:

> 一艘正在装煤的驳船搁浅了,而且不可能迅速开走,以便为小火轮让路。中国使节们只好站在煤斗和苦力中间等待着,直到一切恢复正常为止。我们不知道该驳船以什么理由为借口获准在一个专供旅客上岸的码头装煤。……此事和发生的其他几件事情

---

① 《中日战争》(七),第465~466页。

一样，都证明日本当局似是敌意地冷淡中国使节及其随员。①张荫桓一行抵达广岛后，处境更加困难。日本方面"令居旅店，同人分为三处，均有日弁兵监守。有事出门，须先通知巡捕派兵同往，名为护送，免生意外事端，实则防我窥其虚实底蕴。该处坐无轿马，出入皆乘东洋车，星使亦然。书信往来，先拆阅而后送。其防闲如此。而居处直似牢笼，不令自如"。张荫桓欲往北京发密电，日方不允；中国国内打来电报，也扣压不送。中国使节提出交涉，伊藤博文竟然答称："欲收发密电，须先将密码书送交译看，方可接递。"对于日方的无理刁难，张荫桓非常愤慨，让科士达再出面交涉。科士达去见日本外务省外交顾问美国人端迪臣，也仍然未解决问题。对此，中国参赞官伍廷芳慨叹道："我将卒苟能奋勇于疆场，不容其猖披，何致就彼而受此欺慢！"②

2月2日，日方终于按照既定的谋划，以中国代表"全权不足"为借口中止了谈判。事后，陆奥宗光同楚恩迟有一次关于广岛会议流产的谈话。楚恩迟向金伯利报告说：

> 尽管陆奥先生谈话很谨慎，但仍能听出，他认为张、邵并非举足轻重的人物，无权使谈判成功。……他对身为政治家和外交家的张荫桓评价很低。邵友濂曾出巨资悬赏过日本兵的头颅，成为不受日本政府欢迎的人自在意中。从他的口气中推测，他是希望中国派出恭亲王和李鸿章这样职位显赫的人担任全权大臣。若能如此，和平会大有希望。③

这番谈话和盘托出了日本破坏广岛和谈的真实意图。

---

① 《中日战争和三国干涉（1894—1895）》，第113~115页。
② 《盛档·甲午中日战争》（下），第390~391页。
③ 《中日战争和三国干涉（1894—1895）》，第140页。

日本方面为实现中国派恭亲王或李鸿章赴日的目的，一方面由伊藤博文向中国使团头等参赞官伍廷芳暗示，一方面指派端迪臣对科士达作工作。2月2日晚间，科士达接到端迪臣派人送来的信，要求同他会晤。3日上午，端迪臣8来到科士达的住所。于是二人进行过一次谈话：

科士达："我想知道，日方对谈判是否抱着认真的态度？"

端迪臣："日本同意让前任台湾巡抚邵大人以议和高级代表的身份来日，即足以证明日本政府是有诚意的。当邵的名字首次向日本政府提出时，并不知道50名在台湾从事樟脑生意的日本人惨遭杀害一案就发生在他担任台湾巡抚期间，而且后来他还曾悬赏过日本官兵的首级。"

科士达："鉴于上述情况，日本政府也许有理由反对让邵大人担任议和高级代表。是的，我一看到中国代表的所谓'全权'证书，就告诉他们其'全权'不充分。但又想日本全权大臣或许发现不了这个问题；若是那样，谈判就能够进行。"

端迪臣："日本不信任中国有寻求和平的诚意。正如伊藤总理大臣所言，中国向不讲外交，唯知闭关自守，不信外国，是以与邻邦相交不能开诚布公。从前曾有派大员与人定约不肯盖印之事。又有条约已经定妥，无故不批准之事。其故在并非真心商议。因所派大臣权力不足之故。此次中国所派之大臣职位低微，亦是中国无诚意之例证。"

科士达："我将与张大人同返上海，以便向北京替他们解释失败的原因。这次丢脸的失败，既然不应由他们负责，我感到在他们困难时必须同他们站在一起。"

端迪臣："日本是真实地愿意和平，假若中国派遣恭亲王或李鸿章带着适当的委任状，他们是可以受到接待的。伊藤总理大臣和陆奥外务大臣颇受在皇帝方面占有势力的主战派所拘束，主战派主张要到夺取北京才媾和。假若派遣上述爵位最崇之人为使臣，就可允许同北京用密电联系，并为了他们的方便，选择旅顺或别处作为谈判地点。"①

通过端迪臣的拜访，科士达认识到："日本人对于他们拒绝中国代表并不完全觉得安心，希望通过我向世界更完满地说明他们行动的正当。"② 科士达也就不负所望，"临去时，对使节的不妥适表示愤怒"。科士达对人说："我到北京必请清廷派遣完全的使节，以充分的诚实完成媾和。"③

这样，日本既破坏了广岛会谈，又巧妙地通过科士达为李鸿章东渡点出了题目。

第二节　李鸿章受命议和全权大臣

一　入京请训

广岛会议刚刚被日本方面蓄意破坏，中日两国又在准备进行新的媾和会谈了。

2月17日，即日军占领刘公岛和俘获北洋舰队全部舰船的当天，日本政府便经谭恩转来一电，其内称："中国另派大臣，除允偿兵费、

---

① 以上据《中日战争和三国干涉（1894—1895）》，第140页；《科士达外交回忆录》、《中日战争》（七），第472~473页；《盛档·甲午中日战争》（下），第393~394页。
②《中日战争》（七），第472页。
③《中日战争》（一），第268~269页。

346

第五章　马关议和前后的国际关系

朝鲜自主外，若无商议地土及与日本日后定立办理交涉能以画押之全权，即无庸派其前来。"① 日本既实现了消灭北洋舰队的计划，又认为迫使清政府派遣"负有重望官爵"者赴日和谈当无问题，便急切地盼望早些重开谈判。这与当时变化莫测的国际形势也是有关系的。日本之拒绝中国使节，是以所谓全权不足为口实，但其阴谋究竟欺骗不了世界舆论，于是引起了西方列强的"莫大疑虑"。当时，欧洲几个主要国家驻东京的公使，皆向日本政府提出过劝告："日本对中国之要求，希勿过苛，务以中国能接受之程度为止，速谋恢复和平。"英国《泰晤士报》还刊载署名文章称："俄国政府已训令其驻外大使，联合英、法等强国对中日事件进行干涉，其时机将在中国自认战败、正式乞和之时。欧美各国当不允许日本割取中国大陆寸土。"② 情况确实如此。德国驻英大使哈慈菲尔德在给外交部的一封信中写道："现在，由于危机快要来到，或是三国（英、俄、法）联合一致作共同决定或行动，或是提供证据，说明他们不能达到谅解，各国必须寻取它自己的利益。如果我们想要一些东西，从我所得到的情报来推度，现在似乎已到决定我意旨的时候了。"③ 列强都在积极窥测时机，以便获得渔翁之利。对此，日本政府是非常清楚的。鉴于"欧洲的形势已经逐渐露出不稳的情景"，陆奥宗光认为："不如设法诱使中国政府早日再派媾和使臣，速行停止战争，恢复和平，以改变列强的视听。要想达到这一目的，就不能像从前那样再对中国政府隐秘我国的媾和条件。在中国使臣再来之前，至少须将重要的条件先行知照中国，使他们事先有了决心。"④ 正是基于这种情况，日本政府才经谭恩向北京转发了那

---

① 北京美国公使馆：《节录中日议和往来转电大略》，《中东战纪本末三编》第2卷，第34页。
② 陆奥宗光：《蹇蹇录》，第129页。
③《中日战争》（七），第331页。
④ 陆奥宗光：《蹇蹇录》，第129~130页。

封并列重开谈判条件的电报。

张荫桓等被逐回国后，清政府正处于一筹莫展之中。2月10日，署台湾巡抚唐景崧致电总理衙门，内有请光绪帝"巡幸"之语，光绪帝以此"问诸臣，时事如此，战和皆无可恃，言及宗社，声泪并发"。翁同龢等"流汗战栗，罔知所措"。恰在此日，田贝得谭恩转来之电："须另派十足全权，曾办大事、名位最尊、素有声望者，方能开讲。"12日，慈禧召见枢臣于养心殿，论及田贝所得电报，谓："所指自是李某，即著伊去，一切开复，即令来京请训。"奕䜣对曰："上意不令来京，如此恐与早间所奉谕旨不符。"慈禧谕云："我自面商。既请旨，我可作一半主张也。"① 先是在平壤失陷后，清廷以李鸿章"总统师干，统筹全局，是其专责，乃未见迅赴戎机，以致日久无功"之名，"拔去三眼花翎，褫去黄马褂，以示薄惩"。② 旅顺失守后，又有廷旨去："该大臣调度乖方，救援不力，深堪痛恨。著革职留任，并摘去顶戴，以示薄惩，而观后效。"③ 如今，朝廷不能派一个受处分的大臣出使日本，故慈禧谕"一切开复"。可见，她对派李鸿章赴日一事是早已胸有成竹了。13日，即由军机处将廷寄电达天津，其内称："李鸿章勋绩久著，熟悉中外交涉，为外洋各国所共倾服。今日本来文，隐有所指。朝廷深维至计，此时全权之任，亦更无出该大臣之右者。李鸿章著赏还翎顶，开复革留处分，并赏还黄马褂，作为头等全权大臣，与日本商定和约。直隶总督北洋大臣著王文韶署理，李鸿章著星速来京请训，切勿刻延。一切筹办事宜，均于召对时详细面陈。该大臣念时势阽危，既受逾格之恩，宜尽匡躬之义，谅不至别存顾虑，

---

① 《翁文恭公日记》，乙未正月十六日、正月十八日。
② 《光绪朝东华录》，光绪二十年八月，第153页。
③ 《中日战争》续编（一），第603页。

稍涉迟回也。"①

2月17日，即谭恩转来日本政府电报的当天，清廷托田贝电谭恩："李中堂奉派全权大臣，凡日本二十三日（夏历）电内欲商各节，均有此全权责任，希即转达日本政府。并问明拟在何处会议，即行电复，以便约期前往。此次敕书词意，悉照日本所发敕书办理。"②清廷这次特别小心翼翼，唯恐又被日方挑出什么毛病，所以同时将敕书底稿一并附上。日本政府最重视的是中国全权代表是否有割地之权，因于19日经谭恩转电说："希望中国政府确言，能否保证按照本月17日日本政府电示之条件派遣其全权大臣。"26日，日本政府收到田贝所转之电，接受日本的要求："李鸿章被任命为头等全权大臣，凡日本在本月十七日来电中所欲商各节，李氏均带有执行此等任务之全权。"此时，清廷绝不敢有半点讨价还价，生怕触怒日本，再次关上和谈的大门。这样，李鸿章尚未赴日会谈，割地已成定局。陆奥宗光颇为满意地说："中国政府的决心，至此似渐明确。"③

日本政府虽然同李鸿章重开谈判，但对清廷的敕书也进行了挑剔。敕书的全文是：

> 大清国大皇帝敕谕：现因与大日本国重敦睦谊，特授文华殿大学士直隶总督北洋大臣一等肃毅伯李鸿章为头等全权大臣，与日本国所派全权大臣会同商议，便宜行事，预定和约条款，予以署名画押之全权。该大臣公忠体国，夙著勋劳，定能详慎将事，缔结邦交，不负朕之委任。所定条款，朕亲加查阅，果为妥善，便行批准。特敕。④

---

① 《李文忠公全集》奏稿，第79卷，第46页。
② 《清光绪朝中日交涉史料》(2692)，第33卷，第31页，附件二。
③ 陆奥宗光：《蹇蹇录》，第130页。
④ 《清光绪朝中日交涉史料》(2692)，第33卷，第51页，附件一。

对敕书底稿，日方提出了两处修改意见：一是"现因与大日本国重敦睦谊"一语，"因"字下添一"欲"字；一是"预定和约"一语，"预定"二字改为"定立"。①"预定和约"本是抄袭广岛会议上日方敕书的用语，如今却要中国方面将"预定"改为"定立"，足见其用心之良苦了。

清政府颇为关心的是发密电的问题。2月23日，经田贝转电东京："按公法，全权大臣与本国可通密电，请日本按公法勿阻通密电。"② 这对日本来说，本来是不成问题的，因为日本早已破译了清政府的电报密码。先是在去年6月22日，陆奥宗光致中国驻日公使汪凤藻一电，声明日本"断不能撤现驻朝鲜之兵"③。此函是译成中文后送交汪凤藻的。23日，汪凤藻向总理衙门发出了长篇电文。外务省电信课长佐藤爱磨认为，此电文肯定就是昨天致送的公函。经过研究，终于发现了电码编排规律的秘密。于是，又逆译了6月6日以来的中国驻日公使馆的往来密电。到8月4日为止，日本共破译汪凤藻的往来密电54通。此种密码，中国方面此后迄未变更。④ 广岛谈判时，日本政府之所以不许中国使节发密电，主要是进行刁难，而且根本不准备同张荫桓开谈。此次重开谈判，也不便爽快地答应，便复电说："查阅全权敕书，果属妥善，可允中国大臣发密电于其国。"⑤ 无论如何，在清政府看来，发密电的问题总算解决了。

2月22日，李鸿章至京。光绪帝召见于乾清宫，与军机大臣同入，军机跪左，李鸿章跪右。李鸿章磕完头，光绪帝温谕，询问途间安稳否，遂及议约事。李鸿章奏称："割地之说，不敢担承；假如占

---

① 《清光绪朝中日交涉史料》（2738），第34卷，第20页。
② 北京美国公使馆：《节录中日议和往来转电大略》，《中东战纪本末三编》第2卷，第34页。
③ 《清光绪朝中日交涉史料》（1020），第13卷，第22页。
④ 参阅戚其章：《甲午战争中清政府的密电码是怎样被破译的》，《历史教学》1979年第6期。
⑤ 北京美国公使馆：《节录中日议和往来转电大略》，《中东战纪本末三编》第2卷，第34页。

地索银，亦殊难措，户部恐无此款。"翁同龢言："但得办到不割地，则多偿当努力。"孙毓汶、徐用仪则奏："不应割地，便不能开办。"光绪复问海防情况，李鸿章答以："实无把握，不敢粉饰。"遂退。李鸿章又与军机大臣等集传心殿议事。他首先提出，要翁同龢同往日本议和。翁同龢说："若余曾办过洋务，此行必不辞。今以生手办重事，胡可哉？"李鸿章说："割地不可行，议不成则归耳。"孙毓汶、徐用仪则谓不割地恐难成局，并以危语怵之。翁同龢仍主前说："偿胜于割。"李鸿章欲说动英、俄两国出力，孙毓汶、徐用仪以为"办不到"①。于是，诸人相对默默，皆计无所出。李鸿章"很知道中国不割让给日本一块土地，就没有签订和约的可能"②，却坚称"割地不可行"。翁同龢也不是不知道这一点，却倡"偿胜于割"之说。他们都尽量避割地这个极为敏感的问题，因为谁都怕为此而承担千古骂名。

当天，李鸿章偕孙毓汶、徐用仪访田贝，以敕书底稿就商。美国政府前曾说明其对中日战争的基本态度："只能依靠双方的要求，做一个调处人而已，不能超越这个界限。"当李鸿章会晤田贝时，田贝仍以"一个中间人"的身份，用"可以为国家效劳的引诱，使他同意担任这个危险的工作"③。在以后的几天里，李鸿章赴英、法、德、俄等国使馆，"意在联络，而未得要领，计无所出"。唯德国公使绅珂言："若不迁都，势必割地。"翁同龢极称此议，谓："至言哉。"④孙毓汶必欲以割地为了局。于是，翁同龢、孙毓汶二人争于传心殿。孙毓汶驳曰："岂有弃宗庙社稷之理？"翁同龢亦不敢尽其辞。当时，颇有人主张迁都。翰林院编修黄绍箕、沈曾桐等联衔上疏，奏陈四事，

---

① 《翁文恭公日记》，乙未正月二十八日。
② 《中日战争》（七），第491页。
③ 《中日战争》（七），第457、458、491、492页。
④ 《翁文恭公日记》，乙未正月三十日。

"兼及迁都之计"。侍读学士文廷式也认为："不顾恋京师，则倭桐无所挟持。俄王保罗之败法主拿破仑，空都城以予之，是良法也。"乃疏言："此时战既不足恃，和更不宜言，唯有预筹持久以敝敌之法。"礼部右侍郎李文田也在"考历代迁避之得失，欲有所论"。翁同龢"密遣人询李所考历代得失，盖讲幄之间当偶及之"。先是辽东败耗传来，慈禧"恒令顺天府备车两千辆、骡八百头"，准备逃难，"然始终不行"。及至张荫桓、邵友濂广岛被拒，"宫中亦惧，命顺天府仍备骡车"。慈禧一度有逃太原之意，召山西巡抚张煦"来京预筹移顿事，顾恋惜愈甚"。踌躇久之，乃止，曰："西巡亦可，但无以服肃顺之心耳！"工部尚书孙家鼐老于官场，洞悉宫中诸事，乃致书李文田云："勿奏请迁都，若倡迁议必有奇祸。"① 翁同龢向孙家鼐询迁都之策时，孙家鼐亦力"持不可"②。迁都之意乃止。既不肯为迁都之计，只有出于割地之一途了。

连日来，李鸿章奔走于各使馆之间，英、俄、德等国使臣也曾回访，"然无切实相助语"。因为从列强那里找不到支持，李鸿章在割地问题上的态度也有所变化，不再唱"割地不可行"的高调了。相反，2月25日，光绪帝召见群臣时，李鸿章面奏，即"略及割地"。奕䜣"亦发其凡"。翁同龢不表赞同，余者皆不表态。殿内寂寂，空气沉闷之至。26日，慈禧知李鸿章所奏，奕䜣所陈，甚感不欢，曰："任汝为之，毋以启予也。"她不是对一切事都撒手不管，而只是不管割地之事。看来，她也是怕落个割地的骂名。此日，翁同龢穷一日之功遍阅《普法战纪》四册，也未得到摆脱目前困境的启示，深感疲极闷极。到28日，光绪帝以遣使事不可久拖，谕枢臣曰："汝等宜奏东朝，

---

① 文廷式：《闻尘偶记》，《近代史资料》1981年第1期。
② 孙景周：《寿州孙文正公年谱》（抄本）。

定使臣之权。"而奏事太监来传:"慈体昨日肝气发,臂痛腹泻,不能见。一切遵上旨可也。"① 迫于事势,卒予李鸿章以商让土地之权。

3月2日,李鸿章上折奏陈预筹赴东议约情形云:

> 顷军机大臣恭亲王等传奉皇上面谕,予臣以商让土地之权。闻命之余,曷胜悚惧!窃以中国壤地,固难轻以与人。至于戎狄窥边,古所恒有:唐弃河湟之地,而无损于宪武之中兴;宋有辽夏之侵,而不失为仁英之全盛。征以西国近事,普法之战,迭为胜负,即互有割让疆场之事。一彼一此,但能力图自强之计,原不嫌暂屈以求伸。此次日本乘屡胜之势,逞无厌之求,若竟不与通融,势难得解纷纾急。详阅日本致田贝两电,于兵费及朝鲜自主两节,均认为已得之利,而断断争执,尤在让地一层。唯论形势,则有要散;论方域,则有广狭。有暂可商让者,即有碍难允许者。臣必当斟酌轻重,力与辩争。所虑者,会议之初,先议停战,西例只有议停数日或一两旬之案,设磋磨未定,而停战期已满,彼仍照旧进兵,直犯近畿,又当如何处置?至兵费虽允偿还,多寡悬殊,亦须从容商定数目。其所云日后日本想有别事应行整办,包藏非止一端,并当相机迎拒。但能争回一分,即少一分之害。伏念此行,本系万不得已之举。皇上轸念生灵,不恤俯从群议。臣受恩深重,具有天良,苟利于国家,何暇更避怨谤?唯是事机之迫,关系之重,转圜之难,均在朝廷洞鉴之中,臣自应竭心力以图之。②

当天夜里,李鸿章与翁同龢长谈,议及割地,翁同龢说:"台湾万无议及之理。"③ 亦未取得一致意见。

---

① 《翁文恭公日记》,乙未二月初一日、二月初二日、二月初四日。
② 《李文忠公全集》奏稿,第79卷,第47~48页。
③ 《翁文恭公日记》,乙未二月初六日。

3月3日,李鸿章奉廷寄:"该大臣膺兹巨任,唯当权衡于利害之轻重,情势之缓急,通筹全局,即与议定条约,以纾宵旰之忧,而慰中外之望,实有厚望焉。"同一天,军机大臣、庆亲王奕劻公奏慈禧,称:

> 臣等伏思倭奴乘胜骄恣,其奢望不可亿计。现在勉就和局,所最注意者,唯在让地一节。若驳斥不允,则都城之危,即在指顾。以今日情势而论,宗社为重,边徼为轻,利害相悬,无烦数计。臣等前日恳请召见,旋奉传谕,命臣等请谕旨遵办。皇上深维至计,洞烛时宜,令臣等谕知李鸿章,予以商让土地之权,令其斟酌轻重,与倭磋磨定议。昨据田贝送到日本复电,定于长门会议。李鸿章自应迅速起程,免致另生枝节。①

奏既上,慈禧因仍在"养病",默不表态。这样,割地之断"出自宸断"②,也就定下来了。4日,李鸿章单独请训,领下全权敕书。请训既毕,便于5日离京返津,候轮东渡。

二 密访英使欧格讷

李鸿章虽受命赴日议和全权大臣,但从内心来说,他是很不情愿承担此任的。他曾通过驻英公使龚照瑗向英国外交大臣金伯利透露出自己的心曲:"很不愿意承担与日本谈判这一费力不讨好的任务。"并认为:"日本不应该拒绝张荫桓。因为此人曾任驻美公使,有很丰富的外交经验。"金伯利则希望李鸿章能承担此任,他说:"日本自然要求中国全权大臣是名位显赫的人物。在我看来,为了中国的利益,无论如何李中堂都应当承担此项任务。虽然这可能是一项相当艰巨的任

---

① 《李文忠公全集》奏稿,第79卷,第49~50页。
② 《清光绪朝中日交涉史料》(2736),第34卷,第19页。

务，我也很同情他勉为其难，但相信他愿意为自己的国家作出这样一项重要贡献。"① 应该说，李鸿章是怀着极其复杂的心情担当此任的。

李鸿章感到最为难的还是割地问题，而别无他法，只好向列强求助。他抵京后连日拜访英、法、德、俄等国使馆，意即在此。他主要寄希望于英国。2月23日，即到达北京的第二天，李鸿章便满怀希望地造访了英国公使欧格讷。

其实，早在几天前，欧格讷即料到李鸿章会来找他。2月20日下午，总理衙门大臣孙毓汶和徐用仪曾来拜访过欧格讷，对英国政府及公使本人在中国危难之中给予的帮助表示感谢，并告知李鸿章总督即将来京。孙毓汶说："从美国公使处听说，日本除朝鲜独立和战争赔款之外，还要求割地，为媾和造成严重障碍。此事不仅关系到中国，也关系到其他国家，特别是英国。中英两国的政治利益是一致的，所以愿意知道英国的想法。"欧格讷答称："对于此事，我不能妄加评论；而且没有本国政府的指示，我也不应该随意评论。但且勿以此而中断谈判。日本方面或许能够作出某些让步。比起打仗来，争取到一些让步还是值得的。照中国目前的军事地位看，最重要的目标应是阻止首都被占领。而我坚信，要防止此事发生，只有让总督尽早开始和谈。"② 欧格讷知道把孙毓汶、徐用仪打发走了，李鸿章随后便会来访，而且其目的仍是试探能否依赖英国的有效帮助以阻止日本割地的要求。

2月23日，李鸿章带着罗丰禄一起来到英国使馆，略作寒暄后，便转入正题，交谈起日本提出割地的要求来：

李鸿章："日本来电，中国大臣非有商让土地之权勿往议和。

---

① 《中日战争和三国干涉（1894—1895）》，第96页。
② 《中日战争和三国干涉（1894—1895）》，第219~220页。

割北方领土会影响俄国，割台湾则会影响英国。中国拟抵制割地要求，是否能得到英国的某种支持？"

欧格讷："以个人之见，中国应与日本达成协议，以免出现北京被占领的结局。为了和平，中国值得作出巨大牺牲。"

李鸿章："俄、法公使已答应向其本国政府发电，为此事寻求支持。也请向贵国外部发电转述此意。"

欧格讷："在本人看来，此时发电请示无疑为时尚早，因为日本之割地要求还不够明确。但必将尊意转告外交大臣。"

2月24日下午，李鸿章又密访欧格讷，继续昨日未能毕辞的谈话：

鄙人已被皇上授与全权，作为中国全权大臣前往日本议和。承认朝鲜独立和战争赔款不会有太大困难，唯要求割地则成为缔结和约之严重障碍。无论从哪方面讲，各大国特别是英国都应出来帮助中国。我国将会以德报德，准备让出最有价值的重要权利。①

说到此处，他拿出一份文件，称之为《中英同盟密约草稿》。然后转顾罗丰禄，要他翻译出来。"草稿"共四项内容：

一、中国同英国建立联盟。英国应确保中国的完整，中国应在英国与另一国作战时帮助英国。

二、中国陆军、海军、财政及民政管理事务的改革应征询英国的意见。英国将推荐合适的官员由中国任用；中国也有权雇用其他国家的官兵。

三、中国准备在公允的条件下给予英国臣民以修筑并经营铁路、开发并经营煤矿、铁矿和其他矿山，以及在通商口岸设立并

---

① 以上引文见《中日战争和三国干涉（1894—1895）》，第92、234页。

经营各类工业企业的特权。关于铁路、矿山和内地工厂，中国可在25年之后按当时的合理市价收回。

四、中国将本着友好的精神，考虑英国增开新口岸的要求，以及发展商业和调整税收的建议，在不影响岁收的原则下发展对外贸易。①

罗丰禄把这份《中英同盟密约草稿》译完，李鸿章才向欧格讷挑明这是一位英国人士李提摩太的建议，并说最好让欧格讷知道这一内情。李提摩太是何许人呢？他是一位英国传教士，于1870年来华，先后在山东、东北、山西等省传教。此人与张之洞等清朝官员过从甚密。1890年曾任天津《时报》主笔。1891年到上海，任同文书会总干事。此次李鸿章来京之前，李提摩太从上海来电，自称有挽救时局的"妙法"。清廷正处于困境之中，便指示"不妨姑试"。李提摩太的所谓"妙法"，其实就是他草拟的这份题曰《中英同盟密约草稿》的建议。李鸿章一厢情愿地认为，此建议对英国定会有很大的诱惑力，是足以说动英国人的。这就是为什么当他初次与枢臣论及割地事时，坚称"割地不可行"了。于是，他几经斟酌，决定带着这个建议密访欧格讷。

欧格讷以极大的注意听完了文件的口译。据他听后的领会，此建议的大意是："英国政府应代表中国政府同日本交涉，即由英国出面结束战争，挽救中国，使之不丧失任何领土。中国政府为报答这一援助，将实际上在若干年内将整个的国家管理权移交给英国，并由英国独揽改组和控制陆海军、修筑铁路、开采矿山的权利，而且还为英国通商增开几个新的口岸。"②李鸿章看欧格讷没有作出什么反应，便问

---

① 《中日战争和三国干涉（1894—1895）》，第244页。
② 《中日战争和三国干涉（1894—1895）》，第234页。

是否听清楚这些话。欧格讷作了肯定的表示。

李鸿章说："皇上指望英国的指导和帮助，比任何国家都要殷切得多。昨天我把阁下的话对皇上复述了一遍，明天皇上又会问今天下午说了些什么。因此，希望能听到阁下的意见：中国政府应当做些什么？"在欧格讷看来，所谓"中英同盟密约"，只不过是清政府设下的"诱饵"，打定主意拒不上钩。他郑重地告诉李鸿章："我没有什么好说的，只能最真诚地提醒中堂，不失时机地开始和谈是极为适宜而重要的。和谈的基础，也只能以日本可能接受为准。条件还很空泛，我想任何一个欧洲国家都不可能发表什么意见。我毫不怀疑，中堂到日本后可以用密码同政府联系，并在谈判进行中得到适当的谕示。我认为，眼前最迫切的任务是尽可能避免日本人占领北京。否则，局势就更加困难和危险了。日本不会要求、中堂也不会同意接受足以破坏中国独立和生存的条件，或足以妨碍中国走上改革和西方进步的道路的条件。这种改革和进步将会给中国以新生和力量，而为了促成它，可以信赖英国政府在力所能及的情况下给予一切帮助。"① 欧格讷的回答，实际上是婉言地谢绝了李鸿章的请求。最后，李鸿章提出，到日本后没有办法同各国使节联系，能否派一名英国使馆人员一同前往。欧格讷也以"这样做无济于事"为由而加以拒绝了。

李鸿章与欧格讷两次长谈，为时共达近 5 个小时，而不得要领，使电令驻英公使龚照瑗"速赴外部密商托"。2 月 25 日，龚照瑗到英国外交部拜访金伯利，并带来征询意见的口信。略谓："倭电非有商让土地之权勿往，上意不允；允之，北则碍俄，南则碍英、法。"② 金伯利听后说："我毫不犹豫地认为，李鸿章应得到就所有问题，包括

---

① 《中日战争和三国干涉（1894—1895）》，第 234~235 页。
② 《中日战争》续编（六），第 591 页。

割地问题，进行谈判的全权。中国的处境非常危险，所以有可能签订和约显然是有利的。授权给一位全权大臣就割地进行谈判，完全不是丢人的事情。欧洲列强曾有过在战败之后以此为前提求和的事。何况若中国感到日本提出的条件太苛刻而难以接受，还可以随时中断谈判。当然，我不能代表其他大国发言，因为我还未曾同它们商谈这个问题。但是，我有点怀疑，俄国和法国会提出类似的建议。"龚照瑗问："阁下是否能对割让中国东北或台湾发表意见？"其实，英国政府此时已经掌握了日本准备割占中国东北或台湾的情报，金伯利却回答说："我暂时不能发表意见，因为我认为现在就开始讨论这个问题为时过早。"①

在英国公使和外交大臣两处都碰了壁，李鸿章仍不甘心，想再作一次尝试。3月2日，他致电龚照瑗说："现各使所论与外部相符。说出索项后，如与英、俄无甚碍，未必出力。另有电旨，托各国君转达倭主。奉到后如何回答，希电示。"同一天，龚照瑗奉总理衙门寄到国家致英、法国主电信各一件。其致英王电信称：

> 大清国大皇帝问大英国大君主好。朕现定派大学士李鸿章赴日本，与商停战定约，以全民命，息争端。素谂大君主以保平安为心，希设法力劝，总以公道议和为望。

总署电训示："此电以亲递为慎重。与外部商定英如亲递，法宜一律，即驰赴法都呈递，以速为要。……致法国电同上，君主改大伯理玺天德。"②

英国政府不同意中国公使觐见女王亲递国电。3月8日，金伯利致电龚照瑗称：

---

① 《中日战争和三国干涉（1894—1895）》，第93页。
② 《中日战争》续编（六），第592页。

明天阁下要求女王陛下接见，以便呈递中国皇帝发来有关中日两国停战定约的电报，我当即向女王陛下转告了阁下的要求。现奉女王陛下之命，向阁下作出如下解释：为接受政治信件之故，君主接见外国使节或公使，不符合一般外交惯例，也不合乎英国宫廷之习惯。女王陛下为不能接见阁下，以便使阁下亲自呈递国电，而感到遗憾。奉谕：中国国电由使臣面交外交大臣转递酌复，以期便捷。①

李鸿章在天津一面候轮，一面悬念伦敦消息，至此始知佳音无望。他怀着无可奈何的心情，于3月14日乘轮东航，开始了他赴日和谈的历程。

第三节 《马关条约》与列强

一 日本草拟《媾和预定条约》

早在1894年10月英国再倡调停之后，陆奥宗光考虑，日军的进攻虽暂时不能停止，但总不能无限期地打下去，因此暗地里同伊藤博文商议，要拟定一个《媾和预定条约》出来，以备议和条件成熟时应用。

此时，日本国内一般主战的气势仍然毫未减退，但在军政及社会各界人士之间也渐露主和之说。"然其间宽严精粗，彼此意见出入很大。"② 就是说，各界关于媾和条件的见解是分歧很大的。

---

① 《中日战争和三国干涉（1894—1895）》，第107页。
② 陆奥宗光：《蹇蹇录》，第114页。

首先，日本政府内部的主张就很不一致。陆军方面主张："辽东半岛是我国军队流血牺牲夺取来的，这和我国军队足迹尚未踏及的台湾不能相提并论，而且辽东半岛既控朝鲜的侧背，又扼北京的咽喉，为国家前途久远之计，决不可不归我领有。"海军方面主张："与其割取辽东半岛，不如割取台湾全岛。而且，在这一派中间，其中稍以辽东半岛为重者，则主张辽东半岛如不可能完全由我国占领，可使中国将该半岛先让与朝鲜，我国再从朝鲜政府租借；至台湾全岛则必须划归我国版图。"至于财政部门，则对战争赔款兴趣最浓，"特别希望取得巨额赔款"，后来甚至具体化到"主张10亿两赔款"。①

日本各政党更是"对于中国的割让唯欲其大"。对外强硬派主张："在中国主动乞和投降以前，海陆军的进攻不可停止。为永久压制中国的反抗以及作为维持东亚和平的保证，至少应使中国将其东北部（奉天省）和台湾重要领土割让予帝国；赔偿军费至少为3亿元以上。"属于此派的改进及革命两党的头面人物主张："战后如果中国不能自保其国家，而陷于自暴自弃、放弃其主权时，我国必须有瓜分400余州的决心，届时应将山东、江苏、福建、广东四省划入我国版图。"自由党则主张："应使中国割让吉林、奉天、黑龙江三省及台湾；并缔结中日两国通商条约，其条件应超过中国与欧洲各国所订的条约。"这些政党头目们的心态，诚如陆奥宗光所描述的那样，"陶醉在百战百胜的浮夸之中"，"口出大言，高谈阔论，以图取快一时"。

诚然，在当时的日本，也有二三有识之士对此不以为然，认为"媾和条件若失之过苛，并非上策"。还有人上书伊藤博文，"引证1866年普奥战争的历史，断言要求割地将会影响中日两国将来的邦交"。有这种清醒认识的人士究竟是凤毛麟角，而且"只是三三两两

---

① 陆奥宗光：《蹇蹇录》，第115页。

相聚一起，窃窃私议，又岂能起到挽回社会狂澜的作用？"①

日本的报纸则一面不断鼓吹战争应继续打下去，直至中国无地自容，一面热烈讨论一旦中国求和，应要求何等媾和条件。其言论形形色色，甚至有荒诞至极者。多数意见可归结为三条：一、中国支付不少于5亿美元的巨额赔偿金；二、整个中国海军舰队和商业船队向日本投降；三、中国完全放弃朝鲜。在上述条款的基础上还要增加两项：一是"把台湾永久割让给日本"；二是"割让包括牛庄在内的整个辽东半岛"。此外，有的甚至要求"扩大割让包括以北直隶湾为界的东三省"②。这样一来，连奉天和北京都要并入日本了。

"把台湾永久割让给日本"几乎是日本各阶层人士的普遍要求。对此，一个名叫朗佛德的英国人分析说：

> 日本觊觎台湾的原因是多方面的。从地理上看，地理学家可能这样说，台湾是日本以琉球群岛为终点的岛链上继续延伸的一部分，健全这条岛链对组成日本帝国十分必要。从感情上说，370多年前，在中国人获得任何立足之地以前，日本已试图在台湾岛上培植一块殖民地。若不是荷兰冒险者凭诡计占有了这块殖民地，并把日本人驱逐出去，日本本来可以长期占领整个岛屿的。从经济上讲，台湾岛对日本将来的潜在价值几乎是不可估量的。再就战略而言，日本不用多少年就能够在岛上建成军事基地。万一将来中国恢复了足够的国力，并试图为目前遭受屈辱而对日本进行报复时，该基地不仅对包括汕头、厦门、福州等重要而富庶的城市在内的整个中国南海岸构成真正的威胁，而且将使经过台湾海峡的中国南北口岸之间的海岸贸易线可能随时被切断。这样，日

---

① 以上引文见陆奥宗光：《蹇蹇录》，第114~116页。
②《中日战争和三国干涉（1894—1895）》，第36~37页。

本南有不亚于旅顺的海军基地的台湾岛,北有派驻精兵把守的辽东半岛,就再也不用担心中国东山再起。无论其未来的命运如何日本都可以高枕无忧了。①

从以上分析可以看出,日本确实是想通过这次战争而置中国于万劫不复之地,其用心是十分险恶的。

当时,日本奉职在外的外交官员,日日与欧美国家的政界人士周旋,往来于各大国使节之间,目睹列强政治动向,窥探列强政治内幕,更是积极提出自己的建议和主张。其中,尤为值得注意的是日本驻英、俄两国的公使青木周藏和西德二郎。

10月9日,青木周藏致电陆奥宗光:

> 勿听任何调停,直至取得另一次决定性的胜利。如我必须放弃朝鲜,媾和条约只能得到台湾岛,则赔款不少于一亿英镑,金银各半。清国必须割让领土给朝鲜,使其扩张至河边岩壁,形成古老之朝鲜疆域。这样,可使朝鲜将釜山浦及其毗连之领土割给日本。另外,日本必须为签约国之一,以保证朝鲜之完整和独立。将来无论东亚出现什么问题,都必须征求日本的意见。②

到11月26日,青木周藏又对媾和条件进一步向政府建议:

一、割取奉天省及不与俄国接壤的吉林省大部分以及直隶省的一部分,另外在中朝两国之间划出约5 000平方日里(著者按:约相当于7.7万平方公里)的中间地带,为将来我国掌握亚洲霸权的军事根据地。

二、赔款应为英币1亿镑(著者按:约近7亿两白银),其中一半为生金,另一半为银币,分10年偿清。

---

① 《中日战争和三国干涉 (1894—1895)》,第34页。
② 《日本外交文书》,第27卷,第793号。

> 三、在偿清赔款以前，日本军应占领东经120°以东的山东省一部和威海卫及其炮台武器，驻兵费应由中国负担。

最后并附言："欧洲的舆论，只要不影响欧洲的利害或中国的存亡，不论提出任何条件均无异议。"①

西德二郎一直密切地观察俄国对中日战争的动向，并不断向外务省传送情报和提出建议。早在9月30日，他就向陆奥宗光报告说：

> 俄国在朝鲜的利益非一也。其一，朝鲜之丰富资源迟早不得不开发，而当西伯利亚铁路竣工之时，朝鲜必成为俄国之市场。其二，尽管俄国远东海军逐年趋于强大，然尚无一个冬季不封冻之港湾，而朝鲜则富于天然良港。加以将来同清国在商业上之密切关系，此等港湾对俄国商船之停泊确有必要，故无论使朝鲜划归清国或日本版图皆为俄国所不愿。

西德二郎指出俄国的立场是：

> 日本虽可同北京政府进行任何谈判，但俄国必坚决反对破坏朝鲜之独立。并且，还要既使日本断绝占领与俄国接壤的邻国朝鲜之念，又使其充分了解不可妄信英国之助。日本即使继续派兵深入清国国土之内，也是日本之自由，他国决不应干涉。但是，当日本获得全胜并要求赔偿和索取土地时，决不能容许将朝鲜变为日本之州郡。②

西德二郎连日访问与日本关系密切的政界人士，并拜访了外交大臣吉尔斯和副大臣基斯敬。根据所掌握的情况，于11月30日夜电告陆奥宗光：

> 据同情日本的俄国人某氏的意见，为日本的利益着想，早日

---

① 陆奥宗光：《蹇蹇录》，第115页。
② 《日本外交文书》，第27卷，第789号。

结束战争，索得巨额赔款为上策。盖接受土地让与时，恐将导致他国干涉，而使事态发生困难也。依本官之见，因战争胜利而获得适当之结果，事属无疑。但为谋求我国之利益，在同清国媾和之时，应迅速于军事报酬中增加让与台湾之款，则为最上之策。

当他与吉尔斯会见后，又进一步地肯定了上述主张，于12月1日致电陆奥宗光称：

此地人们所思虑者，即使我军进而取得攻陷北京之胜利，也并不希望我分割大陆之领土。何则？盖要求朝鲜之一部，则俄国亦必要求其所欲之另一部；要求满洲南方之一部，则英、俄必共同反对之。……既然我得此机会不能不索取土地，依本官之见，莫如以军费赔偿之一部指望于台湾。因此岛今后可给我以重大利益，且久被清国搁置；让之，对其国运之兴衰并无重大影响。即使对于俄国，亦无任何关系。虽可推知英国或有所举动，然若俄国不加反对，恐英国亦必不强争之。①

看来，在割让土地问题上，青木周藏看重中国北部，西德二郎则看重台湾，其主张也是大相径庭的。

先是在10月间，英国再倡调停之后，陆奥宗光草拟了甲、乙、丙三个备用的媾和方案，作为进一步修改和完善的基础。其内容如下：

甲案："一、中国承认朝鲜独立，不干涉朝鲜内政；割让旅顺口及大连湾予日本，作为永久保证。二、中国赔偿日本军费。三、中国以其与欧洲各国所缔结的现行条约为基础，与日本缔结新条约，并在履行上述条件以前，中国应予日本政府充分担保。"

乙案："一、由列强担保朝鲜独立。二、中国将台湾全岛割让予日本。其他条款与甲案相同。"

---

① 《日本外交文书》，第27卷，第836、837号。

丙案："在日本政府宣布停战条件以前，先要问明中国政府的意向如何。"

陆奥宗光将三个媾和方案征求伊藤博文的意见，伊藤博文认为乙案中"由列强担保朝鲜独立"不妥，无异于同意列强插手朝鲜问题，既不符合日本的战争目的，也会使日本割取旅顺口、大连湾失去借口，因此"明确复示同意甲案"①。这样，朝鲜独立、割让旅顺口和大连湾和台湾、赔偿军费、缔结新商约四项条件便被肯定下来，成为以后日本政府制定媾和条约的基本内容。

10月23日拒绝英国调停之后，陆奥宗光便着手在甲、乙两案的基础上，并按照通常的条约形式，写出了《媾和预定条约草稿》。此草稿共十条，其中最主要的是以下六条：

第一条　清国确认朝鲜国确为完全无缺之独立自主之国，将来概不干涉该王国内政外交。故凡有损独立自主体制，即如该王国对清国所修贡献典礼等，嗣后全行废绝。

第二条　清国保证永不干涉朝鲜内政外交，将……半岛北纬……度止之地及与该半岛接近之……岛之主权，并该地方所有堡垒及官属物件，永远让与日本。

第三条　清国约将金币……圆或相当于此的纯金交与日本，作为赔偿军费。该项赔款分为五年交完，每年交付同一数额。第一次应于……时或以前交清；所余四次，应与前次交付之期相同，或于期前交付。又第一次赔款交清之后，未经交完之款，应按年加每……抽……之息。又，清国将台湾全岛及……岛之主权，并该地方所有堡垒及官属物件永远割与日本，作为赔偿军费，清国军队即从该地方撤退。自本约批准交换日起，日本国得任便占领

---

① 陆奥宗光：《蹇蹇录》，第106页。

上述地方。

第五条　日清两国所有约章，因此次失和，自属废绝。清国约俟本约批准交换后速派全权大臣，与日本国所派全权大臣于……会同订立通商行船章程。其两国新订约章，应以清国与欧洲各国现行条约为本。又本约批准交换日起，新订约章未经实行之前，所有日本政府官吏臣民及商工业船舶，清国予以最惠国待遇。清国约为下列让与各款，自本约批准交换之日起实行：

第一，日本国臣民运进清国一切货物，随办理运货之人或货主之便，于进口之时或进口之后，按货物原价输纳每……抽……之税。所到地方，勿论何种名目，何项利益，所有内地诸费均当豁除。但逐时所订洋药进口章程，与此款所定毫不相涉。

第二，日本国臣民得在清国任便从事各项工艺制造，又得将各项机器任便装运进口，只交所订进口税。

第三，清国约博采专门熟练者之说，务速疏浚吴淞河口沙滩，虽在落潮时亦须足……呎深，永勿任其阻塞。

第七条　清国为保证认真实行约内所订各款，准日本国军队暂时占领下开各处……、……。日本国依本约所定赔偿军费交清情形渐次撤军，每交清一次赔款撤出一城。但通商行船章程批准交换以前。日本国仍不撤回军队。

第八条　本约批准交换后，两国应将是时所有俘虏尽数交还。清国约将日本国所还俘虏并不加以虐待或处刑。

这份草稿有四点值得注意之处：（一）第一、二、三、五、七各条多用删节号，只开列了媾和条件的框架，而缺乏具体的指明。（二）赔偿军费一条前面用一"约"字，说明对赔款数目尚难确定。（三）以"赔偿军费"的名义割让台湾。（四）要求赔款用金币或纯金付给。可见，这只是一份尚不完全成熟的框架草案。有的日本学者断定它是日本政府制定媾和条约过程中最初的"原始方案"①，我国学者认为它是陆奥宗光与伊藤博文最初商讨媾和条件的"《预定条约》草稿"②，应该是可信的。

那么，这份"原始方案"究竟草成于什么时间呢？从其条款看，其中明显地吸收了青木周藏和西德二郎建议的部分内容，如要求中国赔偿军费支付金币或纯金、割让台湾作为赔偿军费之一部等即是。大体上可以推知，这份"原始方案"应草成于11月底前后。

二 《媾和预定条约》的具体化和修改

陆奥宗光提出的《媾和预定条约》草稿文字比较粗糙，只勾画了媾和条件的大体框架，还是一份尚须进一步整理和充实的手稿。这并不难理解。日本政府深知，要确定适宜的媾和条件不是一件简单的事情，一方面固然要尽量满足国内各方面的贪欲和愿望，另一方面，更为重要的是，要考虑到列强的态度和动向。

当时的国际形势是相当复杂微妙的。陆奥宗光说："此时，欧洲列强为欲获悉我国政府对中国要求的条件内容，皆在飞耳张目，百方探索，甚至间或发出揣摩臆测之说，对于我国往往怀有不正确的疑惧，危机何时爆发难于逆料。"③ 确实，欧洲几个主要国家为了自身的利益，都在千方百计地探听日本的媾和条件。在这一点上，英、俄两国的利益有其一致性，所以一度出现了暂时的联合。英国驻日公使梦恩迟俄国驻日公使希特罗渥都曾奉到本国政府的指示，共同向日本政府提出：如果日本不能接受中国的讲和提议，应当阐明自己的要求。并

---

① 中塚明：《日清战争研究》，第260~263页。
② 崔丕：《中日〈马关条约〉形成问题研究》，见《近代史研究》1987年第4期，第90页。
③ 陆奥宗光：《蹇蹇录》，第117页。

希望日中两国通过谈判迅速缔结和约。只是他们考虑到采取联合署名的照会形式会引起日本的恐慌,显得不够策略,所以才决定改用口头的方式向日本提出。其后,法国驻日公使哈尔曼也接到本国政府的指示,同意三位公使"分别向日本政府口头转达各自政府的愿望"。①

不仅如此,欧洲各国也显露出了准备干涉的苗头。10月9日,日本驻意大利公使高平小五郎致电陆奥宗光,告知"目前欧洲各国试图对日清两国交战进行干涉之传言",开始引起了日本政府的警惕。11月7日,驻美公使栗野慎一郎致电陆奥宗光:"国务卿密告本使,驻清美公使来电称,欧洲诸国愈益开始干涉。"翌日,又发一快函报告美国国务卿格莱星姆密告的详细内容:"英、法、俄、德四国已联合一致,决定干涉日清交涉事件。并且英国政府还催促该三国政府与之结盟。……此日(11月7日),法国大使至国务院谋求合众国与之结盟。余问:'欧洲诸国虽联合干涉日清事件,若日本不容纳该联合提议时,将如何处理?'彼答:'在此种场合只有诉诸武力。'"12日,驻英临时代理公使内田康哉又电陆奥宗光:"众议院议员巴特利特来访本官曰:列强尤其俄国之举渐露危险之兆,日本舰队并不完备,故不应使军队靠近北京;日本应迅速采取直接同清国媾和之策。"② 日本驻外使节的这些情报,不能不引起日本政府的警惕。

何况日本国内的情况并不美妙。由于日本当局的穷兵黩武,日本经济已经处于崩溃的边缘。发动战争之前,日本大藏省计存现洋仅3 000万日元。战争爆发后发行公债1.5亿日元,而几经动员实际认购不足8 000万日元。③ 可见其财力匮乏之一斑。随着战争的扩大,日本的财政困难更为突出。据楚恩迟报告,日本政府在11月、12月两次

---

① 《中日战争和三国干涉(1894—1895)》,第98页。
② 《日本外交文书》,第27卷,第792、812、814、820号。
③ 王芸生:《六十年来中国与日本》,第2卷,三联书店1979年版,第268~269页。

共发行带利息的特种钞票400万日元，并决定下两个月人民必须向政府缴纳大约3 000万日元的土地税和第二次战争贷款。"虽然日本人装着若无其事，但该国的战争形势确乎日益严峻。所有情况都可以证明，今后几个月内这种压力将变得更加严重。问题不在于管理方面，而在于是否有可能满足海外如此庞大的军队的巨额开支。……关于如果中国不尽快地同意媾和条件，预计年底前日本就会陷于严重财政困难的说法，似乎不为过分。"在另一份材料中，他还向金伯利报告说："日本看到在敌国广大地区进行持久作战的危险性和不利因素，意识到持久作战将给它在资源供给上造成极大负担，因此在获得最近的胜利之后，声称自己完全有权宣布战争果实归己所有。"[1] 此外，日本社会还存在其他不稳定因素。希特罗渥指出："日本人由于霍乱和水灾严重妨碍其在中国的军事行动，正处在极端的窘困中，并且盼望着缔结和约。"[2] 嗣后，怪不得连陆奥宗光也发出了"内外形势，早已不许继续交战"[3] 的哀叹。

日本为把握住这次对中国实行最大限度的掠夺的机会，必须瞅准媾和的时机。陆奥宗光反复地同伊藤博文商议中日媾和的原则。陆奥宗光提出："在中国诚意求和之前，我国决不泄露要求的条件，将问题严格局限在中日两国之间，使第三国在事前绝无插足的余地。"伊藤博文对此表示同意这条原则，但又补充了一条："今日我国向中国要求的条件，最好能在毫不顾虑其他国家的情况下提出。换句话说，我国应该取得对中国的全部战果，如果事后其他强国有异议时，再经内阁会议采取适当的对策较为妥当。"[4] 这两条成为日本政府指导议和

---

[1]《中日战争和三国干涉（1894—1895）》，第55、7、8页。
[2] 丁名楠等：《帝国主义侵华史》，第1卷，人民出版社1987年版，第366页。
[3] 陆奥宗光：《蹇蹇录》，第137页。
[4] 陆奥宗光：《蹇蹇录》，第117页。

进程的根本原则。

根据以上原则，陆奥宗光着手将《媾和预定条约》加以具体化并进行修改。看来，他在进行此项工作时着重考虑了以下几个问题：

关于第一条朝鲜独立问题：当时日本有的舆论鼓吹兼并朝鲜，也有人建议要朝鲜割让釜山一带给日本。日本政府早就视朝鲜为囊中之物，必欲纳入口中而甘心。其驻俄公使西德二郎曾多次电告陆奥宗光，对待朝鲜宜取慎重的态度。日本政府也很重视对付俄国的策略。10月16日，伊藤博文即致电陆奥宗光："俄国坚信战后日本将占领朝鲜的部分领土，因此怀有不满。俄国正试图接近英国，以共同反对日本在朝鲜的政治宣传。最好的办法是，对俄国发出正式声明以消除误解，使俄国站在我们一边。"11月12日，西德二郎致电陆奥宗光提出警告："俄国政府所悬念者，乃日本是否永久占领朝鲜。尤其武人阶层，对此大为反对。果真如此，将会引起麻烦。"16日，又发一快函给陆奥宗光，报告俄国外交大臣吉尔斯"关于俄国利益亦有一二"之谈话，并加以解释说："其所谓'一二'之说者，当然知其为解决朝鲜之事。此地自外交部开始，目前所忧虑之事，乃唯恐日本之于朝鲜，犹如英国对埃及所采取之手段，终于兼并之。于是物议纷纷，陆军中有人提出与英国联合，以保证朝鲜内政之整顿，并迫使日军自朝鲜撤出；海军中则有人提出尽快占领元山港。总之，勿使日本占领朝鲜，且不能堵塞俄国开辟将来东方利益之路一说，几成为该国之公论。"鉴于俄国国内这种剑拔弩张的气势，西德二郎于12月1日向陆奥宗光郑重建议："即令我有使朝鲜归我所属之意，但切勿骤现其形迹，不能不考虑回避俄国干涉之策略。"[①] 西德二郎的建议深中肯綮，不容陆奥宗光迁延不决，便在同伊藤博文商量后，于23日给驻朝公使井上馨

---

① 《日本外交文书》，第27卷，第799、821、826、827号。

发出了电训：

> 根据秘密听到的最可靠消息，只要我们像一开始声明那样，不损害朝鲜的独立，俄国政府的态度将会对日本有利。……俄国好像以疑虑的眼睛，一直注视着我们在朝鲜的所作所为。……为了使形势转变为对我们有利，我们在朝鲜的最基本的政策，是应该采取一种不使任何一个列强特别是俄国产生疑虑的做法。尽管我们已经充分意识到了这一点，但在这方面仍要多加小心。在此关键时刻，我们希望提请特别注意，近期赢得俄国之友善，对于缔结和约将证明是极为有用的。①

这样，陆奥宗光在修改《媾和预定条约》草稿时，便对第一条仍保持不动。

关于第三条赔偿军费及割占台湾问题：要中国赔偿多少军费，日本政府内部迄无统一的意见。据陆奥宗光自述，起初有两种意见：一是对外强硬派，主张赔偿军费至少为3亿日元以上，约合白银3亿两；一是驻英公使青木周藏，主张赔偿军费1亿英镑，约合6亿两。由于对赔款数目的意见一时未能取得一致，所以修改稿仍然暂时空起来。

至于割占台湾作为赔偿军费问题，日本政府通过驻外公使探悉，俄、英等国不会提出反对意见。12月间，西德二郎向陆奥宗光报告说："本使认为，俄国政府对台湾之让与必不持异议。""若俄国不加反对，恐英国亦必不强争之。"西德二郎的分析是有道理的。美国国务卿格莱星姆即密告栗野慎一郎："探知俄国与英国果然结盟失败，而英国亦必不单独断然行动。"② 日本各界本来就坚持永占台湾，国际形势又对日本有利，所以第三条"将台湾全岛及……岛之主权"字样

---

① 《日本外交文书》，第 27 卷，第 491 号。
② 《日本外交文书》，第 27 卷，第 836、837、830 号。

在修改稿中仍保持不动。其中的删节号显然是暗指澎湖列岛,但一时尚摸不准法国的态度,也暂时空了起来。

关于第二、五、七、八条,是陆奥宗光考虑趋于成熟并变动较大的部分。其内容如下:

第二条 清国担保永不干涉朝鲜国内政外交,并保证东亚将来和平,将下开划界以内之盛京省半岛北部地区之主权永远割让与日本国:自鸭绿江岸……起至西北方辽河口止。该割让地沿岸任何一点起直径……日里以内诸岛屿及盛京省半岛以东北纬……度自……度止之清国所属岛屿皆包括在内。该割让地内所有堡垒兵器工厂及官属物件亦包括在内。俟本约批准交换之后,口、清两国各选派官员二名,为公同划定疆界委员,确定划界。若遇本约所订疆界于地形或治理所关有碍难不便等情,各该委员等当妥为参酌更定,各该委员当从速办理界务,以期奉委之后,限……竣事。但遇各该委员等有所更定划界,两国政府未经批准以前,应据本约所定划界为正。

第五条 日清两国所有约章,因此次失和,自属废绝。清国约俟本约批准交换后速派全权大臣,与日本国所派全权大臣于……会同订立通离行船章程及陆路通商贸易条约。其两国新订约章,应以清国与泰西各国现行条约为本。又本约批准交换日起,新订约章未经实行以前,所有日本国政府官吏臣民及商工业船舶及陆路通商贸易,清国予以最惠国待遇。清国约为下列让与各款,自本约批准交换之日起实行:

第一款 日本国臣民运进清国一切货物,随办理运货人或货主之便,于进口之时或进口之后,按货物原价输纳每百抽二抵代税。所到地方,勿论政府官吏、公举委员、私民公司,及有何项设立之名目，为何等利益，所有课征抽税钞课杂派一切诸费，勿论其性质、名义如何，均当豁除。日本国臣民在清国所购之经工货件及自生之物，一经声明系为出口，以至由口岸运出之时，除勿庸输纳抵代税外，亦照前开所有抽税钞课杂派一切诸费，均当废除。又日本国船只载清国内地所需清国经工货件及自生之物，运返清国通商口岸，一经输纳口岸通商税钞，除勿庸输纳进出口税外，亦照前所开所有抽税钞课杂派一切诸费，均当豁除。但逐时所订洋药进口章程，与此款所定毫不相涉。

第二款　日本国臣民在清国内地购买经工货件及自生之物，或将进口商货运往内地之时，欲暂行存栈，除勿庸输纳税钞派征一切诸费外，得暂借栈房存货，清国官员勿得从中干预。

第三款　日本国臣民在清国输纳税钞及规费，可用库平银核算外，亦得以日本国铸银圆照公定之价输纳。

第四款　日本国臣民得在清国任便从事各项正艺制造，又得将各项机器任便装运进口，只交所订进口税。

第五款　清国约博采专门熟练者之说，务速疏浚吴淞河口沙滩，虽在落潮时亦须足……呎深，永勿任其阻塞。

第七条　清国为保证认真实行约内所订条款，准日本国军队暂时占领下开各处……、……。日本国依本约所定赔偿军费交清情形渐次撤军，每交清一次赔款撤出一城。但通商行船章程批准交换以前，日本国仍不撤回军队，所有暂行占守一切费用由清国支办。

第八条　本约批准交换后，两国应将是时所有俘虏尽数交还。清国约将由日本国所还俘虏并不加以虐待或处刑。又清国约将认为军事间谍或被嫌逮系之日本国臣民，即行释放；并约此次交仗之间，所有关涉日本国军队之中国臣民概予宽大。①

从以上四条看，修改稿与草稿相比，有着若干实质性的变动。其一，修改稿第二条内容大为充实并具体化了，不仅指明了要割占的中国东北领土的范围，而且还具体规定了划定疆界的程序。其二，修改稿第五条除补充了"陆路通商贸易条约"的内容外，还新增了三项要求：一是规定日本臣民交纳进口税为"每百抽二"，其他一切诸费"均当豁除"；二是在中国暂行存栈"勿庸输纳税钞"；三是得以日本官铸银圆核算关税。其三，修改稿第七条增添了由中国支付日军占领费用的内容。其四，修改稿第八条增加了中国释放日本间谍的要求。

这份《媾和预定条约》修改稿约草成于 12 月间。因为修改稿中明确地提出要割取辽东半岛，而陆奥宗光致函伊藤博文开始要求割占辽东半岛是 11 月 26 日的事。② 这显然仍是一份不成熟的文稿，其后又进行过多次修改。陆奥宗光自称："这个媾和条约因战局的发展，内容轻重和宽严程度自然也随着有所不同，因而后来对该案斟酌实际情况又屡有修改。"③ 这是符合实际情况的。

三 日本内阁通过的《媾和预定条约》

继《媾和预定条约》修改稿之后，到广岛大本营御前会议召开以前，日本对和约条款又作了两次重大的调整和修改。

第一次，是在征询在京阁员意见期间。陆奥宗光说："我从前草拟的媾和条约方案也深藏未露，在时机未成熟时决不轻易示人。但是，当中国媾和使节前来我国的日期已经迫近，并将携带该条约方案前往广岛时，特在内阁总理大臣官邸将该案请在京阁员审阅，并征求其意

---

① 伊藤博文：《机密日清战争》，见《中日战争》续编（七）。
② 春亩公纪念会编：《伊藤博文传》下卷，第 149~151 页。
③ 陆奥宗光：《蹇蹇录》，第 117 页。

见。由于阁员一致同意，我便于（1895年）1月11日随同伊藤总理由东京前赴广岛。"①。可见，这次修改的时间应在1月上旬。

经在京阁员审议后的修改稿，是在伊藤博文的主持下斟酌而写定的。其新添的内容主要有四：

其一，割占中国领土的要求不是分列于第二条和第三条中，也不是或作为赔偿军费而提出的，而是都列为中国应割领土的第二条之内。

其二，第二条规定中国应永远让与的领土中，明确写明包括："澎湖群岛，即东经119°乃至120°、北纬23°乃至24°之间的诸岛屿"。

其三，第三条对割占盛京省的地域范围提出了高、中、低三个可供选择的方案：最高方案规定的分界线是，"从鸭绿江口起，溯该江流以抵汤子沟口，从此向迤北划一直线，抵通化县，从此向西划一直线，以抵辽河。从该线与辽河交会之限起，顺该河流而下，以抵北纬41°之线。再从辽河上划线起，顺此纬度，以抵东经122°之线。再从北纬41°东经122°西线交会之限，顺此纬度，以至辽东湾北岸；在辽东湾东岸及黄海北岸属盛京省诸岛屿"。折中方案规定的分界线是，"从鸭绿江口起，溯该江流以抵三叉子，从此向迤北划一直线，抵榆树底下，从此向正西划一直线，以抵辽河。从该线与辽河交会之限起，顺该河流而下，以抵北纬41°之线。再从辽河上划线起，顺此纬度，以抵东经122°之线。再从北纬41°东经122°两线交会之限，顺此经度，以至辽东湾北岸；在辽东湾东岸及黄海北岸属盛京省诸岛屿"。最低方案规定的分界线是，"从鸭绿江口起，溯该江流以抵安平河口，从该河口划至凤凰城、海城、营口而止，画成折线以南地方"。②

其四，第四条明确提出中国赔偿军费3亿两，第一次交付1亿两。

---

① 陆奥宗光：《蹇蹇录》，第118页。
② 伊藤博文：《机密日清战争》，见《中日战争》续编（七）。

其后四年每年交付 5 000 万两，年息 5%。

第二次，是在广岛大本营就日清媾和问题举行御前会议之前，约在 1 月的中下旬。这次修改，主要是吸收了小村寿太郎的建议，在第六条中增加新开北京、沙市、湘潭、重庆、梧州、苏州、杭州七处通商口岸及宜昌至重庆、扬子江至湘潭、广东至梧州、上海至苏杭二州四条内河航线的内容。①

这次最新修改稿，显然就是伊藤博文和陆奥宗光提交给广岛大本营御前会议的条约方案。

1 月 27 日，明治天皇在广岛大本营召集御前会议讨论日清媾和问题。出席会议者为当时在广岛的阁员及大本营高级幕僚：总参谋长小松彰仁亲王、内阁总理大臣伊藤博文、陆军大臣山县有朋大将、海军大臣西乡从道大将、海军军令部长桦山资纪中将、参谋本部次长川上操六中将及外务大臣陆奥宗光等。陆奥宗光首先奏明条约方案的要点说：

日本大本营御前会议

---

① 伊藤博文：《机密日清战争》，见《中日战争》续编（七）。

>本条约方案大体分为三段：第一段，规定使中国承认构成此次战争起因的朝鲜独立；第二段，规定我国因战胜的结果，应由中国割让领土和赔款；第三段，为确定我国在中日两国外交上的利益和特权，规定今后我国和中国的关系应与欧美各国和中国的关系均等，并进一步设置几处新开港口以及扩大内河航行权，使我国永远有在中国通商航行等权利。

当陆奥宗光说明条约的三大要点之后，伊藤博文奏称：

>与中国媾和使者之谈判不论成功与否，若一旦明言媾和条件，即难保不招致第三国之容喙干涉，事实上恐亦难免。至其干涉之性质如何，程度如何，即如何贤明之政治家，恐亦不能预料，尤其想使其保证他国毫不加以干涉，更不可能。此种干涉既然迟早不可避免，自应体察时机，以外交手段尽力周旋，使其缓急得宜。但在此种情况之下，对于各强国所取之政略方针，往往不能以外交谈判使之改变。因此，万一发生此种干涉，应否斟酌该第三国之意见稍微变更我对中国之条件，或宁增强敌，始终坚持我方之既定方针，则均属未来之问题，应根据当时情况再行审议。①

出席的文武重臣完全赞同伊藤博文的意见，决定以《媾和预定条约》的最新修改稿作为讲和条约的基础，并任命伊藤博文、陆奥宗光二人为议和全权大臣，得以根据形势的发展而便宜行事。

四 "和约底稿"的形成

日本内阁通过的《媾和预定条约》最新修改稿，对外一直严格保密。当时，西方国家都在千方百计地探听日本的媾和条件。英、俄等国驻日公使也纷纷到日本外务省询问，而得到的答复都是"无可奉

---

① 陆奥宗光：《蹇蹇录》，第118、120页。

告"。尽管如此，列强通过各种渠道不难猜到日本媾和条件的大致内容，因此也在考虑采取适当的对策。

与此同时，伊藤博文和陆奥宗光正在密切观察列强的动向和态度。最先引起日本政府注意的是2月7日英国《泰晤士报》刊登的一则《巴黎通讯》。该通讯称：

> 列强在适当时候最终干涉，将完全不偏不倚，这是早先已确定的。列强要等到中国承认战败，并老老实实地进行议和谈判之日，向中国要求开放港口。同时向日本指出，欧洲不许其吞并中国大陆的一寸领土，但不涉及军舰、武器和其他战利品，也不涉及战争赔款。欧洲不反对日保留一定的占领地作为赔款的扣保，但不允许对列强不利的通商条款。

陆奥宗光猜出这则通讯的撰稿人名叫布罗维茨，是该报的著名记者。此人几年前曾盗出俾斯麦之秘密文件并公开发表，引起轰动。陆奥宗光认为，如通讯系此人所撰，相信其言多少定有根据。于是，便一面向驻欧各使节发电，令其"探询实情"，一面向伊藤博文提出："依据情况，我国亦需注意将来之政略。"①

看来，当时欧洲列强与日本的矛盾主要表现在两点上：一是日本的媾和条件是否包括割占中国的大陆领土，二是日本的媾和条件以至军事行动是否会影响各国的利益。

欧洲大陆国家，特别是俄国，是坚决反对日本割占中国大陆领土的。俄国《新时代》报于2月9日发表的一篇关于中日媾和问题的社论，其观点就颇具代表性，社论写道：

> 当此日本获得战胜结果之际，各国对所提条件之着重点，在于使日本保持从前之岛国地位，决不可使之凭依大陆。因此，欧

---

① 《日本外交文书》，第28卷，第551~552号。

洲各国将允许台湾及其他岛屿合并于日本。认为将规定战争赔款金额一事委诸交战双方之直接谈判，乃最适当之处理办法；并且作为战争赔款之担保，日本对旅顺口和威海卫进行军事占领，由清国财政状况观之，无论如何亦属不可避免之事。若进而达到使中国开放各港口，以作为欧洲贸易市场，则俄、英、法之干涉亦可谓获得令人满意的良好结果了。

现在终使傲慢自大的中华帝国屈服，乃前所未有之进步。远东形势顿时一变，此实乃日本之莫大功绩。因此，只要日本不同俄、英、法三国之利益发生冲突，其充分获得战胜之果实，亦属最为正当之事。但日本政府切莫忘记：不可踰此界限。如对朝鲜之无限保护权或割占满洲土地等，决不允许。日本所得以要求者，只能限于中国所属岛屿之割让，以及巨额之战争赔款和旅顺口、威海卫之军事占领而已。即使日本继续前进而攻陷北京，亦决不允许超出上属范围。①

该社论一面对日本军事上的成功倍加赞扬，一面又反复警告日本政府莫要染指大陆，显然是反映了俄国人的一般观点。对此，日本政府是完全了解的，不能不充分加以考虑。

根据当时对俄国的观察，日本政府认为，也有两点可资日本利用之处：其一，英国对俄国的牵制。"提出分割盛京省之要求时，虽俄国政府必然不满，但英国政府之策略为防俄南侵，宁愿日本担当维护朝鲜之任。既然英国对瓜分盛京省不提出异议，仅俄国一国亦难对此力争。"其二，俄国外交大臣吉尔斯刚刚病故，由副大臣基斯敬主持外交工作。在日本看来，此人乃"倾向日本之人"；新登基的沙皇尼古拉二世"与基斯敬相同，亦系倾向日本之人，对日清问题颇为注

---

① 《日本外交文书》，第28卷，第556号。

意。为日本计,大体较为适宜"①。基于这种分析,日本政府怀有侥幸的心理,认为坚持中国割让盛京省部分领土可能不至于出大的问题。

英国政府的态度又是如何呢?2月8日,日本驻英公使加藤高明拜访了金伯利,名为通报情况,实则探听动静。金伯利对加藤高明流露出英国政府对时局的忧虑,他说:"我担心若战争继续下去,日本人就会像普遍预料的那样,向前推进,占领北京,从而可能导致清朝覆灭。随之出现的严重后果,几乎无须说明就十分清楚:整个中华帝国将陷于一片混乱状态。到那时,日本很可能找不到可以谈判的政府,使自己处于十分尴尬的境地。"② 13日,加藤高明致电陆奥宗光说:"英国担心的是目前清朝的垮台,害怕继之而来的无秩序和混乱状态。从各种迹象看,几乎可以肯定,英国还在举棋不定。我相信,除非英国在通商贸易方面和在华欧洲侨民受到危害时,否则是不可能进行干预的。"③ 于是,日本政府一面向英国公使重申:"日本既不想瓜分中国,也不想推翻目前的王朝,但它必须索取胜利者的果实。"一面赶紧散布在媾和条约中将列入贸易便利特许权条款的消息,以拉拢并稳住英国。14日,楚恩迟便兴高采烈地向金伯利报告:"我通过可靠人士查明,日本打算在议和条件中加入贸易便利特权的要求。日本并非只想为自己争得这一特权。看来,该条款最重要的一点是中国取消礼金和关卡税,日本政府视之为发展贸易的最大障碍。"④ 日本的这两手,使英国政府感到了满足。

为了确实摸清俄国政府的态度,陆奥宗光于2月14日亲自会见了俄国公使希特罗渥。其谈话内容如下:

---

① 《日本外交文书》,第28卷,第555号。
② 《中日战争和三国干涉(1894—1895)》,第57页。
③ 《日本外交文书》,第28卷,第560号。
④ 《中日战争和三国干涉(1894—1895)》,第141~142页。

希特罗渥："关于战争问题，希望俄日两国之间能够交换意见，现在阁下能否谈些什么？"

陆奥宗光："此事纯属机密，即日本不能不以割让土地作为讲和条件之一。"

希特罗渥："时至今日，对于领土割让问题，早已勿庸争论。然须视要求割让土地之不同情况，可能会招致多少外国干涉。虽然就俄国而言，对合并台湾并不表示异议。"

陆奥宗光："日清战争乃日清两国间之事，不容第三者置喙。然而某一国家以有关欧洲之利益为由，竟有动辄试图干涉之倾向。日本绝非欲侵犯他国之利益。而所谓欧洲利益，谅必不外乎通商贸易之利益；果系如此，则本大臣相信，迄今为止，尚毫无侵犯之事实。当然，他国之干涉亦无发生之理由。如果俄国果有上述以外之其他利益，不妨告知。由于日本不希望侵犯俄国之利益，因此认为有必要事先了解其利益之所在。"

希特罗渥："俄国欲在太平洋上开辟交通，然而作为实际问题，只要日本不侵犯朝鲜之独立，俄国亦不会格外提出异议。然为日本之最大利益计，接受清国大陆领土之割让实非上策。"

陆奥宗光："本大臣之主张，在于竭力不与俄国之利益相抵触。但有关日本自身之利益，日本必须自己保护之。"

通过这次谈话，陆奥宗光觉得希特罗渥"表现出喜悦之色"，更加断定先前对俄国的分析是不错的。于是，他于2月17日电告西德二郎称："在现今形势之下，日本不能从要求割让金州半岛及台湾后退一步。"①

事实上，日本政府之所以对俄国作出了判断上的失误，其根本原

---

① 《日本外交文书》，第28卷，第561号。

因还在于当时俄国对日本企图吞并中国东北领土的野心缺乏足够的认识。2月1日，俄国政府举行了一次特别会议，所讨论的主题只是朝鲜问题。到会的所有军政首脑竟无一人提及日本可能会要求割让中国大陆领土的问题。种种情况表明，在俄国当局看来，只要日本确实保证朝鲜的独立，它一般不会越过朝鲜半岛而割占大陆领土的。正由于此，俄国政府才感到不必顾虑日本染指大陆了。

正是在这种情况下，俄国才与日本在朝鲜问题上着手进行一场交易。2月22日，俄国外交部亚洲司长克卜尼斯特密告西德二郎说："如果日本以朝鲜独立作为讲和条件之一，则俄国将劝告中国迅速派遣和谈使节。"24日，俄国外交临时代理大臣基斯敬向西德二郎提出："如果日本政府声明名实相副地承认朝鲜独立，我国政府将劝告中国政府授赔款、割地等全权予其使节。并劝说其他强国采取与俄国政府相同之方针。我相信，获得胜利之后继续无限期地进行战争，实非日本之福。"① 同一天，俄国公使希特罗渥正式将此事通知了日本政府。

陆奥宗光得知俄国政府的提议后，急召端迪臣等人商议，再三讨论，并揣度俄国提议中"名实相副"一词的分量。他们一致认为："如果现在就将俄国公使所明确提出的'名实相副'等词故意抹掉的痕迹显露出来，很可能招致彼之惊疑，而进一步提出更为明确之要求，恰如1843年英法两国缔结《夏威夷条约》之情形。果真如此，则帝国将来对朝鲜之政治策略则不得不受其束缚。因此，莫如原封不动地袭用彼所谓朝鲜独立须'名实相副'之提法，使其不产生疑虑之念方为上策。"陆奥宗光决定在答复俄国提议的备忘录中回避"请求劝说"中国和其他强国之类的字样。这样做的理由，陆奥宗光在致伊藤博文的函件中作了详细的说明：

---

① 《日本外交文书》，第28卷，第565~566号。

备忘录丝毫未露出有请求劝告之意，其原因有三：第一，现在非常清楚，只要不损害朝鲜独立，俄国政府对帝国政府此次将向清国提出之要求，大体上无有异议。第二，无庸置疑，此次李鸿章将作为议和大臣来日已是既成事实。因此，不仅无特意请求俄国政府协助之必要，而且假如此事尚须请人协助，则其对我不利之处，恰如收下不值钱之物品尚须永远感恩一样。第三，如果现在请求俄国政府劝告其他强国，在某种情况下会给人以口实，宣称虽甲国接受劝告而乙国则不肯接受劝告。如此等等，岂不为已无异议的我方要求之条件留下他人置喙之余地？基于上述理由，我断然不吐露类似请求之口吻。照此种做法，彼是否主动对其他国家进行劝告，可听其自便；对于我方来说，则可直接抓住其不对我媾和条件表示异议之诺言，作为日后之凭证，以无碍于我方将获得最为热切希望之结果。①

真可谓机关算尽！陆奥宗光等人确实设想得天衣无缝，无奈未能识透俄国要求保证朝鲜独立的实在含意，而造成了一场极大的历史误会。

　　2月27日，日本政府将准备好的备忘录送交俄国驻日公使馆。该备忘录称："因得俄国公使阁下之通知，帝国政府特毫不踌躇地声明：'日本对朝鲜之政略方针不再改变，帝国政府将名实相副地承认朝鲜国之独立。'"②

　　此后，日本政府陆续得到一些不利于日本割占中国大陆领土的消息：

　　3月8日，德国驻日公使哥屈米德来外务省口头通报：据德国政府所获报告，日本要求中国割让大陆领土必将引起列强干涉。

---

① 《日本外交文书》，第28卷，第569号。
② 《日本外交文书》，第28卷，第568号。

3月18日，驻英公使加藤高明来电：据路透社消息，中国政府已指示其驻英、法和德、俄公使，请四强在日本坚持割取中国大陆事件中予以干涉，以卫护中国大陆领土之完整。《泰晤士报》俄国通讯员报道，俄国舰队（中队）已决定派往太平洋驻泊。

3月20日，驻美公使栗野慎一郎来电：美国国务卿格莱星姆面告，俄国并非怀有好意，而是急切地想抓住一切可利用之机，以期达到自己的目的。国务卿之谈话，给人以似乎不甚赞成日本永久占有大陆领土之感。①

陆奥宗光认为，尽管对俄国有种种传闻和猜测，俄国政府不会轻易地改变2月24日提议的精神。恰巧3月21日接到了西德二郎关于会见俄国新任外交大臣罗拔诺夫并同亚洲司长克卜尼斯特谈话后所得印象的电报："据对该大臣所谈及亚洲司长之谈话进行全面观察，俄国政府之意向近来似无改变。如我国之领土要求仅限于台湾及金州半岛，确信俄国政府将不提出特别异议。该政府之唯一热望，在于此次谈判即缔结和约结束战争。"② 这样，陆奥宗光更加坚信俄国不会干涉日本割占金州半岛了。

日本所说的金州半岛，或称旅顺半岛，即通称的辽东半岛。割占金州半岛，应该是相当于阁议《媾和预定条约》关于割占盛京省的最低方案。这不难理解，因为日本政府也确实想避免刺激俄国政府。为了多得一点是一点，伊藤博文和陆奥宗光决定端出折中的方案。出于同样的原因：这时，日军已经攻占威海卫，并全歼了北洋舰队。日本暂时占领威海卫作为战争赔款的担保，本不会引起什么异议。伊藤博文、陆奥宗光决定对奉天府也要暂时占领，以作为战争赔款的担保。

---

① 《日本外交文书》，第28卷，第571、578、584号。
② 《日本外交文书》，第28卷，第585号。

这样，日方于4月1日提交给李鸿章的《和约底稿》便屡经修改而终于形成了。其全文如下：

大日本帝国皇帝陛下及大清帝国皇帝陛下，为订定和约，俾两国及其臣民重修平和，共享幸福，且杜绝将来纷争之端，大日本帝国皇帝陛下任命……大清国皇帝陛下任命……为全权大臣。彼此校阅所奉谕旨，认明均属妥善无阙，会同议定各条款，开列于下：

第一款 中国认明朝鲜国确为完全无缺之独立自主，故凡有亏损独立自主体制，即如该国向对中国所修贡献典礼等，嗣后全行废绝。

第二款 中国将下开地方之权，并将该地方所有堡垒军器工厂及一切属公物件，永远让与日本国：

第一，下开划界以内盛京省南部地方，从鸭绿江口起，溯该江流以抵三叉子，从此向迤北划一直线，抵榆树底下，从此向正西划一直线，以抵辽河，从该线与辽河交会之限起，顺该河流而下，以抵北纬41°之线，再从辽河上划线起，顺此纬度，以抵东经122°之线，再从北纬41°东经122°两线交会之限，顺此经度，以至辽东湾北岸；在辽东湾东岸及黄海北岸属盛京省诸岛屿；

第二，台湾全岛及所属诸岛屿；

第三，澎湖列岛，即散在于东经119°起至120°，北纬23°起至24°之间诸岛屿。

第三款 前款所载及粘附本约之地图所划疆界，俟本约批准交换之后，两官应各选派官员二名以上，为公同划定疆界委员，就地踏勘，确定划界。若遇本约所订疆界于地形或治理所关有碍难不便等情，各该委员等当妥为参酌更定。

各该委员等当从速办理界务，以期奉委之后，限一年竣事；但遇各该委员等有所更订划界，两国政府未经认准以前，应据本约所定划界为正。

第四款　中国约将库平银二万万两交日本国，作为赔偿军费，该赔款分为五次交完，第一次交五千万两，嗣后每次交五千万两，第一次应在本约批准交换后六个月之内交清。所余四次，应与前次交付之期相同，或于期前交付，又第一次赔款交清后，未经交完之款，应按年加每百抽五之息。

第五款　本约批准交换之后，限二年之内，日本国准中国让与地方人民愿迁居让与地方之外者，任便变卖所有田地，退去界外；但限满之后尚未迁徙者，酌宜视为日本国臣民。

第六款　日中两国所有约章，因此次失和，自属废绝，中国约俟本约批准交换之后，速派全权大臣，与日本国所派全权大臣，会同订立通商行船章程及陆路通商章程，其两国新订约章，应以中国与泰西各国现行约章为本。又本约批准交换之日起，新订约章未经实行之前，所有日本国政府官吏臣民及商业工艺、行船船只、陆路通商等，与中国最为优待之国礼遇护视，一律无异。中国约为下开让与各款，从两国全权大臣画押盖印日起，六个月后方可照办：

第一，现今中国已开通商口岸之外，应准添设下开各处，立为通商口岸，以便日本国臣民往来侨寓，从事商业工艺制作等，所有添设口岸，均照向开通商海口或向开内地镇市章程一体办理，应得优例及利益等亦当一律享受：一、直隶省顺天府；二、湖北省荆州府沙市；三、湖南省长沙府湘潭县；四、四川省重庆府；五、广西省梧州府；六、江苏省苏州府；七、浙江省杭州府，日

387

本国政府得派遣领事官于前开各口驻扎。

第二，日本国轮船得驶入下开各口，附搭行客，装运货物：一、从湖北省宜昌溯长江以至四川省重庆府；二、从长江驶进洞庭湖溯入湘江以至湘潭县；三、从广东省溯西江以至梧州府；四、从上海驶进吴淞江及运河以至苏州府杭州府。日中两国未经商定行船章程以前，上开各口行船，务依外国船只驶入中国内地水路现章程照行。

第三，日本国臣民运进中国各口一切货物，随办理运货之人若货主之便，于进口之时，若运进之后，按照货物原价输纳每百抽二抵代税，所到地方，勿论政府官员、公举委员、私民公司，及有何项设立之名目，为何项利益，所有课征抽税钞课杂派一切诸费，勿论其根由名目若何，均当豁除。

日本国臣民在中国所购之经工货件若自生之物，一经声明系为出口。以至由口岸运出之时，除勿庸输纳抵代税外，亦照前开所有抽税钞课杂派一切诸费，均当豁除。又日本国船只装载中国内地所需中国经工货件，若自生之物，运贩中国通商口岸，一经输纳口岸通商税钞，除勿庸输纳进出口税外，亦照前开所有抽税钞课杂派一切诸费，均当豁除，但逐时所订洋药进口章程，与此款所定毫不相涉。

第四，日本国臣民在中国内地购买经工货件，若自生之物，或将进口商货运往内地之时，欲暂行存栈，除勿庸输纳税钞派征一切诸费外，得暂借栈房存货，中国官员勿得从中干预。

第五，日本国臣民在中国输纳税钞及规费，可用库平银核算外，亦得以日本国官铸银圆照公定之价输纳。

第六，日本国臣民得在中国任便从事各项工艺制造，又得将各项机器任便装运进口，止交所订进口税。

日本国臣民在中国制造一切货物，其于内地运送税内地税钞课杂派，以及在清国内地沾及寄存栈房之益，即照日本国臣民运入清国之货物一体办理，至应享优例豁除亦莫不相同。

第七，中国约博采专门熟练者之说，务速浚黄浦江口吴淞沙滩，虽在落潮时亦须足二十幅深，永勿任其阻塞。

若遇上开让与各节内有更须订定章程者，应于本款所定通商行船约章内，备细载明。

第七款　日本国军队现驻中国境内者，应于本约批准交换之后三个月内撤回；但须照次款所定办理。

第八款　中国为保明认真实行约内所订条款，听允日本国军队暂行占守下开各处：盛京省奉天府，山东省威海卫。日本国查收本约所定应赔军费第一第二两次之后，撤回占守奉天军队；末次赔款交完之后，撤回占守威海卫军队。但通商行船约章未经批准交换以前，日本国仍不撤回军队。所有日本国军队暂行占守一切需费，应由中国支办。

第九款　本约批准交换之后，两国应将是时所有俘虏尽数交还，中国约将由日本国所还俘虏并不加以虐待，或置于罪戾。中国约将认为军事间谍或被嫌逮系之日本国臣民，即行释放；并约此次交仗之间，所有关涉日本国军队之中国臣民概予宽贷，并饬有司不得擅为逮系。

第十款　本约批准交换日起，应按兵息战。

第十一款　本约奉大日本帝国大皇帝陛下及大清帝国大皇帝陛下御笔批准后，于明治某年某月某日，即光绪某年某月某日在某处交换。为此两国全权大臣画押盖印,以昭信守。[①]

五 《马关条约》条款的最后修改

李鸿章一行于3月14日晨由天津乘轮东行,开始了赴日和谈的艰难历程。航行5昼夜,于19日晨抵达日本马关。

从3月20日到24日,中日双方全权大臣在春帆楼共进行了三次会谈。李鸿章先提出停战问题,而日方则以苛刻的条件使中方不得不撤回停战的提议。在24日的第三次会谈中,伊藤博文露出要占领台湾之意。李鸿章则希望日方出示和款。伊藤博文表示可从25日起转入讲和谈判。

第三次会谈结束后,李鸿章在返回寓所的途中被暴徒刺伤,引起举世震惊。日本当局也为之焦虑不已,一则怕李鸿章以负伤为借口,中断谈判回国,一则怕列强乘机插手干涉,将对日本大为不利。在这种情况下,日方才决定允诺停战;以作为双方继续进行和谈的牵引。3月30日,双方签订了《中日停战协定》6款,规定除台湾外暂行停战,限期21天。

4月1日,双方进行第四次会谈。因李鸿章枪伤未愈,由李经方出席。会间主要讨论日方如何出示和款的问题。日方要求对方接到和约条款后,须在三四日内答复,或将约内各款全行应允,或将某款更行商酌。中方只得同意。这样,日方才终于出示了其费近半年之功而炮制出来的《和约底稿》。

当天傍晚,李鸿章分两次将日本提出的《和约底稿》内容电告总理衙门。4月3日,两电到京,军机大臣当即将约稿梗概上奏光绪帝。3日下午,庆亲王奕劻、孙毓汶、徐用仪三人先后拜访英、俄、法、

[①]《日本外交文书》,第28卷,第1078号,附件。

德四国公使，根据李鸿章电报的意见，向他们通报了日方提出的媾和条件中的第一、二、四、八各款。随后又向他们宣读了李鸿章电报的如下内容："查日本所索兵费过奢，无论中国万不能从，纵使一时勉行应允，必至公私交困，所有拟办善后事宜势必无力筹办。且奉天为满洲腹地，中国亦万不能让。日本如不将拟索兵费大加删减，并将拟索奉天南边各地一律删去，和局必不能成，两国唯有苦战到底。"①

由于日本早已破译了中国的电报密码，而李鸿章这次赴日和谈又没有改换新的密码，因此电报还没发出之前日本就知道了内容。陆奥宗光认为，"唯有苦战到底"的话是为了"博得各国之同情，以借各国之力迫使日本减少其要求"。4月3日，陆奥宗光便向驻俄公使西德二郎、驻美公使栗野慎一郎、驻英公使加藤高明、驻法公使曾弥荒助发出了将媾和条件秘密提示给各驻在国政府的训令：

> 现已查明，清国将我之讲和条件泄露给英、法、俄三国。谓日本如不取消割让金州半岛之要求和减少赔款金额，除继续战争之外，别无他法。企图以此虚假之借口，请求各国进行干涉。这不过是希图获得外国援助之狡猾手段而已。作为获得巨大胜利之结果，我方要求之条件绝非过高。而提出较此更少之要求，日本国民终究不能满意。同时，为日清两国利益计，仍以现在即行讲和为上策。如两国不受他国干涉，极有希望迅速恢复和平，因清国已无继续作战的能力。李鸿章似避免将我国政府为各国利益而要求之通商方面的特权通知各国。盖各国前此屡屡提出类似要求，皆为清国所拒绝之故。本大臣已将上述情形秘密通知驻日之英、俄、法、美等国公使，亦希望讲和条件及上述事实通知各驻在国政府。但在会见时，须装出我国只信任该国政府的样子，作为机

---

① 《中日战争》续编（五），第642页；《李文忠公全集》电稿，第20卷，第29~30页。

密通知之。并相机为我方之要求条件进行辩护。①
在陆奥宗光发出训令的同时，日本外务次官林董于3日分别约见英使楚恩迟、俄使希特罗渥、法使哈尔曼、美使谭恩，向他们通报日本的媾和条件。4日，又怕他日此事泄露会引起德国不满，又秘密地通知了德使哥特斯米德。为了抵制中国争取列强的支持，日本展开了一场广泛的反争取外交活动。

此时，李鸿章正在马关等待朝廷的复电。殊不知朝廷重臣都束手无策。4月4日，光绪帝召见枢臣议商，或言台湾决不可弃，或谓"战"字不能再提，或主交付廷议，议无所决。李鸿章几天没有等到复电，而4月5日的限期已到，乃针对日方和约底稿拟一说帖，除承认朝鲜自主外，对让地、赔款、通商权利各项有所驳论。6日，日方致李鸿章照会，要求"明确答复全部或每条允诺与否"②。当天，李鸿章致电总理衙门称："若欲和议速成，赔费恐须过一万万，让地恐不止台、澎。"8月，复电指示："先将让地以一处为断，赔费应以万万为断。"③ 当日下午，伊藤博文邀李经方至其行馆，大肆威胁，甚谓："谈判一旦破裂，中国全权大臣离开此地，能否再安然出入北京城门，恐亦不能保证。"④

李鸿章听到李经方之回报，见事机紧急，不敢怠慢，草拟了一份对和约的全盘修正案。其要者为以下四款：

第二款 中国允将管理下开地方之权，并将该地方上所有城池公廨仓廒营房及一切属公物件，让与日本：

第一，奉天省南边四厅州县地方：一安东县，二宽甸县，三

---

① 《日本外交文书》，第28卷，第596、598号。
② 陆奥宗光：《蹇蹇录》，第146页。
③ 《李文忠公全集》电稿，第20卷，第32-33页。
④ 陆奥宗光：《蹇蹇录》，第147页。

凤凰厅，四岫岩州。以上四厅州县所有四至，均照原有界址为据。

第二，澎湖列岛，北至北纬24°止，南至北纬23°止，东至英天文台东经120°止，西至英天文台东经119°止，应照英国海图，该经纬四线相交所成小方形之内，兹特声明，以免相混。

第四款 中国允将库平银一万万两交与日本，作为偿给用兵之费。该款分为五次交完，第一次交二千八百万两，嗣后每次交一千八百万两，第一次约在本约批准交换后起，计六个月内交清，其余四次，每次交款之期，均与前次相隔一年，共计本约批准后四年半内一律交清，或于期前交付，均听其便。

第六款 两国前此所有约章，均以战停废。今中国日本约明，自此约批准互换之后，各派全权大臣，会商订立水陆通商章程，其新订约章，即以中国与泰西各国现行约章为本，所有口岸行船税钞暨货输税等项，悉照中国所待泰西最优之国无异。又本约批准交换日起，新订水陆通商约章未经批准之前，所有日本政府官吏商务行船边界通商工作船只臣民等，与中国最为优待之国礼遇护视，一律无异；其中国政府官吏商务行船边界通商工作船只臣民等，与日本最为优待之国礼遇护视，亦当一律无异。

第八款 中国为保明认真实行约内所订条款，听允日本军队暂行占守山东省威海卫，俟本约所订应贴军费第一第二两次交到，日本立将军队一半撤回，末次军费交清，立即全撤。①

李鸿章于4月8日傍晚致电总理衙门，谓："让北地以海城为止，赔费以一万万外为止。倘彼犹不足意，始终坚持，届时能否允添，乞预密示。否则，只有罢议而归。"② 9日，将和约修正案致送日方。

---

① 《日本外交文书》，第28卷，第1083号，附件。
② 《李文忠公全集》电稿，第20卷，第34页。

自从4月3日中日两国向西方几个主要国家透露日本《和约底稿》的要点以后，引起了不同的反响。日本政府一面密切注视着列强的动向，一面施展折冲樽俎的手段，以期将不利因素消除到最低限度，从而全部实现《和约底稿》所提出媾和条件。

英国是日本寻求支持的主要对象，但日本一时尚摸不清英国政府的态度。4月4日，加藤高明奉命拜访金伯利，以通报日本的媾和条件。金伯利听后，先对加藤高明的通报表示感谢，继则沉默不语。加藤高明想方设法请其对媾和条件发表意见，金伯利避开实质问题说："此事须同其他方面商量，尚非发表个人意见之时。"又见加藤高明不肯告辞，因取来地图，问："贵国要求满洲之南部，是否包括奉天府及牛庄？"加藤高明答："因尚未接到详细训令，碍难明确答复。"金伯利断谓："台湾以土地与贵国岛屿相接，暂且不论，而满洲则与贵国相隔甚远，一旦遭受海军强国之攻击，岂非反成为贵国之弱点？"[1]显然，对于日本割占辽东半岛是否包括奉天府和与英国商业关系密切的牛庄二处，金伯利甚为重视，故流露出一种关切之情。

金伯利的暧昧态度，使加藤高明感到棘手。为了获得英国的支持，加藤高明于4月6日向英国外交部致送了一份和约中有关贸易条款要点的通报，共为5项：

一、中国立即拆除吴淞河关卡，浅水航道应至少维持20呎深。

二、下列河流应允许通航：上海入吴淞江及运河以至苏州、杭州；广东经西江至梧州；由长江入洞庭湖，溯湘江至湘潭；由湖北宜昌经长江至重庆。

三、除已开通商口岸外，中国还应开放重庆、湘潭、梧州、

---

[1]《日本外交文书》，第28卷，第608号。

北京、沙市、苏州、杭州等地。

四、除2%的成本补偿税外，中国各地进口的日货一律免税。由日本货船运送的中国国内消费品，除交纳一定沿海贸易税外，也一律免税。

五、日本人可自由开设任何制造业，自由进口各种机械，只需付规定内的进口税。日本人在中国生产的一切产品及配套设施，一律按进口商品处理。①

不料这一手果然产生奇效。8日，英国内阁讨论日本的媾和条件时，便作出了英国没有理由进行干预的决定。② 当天，《泰晤士报》跟着内阁决定的调门评论说："日本在这方面及其他方面的要求并非过分。情况既然如此，对英国来说，则看不出有任何理由去干涉谈判。英国的利益并没有由于辽东半岛的割让而受到损害，而和约的通商部分却使它有所受益。"这篇评论对英国舆论起了导向的作用，其他报纸也纷纷鹦鹉学舌，齐说日本所提条件"绝非过当"。伦敦股票市场立时受到影响，当日股票为之升值。加藤高明大感出乎意料，兴高采烈地说："此事恰合其时，真乃外交上之成功！"③

这时，中国还蒙在鼓里，对英国抱有很大的幻想。4月10日，龚照瑗奉命向金伯利通报总理衙门的来电，意谓："日本要求割地太广，赔费过多，中国难以接受。"并请求英国"实心帮助中国，进行斡旋"。金伯利回答说："日本的条件虽然是个沉重的负担，但鉴于中国的战败及其现状，英国没有理由劝告中国拒绝。"龚照瑗又问："英国是否愿意敦劝日本让步？"金伯利的回答更干脆："英国不会向日本提出他们可能会拒绝的建议，况且这种建议必将鼓励中国拒绝日本的媾

---

① 《中日战争和三国干涉（1894—1895）》，第177页。
② 《中日战争和三国干涉（1894—1895）》，第180页。
③ 《日本外交文书》，第28卷，第618、623号。

和条件,因此我不能给予任何保证。"① 龚照瑗费尽口舌,还是落得个碰壁而归。

与英国支持日本的态度截然相反,俄国对日本的《和约底稿》的某些条款大为不满。当4月3日林董向俄国公使通报日本媾和条件时,希特罗渥听到割让盛京省南部顿现不快之色。林董暗扣其意,彼答曰:"依一己之见,此条款有伤欧洲各国之感情,予人以干涉之口实。为日本之本身利益计,此亦非明智之举。"陆奥宗光得悉后,殊感意外,因与"曩者该公使公开声明'只要朝鲜独立不受损害,俄国对日本其他要求不表示反对'等语矛盾"。4日,《横滨新闻》又转载了俄报的一则消息:"若日本占有大陆土地,必须以俄国为敌,进行战争准备。"② 陆奥宗光深感事态严重,命西德二郎探明真相。

西德二郎于当天急访俄国外交大臣罗拔诺夫,询问何以希特罗渥前后所谈不符。罗拔诺夫问:"所谓盛京南部系指何处?"西德二郎答:"依本公使之见,系指金州半岛而言。"罗拔诺夫称:"割让大陆领土,中国必定感到痛苦。"西德二郎辩解道:"此要求正当合理,且已加节制。而且,此要求为我国政府之最后决议,不能同意再行减少。如清国依赖他国之帮助,拒绝此要求,则战争恐难迅速结束。"罗拔诺夫听了,冷冷地说:"俄国则别无他意,因与日中两国皆保持友好关系,只望早日结束战争。将把贵国之条件呈交皇帝御览。"罗拔诺夫在会见中不动声色,使西德二郎产生了错觉,向陆奥宗光报告说:"今日俄国外交大臣之意向一般尚属良好。"③

实际上,在彬彬有礼的一般外交活动背后,俄英两国却在进行一

---

① 《中日战争和三国干涉(1894—1895)》,第183页。
② 《日本外交文书》,第28卷,第603、604号。
③ 《日本外交文书》,第28卷,第606号。

场紧张的秘密会谈。4月4日，英国驻俄大使拉塞尔斯拜访俄国外交部时，罗拔诺夫即指出："日本得到旅顺港所在的半岛是一个严重问题。"5日，拉塞尔斯再次拜访，罗拔诺夫明确表示："日本获得该半岛，对北京构成持久的威胁，且会危及朝鲜的独立。"并希望各大国就采取什么行动问题达成某种谅解，因为"它们都会愿意日本要适可而止"。他又寻思了一会儿说："如果日本不听劝告——这不是不可能的，那将会出现什么情景呢？目下俄国在中国的海军力量跟日本不相上下，那么英国呢？"拉塞尔斯听出俄国有干涉的意图，连忙说："我想英国在中国的海军力量大概和俄国相当。但尽管尚未接到关于此事的指示，确信女王政府决不会对日本宣战。"罗拔诺夫打断他说："我清楚英国舆论起劲地支持日本，也明白抢走日本人到口的果实是不公平的。"拉塞尔斯继续说："英国人可能觉得，同一个正在远东崛起的大国为敌，是不够明智的。"会见结束时，罗拔诺夫以强调的语气说："俄国只有一个希望，就是应当结束这场战争。我们不希望同日本作战，但不能忽视俄国的利益，正是这些利益迫使俄国与中国为友。"[1]

4月8日，罗拔诺夫又会见了拉塞尔斯，比先前更为直率地声称："俄国反对日本拟议中的领土获得，当然会尽力加以阻止。否则，朝鲜独立就成为一句空话。并且可以预见，一旦日本在大陆得到一块立足地，它便会得寸进尺，直至形成与俄国接壤之势。这自然是俄国所不愿看到的。"他还告知后者，已经电示驻英大使斯台尔，建议："英国友好地知照日本，向其表达这样的意思：割取旅顺港会妨碍中国同日本的友好关系，并威胁东方的和平。"[2] 并表示正等待英国的明确答复。

---

[1]《中日战争和三国干涉（1894—1895）》，第209页。
[2]《中日战争和三国干涉（1894—1895）》，第209~210页。

俄国的建议当然不会被英国内阁所接受。4月10日为星期一，是传统的俄国外交部接待外国使节的日子。罗拔诺夫向拉塞尔斯表示，对英国内阁的决定"表示遗憾"，并认为"这会使局势进一步复杂化"。亚洲司长克卜尼斯特掩饰不住对英国决定的失望，甚至恼怒，对拉塞尔斯说："这样草率地决定拒绝俄国的提议，怕不会促成谈判的进展。"① 俄英这次秘密会谈就这样不欢而散了。

英国不但全面支持日本的要求，而且还不时地向日本暗通消息。4月9日，拉塞尔斯便密访西德二郎，询问有关和谈进展的最新消息。西德二郎说："情况的进展，在很大程度上取决于英国在此事件中采取何种行动。"他告诉西德二郎："女王政府不会对任何一方进行任何形式的干涉。"西德二郎大为高兴地说："这样，确信会缔结和约了。"西德二郎又因罗拔诺夫不愿讨论日本媾和条件而感到苦恼，问计于他。拉塞尔斯答曰："我对此并不感到吃惊。我很理解，罗拔诺夫先生应该感到为难。因为，很显然，俄国不可能同意日本的要求。日军既已取得了辉煌的成功，我觉得日本的要求不妨稍微宽松一些。而且，恕我直言，这样做也是明智的。"② 英国方面的态度，对日本坚持在条约中割占辽东半岛并在某些条款中作出适当放宽起了决定性的作用。

日本在努力摸清英、俄两强态度的同时，也十分重视通过友好的美、意两国探听各国的动向。栗野慎一郎与格莱星姆一直接触频繁。4月5日，格莱星姆提醒栗野慎一郎："俄国野心甚大，令人难测高深。"又建议说："对日本而言，避免在大陆上与俄国接触，以海洋为防御线，方为上策。"6日，意大利外交部长布朗克向高平小五郎表示，欣赏日本提出的通商要求，但"还是觉得赔款的数量太多"。7

---

① 《中日战争和三国干涉（1894—1895）》，第210~211页。
② 《中日战争和三国干涉（1894—1895）》，第212页。

日，二人再次会晤时，高平小五郎再三解释日本要求赔款金额之根据，布朗克仍然认为："在台湾及盛京省南部之外，尚要求几达 10 亿法郎之赔款，总非小额之数。"又说："割让盛京省南部，不难预见似将引起俄国之猜忌，从而有招致他国置喙之虞。"同时，在这几天里，从意大利政府机关报到一般报纸，纷纷刊载中日和谈消息，也"均为赔款金额之巨而感到惊讶"①。对于这些大国的反应，日本政府也不能不加以考虑。

日本不是不怕俄国等列强趁机干涉，但已摸清英国支持日本，总觉暂可有恃无恐。回味一下高平小五郎曾经同布朗克所作的一次谈话，倒是饶有趣味：

布朗克："关于割地问题，如屡次对贵公使私下所谈，已成为各国干涉之话题。然而，贵国果真要求土地，须与英、俄等与东亚最有直接关系之国家预先达成协议。何况以俄国而论，自然有攫取中国领土之意。贵公使以为俄国将要求何地？"

西德二郎："俄国目前为使西伯利亚铁路直达海参崴，希望取得满洲之部分土地。"

布朗克："贵国必为此感到不快。"

西德二郎："若要求该地，我国或不得已而同意，此为难以逆料之事。"

布朗克："事若至此，英国抑或要求某地。"

西德二郎："或将如此。然而，英国已拥有广大领土，其政务上之困窘状况为世人所周知，因而英国不欲于东亚更扩张其版图，以担当政务之责。因唯恐俄国东侵，故迄于数月前曾援清保朝，以期抵挡俄国。但在此次战争中，清国完全表现其软弱无力，

---

① 《日本外交文书》，第 28 卷，第 612、614、621 号。

399

于是英国目前之策略已完全改变。因此，如果俄国欲要夺取满洲之土地，说不定英国会采取夺某战略要地以进行抵制之策。①

不难由此看出，西德二郎的谈话实际上反映出日本政府为应付当时的困难局面，准备采取的是一种"以英制俄"的外交策略。

伊藤博文和陆奥宗光反复权衡之后，感到一方面要重视和照顾各大国的意向，一方面也不能不考虑中方的态度："让北地以海城为止，赔费以一万万外为止"，与《和约底稿》的差距太大，可能不容易一下子就范。特别是日本破译的4月9日李鸿章发回国内的电报中有"罢议而归""停战展期已绝望，请饬各将帅及时预备"②等语，使伊藤博文、陆奥宗光感到惊慌。明治天皇也认为，万一谈判决裂，即使订北京城下之盟，"难免要受外国干涉，最后割据领土也将成为泡影"③。于是，决定提出让步的方案。

4月10日，双方全权大臣继续会议，日方提出了对中方和约修正案的改定条款节略。此节略与《和约底稿》相比，在某些条件方面有所减少。主要是：一、缩小了辽东半岛的割让地区，北到海城为止；二、军费赔款减至2亿两，分7年付清；三、取消北京、湘潭、梧州三地的开放和从长江到湘潭、经西江到梧州的航行权，并放弃日货进口输纳每百抽二抵代税的要求；四、赔款担保地除去奉天，只占威海卫。对于日方的节略，李鸿章就赔款、让地两项进行了辩驳。伊藤博文称："今日之事，所望于中堂者，唯'允'与'不允'之明确答复而已！"④

---

① 《日本外交文书》，第28卷，第620号。
② 《李文忠公全集》电稿，第20卷，第34页。
③ 信夫清三郎编：《日本外交史》上册，第281页。
④ 《日本外交文书》，第28卷，第1089号，附件二。

《马关条约》谈判场景

此后,李鸿章虽然仍想争取日方进一步放松某些条件,但伊藤博文决不松口,并声称:"所有昨交和约条款,实为尽头一看。"① 甚至以续发大军相恫吓。4月17日,李鸿章终于奉旨在日本马关春帆楼与日本全权代表签订了空前丧权辱国的《马关条约》。此条约包括《讲和条约》11款、《议订专条》3款及《另约》3款。其全文如下:

讲和条约

大清帝国大皇帝陛下及大日本帝国大皇帝陛下为订定和约,俾两国及其臣民重修平和,共享幸福,且杜绝将来纷纭之端,大清帝国大皇帝陛下特简大清帝国钦差头等全权大臣太子太傅文华殿大学士北洋通商大臣直隶总督一等肃毅伯爵李鸿章,大清帝国钦差全权大臣二品顶戴前出使大臣李经方,大日本帝国大皇帝陛下特简大日本帝国全权办理大臣内阁总理大臣从二位勋一等伯爵伊藤博文,大日本帝国全权办理大臣外务大臣从二位勋一等子爵

---

① 陆奥宗光:《蹇蹇录》,第151页。

陆奥宗光为全权大臣，彼此校阅所奉谕旨，认明均属妥善无阙，会同议定各条款，开列于下：

第一款　中国认明朝鲜国确为完全无缺之独立自主，故凡有亏损独立自主体制，即如该国向中国所修贡献典礼等，嗣后全行废绝。

第二款　中国将管理下开地方之权，并将该地方所有堡垒军器工厂及一切属公物件，永远让与日本：

一、下开划界以内之奉天省南边地方，从鸭绿江口溯该江口以抵安平河口，又从该河口划至凤凰城、海城及营口而止，画成折线以南地方，所有前开各城市邑，皆包括在划界线内，该线抵营口之辽河后，即顺流至海口止，彼此以河中心为分界，辽东湾东岸及黄海北岸，在奉天省所属诸岛屿，亦一并在所让境内；

二、台湾全岛及所有附属各岛屿；

三、澎湖列岛，即英国格林尼次东经119°起至120°止，及北纬23°起至24°之间诸岛屿。

第三款　前款所载及粘附本约之地图所划疆界，俟本约批准互换之后，两国应各选派官员二名以上，为公同划定疆界委员，就地踏勘，确定划界；若遇本约所订疆界于地形或治理所关有碍难不便等情，各该委员等当妥为参酌更定。

各该委员当从速办理界务，以期奉委之后，限一年竣事；但遇各该委员等有所更定划界，两国政府未经认准以前，应据本约所定划界为正。

第四款　中国约将库平银二万万两交与日本，作为赔偿军费。该款分作八次交完：第一次五千万两，应在本约批准互换后六个月交清；第二次五千万两，应在本约批准互换后十二个月内交清；

余款平分六次，递年交纳。其法列下：第一次平分递年之款，于两年内交清；第二次于三年内交清；第三次于四年内交清；第四次于五年内交清；第五次于六年内交清；第六次于七年内交清。其年分均以本约批准互换之后起算。又第一次赔款交清后，未经交完之款。应按年加每百抽五之息。但无论何时，将应赔之款，或全数或几分，先期交清，均听中国之便。如从条约批准互换之日起，三年之内，能全数清还，除将已付利息，或两年半或不及两年半，于应付本银扣还外，余仍全数免息。

第五款　本约批准互换之后，限二年之内，日本准中国让与地方人民愿迁居让与地方之外者，任其变卖所有产业，退去界外；但限期满之后尚未迁徙者，酌宜视为日本臣民。

又台湾一省，应于本约批准互换后，两国立即各派大员至台湾，即于本约批准互换后两个月内交接清楚。

第六款　中日两国所有约章，因此次失和，自属废绝，中国约俟本约批准互换之后，速派全权大臣，与日本所派全权大臣会同订立通商行船条约及陆路通商章程。其两国新订约章应以中国与泰西各国现在约章为本。又本约批准互换之日起，新订约章未经实行之前。所有日本政府官吏臣民及商业工艺行船船只陆路通商等，与中国最为优待之国礼遇护视，一律无异。

中国约将下开让与各款，从两国全权大臣画押盖印日起，六个月后方可照办：

第一，现在中国已开通商口岸之外，应准添设下开各处，立为通商口岸，以便日本臣民往来侨寓，从事商业工艺制作。所有添设口岸，均照向开通商海口或向开内地镇市章程一体办理，应得优例及利益等，亦当一律享受：一、湖北省荆沙府沙市；二、四川省重庆府；三、江苏省苏州府；四、浙江省杭州府。日本政府得派遣领事官于前开各口驻扎。

第二，日本轮船得驶入下开各口，附搭行客，装运货物：一、从湖北省宜昌溯长江以至四川省重庆府；二、从上海驶进吴淞江及运河以至苏州府、杭州府。中日两国未经商定行船章程以前，上开各口行船，务依外国船只驶入中国内地水路现行章程照行。

第三，日本臣民在中国内地购买经工货件，若自生之物，或将进口商货运往内地之时，欲暂行存栈，除勿庸输纳税钞派征一切诸费外，得暂租栈房存货。

第四，日本臣民得在中国通商口岸城邑，任便从事各项工艺制造，又得将各项机器任便装运进口，只交所定进口税。

日本臣民在中国制造一切货物，其于内地运送税内地税钞课杂派，以及在中国内地沾及寄存栈房之益，即照日本臣民运入中国之货物，一体办理，至应享优例豁除，亦莫不相同。

嗣后如有因以上加让之事，应增章程规条，即载入本款所称之行船通商条约内。

第七款　日本军队现驻中国境内者，应于本约批准互换之后三个月内撤回，但须照次款所定办理。

第八款　中国为保明认真实行约内所订条款，听允日本军队暂行占守山东省威海卫。又于中国将本约所订第一、第二两次赔款交清，通商行船约章亦经批准互换之后，中国与日本政府确定周全妥善办法，将通商口岸关税作为剩款并息之抵押，日本可允撤回军队。倘中国政府不即确定抵押办法，则未经交清末次赔款之前，日本应不允撤回军队。但通商行船约章未经批准互换以前，虽交清赔款，日本仍不撤回军队。

第九款　本约批准互换之后，两国应将是时所有俘虏尽数交还。中国约将日本所还俘虏并不加以虐待，若或置于罪戾。

中国约将认为军事间谍或被嫌逮系之日本臣民即行释放，并约此次交仗之间所有关涉日本军队之中国臣民，概予宽贷，并饬有司不得擅为逮系。

第十款　本约批准互换日起，应按兵息战。

第十一款　本约奉大清帝国大皇帝陛下及大日本帝国大皇帝陛下批准之后，定于光绪二十一年四月十四日，即明治二十八年五月初八日，在烟台互换。

为此，两国全权大臣署名盖印，以昭信守。

大清帝国钦差头等全权大臣太子太傅文华殿大学士北洋通商大臣直隶总督一等肃毅伯爵李鸿章，大清帝国钦差全权大臣二品顶戴前出使大臣李经方，大日本帝国全权办理大臣内阁总理大臣从二位勋一等伯爵伊藤博文，大日本帝国全权办理大臣外务大臣从二位勋一等子爵陆奥宗光，光绪二十一年三月二十三日，明治二十八年四月十七日，订于下之关，缮写两份。

议订专条

大清帝国大皇帝陛下政府及大日本帝国大皇帝陛下政府，为预防本日署名盖印之和约日后互有误会，以生疑义，两国所派全权大臣会同议订下开各款：

第一，彼此约明，本日署名盖印之和约，添备英文，与该约汉正文日本正文校对无讹。

第二，彼此约明，日后设有两国各执汉正文或日本正文有所辩论，即上上开英文约本为凭，以免舛错，而昭公允。

第三，彼此约明，将该议订专条，与本日署名盖印之和约一齐送交各本国政府，而本日署名盖印之和约请御笔批准，此议订各款无须另请御笔批准，亦认为两国政府所允准，各无异论。

为此两帝国全权大臣欲立文凭，各行署名盖印，以昭确实。

另约

第一款　遵和约第八款所订暂为驻守威海卫之日本国军队，应不越一旅团之多，所有暂行驻守需费，中国自本约批准互换之日起，每一周年届满，贴交四分之一，库平银五十万两。

第二款　在威海卫应将刘公岛及威海卫口湾沿岸，照日本国里法五里以内地方，约合中国四十里以内，为日本国军队驻守之区。

在距上开划界，照日本国里法五里以内地方，无论其为何处，中国军队不宜逼近或驻扎，以杜生衅之端。

第三款　日本国军队所驻地方，治理之务仍归中国官员署理；但遇有日本国军队司令官为军队卫养安宁军纪及分布管理等事必须施行之处，一经出示颁行，则于中国官员亦当责守。

在日本国军队驻守之地，凡有犯关涉军务之罪，均归日本国军务官审断办理。

此另约所定条款，与载入和约，其效悉为相同。

为此两国全权大臣署名盖印，以昭信守。[①]

4月18日，即签约的第二天，李鸿章乘轮回国。船至大沽后，先派随员星夜赍送约本至京。20日，奏报签约经过，对割地事务多所辩解。《马关条约》既已签订，下一步就等待批准了。

[①]《中日战争》(七)，第495~500、503~504页。

六　抵押台湾计划的失败

早在 1894 年冬季，日本舆论界就纷纷建议在缔结和约时把台湾永久割让给日本。看来，日本要求永占台湾已无疑问。于是，随着中日战争形势的发展，台湾问题日益为各国所关注。英国政府也在考虑台湾的价值及对日占台湾应采取的方针。

先是在 12 月间，当时有一位居住在台湾的英国人朗佛德致函楚恩迟，专门论及台湾的价值及日本割占该岛将对英国产生的后果。他认为，日本取得台湾后扩大种植原棉和蔗糖，将会严重影响英国的东方贸易和在东南亚的战略地位。首先，"1892—1893 两年间，印度从英国进口原棉平均价值为 400 万美元，为英国运输业提供了大量赚钱和工作的机会，而且可能保持继续增长的势头。但当日本在其势力范围内凭借本国轮船得到足够的供应时，英国的这些利益将全部损失。而且，那时将给正在繁荣和扩大的日本纺织业以巨大的刺激，使日本纺织业朝着实现其淘汰英国和孟买纱线，并完全控制目前全部由英国和印度供应的整个东方纱线市场的野心又前进一步"。其次，"日本的炼糖业将再次进行尝试。人们确有把握地预计，日本炼糖业会以低于目前实际上垄断中日炼糖供应的香港产品的价值卖出。其结果，使香港丧失在该特产贸易方面的全部价值——对日贸易额年均超过 650 万美元（且不说对华贸易额）"。复次，"台湾对英国具有重要的战略意义。几乎不言自明，日本将在台湾西海岸或靠近现已投产的煤矿北面建兵工厂，对香港或远至中国北部的英国运输业都是很大的威胁。日本已经表明它具有强大的海军。日本从中国得到的偿金将大部分用于自身的发展，几年后日本将拥有世界第一流的舰队。……日本人在这里能够找到他们建设强大的海军的兵工厂所需的一切。到那时，实力增强的日本舰队将迫使英国在香港不断扩充保卫部队和防御工事，或许还要增加驻泊于新加坡和中国的英国舰队力量"。①

无独有偶，几乎与此同时，在台湾打狗居住了15年的英国医生迈尔斯也致函欧格讷，详细地介绍台湾"得天独厚的自然经济资源优势"："取之不竭、用之不尽的煤矿"，"大量的石油"，黄金及"其他种类的金属矿资料"，"各种纤维植物、樟脑树、印度橡胶树、烟草和众多种类极有价值的木材树"，等等。他还指出在巴兰德担任德国驻华公使的后期（1891—1892年），"德国政府对台湾岛表现出相当浓厚的兴趣"，"柏林令其代表认识到，他的唯一使命是获得有关台湾资源的最详细的情报，尤其是关于它作为轮船加煤站和综合性战略中心所具有的潜力方面的情报"。最后，他对台湾的战略价值给予了充分的肯定："台湾一旦被攻克，其占领者就能把它变成坚不可摧的堡垒。由于打狗的环礁湖可以改造成海港，它将为在中国海一带进行贸易的各国商船提供莫大的方便。而且作为海军良港，无论在平时还是战争期间，这片被陆地包围着的水域都具有不可估量的价值。"②

英国外交部对以上情报很重视，于1895年1月24日致函军事情报局询问台湾的经济及战略价值。主持该局工作的查普曼将军复函柏提副大臣称：

> 我们所掌握的有关情报充分证实了朗佛德的报告。该岛的自然资源为发展提供了保证，其限制主要取决于能否为产品找到市场。假如日本人一旦打开了市场，不仅仅是棉花贸易，还有大米、蔗糖、靛青及茶叶等产品，都将对印度或香港市场产生影响。此外，据报告说，该岛蕴藏着煤、硫黄、石油及相当数量的黄金。

---

① 《中日战争和三国干涉（1894—1895）》，第35~36页。
② 《中日战争和三国干涉（1894—1895）》，第120~127页。

查普曼肯定了台湾的重要经济价值,但认为:"在中日战争的目前阶段,发表日本占领台湾将在战略上对英国产生何种影响的意见,未免为时尚早。"①

到3月间,随着李鸿章被授予割地之权而东渡议和,割让台湾已成势所必然之事。署理两江总督张之洞通过龚照瑗向英国政府提出了一项抵押台湾的计划,即中国"除宗主国权之外,把台湾的全部权利转让给一个英国企业联合组织"。金伯利的答复是:"我十分欣赏中国对英国的友好感情。不过,英国政府不能鼓励这样的计划,因为在目前情况下,该计划不可能得以实施。这种图谋只会使中国政府处于更加难堪的境地。"②

金伯利不仅拒绝了中国抵押台湾的计划,而且还通过来访的法国驻英大使柯赛建议其政府"采取和女玉政府相同的行动"。这位法国大使表示:"法国将不反对把台湾割让给日本,却坚决反对割让澎湖列岛。"为此,英国外交部特就澎湖的战略价值征询海军部的意见。答复是:"列岛拥有许多好的停泊点,而且马公岛还有一个良港。由于附近的台湾岛缺乏理想的海港,它的价值大大增加了。另外,列岛所处的地理位置提高了对中国大陆和台湾怀有侵略野心的海军强国心目中的重要性。看来,澎湖列岛肯定会被拥有绝对海洋优势的强国所占领或利用。但是,是否值得把马公港变成一个永久性的海军基地还有待考虑。由于其陆地地势较低,容易从多方面受到来自海上的袭击,所以加强该港的有效防御会难度很大,将是一项耗资巨大的工程。"③据此,金伯利决定采取听任日本割让澎湖列岛的政策。

4月以后,欧洲国家反对日本割占台湾的呼声强烈了起来。德国

---

① 《中日战争和三国干涉(1894—1895)》,第40页。
② 《中日战争和三国干涉(1894—1895)》,第118页。
③ 《中日战争和三国干涉(1894—1895)》,第143、145页。

外交大臣马沙尔公开对英国政府的对日政策表示不满。他对英国驻德大使马来特说:"从长远看,日本据有澎湖列岛、台湾和旅顺港,对欧洲在东方的商业利益构成真正的威胁。现在正是列强应该发出一致呼声之际。如果丧失了这一时机,恐怕此后欧洲会发现自己犯了一个严重的错误。"楚恩迟也向金伯利报告,从同法国驻日公使哈尔曼的谈话中得到"一种越来越强烈的印象,即日本若作为媾和条件要求割让台湾和澎湖列岛,法国就会抗议侵犯了其利益"。而且,还传出法国外交部长阿诺托有这样的话:"假如日本触动台湾,那就惹着我们了!"澳门商会也以在台湾和澳门的英国商人的名义发电呼吁:要求英国当局"防止损害至关重要的既得利益"。①

与此同时,德、法、英、美等国都有军舰到安平及淡水一带活动,甚至派海军陆战队上岸驻扎。一时谣言四起,或传说"法国政府已电令其舰队司令向台湾进发,欲置台湾于法国保护之下",或传说"英国企图占领台湾"。②闹得风声鹤唳,似乎法、英两国将以武力干涉日占台湾,战争大有一触即发之势。

其实,法国确实早就对台湾垂涎不已,特别是企图阻止日占澎湖,以便有朝一日将列岛据为己有。它希望同俄国联合干涉日本割占澎湖。巴黎出版的《新报》刊载文章,甚至劝告俄国政府占领澎湖岛。俄国的注意力正全部集中于朝鲜和辽东半岛,对台湾及澎湖皆无兴趣,法国很难独自采取任何行动。俄国《新时代》报所刊的一篇评论指出:"法国为巩固其太平洋上的势力,不但已耗费大量的兵力和资金,而且目下还一心从事马岛之远征,所以共和国政府无决心同时创建两处的殖民事业。台湾虽为该国政略家垂涎已久之地,但在日本舰队出没

---

① 《中日战争和三国干涉(1894—1895)》,第212、213、252、229页。
② 《中日战争和三国干涉(1894—1895)》,第284、394页。

于其近海之今日，法国各报对此未出一言之争辩。"① 这说明法国不是不想对台湾插手，只不过是感到力不从心罢了。

英国则与法国不同，它宁肯支持日本占领台湾。英国海军部对台湾的军事地位评价并不高，认为："从海军的眼光看，台湾不像科隆（Kelung）那样拥有真正的良港，唯一可考虑的海港却受东北强风的影响，而且过于暴露。"英国商业部则从发展贸易的角度分析，认为："割让台湾、澎湖列岛和盛京省之一部，会给日本在这些地区带来管理的好处，但日本的贸易本身并不很大，而且即使在它占领后有所增长，也不会具有直接的重要意义。据《泰晤士报》的电讯，长江和广州河流将对所有国家开放，这倒大有文章可做。看来，在条约的所有条款中，这一条才是最重要的。我们将按最惠国条款得到好处。"② 这样，英国政府为自身的利益着想，觉得满足日本的全部条件还是划算得来的。所以，当听到英国欲占台湾的谣传时，英国政府赶紧进行辟谣③，以解除日本的误会。

直到此时，中国朝野还颇有人把保台的希望寄托在英国身上。其办法是将原先的抵押台湾计划进一步具体化了。4月20日，台湾巡抚唐景崧约见英国驻淡水领事金璋，请他会见一批当地士绅。士绅们提出："请英国和德国将台湾置于保护之下，以煤、樟脑、茶叶、黄金和硫黄的关税归英国所有，而中国则保留领土和行政权，并继续征收田赋。"随后，唐景崧又致电驻英使馆向英国外交部通报这一计划。英国外交部指出，这一计划不是来自总理衙门，"接受巡抚的建议是

---

① 《日本外交文书》，第28卷，第636、628号。按：引文中的"马岛"，指马达加斯加岛，即今之马达加斯加共和国。
② 《中日战争和三国干涉（1894—1895）》，第179、216、217页。
③ 《中日战争和三国干涉（1894—1895）》，第394页。

一种对中国的不友好行为，只能给两国关系带来麻烦"①。英国再次拒绝了抵押台湾的方案。

事实上，以台湾士绅名义提出的抵押台湾方案，也是得到朝廷同意的。恰在4月27日这天，庆亲王奕劻便偕孙毓汶、荣禄访欧格讷，询问是否已收到台湾绅士的呈请书，以及如何看待抵押该岛的建议。奕劻毫不隐讳地说明："通过这一方式，中国将继续保持对该岛的主权，而大多数不愿归顺日本的居民也可免于灾祸。"欧格讷则答称："把该岛割让给日本，肯定在许多方面有悖于英国的利益。我昨天还收到台湾和厦门商会的请愿书，提出这将会损害英国的贸易。但眼下我无法进行直接干预。"又谓："这一主张若在战前提出，情况会大不一样。现在看来，就像为一块已经抵押出去的地产筹集贷款，即使得不到青睐，也不足为怪。我认为，中国政府及为此筹划的两江总督大人在列强之间兜售类似之建议，是极不明智的。"奕劻连忙解释说："这是台湾绅民的自发主张，并非我政府的正式要求。希望能转达贵国政府的任何有关答复。"②

5天之后，即5月2日，李鸿章同英国驻天津领事宝士德也有一次意味深长的长谈：

　　李鸿章："为何法、德、俄三国反对日本的要求，而英国却袖手旁观？"

　　宝士德："当鸭绿江之战以后，英国曾为了中国的利益而致力于和平。目前反对日本的国家，当时并未支持英国。那时，英国急于干预是为了制止战争；现在，英国不愿干预是因为干预可能会阻止和平。"

---

① 《中日战争和三国干涉（1894—1895）》，第222、261页。
② 《中日战争和三国干涉（1894—1895）》，第402~403页。

第五章　马关议和前后的国际关系

　　李鸿章："我得知并开始相信，英日之间有一个密约。英国希望扶植日本，使其成为抗衡俄国的有力同盟。"

　　宝士德："目前还不清楚女王政府的意图，但可以肯定没有密约存在。双方都抱怨我们偏向一方，这显然说明我们保持了严格中立。"

　　李鸿章："我坚持相信英国及欧格讷先生的友谊。如果英国也一起反对日本的要求，它肯定会作出让步的。"

　　宝士德："我虽然不清楚女王政府的真正意图，但绝不会有不利于中国之举。现在是关键时刻，中国应仔细考虑拒绝批准和约的后果。"

　　李鸿章："伊藤向我提出割让台湾时，我对他说，跟我谈没有用，英国是不会允许的：台湾离香港太近，英国的贸易会受到威胁，而且还要支出一大笔额外经费去保护香港。可伊藤蛮有把握地说，英国不会干涉，我们用不着顾虑。很明显，你们跟日本有某种默契，要不就是日本人轻视你们。"

　　宝士德："英日之间没有默契，日本人也不敢轻视我们。"

　　李鸿章发了一通牢骚，把对英国的不满发泄得淋漓尽致，并尖锐地指出了英国政府为防俄而亲日的倾向。他把这位英国领事说得无法正面回答，只能以不知情等空言来自我辩解。尽管如此，还得言归正传。李鸿章又把话题转到抵押台湾方案上来："法国想得到台湾，但它很难对付。英国若不采取行动，法国就要抢先了。我私下跟你谈论此事，并非异想天开，问题是英国应该有所行动了。"继而又补充道："请函问欧格讷先生，贵国政府若感兴趣，最好英国公使能来天津同我具体商谈。总理衙门人员太多，在那里磋商使人心烦。欧格讷先生同我在这里会很快达成协议。"①

当然，这些商谈都是徒费唇舌，不会取得任何成果，因为欧格讷已经接到了金伯利的密电："上峰已经作出允许日本占领台湾的暗示。"② 抵押台湾计划的提出者，其主观愿望无疑是好的，然而由于太不了解世界大势及列强之间的复杂关系，其失败是必然的。到头来只落得个瞎忙一场！

第四节　三国干涉与烟台换约

一　俄德法三国同盟与英国

随着中日战争发展到后期，欧洲各国已经在酝酿联合干涉的问题。中日《马关条约》的签订，为列强的联合干涉提供了一个绝好的机会。俄、德、法三国结成同盟的时机成熟了。

俄国之所以与德、法二国结成同盟，是为了它自身在远东的扩张，而日本的要求却恰恰妨碍了它所谋求的利益。俄国为贯彻其东进南下的侵略方针，梦想在远东有一个不冻港，早就想占领朝鲜的巨济岛和永兴湾，并攫取中国的东北地区，以作为其在远东扩张的基地。基斯敬承认："由于渤海湾多少是在俄国的势力范围中，不言而喻，日本在此一海湾的巩固，即在旅顺口及威海卫的巩固，在相当程度上会损害我们的利益。假使日本占领朝鲜，则我国利益首先会触犯。"当1895年春中日议和问题提到议事日程之后，俄国政府于1月20日举

---

①《中日战争和三国干涉（1894—1895）》，第404~405页。
②《中日战争和三国干涉（1894—1895）》，第406页。

第五章 马关议和前后的国际关系

行的特别会议便作出了三项决定："一、增强我国在太平洋的舰队，以至使我国在太平洋上的海军力量尽可能较日本为强，令海军代理大臣与财政大臣协议拨发该项款项。二、令外交部与英国及其他欧洲列强，主要是法国，达成协议，如果日本政府和中国缔结和约时，所提出的要求侵犯我国的重要利益，则对日本施以共同压力。同时外交部应注意我们的主要目的，是维护朝鲜的独立。三、假使在上述根据上与英国及其他列强协议的企图未获成功，而要和外国列强共同保证朝鲜的独立时，则由于极东所发生的事件，应再开会讨论我们进一步行动方式的问题。"① 其第二条决定，就成为后来组织三国联合干涉阵线的蓝本。

俄国准备联合的对象，主要是法国。法国早就有谋占东方领土的野心。在一个很长的时期内，它主要是通过支持天主教的传教事业，来加强其在东方的影响。到1885年，通过中法战争，法国终于在东南亚大陆确立了有利的地位。在中法战争期间，法国军队一度占领台湾基隆和澎湖列岛。10年之后，法国虽然对台湾仍存垂涎之意，但此时正用兵于马达加斯加岛，显然力难兼顾。它又借口感情的原因企图染指澎湖列岛，却得不到任何一个大国的支持。法国政府在望洋兴叹之余，对外始终装着对中日战争漠不关心的样子。当中日战争正在激烈进行之际，法国公使施阿兰却奉命同总理衙门进行关于湄公河流域边界划分问题的谈判。直到3月下旬，法国政府的态度仍然不够明朗。对此，俄国外交大臣罗拔诺夫似乎有点焦急，于3月25日上奏沙皇称："法国政府似乎也反对将澎湖列岛割让日本，可是我们并不知道它会支持自己的及我国的要求到何种程度。"② 尽管如此，法国以俄法

---

① 《中日战争》（七），第303、307页。
② 《中日战争》（七），第308~309页。

415

同盟之故，并为了自身的利益，不能不跟随俄国而采取共同的行动。

与法国相比，德国的远东政策要积极得多。早在1861年，艾林波伯爵担任普鲁士东亚外交使团首领之后，即曾向其政府提出占领台湾的建议。1868年，德国地质学家李希霍芬在中国东南沿海考察后，认为舟山适宜作为战略据点，因为"这个口岸是易于设防的，并且由一支舰队可以控制它同华北及日本的交通"①。他建议首相俾斯麦吞并舟山。到1882年，他出版了《中国论集》第2卷，又鼓吹占领胶州湾的重要性。他指出：该港口符合一个伸展到华北的铁道网的海岸据点的条件，除其战略意义外，"它将替华北的棉花、铁和其他产品创造一个便利的出路和使进口货便宜地通往一些重要的地区"②。但是，30余年来，德国在远东攫取据点的梦想始终未能实现，而中日甲午战争的发生却为此提供了前所未有的机会。

1894年11月间，德国政府内部已经开始讨论在中国占领据点的问题了。德国首相霍亨洛声称："无论在任何情况之下，我们不能因此而受损失，或被人惊骇。我们在亚洲亦需要一个据点，因为我们的商业每年值4亿马克。"他主张实现艾林波伯爵的遗愿，乘机夺取台湾。外交大臣马沙尔的意见则有不同，虽然也同意"德国在中国的利益不应一无所得"，但认为："现在企图将台湾割让给德国上和日本达到谅解，似已无成功希望，因为日本自己视台湾为胜利品。德国欲于此时提出此种要求，必引起列强之猜疑，大大地损害我们的政策。"德国驻华公使绅珂建议："如果别的国家利用中日战争在中国取得领土，我们应注意为我们东亚海军及商业取得一个强大的根据地。第一，应注意位于山东海角的胶州湾；第二，在台湾海峡中之澎湖列岛。"

---

① 施丢克尔：《十九世纪的德国与中国》，第93页。
② 施丢克尔：《十九世纪的德国与中国》，第97页。

可是，在马沙尔看来，"胶州海湾之占据，在目前不能希望有经济利益"，而"澎湖列岛完全没有价值，它没有内地可提供为商业之用"。至于占领台湾省，除存在着日本的障碍外，还要冒同法国发生冲突的危险，"不能不有保卫它必要的牺牲，这在我们现在是不能做到的"。① 这场讨论持续了两个多月，仍未取得一致的意见，也就暂时不了了之。

当得知李鸿章受命中国全权大臣赴日和谈及列强闻风而动的消息之后，德皇威廉二世亲自指示："对于英、法间的矛盾及英、俄间的矛盾，我们的政策必须完全自主独立，俾每一时候，当英国绝对需要我们，求我们的援助，它将要付给我们一个适当的代价；当它没有我们的参加而进行战争，我们将要取我们所需的东西。"② 根据德皇的谕令，霍亨洛建议采取以下的政策："一方面，对于只有利于他国之行动，固不应早期加入；而在另一方面，对于参加此类行动之权利，则当预为保留。盖此项行动能使欧洲列强之东亚势力分配，为之消长变动故也。"③ 这说明德国正准备瞅准时机以参加列强的联合行动。

德国远东政策的积极性，还表现在它首先向俄国发出了联合的呼吁。3月23日，马沙尔致电其驻俄大使馆代办齐尔绪基向罗拨诺夫转达德国政府的意愿："我们相信，我们在那边的利益与俄国的利益并不冲突，因此我们准备与俄国进行交换意见及最后一道交涉。"④ 俄国政府对德国的建议表示欢迎。俄、德两国的联合意向便为后来俄、德、法三国结成同盟奠定了基础。

俄国政府对于采取干涉的政策还颇有顾虑，所以迟迟难以作出决断。亚洲司长克卜尼斯特主张，必须与英国联合行动，因为"要与所

① 《中日战争》（七），第324~327页。
② 《中日战争》（七），第337页。
③ 王光祈译：《三国干涉还辽秘闻》，第5页。
④ 《中日战争》（七），第338页。

417

有欧洲国家一起行动是非常困难的，类似的企图只有预先得到最强的海军国家英国的肯定允诺后，才有成功的可能"①。这只不过是他的一厢情愿罢了。

罗拔诺夫则不同，他考虑了各种可能采取的政策。起初，他一直在联英和联日两种方案之间徘徊。从他3月25日同一天内两次上奏沙皇所表露的意向，便不难看出：

罗拔诺夫首先想的是采取暂时联合英国的策略。他在第一件奏文中说："日本所提和约条件中，最引人注意的，无疑是他们完全占领旅顺口所在地的半岛。此种占领，会经常威胁北京，甚至威胁要宣布独立的朝鲜；同时由我们利益来看，此种占领是最不惬意的事实。假使我们决定要求日本放弃此种条件时，将发生一个问题：假使他们拒绝我们的要求，我们是否采取强迫措施，抑或在此种情况，能指望和其他强国共同行动？"这里所说的"其他强国"，首先指的是英国。但是，当罗拔诺夫同英国大使拉塞尔斯谈话之后，他得到了这样的印象："英国政府的看法虽与我们相同，但英国大概决定不用任何强迫措施，或敌视日本的示威，因为最近英国的舆论愈来愈偏向日本。"② 由于英国越来越显露其亲日的倾向，罗拔诺夫感到与英暂时结成同盟是毫无把握的。

于是，罗拔诺夫又想到拉拢日本以对抗英国。他在第二件奏文中对此作了详细的论述：

> 我们要在太平洋上获得一个不冻港，为便利西伯利亚铁道的建筑起见，我们必须兼并满洲的若干部分。中国在丧失朝鲜以后，没有任何港口可以让给俄国，它当然不会自动放弃满洲地区的一

---

① 《中日战争》（七），第306页。
② 《中日战争》（七），第308页。

部分。在紧急关头，根本不能把中国看成积极有用的同盟者。另方面，虽然日本的力量在迅速发展，大概在相当时期内需要我们撑腰，即令不是对中国，可以对付英国在海上的优势，与东方兴起的大国达成协议，并非完全不可能。

在亚洲，我们最危险的敌人无疑是英国。它带着恶意及妒忌注意我们远东的每一步武，这是毫无疑问的。亚洲发生任何困难时，英国的友人常是我们的敌人，它的敌人却是我们的友人。在英国与俄国发生冲突时，英国常尽可能使中国为其所利用。反之，日本主要是个海上强国，迟早会成为英国的敌手，至少在它本国海面会如此。

每当我们与英国的国交在绝续之际，我们与日本的关系常是我国政策的迫切问题。我们竭尽全力希望日本宣布中立，至少对交战双方不封闭其港口，并将港口对一切国家开放。日本各港口对英国而论，并无特殊重要性，因为它在太平洋上有最优良的海上根据地香港。可是，这些港口对我们的舰队而论，则不仅在平时有头等重要的意义，在战时则更为重要，因为我国海参崴（符拉迪沃斯托克）在冬季有4个月是冻结的，没有日本港口去和英国斗争是不可思议的。

是联英还是联日？罗拔诺夫处于两难之中。最后，他提出了一项左右逢源的建议：

我们当然可以和其他国家一起，主要是和英国一起，设法不使日本由于目前的战争而特别强大起来；可是同时我们应该不使其列强得悉，审慎地放弃对日本的任何敌对行动，以便将来不损害我国和日本政府的友好关系。①

---

① 《中日战争》（七），第310~311页。

这种明联英、暗通日的策略，在实际上是绝对行不通的。这说明：作为外交大臣的罗拔诺夫，直到此时还没有形成一套成熟的远东外交政策。

4月11日，为了研究对日方针，俄国政府举行的特别会议作出了两项决定："一、在中华帝国北方保持'战前状况'，先以友谊方式劝告日本放弃满洲南部，因为此种占领破坏我们的利益，并将经常威胁远东的和平；假使日本坚持拒绝我们的劝告，就对日本政府宣布，我们将保留行动的自由，而我们将依照我们的利益来行动。二、正式通知欧洲列强及中国，我们方面并无任何侵占意图，为保卫我们利益起见，我们认为必须坚决主张日本放弃占领满洲南部。"① 16日，尼古拉二世在皇宫里召开了一次只有数名文武重臣参加的高级会议。会上，财政大臣维特"把日本摒除在大陆以外"② 的建议得到了沙皇的认可。这便最后确定了俄国政府的积极干涉政策，也为三国之结盟奠定了基础。17日，即《马关条约》签订的当天，俄国正式邀请德、法两国参加共同对日干涉行动，得到了积极响应。这样，俄、德、法三国同盟终于建立起来。

在此期间，俄、德两国一直在争取英国参加联合行动。在一定的程度上，德国较俄国更显得积极。据德国前驻华公使巴兰德分析，同俄国联合可以"转移俄国的视线于东方"，使德国的"东方边境缓和"，而且可能由于中国的感激，以"割让或租借的方式"得到一处"为我们的海军停泊或屯煤之所"。真是一举而两得！英国内阁已经确定了支持日本的方针，拒绝了联合干涉的建议。德皇威廉二世阅看外交大臣送来英国拒绝联合的电报时，亲自批道："照这样，英国已与

---

① 《中日战争》（七），第318页。
② 《中日战争》（七），第313页。

日本有密约。"并气愤地写下这样几句话:"不要改我的指示。英人的短见,将使他们大吃其亏!"①

英国之所以拒绝参加联合干涉,固然是基于其抵制俄国南下政策的远东战略,但也表现出对当时形势的估计不足。起初,英国相信日本政府也许不会对三国让步,而三国也可能知难而退。当 4 月 20 日金伯利得悉俄、德、法三国决定共同要求日本放弃辽东半岛的当天,便致电楚恩迟急切地询问:"如果俄国政府在法国和德国的支持下,通报日本,声称它们将反对日本永久占领辽东半岛的意图,你是否认为日本政府会改变其决定?"同一天,英国驻德大使马来特报告:"马沙尔忧心忡忡,认为假如欧洲现在不站出来阻止日本在远东占据霸主地位,前途将令人忧虑。他给我的印象是,尽管各大国都有此同感,但不会采取积极的一致行动。他说,日本料定了各国缺乏一致的意见;不幸的是,日本这局棋几乎无可改变地赢定了。"22 日,金伯利又接到楚恩迟的复电:"我认为,日本不会听从类似阁下电报中提到的任何警告,除非这些警告背后有武力作后盾。如果中国有理由期待各国的干涉,它可能会拒绝批准和约。此间正在商讨这种突发情况。日本军队曾经希望到北京发号施令后再谈条件。"马来特的报告和楚恩迟的复电,使金伯利越发相信原先的判断准确无误了。英国于 23 日举行的内阁会议,决定坚持先前的决议。英国认为:"像俄国政府建议的那种策略,是女王政府所不能采取的,因为不知道若日本拒绝屈从它们的要求,几个大国将考虑采取何种最终措施。而女王政府认为,日本几乎是一定会拒绝的。"②

然而,英国政府的判断并不正确。就在 4 月 23 日英国举行内阁会

---

① 《中日战争》(七),第 347~349 页。
② 《中日战争和三国干涉(1894—1895)》,第 221、223、224、225 页。

议当天的下午,俄、德、法三国驻日公使向日本政府递交了一份内容大同小异的备忘录,指出日本割占辽东半岛"不但有危及中国首都之虞,同时亦使朝鲜之独立成为有名无实","实对将来远东永久之和平产生障碍",因此"劝告日本政府放弃确实领有辽东半岛"。① 24日,英国驻俄大使拉塞尔斯会见了罗拔诺夫。这位俄国外交大臣对他说:"假若女王政府支持俄、德、法三国公使昨天在东京对日本政府的通报,坚信日本一定会让步,决不会存在必须采取敌对行动的危险;相反,如果女王政府拒绝参加这次通报,战争的危险就会大大增加。"于是,拉塞尔斯向金伯利建议:"鉴于异常严重的局势,女王政府可能需要向日本政府指出,假如他们坚持自己的要求,日俄战争将不可避免;如果日本放弃其获取辽东半岛的意图以避免这一灾难,将是明智之举。"金伯利不相信事态发展会真的那么严重。他宁肯相信日本公使加藤高明的话:"日本政府不会对这一抗议让步。"并答复说:

> 我相信,日本政府会严肃地权衡整个事态。用不着我多说,女王政府是按照对日本极其友好的感情行事的,并不想看到日本对中国的合理的胜利果实被剥夺。②

金伯利的信心并没有坚持几天。4月27日,当加藤高明再次表示"现在要日本收回成命是不可能的"时,他为日本的处境着想,不得不认真考虑拉塞尔斯的建议,劝告加藤高明说:"我当然不能估计日本政府将会遇到多大的国内困难,但我要指出,曾经有过这样的先例,即众所周知的《圣斯忒法诺条约》(Treaty of San Stefano)。在那次事件中,一个大国遵从了其他几个大国的抗议,而放弃了战胜后缔结的和约中的一些条件。假如日本采取类似的方针,对日本的荣誉是不会

---

① 陆奥宗光:《蹇蹇录》,第156页。
② 《中日战争与三国干涉(1894—1895)》,第227—220页。

有什么损害的。"①

日本并不情愿吐出已经到口的果实,采取了一些反对三国干涉的对策,但都不成功。它又不可能指望英国行动上的支持。于是,日本政府决定接受三国的劝告。后来,中日两国于11月8日在北京签订了《辽南条约》,规定中国以库平银3000万两赎还辽东半岛。至当年底,中国终于先后收回日军所占之辽南诸城。

二 烟台如期换约

4月20日,即《马关条约》签订的三天后,日本明治天皇便批准了条约。并任命内阁书记官伊东巳代治为全权办理大臣,俟期前往烟台换约。25日,由美国驻日公使谭恩转电北京,催问中国何时批准条约。其电有云:"日本皇帝现将所定和约汉、日文各款均已批准,愿知中国皇帝将各约何时批准。"②

中国批准条约之缓,与日本批准和约之速,形成鲜明的对比。当时,内外臣工交章论奏,枢府诸臣意见不一,清廷正处于犹豫徘徊之中,故迟迟未将条约批准。

群臣纷纷反对和约,而其议论并不尽同,大致有以下几种意见:

其一,主张交付诸臣公议。先后提出此建议者有:侍讲张仁黼、礼科掌印给事中丁立瀛、贝勒载濂、侍读奎华、编修吕珮修、侍郎会章、陕西道监察御史熙麟、内阁学士祥霖等数百名官员。侍讲张仁黼等三人在合奏中分析内外形势,谓批准条约适"以和自亡","请旨饬下王公大臣、大学士、六部、九卿、翰詹、科道,公同会议以闻,恭

---

① 《中日战争和三国干涉(1894—1895)》,第234页。按:圣斯忒法诺,位于巴尔干半岛东南。1878年,俄土战争后订约于此,称为《圣斯忒法诺条约》。

② 《中日战争》续编(六),第611页。

候圣裁。天下大事当与天下共谋之。西国议院人人得抒其所见，是以广益集思，驯跻富强。从未闻大计大议屏弃群策，唯持此二三臣密谋臆决而遂能计出万全者也。"① 奎华等155名内阁官员条陈认为：若批准条约，后果严重，国将无以为国。"欧洲各国虎视眈眈，将欲以此觇我强弱。若屈辱已甚，必启戒心。法人窥粤、英人窥滇，俄则西窥新疆，东窥三省，四夷交侵，各求所欲，未审又何以给之？……一国启其端，各国踵其后，欲隐忍图存，其可得乎？"并建议朝廷"万勿批准约章，饬下王大臣再行妥议，毋贻后悔。"侍郎会章还抨击主和的枢臣："畏葸回惑，密之又密，遂至贻误宗社，重累皇上。此则私心用事，不肯周谘之故也。"② 此议反映了大小臣工对二三枢臣得以"私心用事"的成法严重不满，但在当时这个建议不可能被采纳。

其二，主张结外援以制日。群臣中有相当一部分人不甘心割地赔款，但又对中国自身的力量缺乏信心，所以便将眼光转向西洋外国。编修李桂林等83名翰林院官员提出"因各国之争执，徐观事变"③的建议，在当时颇有代表性。有些官员提的建议更具体。如河南道监察御史宋承庠奏称："闻俄主知倭人需索各款，违背公法，有出而相助之意。即英、法诸国，亦啧有烦言，甚不愿倭人逞志于我，扰彼商务，但未肯先发，互相观望。臣愚以为洋人趋利如鹜，若以重赂饵之，必能出为我用。倭人索赔兵费至二万万两之多，若以此款分赂各国，约为援助，谅必乐从。"④ 署南洋大臣张之洞则奏称："非借兵威不能废约，此时欲废倭约保京城、安中国，唯有乞援强国一策。俄国已邀法、德阻倭占地，正可乘机恳之。乞援非可空言，必须予以界务、商务实

---

① 《清光绪朝中日交涉史料》(2988)，第38卷，第24页。
② 《清光绪朝中日交涉史料》(2996、3005)，第39卷，第1、8页。
③ 《清光绪朝中日交涉史料》(2985)，第38卷，第21页，附件一。
④ 《清光绪朝中日交涉史料》(3007)，第39卷，第11页，附件一。

利。窃思威、旅乃北洋门户，台湾乃南洋咽喉，今朝廷既肯割此两处与倭，何不即以赂倭者转而赂俄、英乎？所失不及其半，即可转败为胜。唯有恳请敕总署及出使大臣，急与俄国商订立密约，如肯助我攻倭，胁倭尽废全约，即酌量划分新疆之地，或与南路回疆数城，或北路数城以酬之，并许以推广商务。如英肯助我，则酌量划分西藏之后藏一带地，让与若干以酬之，亦许以推广商务。"[1] 此外，还有南书房翰林张百熙请"联络俄、法、英、德诸国，令其各出师船以助我"[2]；广东巡抚马丕瑶提出"远交近攻"之策，联络英、法、俄三国"或伐倭使分其地，或责倭使阻其兵"[3]；钦差大臣刘坤一奏以土地赂俄、法、德三国，令其"摧倭水师"，使之"不能重振"[4]，等等。这些意见的提出者完全不了解世界及远东大势，对西方列强存在极大的幻想，甚至不惜用"前门拒虎，后门进狼"方法以救燃眉之急，这不仅行不通，而且将招致无穷的后患。

其三，主张拒和备战。当时，除在京官员外，许多督抚都纷纷对和约表态，如山东巡抚李秉衡、湖北巡抚谭继洵、河南巡抚刘树棠、广西巡抚张联桂、盛京将军裕禄、陕西巡抚鹿传霖、黑龙江将军依克唐阿、陕西总督杨昌濬等，皆认为万难曲从和议。前敌主要将领亦皆力主拒和备战。帮办军务四川提督宋庆分析前此失利的原因，乃是"兵非久练"，因此提出当务之急是整顿军旅，"科简军实，去腐留精，尝胆卧薪，实事求是"，并表示"愿与天下精兵，舍身报国"。[5] 广东陆路提督唐仁廉认为有"十可战"，因为日本"显有外强中干之态"，

---

[1]《清光绪朝中日交涉史料》（3008），第39卷，第12页。
[2]《清光绪朝中日交涉史料》（3119），第43卷，第28页。
[3]《清光绪朝中日交涉史料》（3196），第44卷，第2页，附件一。
[4]《清光绪朝中日交涉史料》（3144），第44卷，第2页。
[5]《清光绪朝中日交涉史料》（3002），第39卷，第7页。

"反复兴师縻饷,势将利在速战,久必不支"。① 新疆提督董福祥亦称:"倭人虽横,然数月以来所得不过近海沿边数城之地,且又不能尽守,是得失之形未甚远也。台湾地形险要,重庆、沙市、苏州、杭州数处马〔码〕头又皆为我腹地,即听彼为,持之数岁,亦未必能尽得,今何所急遽而欲以是许之?"② 黑龙江将军依克唐阿更指出和议之为害:"各国见我待日本小邦且复如是,不能不启瓜分蚕食之心。俄人虎视眈眈,蓄志已久,必将近据吉林、黑龙江及蒙古、新疆诸地,而直隶、山东亦在意计之中;英人既有香港、缅甸、西藏,必将进据广东,出腾越以图云南,出黎稚以图四川;法人既得越南,前年已有事于暹罗,必将出镇南关以窥广西,则江、浙、福建沿江沿海之处兵祸骚然矣。""一与议和,不出一年,我遂不能自立矣。"他认为:"(我)但能力与之持,不过三年,彼必死亡殆尽。"他愿意"自任一路,督率所部,效死疆场,以图恢复。倘行不践言,日久无效,誓不生还"。③ 此足以代表敢战之将官。同那些主张结外援以制日的官员相比,他们的见解不知要高明多少倍!

尤为值得注意的是,主张拒和备战的官员提出了两项重要的制敌之策:

一是实行持久抵抗的战略。持久战的思想,早在战争初期就有人提出来了,但那个时候还很不成熟。经过10个多月的战争实践,许多官员对持久战的认识更为深入了。户科掌印给事中洪良品说:"就今日形势而论,我以主制客,以大御小。彼之兵合计不过三四万,我之兵不下二十余万。我虽偶败,兵可召募日添;彼苦久战,精锐可渐销

---

① 《清光绪朝中日交涉史料》(3114),第43卷,第12~13页。
② 《清光绪朝中日交涉史料》(3130),第43卷,第34页,附件一。
③ 《清光绪朝中日交涉史料》(3117),第43卷,第15页。

尽。彼以数岛之地，负债以供军饷，势难久支；我以十八省之地，尚能设法筹饷，不至困乏。"又称："我军之所以屡败，倭奴之所以有挟，皆此一'和'字误之。及今不和，亡羊补牢，犹为未晚。和则危亡可立而待，战则人心激而愈奋，人才练而愈出，稍能持久，终可决胜。"① 广西巡抚张联桂建议朝廷"坚持定见，以不得不战故布告天下"。并认为与敌相持为取胜之道，他说："自倭肇衅已十阅月，胜败原属无常。即使持以三年，未必辽东、全台悉为彼有，军饷之费未必遽用二万万两。我朝地大物博，数倍于倭，果与相持，彼必先困。若遂其欲，不唯倭寇贪得无厌，将恐他人尤而效之，从兹海疆尽撤藩篱，其害有不可胜言者。"② 江西道监察御史王鹏运也认为日本"外强中干"，须"实按其虚实"。他指出："察其国帑之贫乏，军士之疲劳，其势万难持久。目前整我各军，能取胜于彼，追逐天地，固属上策；即令彼此相持，以逸待劳，久之复归和局，彼必俯而就我，又何必既赔兵费又以膏腴肥沃之壤资敌耶？"③ 刘坤一虽曾建议以土地赂俄、法、德三国，但也认为："我只须坚忍苦战，否则高垒深沟，严为守御，倭奴悬师远斗，何能久留？力尽势穷，彼将自为转圜之计。"他还提出了"'持久'二字实为现在制倭要著"④的警语。章京文瑞等甚至建议："即废和约，坚持战局，以十年为期。"⑤

二是迁都以避敌之要挟，使将士放胆拼战。陕西巡抚鹿传霖奏称："我皇太后、皇上暂时西幸，以避敌锋，犹远胜于听其要挟不能自存。而各军帅知乘舆已发，无内顾之虞，更可专力放胆，纵横溢决。彼倭逆深入重地，兵单饷竭，以我全力歼彼孤军，未有不能殄除凶暴，复

---

① 《清光绪朝中日交涉史料》（3000），第39卷，第7页。
② 《清光绪朝中日交涉史料》（3056），第40卷，第28～29页。
③ 《清光绪朝中日交涉史料》（3074），第41卷，第19～20页。
④ 《清光绪朝中日交涉史料》（3054），第40卷，第28页。
⑤ 《清光绪朝中日交涉史料》（3072），第41卷，第10页，附件一。

我疆宇者也。即或一时难以底定，则卧薪尝胆，蓄养精锐，以图恢复兵力，财力尚有可为，焉可束手受制，失人心，辱国体，至于此极耶？"① 兵部主事方家澍等也向朝廷建议："统筹全局，伸明大义，先以定策迁都诏示中外，召还全权大臣，不听倭人要挟，命沿海各统兵大臣，人自为战，不为遥制。"②

实行持久战，是当时唯一切实又可行的作战方针。迁都则是实行持久战的必要条件。清廷对抗战的前途已完全丧失信心，这两项重要的制敌之策也就没有被采纳的可能了。

1895年4月，正值全国各省举人会试北京，闻讯"莫不发愤，连日并递，章满察院"③，形成了轰轰烈烈的公车上书运动。起初，都察院对如此众多的公车上书，不知如何处理，颇感为难，故迟迟不上。翰林院侍读学士文廷式闻知此事，颇为不平，乃于4月27日"劾都察院壅上听，抑公议"④，其奏曰："此次各京官联衔及各省举人公呈，闻该堂官已允代奏，尚属知缓急。唯闻事隔七、八日，尚未进达宸聪。事关大计，如此迟延，使我皇上不得洞悉民情，未知民意。应请旨严行切责，以儆惰顽。"28日，始将各省举人条陈陆续进呈。据清宫档案记载，先后上书者有：4月28日，台湾举人汪东源等3人一件；4月30日，奉天举人春生等21人一件，湖南举人文俊铎等57人一件，湖南举人谭绍裳等20人一件，湖南举人任锡纯等43人及江西举人李瑞清一件，广东举人梁启超等82人一件，江苏举人刘嘉斌等9人及山东、湖北、江西举人5人一件，四川举人林朝圻等11人一件；5月1日，福建、台湾举人沈翊清等88人一件，贵州举人葛明远等109人一

---

① 《清光绪朝中日交涉史料》（3142），第44卷，第2页。
② 《清光绪朝中日交涉史料》（3081），第41卷，第39页，附件七。
③ 《戊戌变法》（四），第130页。
④ 文廷式：《闻尘偶记》，《近代史资料》1981年第1期。

件，广东举人陈景华等289人一件，江西举人程维清等120人一件，广西举人邹戴尧等115人一件；五月二日，湖北举人黄赞枢等36人一件，江南举人汪曾武等53人一件，河南举人王濆等13人一件，浙江举人钱汝雯等37人一件，顺天举人查双绥等18人一件，山东举人周彤桂等120人一件，四川举人刘彝等26人一件，四川举人王昌麟等20人一件；5月3日，陕西举人孙炳麟等2人一件，陕西举人裕瑞等2人一件，山西举人常曜宇等61人一件，河南举人步翔藻等5人一件，河南举人王崇光一件，河南举人张之锐等5人一件，四川举人林朝圻等2人一件，四川举人罗智杰等4人一件；5月5日，吉林举人师善等6人一件，直隶举人纪堪诰等45人一件，河南举人赵若焱等21人一件，江西举人罗济美一件，陕西举人张崧等81人一件；5月9日，江西举人罗济美一件，云南举人张成濂等62人一件。共计1 581人次，37件。还有些省份（如甘肃）举人的条陈未来得及呈递。对于公车之上书，都察院给予充分的肯定，认为同京外臣工条陈一样，皆为爱国之举。左都御史裕德等奏称："与倭奴立约以来，中外嚣然，台民变起，道路惊惶，转相告语。于是京外臣工以及草茅新进，相率至臣署请为代递呈词。此皆我国家深仁厚泽，沦浃寰区，凡有血气之作，无不竭其耿耿愚忱，以奔告于君父。凡所谓割地，则自弃堂奥，偿款则徒赍盗粮，弱我国势，散我人心，夺我利权，蹙我生计……顾既知其害，亟宜思挽回之术，补救之方。"[1]

广东举人康有为联合18省举人于松筠庵会议，使公车上书运动达到了高潮。时人称："中日和约十一款，全权大臣既画押，电至京师，举国哗然，内之郎曹，外之疆吏，咸有争论，而声势最盛、言论最激者，莫如公车上书一事。"先是，康有为得知签订《马关条约》的消

---

[1]《清光绪朝中日交涉史料》(3073)，第41卷，第17~18页。

息后，即令其门人梁启超"鼓动各省，并先鼓动粤中公车，上折拒和议"。湖南省举人和之，其他各省举人又继之，"察院门外车马阗溢，冠衽杂沓，言论滂积者，殆无虚晷焉。"① 及闻和款将于5月8日在烟台换约，乃以一昼二夜草1.4万余言公呈，拟定于5月4日至都察院投递。于是，决定在城南松筠庵集会，以5月1日、2日、3日为会议之期，署名者达1 300余人。公呈的主题是："迁都练兵，变通新法，以塞和款而拒外夷，保疆土而延国命。"所不同于其他举人和内外京官的是，康有为在公呈中提出了一个"近之为可战可和而必不致割地弃民之策，远之为可富可强而必无敌国外患之来"的"大计"，即"迁都定天下之本，练兵强天下之势，变法成天下之治"。并开列了钞法、铁路、机器轮舟、开矿、铸银、邮政六项"富国之法"。② 前此公车上书者，或数人，或数十人，至多200余人，且多合一省之举人上之。此次上书，合18省之举人，多至一千数百人，不能不引起当道者的注意。康有为自称："先是，公车联章，孙毓汶忌之。至此千余人之大举，尤为国朝所无。闽人编修黄□曾者，孙之心腹也。……初七日（5月1日）夕，寅夜遍投各会馆，阻挠此举，妄造非言恐吓，诸士多有震动。至初八日（5月2日），则街上遍贴飞书，诬攻无所不至，诸孝廉遂多退缩，甚且有除名者。"时人亦记此事道："是夕（5月2日晚），议者既散归，则闻局已大定，不复可救，于是群议涣散。有谓仍当力争，以图万一者；亦有谓成事不说，无为蛇足者。盖各省坐视取回知单者又数百人，而初九日（5月3日）松筠（庵）之足音已跫然矣。议遂中寝。"由于孙毓汶的破坏，退出者不下700人，最后名单上仅有603人，不足原来人数的一半。公呈虽未递交，然康有为

---

① 《戊戌变法》（四），第130页。
② 《谏止中东和议奏疏》，阿英编：《近代外祸史》，第195、197、207页。

先令梁启超、麦孟华"并日缮写，遍传都下，士气愤涌"①，仍然产生了巨大的影响。因此，松筠庵会议实为戊戌变法之先声，资产阶级维新派正式登上政治舞台之第一幕也。

当此之时，朝野议论纷纭，而烟台换约已迫。清廷以和约条款过于酷苛，一时难下批约的决心。4月25日，光绪帝命军机大臣偕奕劻，请见慈禧，面陈和战之事。慈禧仍以有病为由拒绝接见，命内监传旨："今日偶感冒，不能见，一切请皇帝旨办理。"次日，又传懿旨："和战重大，两者皆有弊，不能断，令枢臣妥商一策以闻。"② 光绪帝无奈，只得谕枢臣发俄、德、法三国国电，询问："换约日期已迫，所商情形如何，能否展缓互换之期，务希在中历四月初七日（5月1日）以前示复，以免迟误。"③ 清廷并不是不想批准和约，而是感到和约条款太苛，因此把减让条款的希望寄托在俄、德、法三国身上。而三国却推托敷衍，不予置答。此时，帝党跋前疐后，束手无策。光绪帝"以和约事徘徊不能决，天颜憔悴，书斋所论，大抵皆极为难"。翁同龢访李鸿藻"痛谈，相对欷歔。归后未决，如在沸釜中"。慈禧虽"犹持前说，而指有所归"，似已倾向于和。30日，光绪帝命枢臣往恭亲王府会商，孙毓汶"以所拟宣示稿就正，邸（奕䜣）以为是。宣示者，俟批准（和约）后告群臣之词也。大意已偏在'和'字"。④ 清廷没有战的决心，最后只有和之一途。

正当清廷和战未决之际，科士达由天津来到北京。先是在4月21日，清廷命李鸿章商改割台条款。22日，李鸿章复电称："台多乱民，倘官为唆耸，徒滋口舌，贻累国家。"又谓："日甚倔强，非三国动

---

① 《戊戌变法》（四），第130页。
② 《翁文恭公日记》，乙未四月初一日、四月初二日。
③ 《清光绪朝中日交涉史料》（3012），第39卷，第14页。
④ 《翁文恭公日记》，乙未四月初四日、四月初五日、四月初六日。

兵，恐不肯听。若互换愆期，则责言及兵争又至。望慎筹之！"① 同一天，总理衙门亦收到科士达来函，极称李鸿章马关谈判之功，"力辩强争，笔舌并用，少一分之损即得一分之益"，"其议和艰难情形，乃人所共知，而傅相尚能订此害则取轻之条约，实非中朝第二人所能肩兹重任"。② 此函颇言过其实，如谓"日本初心拟索兵费五万万""暂占盛京"等等，以此为李鸿章粉饰也。23日，李鸿章再电总理衙门："为今之计，和约既不可悔……且不可以一口说两样话，徒为外人訾笑。"③ 他恐朝廷悔约，故又派科士达到北京游说。30日，奕䜣、翁同龢、李鸿藻、孙毓汶等，会见科士达于总理衙门。科士达"先叙李相之忠，次言国政"，最后转入正题，"言约宜批准"。④

清廷处于极其为难之中，曾于4月25日旨令在榆关督军的刘坤一和署直隶总督王文韶决和战。谕曰："连日廷臣章奏，皆以和约为必不可准，持论颇正，而于沈阳、京师两地重大所关，皆未计及。如果悔约，即将决战；如战不可恃，其患立见，更将不可收拾。刘坤一电奏有云：'战而不胜，尚可设法撑持'；王文韶亦有聂士成等军颇有把握，'必可一战'之语。唯目前事机至迫，和战两事，利害攸关，即应立断。著刘坤一、王文韶体察现在大局安危所系，各路军情战事究竟是否可靠，各抒己见，据实直陈，不得以游移两可之辞敷衍塞责。"⑤ 27日，军机处再次电寄刘坤一、王文韶谕旨，催"将和战大局所系，战事是否可靠，据实直陈，即迅速复奏"⑥。清廷一面欲保京城、沈阳两地，一面侈谈毁约决战，陷入了自相矛盾之中。大局糜烂

---

① 《李文忠公全集》电稿，第20卷，第41页。
② 《收美国科士达函》，《朝鲜档》（2712）。
③ 《李文忠公全集》电稿，第20卷，第41~42页。
④ 《翁文恭公日记》，乙未四月初六日。
⑤ 《清光绪朝中日交涉史料》（3004），第39卷，第8页。
⑥ 《清光绪朝中日交涉史料》（3023），第39卷，第23页。

至此，刘坤一、王文韶何人，而能决此大计？王文韶复电称：战事是否可靠，"不敢臆断"。并指出："现在事，可胜不可败，势成孤注，与未经议约以前情形又自不同。"①明显地主张批准和约。刘坤一复电虽主张持久之战，但也如实奏明："利钝本难逆覩"。②5月1日，枢臣会议，传阅刘坤一的电报，孙毓汶等从刘电中"摘其一二活字，谓非真有把握也"③。当日，翁同龢又收到盛宣怀来函，内称："若即悔议，拒战更无把握。恐兵犯京都，加增赔费更不止此。况中国十八省，地大物博。经此大创，藩篱已破。强邻环伺，包藏祸心。初则夷我藩篱，今藩篱尽矣，将进而谋分裂我疆土矣。"④翁同龢阅函后，在日记中写道："游说耶？抑实情耶？"⑤似怀疑为李鸿章所指使。因为事情巧得很，李鸿章致总理衙门的电报也在此时收到："互换期近，深为焦急。鸿到津后，尚未与伊藤复电，因原议只批准可电知也。若令鸿改约电议，适速其决裂兴兵。为大局计，不敢孟浪。"⑥

光绪帝犹豫不决多日，而一场天灾竟使他迅速作出了批准和约的决定。4月28日、29日两天，一场大风雨袭击直隶沿海一带，"暴雨狂风昼夜不息，海水腾上，沿海村庄猝被淹没"⑦。对于这次暴风雨带来的灾害，翁同龢在日记中写道："北洋报：初四、五天津大风雨，初五寅卯间海啸，新河上下各营被冲，水深四五尺，淹毙甚多，计六十余营被其害，北自秦王岛，南至埕子口皆然。此时值此奇变，岂非天哉！"当时，人们总是把天象与人事联系起来，天象既然示警，人力也就难以抗争。于是，光绪帝遂"幡然有批准之谕"。翁同龢还对

---

① 《清光绪朝中日交涉史料》(3058)，第40卷，第27页。
② 《清光绪朝中日交涉史料》(3054)，第40卷，第28页。
③ 《翁文恭公日记》，乙未四月初七日。
④ 《盛档·甲午中日战争》(下)，第438页。
⑤ 《翁文恭公日记》，乙未四月初七日。
⑥ 《清光绪朝中日交涉史料》(3057)，第40卷，第29页。
⑦ 《光绪朝东华录》，光绪二十一年四月，第62页。

俄、德、法三国抱有一线希望，问："三国若有电来，何以处之？"光绪帝谕曰："须加数语于批后，为将来地步。"① 翁同龢战栗哽咽而退。在御书房里，君臣二人相顾挥涕，景象至为凄惨。于是，在李鸿章奏中日会议和约已成折后硃批曰："依议单图并发该衙门知道。唯闻俄、德、法三国现与日本商改中日新约，将来如有与此约情形不同之处，仍须随时修改。"②

为了等三国的消息，清廷于前一天经田贝转电东京："现闻俄、法、德三国与日本商改中日新约须候定议，十四日（5月8日）换约之期太促，拟展缓十数日，再行互换，望即转商候复。"当天夜里，李鸿章接伊藤博文电，伊藤博文答以"互换一节，更不容缓"③ 拒绝了中国的提议。此电于5月3日转至总理衙门。清廷恐误事，决定在约本上用宝，并派二品顶戴候选道伍廷芳和三品衔升用道联芳为钦差换约大臣，同往烟台换约。伍廷芳、联芳二人当日由京启行，于5月5日由天津乘公义轮出海，6日抵烟台。

5月7日晨，日本全权办理大臣伊东已代治乘横滨丸至烟台。当天下午6时，伍廷芳、联芳与伊东已代治会于顺德饭店。伊东已代治称："明日宜于正午十二点钟互换。今日且将彼此敕书校对，以便明日互换条约。"又称："唯停战之期扣至明日为止，敝国大支队伍屯扎旅顺候信，此间无电报可通，舟行须十点钟之久。明日午间十二点钟换约后，方可赴到旅顺，通知各军不必开仗，迟恐有误。"伍廷芳告以："刻奉大皇帝谕旨，饬令展缓互换。因俄、法、德三国出为调处此事，请待两国准信，再定互换之期。"④ 遂议定次日再商。

---

① 《翁文恭公日记》，乙未四月初八日。
② 《清光绪朝中日交涉史料》（2984），第38卷，第19页。
③ 《李文忠公全集》电稿，第20卷，第43页。
④ 《伍廷芳联芳禀》，《朝鲜档》（2751），附件一。

5月8日中午，伊东已代治忽派翻译官楢原陈政通知伍廷芳："本日两点钟如不换约，渠等当即上船回国。"伍廷芳等立刻往顺德饭店会晤伊东已代治，问："停战之期在今晚十二点钟为止，何以两点钟即为期满？"伊东已代治称："大军驻扎旅顺，此间无电报可通，舟行必须十点钟之久，故须先往招呼，免致临时开仗。"又称："至迟四点钟，万难久待。"伍廷芳责之曰："停战之期至今晚十二点钟止。限外行止，应听贵大臣自便，不能强留。限内可以随时奉约互换。贵大臣专为换约而来，倘不待限满而去，是贵大臣先自背约矣。"① 伊东已代治语塞。此时，枢府诸臣还在为换约事而争论不休。前一天，清廷曾经田贝转电东京，再次要求展期换约，但无回音。当日，徐用仪持德国公使绅珂函来，促中国换约，谓："不换约，则德国即不能帮。"驻俄公使许景澄来电达俄国外交部意：换约一节"中国换约大臣自能办理"。于是，枢府诸臣轰然，皆谓："各国均劝换，若不换则兵祸立至。"翁同龢力争之，然无人响应。光绪帝亦催令伍廷芳"如期换约"②。8日下午4时，伍廷芳、联芳接奉电旨，准令互换。晚10时，双方在顺德饭店完成了互换条约手续，《马关条约》正式生效。

完成换约后，伊东已代治一行于9日凌晨2时乘轮回国，伍廷芳一行也于当日下午4时展轮返津。当天，田贝始将谭恩所转日本政府应允展五天换约的电报交出。该电报称："兹因互换之期已至，设致两国再行开仗，实于两国均为有碍。是以日本政府定为暂展停战之期五天，务必于所展期内互换，以速为要！"③ 此电乃谭恩于5月2日发出，至9日始由田贝交出，至少压了五六天之久。田贝压下展期换约电报，伊东已代治蛮横相逼，终于达到了"如期换约"的目的。对

---

① 《伍廷芳联芳禀》，《朝鲜档》（2751），附件一。
② 《翁文恭公日记》，乙未四月十四日。
③ 《中日战争》续编（五），第373页。

此，翁同龢慨叹曰："伊藤电允展五日，旋作罢论。可见做得到，人自不做耳。可叹也！"①

第五节　李经方交割台湾

《马关条约》签订后，割让台湾的消息传到台湾省，全台绅民纷纷抗议；继知割台之事无可挽回，便议商自主保台之策。

当台民酝酿自主之际，日本也在作割占台湾的准备。5月10日，即烟台换约的第三天，日本政府便将海军军令部部长桦山资纪晋升为大将，任命他为台湾总督兼军务司令官，以便使割占台湾迅速成为既成事实。

5月19日，日本政府经谭恩转北京电："（日本）已派水师提督桦山资纪为管理台澎巡抚，俟两礼拜即到任，望中国派员接待，并将所派人员衔名知照。"② 同一天，李鸿章也将伊藤博文来电转报总理衙门，内称："日本现已告明中国政府，今日皇已派水师提督子爵桦山资纪，作为台澎等处巡抚，并作为日本特派大员，办理按照马关和约第五款末条之事。约两礼拜该巡抚即可履任办事，于行抵该处时，即预备办理特派之事。日本政府盼望中国政府立即简派大员一人或数人，与该巡抚会晤，并将该大员等衔名告日本政府。按照如此情况，本大臣告知贵大臣，日本政府谓如中国政府查照日本所请，速派大员一人或数人，与该巡抚桦山会晤，毫无延宕，则贵大臣所虑危险之事即可免矣。该巡抚到任之后，则境内保全平安之事，一唯日本政府是

---

① 《翁文恭公日记》，乙未四月十六日。
② 北京美国公使馆：《节录中日议和往来转电大略》，《中东战纪本末三编》第2卷，第35页。

问。"① 伊藤博文的电报，一面催促清政府早日交割台湾，一面表示日本将用武力镇压台民的反抗。

此时，李鸿章的最大心事，是怕台湾不能顺利交割，因与科士达密筹妥办之法。科士达不仅在马关议和期间帮助日本，而且在批准和交换约本问题上也为日本出了大力。伊东已代治曾向伊藤博文和陆奥宗光报告："科士达身为对方顾问，非常尽力。天津、烟台之美国领事李德亦给予我方以极大方便。而且由于李德系科士达亲戚之故，又得以间接利用科士达。"② 对于促成交割台湾一事，科士达当然也非常积极。他劝李鸿章速下决心："断不可游移，借故诿延，以致另起波澜，生出意外危险。即请他国保护，即使办到，亦必枝节横生"。并称："皇上批准，中国官民岂可任听梗阻，致失国体？如国家采纳鄙言，应由政府属田贝转告日本，以中国派大员商交台湾，日本应同时派大员商交辽东，方为公允。"李鸿章虽想早日将台湾交给日本，但又知此事难办，便建议责成唐景崧与日本所派之员商办，以求脱身。清廷以"唐景崧是守台之官，万无交台之理"不同意李鸿章的建议，仍谕其另行筹商，设法"补救"。③ 李鸿章奉旨后，不得不于5月15日致电伊藤博文，请桦山资纪暂缓起程，以商酌办法。其电云："本大臣与贵大臣屡因两国所有为难各事，和衷与本大臣商办，况现在两国重缔和好，其交涉为难之处，应照友谊议结。察看台湾现在情形，两国全权大臣急宜会议此事办法。"日本急于割占台湾，不愿再开会议，以免旷日持久，夜长梦多，于是由伊藤博文于17日复李鸿章一电："查按照两国批准马关和约，台湾所有主治地方之权业已交与日

---

① 《李文忠公全集》电稿，第20卷，第57页。
② 伊藤博文：《机密日清战争》，《中日战争》续编（七）。
③ 《李文忠公全集》电稿，第20卷，第57~58页。

本。其了结地方变乱之法，勿庸两国会议。是以中国政府只将治理台湾之事并公家产业，查照条约及前电，即派大员交与日本大员。"① 并谓桦山业已是日动身。日本要的仅是一个交割的形式，清政府无可再拖，只好照办。

派何人赴台交割呢？5月18日，刑科给事中谢隽杭奏曰："近复风闻李鸿章有两礼拜期内交割台湾，并请简派唐景崧之奏。臣意唐景崧之为人，以之效命疆场，则志当靡他；以之旋转乾坤，则力恐弗胜。此事既系李鸿章、李经方始终主谋，岂有功届垂成，返自逍遥事外之理？且该大臣等既能定割地请和之策，自必具用夷变夏之才。国家用人专一，若忽舍而他求，臣恐其迫胁朝廷且未有已也。相应请旨饬派李鸿章、李经方等迅速亲赴台湾，依限交割，以终遂其志。"② 清廷便于当日降旨，派李经方赴台交割。19日，李鸿章致电总理衙门，谓李经方病势沉重，请旨收回成命，另行简派。并劝告清廷勿使交割延宕："今德君臣既疑中国违约，不愿帮助；俄亦未必与倭兴戎。中朝必应妥慎筹办，勿先违约，自贻后祸。"③

清廷既怕列强责中国违约，又实在无人可派，于20日再谕李经方赴台交割：

> 李经方前随同李鸿章赴倭，派为全权大臣，同订条约，回津后尚未复命，何以遽行回南？昨派令前往台湾商办事件，又复借病推诿，殊堪诧异！李鸿章身膺重任，当将此事妥筹结局，岂得置身事外，转为李经方饰词卸责？本日已有旨，将唐景崧开缺，令其来京陛见，并令文武各员陆续内渡。现在倭使将次到台，仍

---

① 《李文忠公全集》电稿，第20卷，第59~60页。
② 《清光绪朝中日交涉史料》(3214)，第44卷，第30页。
③ 《清光绪朝中日交涉史料》(3219)，第44卷，第32页。

著李经方迅速前往，毋得畏难辞避。倘因迁延贻误，唯李经方是问！李鸿章亦不能辞其咎也。①

李鸿章奉此严旨，知不可违抗，当日嘱李经方作赴台之准备。

5月21日，侍郎长萃又请饬李鸿章亲自赴台交割，其奏曰："今者和局既成，事多棘手，而最难者莫如交割台湾一事。该大臣既已约之于先，谅必能善之于后，且能与倭人议事者，除该大臣外，亦别无一人。拟请皇上恭请懿旨，饬令该大臣亲赴台湾办理交割事宜。"② 此皆反语，欲羞辱李鸿章也。当日，李鸿章复电总理衙门，谓当钦遵谕旨，饬李经方前往办理。同时，李鸿章电伊藤博文："至于台湾主权业经交给日本，日本自应遣派水陆各军，以资弹压，保守平安。李经方拟即前往澎湖，与日本特派大员会晤，或由两大员订明于某地会晤。至于如何办法，两大员应有全权，自行会商。"22日，接伊藤博文复电，复电提出："日本政府已派水陆各军前赴台湾，中国特派大员谅必带有全权，日本特派大员业经奉有此等文凭。如中国特派大员先来长崎，带同日本国家船只前往，以资护卫，更为稳妥。"适在此时，陈季同有电寄来。该电称："台民誓：宁抗旨，死不事仇也。同（陈季同自称）意，此事如何挽回万一最妥，不然亦须暂缓倭来，另筹完善办法。至伯行（李经方）星使，则千万勿来，或请收回成命，或请另派他人，切勿冒险！"③ 在李鸿章看来，台湾形势大变，交割大员至台湾既难保全安全，由日军保护前往，又易招物议，目为倭党，皆不可行。想来想去，他想出了个在台湾海口会晤的办法。23日，清廷批准了李鸿章的这个建议。

---

① 《清光绪朝中日交涉史料》(3328)，第44卷，第34页。
② 《清光绪朝中日交涉史料》(3231)，第44卷，第37页。
③ 《李文忠公全集》电稿，第20卷，第65、67页。

5月30日，李经方带道员马建忠，顾问科士达，西文翻译伍光建，东文翻译卢永铭、陶大均，文员张柳、黄正、洪冀昌、邵守先，武员吕文经、高轩春等10员，及护勇40名，乘德国商轮"公义"号由上海启航。6月1日凌晨4时左右，"公义"号驶抵淡水海面，由日舰千代田护送至基隆以东的三貂角附近，于桦山资纪乘坐的日船横滨丸右舷抛锚。下午4时半，李经方派东文翻译陶大均往横滨丸，向桦山资纪说明来意，然后商定会谈时间而去。

6月2日上午10时，李经方带东文翻译卢永铭、陶大均赴横滨丸，与桦山资纪会谈。李经方提出："台湾岛民激昂，不听政府命令，加以妄为想象，对于割让台湾，系由鄙人父子谈判结果，以致如此；厌恶鄙人全家已甚，故鄙人若在台湾岛上岸，立刻必遭残杀。鄙人极冀不上岸，且两国和平复旧，阁下与鄙人又系旧识，无论何事愿披沥胸襟相谈。"桦山资纪答应予以"便利，努力完结"。双方商定仅为"形式上之交接"。随后，李经方便向桦山资纪献策道："友谊上应请阁下注意者：由三貂角至鸡笼（基隆）之间，山壑重叠，道路险恶，且以竹篓围绕之小部落星散于各处，贵军通过时，由背后突然狙击，亦未可料。此点，相信阁下宜注意军队。曩年法国兵之困难，亦系为此也。"桦山资纪答曰："甚谢忠告。"于是，李经方起立而言曰："此次台湾岛成为日本国之新领土，接近中国之领域，希望更进一步敦厚友谊，保持永远和平，并贺阁下新领地总督任喜！"桦山资纪曰："贺和平结局，并祝阁下及随员健康！"10时45分，双方相互举杯祝贺而别。

至11时20分，桦山资纪带武员及翻译至"公义"号回访。李经方复诹之曰："鄙人对于阁下才能卓绝，膺总督之任，必能即速镇定骚扰，开导蛮民之效果，因深信而不疑也。尤望阁下平定台湾后，告知岛民，系依据媾和条约，日本领受台湾者，应将对于李氏一家之怨恨消除。"并恳求曰："希望阁下对于旧友鄙人与以相当助力保护。"桦山资纪答称："尽其可能，当效微劳。再阁下回国时，特别派护卫船保护阁下。幸勿悬虑！"① 11 时 45 分，桦山资纪回船。下午 2 时，日本政府所派台湾民政局长水野遵至"公义"号，与李经方商定台湾交割之据。当天深夜，将文据缮成中文和日文两份，先由桦山资纪署名盖章，然后交于李经方，就算交割完毕。3 日凌晨半点，交割手续刚完，"公义"号即拔锚解缆，驶离台湾海面。

随同李经方办理交割的科士达写道："夜半，中国船拔锚，在日本海军礼炮声中，我们向上海开行。我们在台湾海面恰恰 36 个小时，从来没有一个官吏于胜利地完成任务后回家时比李经方更快乐的了。"② 4 日下午，李经方一行回到上海。就这样，一纸文据便将台湾交割与日本了。

李经方在会谈中，卑躬屈节，哀哀乞怜，甚至不惜为日本侵略者出谋划策，唆使桦山资纪以武力镇压台湾人民的反抗，充分暴露了其出卖民族利益的丑恶灵魂。而李鸿章在电奏中，却把李经方说成是在会议时抗言声辩，不辱使命，而且"病状颠连"，"多人扶回"，③ 竟像是力疾从公的样子。当时清廷唯求苟安眼前，只要把台湾顺当地让给日本，就已经心满意足了。因此降旨曰："台事既经李经方与桦山交接清楚，立有文据，此后台湾变乱情形即与中国无涉，应由李鸿章电知伊藤，以为了结此事之据。"④

---

① 曾逎硕：《乙未台澎交接文献之校订》，《台湾文献》第 8 卷，第 2 期。
② 《中日战争》（七），第 486 页。
③ 《李文忠公全集》电稿，第 21 卷，第 11 页。
④ 《清光绪朝中日交涉史料》（3311），第 45 卷，第 19 页。

清政府既完成了台湾的交割，以为可以求得暂时苟安。其实不然，《马关条约》的签订，使中国社会半殖民地化的进程大大加快了。列强接踵而至，鲸吞蚕食，任意宰割，掀起了瓜分中国的狂潮。中国开始面临亡国灭种的危险。随之而来的是，远东的国际形势更为复杂化，列强的角逐日趋激烈，预示着远东地区进入了一个更加动荡不安的时代。